ANUÁRIO EDUCATIVO BRASILEIRO

visão retrospectiva

Obra em conformidade ao NOVO ACORDO da Língua Portuguesa

ANUÁRIO EDUCATIVO BRASILEIRO: VISÃO RETROSPECTIVA
Instituto de Estudos Latino-Americanos | Universidade Federal de Santa Catarina
Centro Sócio-Econômico | Bloco D | Primeiro Andar | 88040-900 | Florianópolis | SC | Brasil
www.iela.ufsc.br | www.anuarioeducativo.iela.ufsc.br
Fones: +55 (48) 3721-6483 e 3721-4938

Dados Internacionais de Catalogação na Publicação (CIP)
(Câmara Brasileira do Livro, SP, Brasil)

Anuário educativo brasileiro : visão retrospectiva / Guadelupe Teresinha Bertussi, Nildo Domingos Ouriques, (coordenadores). — São Paulo : Cortez, 2011.

Vários autores.
Apoio: FAPESC, IELA, UFSC, UPN.
ISBN 978-85-249-1743-1

1. Educação — Brasil — Anuários I. Bertussi, Guadelupe Teresinha. II. Ouriques, Nildo Domingos.

11-05222 CDD-371.0981

Índices para catálogo sistemático:

1. Brasil : Educação : Anuários 371.0981

Guadelupe Teresinha Bertussi
Nildo Domingos Ouriques
(Coordenadores)

ANUÁRIO EDUCATIVO BRASILEIRO

visão retrospectiva

CORTEZ EDITORA
UNIVERSIDAD PEDAGÓGICA NACIONAL
UFSC
FAPESC
FUNDAÇÃO DE APOIO À PESQUISA CIENTÍFICA E TECNOLÓGICA DO ESTADO DE SANTA CATARINA
IELA
INSTITUTO DE ESTUDOS LATINO-AMERICANOS
UNIVERSIDADE FEDERAL DE SANTA CATARINA

ANUÁRIO EDUCATIVO BRASILEIRO – visão retrospectiva
Guadelupe Teresinha Bertussi • Nildo Domingos Ouriques (Coords.)

Capa: DAC sobre projeto gráfico de Leo Nogueira
Preparação de originais: Solange Martins
Revisão: Maria de Lourdes de Almeida e Ana Paula Ribeiro
Composição: Linea Editora Ltda.
Coordenação editorial: Danilo A. Q. Morales

Direitos para esta edição
CORTEZ EDITORA
Rua Monte Alegre, 1074 – Perdizes
05014-001 – São Paulo – SP
Tel.: (11) 3864-0111 Fax: (11) 3864-4290
e-mail: cortez@cortezeditora.com.br
www.cortezeditora.com.br

Impresso no Brasil – setembro de 2011

Sumário

PARTE II

Novos contornos da educação brasileira

PARTE III

O tempo presente da educação escolar

Prefácio

Com este volume tem início a publicação do *Anuário educativo brasileiro*. Sua origem remonta ao projeto bem-sucedido do *Anuário educativo mexicano: visão retrospectiva*, que vem sendo publicado desde 2000 por iniciativa de Guadelupe Teresinha Bertussi, a quem também devemos o *Anuário educativo brasileiro: visão retrospectiva*.

Guadelupe é uma professora brasileira radicada no México há mais de 30 anos. Segundo seu próprio relato[1] é exatamente sua condição de brasileiro-mexicana que lhe trouxe a ideia de organizar o *Anuário* como forma de suprir a necessidade de se inteirar do noticiário sobre educação difundido na mídia, com destaque para a imprensa escrita.

Assim sendo, o projeto tomou como fonte principal as notícias sobre educação veiculadas diariamente pelos jornais *on-line* existentes no país, cujo levantamento criterioso permite compor um meio de consulta imediata viabilizada pela construção de uma página eletrônica diária e de um banco de dados de acesso gratuito. No Brasil o projeto se encontra sediado no Instituto de Estudos Latino-Americanos (IELA) da Universidade Federal de Santa Catarina (UFSC), dirigido pelo professor Nildo Domingos Ouriques, e é coordenado por este e por sua idealizadora, a professora Guadelupe Terezinha Bertussi.

1. Ver a entrevista concedida por ela a Regina Leite Garcia, publicada na *Revista Brasileira de Educação*, n. 25, p. 156-76, jan./fev./mar./abr. 2004.

Mas além da página eletrônica e da hemeroteca o projeto previu a publicação de um livro com artigos de especialistas versando sobre os principais temas que se fizeram presentes no noticiário ao longo do ano. Para tanto, uma vez definidos os especialistas convidados, o banco de dados (hemeroteca) foi colocado à sua disposição para a redação dos respectivos trabalhos.

É esse terceiro produto do projeto que se materializa no presente livro, composto por 20 artigos escritos por especialistas da educação sobre os seguintes temas: financiamento da educação; conhecimento científico; qualidade da educação escolar; laicidade na educação pública; o movimento dos empresários "Todos pela educação" *versus* a defesa da escola pública; ausência de um projeto nacional que inclua a educação; Plano de Desenvolvimento da educação (PDE); ensino médio e educação profissional; pseudodemocratização da educação superior; exames nacionais e avaliação da educação; cotas e racismo na educação; educação do campo; políticas linguísticas como políticas públicas; gestão da educação; condição do trabalho docente; alfabetização; cultura letrada e formação do sujeito; meios eletrônicos na educação; violência e escola; educação e direitos humanos.

Inegavelmente são temas relevantes que repercutiram no noticiário veiculado pela mídia no Brasil em 2008. Nesta publicação esses temas são submetidos ao crivo analítico e crítico dos especialistas, o que confere ao *Anuário* o caráter de uma fonte de primeira linha para o estudo da educação nacional, ultrapassando, portanto, o aspecto conjuntural imediatamente associado ao termo "anuário". Para evidenciar essa afirmação, lancemos um rápido olhar ao modo como foi trabalhado cada um dos temas.

A partir de sua ampla experiência em pesquisas sobre o financiamento da educação, José Marcelino de Rezende Pinto explicita, preliminarmente, a problemática relativa à execução orçamentária do governo federal para analisar e interpretar criticamente os vários aspectos que constituíram o noticiário sobre o financiamento da educação no Brasil durante o ano de 2008.

Roberto Leher, conhecido pelas suas pesquisas e pela sua militância em defesa da universidade pública, ao abordar o tema do conhecimento científico levando em conta a presença na mídia das políticas de ciência e tecnologia (C&T) e pesquisa e desenvolvimento (P&D), constatou que se destacaram três assuntos: o contraponto entre o incremento da produção científica que elevou a posição do Brasil no *ranking* mundial e o pequeno número de patentes registradas; as denúncias de malversação de verbas por parte das fundações de direito privado vinculadas às universidades públicas; e o corte de 18% no orçamento do Ministério da Ciência e Tecnologia. Elegeu, então, esses três pontos como eixos de sua análise crítico-interpretativa.

A qualidade da educação escolar é outro momentoso assunto que frequentou a mídia brasileira em 2008 com os mais diferentes tipos de enfoques e ênfases. Coube a Gaudêncio Frigotto pôr em movimento sua argúcia no manejo das categorias teóricas para empreender o exame desse importante tema. E ele o fez situando historicamente a escola e examinando os fundamentos da contraposição entre quantidade e qualidade na educação para, a partir do que se manifestou nos jornais, analisar a qualidade da educação efetuando a crítica da "teoria dos fatores", o que lhe permitiu desmontar as explicações que circulam na mídia, pondo em destaque os seguintes pontos: educação como fator de sucesso; formação e valorização do professor; gestão e parcerias do Estado com o setor privado e terceiro setor; marco legal e ações pontuais do governo.

O idealizador, animador e coordenador do *site* Observatório da Laicidade do Estado (OLÉ), Luiz Antônio Cunha, encarregou-se de redigir o texto "A difícil laicidade na educação pública". Rastreando as matérias publicadas nos jornais, Luiz Antônio trata da questão da laicidade na educação abordando os aspectos referentes à religião como conteúdo curricular, a infiltração do criacionismo nas aulas de ciências, a censura da Conferência Nacional dos Bispos do Brasil (CNBB) ao Ministério de Educação e Cultura (MEC) em relação ao aborto e a volta da simbiose Estado-Igreja objetivada na concordata entre o Brasil e o Vaticano.

Vânia Cardoso da Motta se debruçou sobre o "Movimento Todos pela Educação" lançado por um grupo de empresários ligados a grandes empresas e a grandes bancos. A partir da constatação da força desse movimento na mídia, a autora se empenha em traçar seu perfil, explicitando o caráter ideológico e mostrando sua vinculação com um movimento anterior, criado pelo mesmo grupo, com o nome de "Movimento Brasil Competitivo". Evidenciadas essas características, conclui que, a despeito desse "intenso processo de privatização do público" que vem tendo grande cobertura nos veículos de comunicação, o caminho para se promover uma educação de qualidade não pode ser outro senão a defesa da escola pública.

Com o título "Longe de um projeto nacional", Luiz Araújo parte da crise econômica mundial desencadeada em 2008 para traçar um quadro das últimas iniciativas no campo da educação brasileira. Aborda o FUNDEB — Fundo de Manutenção e Desenvolvimento da Educação Básica e de Valorização dos Profissionais da Educação, a DRU — Desvinculação das Receitas da União e o Piso Salarial Profissional Nacional para o magistério da educação básica. Mostra que a DRU é um mecanismo do ajuste fiscal que subtrai recursos da educação em benefício do serviço da dívida e que o FUNDEB não correspondeu à expectativa de ampliação do atendimento. Assim, as metas do Plano Nacional de Educação não estão sendo atingidas. Quanto ao piso salarial, além de seu valor modesto, sua aprovação na forma de lei pelo Congresso Nacional ensejou a contestação de sua constitucionalidade por parte de cinco governadores estaduais, o que levou a uma decisão do Supremo Tribunal Federal que, embora mantendo a lei do piso, enfraqueceu ainda mais o seu influxo sobre a melhoria do salário dos professores. Luiz Araújo completa seu estudo retomando o debate sobre a qualidade da educação ao contrapor duas óticas de análise: o "gasto-aluno" e o "custo aluno-qualidade" para concluir que "falta um projeto nacional que inclua a educação". Mas essa questão não tem tido espaço na mídia, cuja cobertura se pauta pela hegemonia do pensamento neoliberal.

Em "O Plano de Desenvolvimento da Educação" Carmen Sylvia Vidigal Moraes e Celso João Ferretti partem da caracterização do PDE, analisam a produção acadêmica a respeito desse plano pelo prisma das convergências e divergências interpretativas, destacam o Índice de Desenvolvimento da Educação Básica (IDEB) e o FUNDEB para tratar da implementação do PDE, contrapondo a palavra do MEC à palavra da sociedade civil. Feita essa caracterização dos aspectos constitutivos do plano, os autores se dedicam a uma análise minuciosa da veiculação do PDE na imprensa escrita durante o ano de 2008.

Maria Ciavatta e Marise Ramos tomam como objeto o ensino médio e a educação profissional, considerados pelo ângulo da visão da imprensa. Colocando-se na perspectiva contra-hegemônica, as autoras analisam o tratamento dado pelos jornais ao tema educação, identificando seu papel de aparelho privado de hegemonia na medida em que cimentam um senso comum lastreado no pensamento governamental e empresarial. Conferindo densidade teórica ao estudo, elas começam pelo exame das questões referentes ao uso da imprensa como fonte de pesquisa e suas implicações para o tratamento conferido à educação pelos jornais. Em seguida analisam, com razoável detalhamento, a história contada pelos jornais, concluindo com a constatação da existência de uma dualidade na concepção do ensino médio dito integrado, isto é, que contemple num mesmo curso os aspectos da educação geral e da formação profissional. O exame subsequente dos programas e ações do governo Lula sugere uma ambiguidade entre a proclamação da visão unitária e a persistência da dualidade no encaminhamento das ações.

Analisando as notícias veiculadas pela imprensa envolvendo o PROUNI (Programa Universidade para Todos), o FIES (Fundo de Financiamento ao Estudante do Ensino Superior) e mecanismos de acesso ao ensino superior, tais como o ENEM (Exame Nacional do Ensino Médio) e a EAD (Educação a Distância), Angela Siqueira mostra que esses programas se constituem como políticas de incentivo direto ao setor privado. Já a lógica mercantil que tem se apoderado das instituições federais de ensino superior (IFES) pela via das fundações e também do REUNI (Plano de Reestruturação e Expansão das IFES) as converte em políticas de incentivo indireto ao mesmo setor educacional privado. Resulta, daí, o que a autora chama de pseudodemocratização da educação superior.

Exames nacionais e os desafios à avaliação da educação é o tema de que se ocupa Maria Teresa Estaban. Tomando como referência o tratamento dado pelos jornais, o problema da avaliação é analisado pelo prisma do conceito de desigualdade e do caráter excludente associado à noção de qualidade.

Outro assunto que obteve razoável repercussão na mídia é a questão das políticas afirmativas traduzida na criação de cotas de vagas, de modo especial para afrodescendentes, nas instituições de ensino superior. Disso cuidou Marcelo Badaró Mattos no texto "O debate sobre as cotas e o racismo no Brasil", chegando à conclusão que é "simplista a visão que polariza o debate sobre as cotas em torno de duas únicas posições — contra e a favor — homogeneizando os argumentos e análises dos que participam do debate".

Ainda que não se relacione diretamente com as notícias veiculadas pela mídia o texto "A educação do campo: perspectivas e limites", de Eliete Ávila Wollf, trata de um tema que tem permeado os movimentos sociais dos meios rurais. Partindo da relação entre trabalho, educação no campo e movimentos sociais, a autora analisa a questão da formação do educador do campo e as políticas públicas voltadas para a educação no meio rural, chegando à conclusão de que a proposta de uma escola do campo envolve um outro projeto de nação e de desenvolvimento, que implica, por sua vez, um outro projeto de sociedade defendido pelos Movimentos Sociais do Campo.

Outro tema ligado à educação que se manifestou nos jornais é o referente às políticas linguísticas. Embora normalmente com pouca repercussão na mídia, esse assunto não deixou de ser veiculado pela imprensa, de modo especial tendo em vista os projetos sobre os estrangeirismos, o acordo ortográfico e a questão indígena. Desse assunto tratou o texto "Políticas linguísticas como políticas públicas", de autoria de Gilvan Müller de Oliveira. O autor conceitua "política linguística", distingue *políticas linguísticas internas* (PLI) de *políticas linguísticas externas* (PLEx) e analisa as políticas linguísticas internas no Brasil em relação ao português, às línguas brasileiras minoritárias ou minorizadas e às línguas estrangeiras, concluindo com o Projeto Escolas Interculturais Bilíngues de Fronteira (PEIBF).

Um tema com grande repercussão na mídia e que frequentou assiduamente a imprensa em 2008 é a gestão da educação, o que fica evidenciado no texto "Gestão da educação: análise hemerográfica da agenda brasileira", de autoria de Erni J. Seibel. Como o indica o subtítulo, o autor trabalhou com as notícias dos jornais com destaque para os de grande circulação nacional.

Releitura crítica das notícias sobre as condições de trabalho dos professores é o objetivo do texto "Condição do trabalho docente: uma análise a partir das demandas dos trabalhadores", de autoria de Dalila Andrade Oliveira e Ada Ávila Assunção. Para realizar seu intento as autoras partem da definição do conceito de condição de trabalho e, mediante a metodologia de análise das notícias, efetuam a discussão de seu conteúdo. O resultado a que chegam sugere que as notícias divulgadas na imprensa indicam a necessidade de políticas que recuperem o valor do trabalho docente em benefício das subjetividades dos professores e da qualidade da educação.

O tema da alfabetização é tratado por Regina Leite Garcia de forma livre, trazendo considerações pertinentes sem a preocupação de ligá-las diretamente com as notícias de imprensa. Mas o próprio título do ensaio — "Alfabetização — ainda o desafio da escola brasileira" — indica que o analfabetismo, pelo simples fato de continuar existindo, continua sendo notícia no Brasil.

Correlato da alfabetização é o tema do letramento. Em "Cultura letrada e formação do sujeito", José Sérgio Fonseca de Carvalho discute, a partir de referências hemerográficas, as bases do letramento ao analisar o problema da crise da cultura letrada no mundo contemporâneo. Contrapondo-se à redução do esforço de letramento ao aspecto técnico representado pela difusão de tecnologias e de materiais didáticos, o autor defende o sentido educativo do letramento, cujo papel formativo consiste na formação do sujeito.

Eis um tema que pode ser considerado como a verdadeira coqueluche da imprensa quando se volta para a educação: os meios eletrônicos. Sobre isso Francisco José Lobo Neto tece pertinentes considerações explicitando, como registra o subtítulo de seu texto, as esperanças, mas também os perigos e preocupações que o uso dos meios eletrônicos traz para os educadores.

Outro assunto de grande repercussão nos meios de comunicação é a questão da violência em sua relação com as escolas. Flávia Schilling, após discutir o próprio conceito de violência e sua relação com a mídia, procura caracterizar o fenômeno da violência nas escolas esmiuçando, em seguida, como essa questão é tratada pela imprensa. Identifica, então, os vários tipos de violência que suscitaram o interesse da imprensa, classificando-os em violência externa ou violência contra a escola, a violência manifestada nas brigas entre alunos, os *bullyng*, trotes, humilhações e discriminações e a violência contra o professor.

Finalmente, o último tema analisado neste *Anuário* foi "Educação e direitos humanos", do qual se ocupou Silene de Moraes Freire. Ela introduz seu texto com uma reflexão sobre o significado das fontes jornalísticas seguida de uma breve caracterização da emergência dos direitos humanos, indagando se se trata de uma conquista legal ou real. E dedica três quartos do artigo à análise das fontes hemerográficas disponibilizadas pelo Projeto do Anuário, rastreando as manifestações sobre educação e direitos humanos veiculadas pela imprensa.

Pelo rápido sumário de cada um dos trabalhos que integram este volume pode-se ter uma ideia da relevância desta publicação, que revela, também, as potencialidades da pesquisa baseada em fontes constituídas pelo material produzido pela mídia. Este *Anuário* nos conduz, ainda, a duas conclusões de certo modo contraditórias.

De um lado, revela a educação como um fenômeno que, pela sua inegável importância social, política, econômica e cultural, não pode deixar de ser notícia. Necessariamente, portanto, deve frequentar os meios de comunicação, como se evidencia no banco de dados produzido pelo "Projeto Anuário educativo brasileiro: visão retrospectiva", que ganha visibilidade com esta publicação.

De outro lado, porém, constata-se que o tratamento dado pela mídia no Brasil ao tema educação está longe de corresponder à sua efetiva importância. As notícias, via de regra, são escassas, temas de grande relevância não são contemplados em favor de assuntos de menor significado vistos, porém, como de maior apelo midiático. A isso se alia o caráter pouco analítico do tratamento dado às notícias, relegando a educação a páginas secundárias e confinada a pequenos espaços, como o notaram vários dos autores que comparecem nesta coletânea.

O que foi dito pode ser ilustrado, por exemplo, com a Conferência Nacional de Educação (CONAE) prevista pelo MEC para ocorrer entre 28 de março e 1º de abril de 2010. Para dar visibilidade a essa iniciativa o MEC organizou, no dia 23 de abril de 2009, em Brasília, um ato de lançamento da CONAE. Pois bem. A imprensa não divulgou nenhuma notícia sobre esse evento. No mesmo dia do lançamento repórteres de diversos órgãos de comunicação se dirigiram ao MEC, mas seu interesse se circunscrevia ao aparecimento de supostas irregularidades na concessão de bolsas do PROUNI, o Programa denominado "Universidade para todos".

Vê-se, então, que a Conferência Nacional de Educação, convocada para discutir uma proposta de construção do sistema nacional de educação e a formulação do Plano Nacional de Educação, não mereceu a atenção da mídia. Em contrapartida, um fato particular como a descoberta de que alguns alunos, supostamente donos de automóveis, estariam usufruindo de bolsas destinadas a possibilitar que jovens carentes possam cursar faculdades particulares, mereceu a busca ávida de informações por parte dos repórteres dos principais meios de comunicação.

O lançamento desta obra traz, pois, uma contribuição inestimável. Chama a atenção para a importância da educação como um fenômeno socialmente relevante, cuja visibilidade deve ser amplificada, tornando-se transparente ao conjunto dos cidadãos, tendo em vista permitir-lhes exercer algum tipo de controle sobre as ações das autoridades escolares tanto públicas como privadas. E para isso ela deve ser amplamente noticiada, o que significa que deve ocupar mais e melhores espaços nos vários tipos de veículos de comunicação que circulam por todo o país.

Mas além de colocar o foco na produção cotidiana de notícias sobre educação, este livro é relevante também pelo valioso conteúdo analítico resultante do trabalho dos 23 especialistas que se debruçaram sobre os 20 temas educacionais que se destacaram na mídia em 2008. Os pesquisadores, professores, profissionais da educação de modo geral e os leitores indistintamente têm, com essa publicação, um farto manancial para subsidiar suas pesquisas, seus estudos, seu trabalho educativo e sua luta em defesa de uma escola pública qualitativamente rica, acessível a toda a população brasileira. Essa luta precisa se ampliar, irradiando-se por toda a sociedade. E para isso deve ocupar espaços cada vez mais amplos e numerosos no conjunto dos veículos que compõem a mídia em nosso país.

Só nos resta, pois, esperar que o projeto "Anuário educativo brasileiro: visão retrospectiva" se consolide, permitindo que possamos ter, a cada ano, uma obra com um conteúdo tão denso, rico e variado como esta.

Campinas, 25 de agosto de 2009.

Dermeval Saviani
Professor Emérito da UNICAMP e Coordenador Geral do Grupo de Estudos e Pesquisas "História, Sociedade e Educação no Brasil" (HISTEDBR), Faculdade de Educação, UNICAMP.

Apresentação

Creio que nos falta a coragem e o compromisso de Darcy Ribeiro para com a educação, virtudes suficientes que motivaram nosso antropólogo a dizer ainda no início dos anos 1980 que "nossa escola é uma calamidade". Estou também convencido que a busca da verdade, doa a quem doer, inclusive a nós mesmos, segue sendo um objetivo decisivo na vida de todo educador, mas devo reconhecer que se trata de artigo raro em nosso meio. A verdade é que a grande maioria dos educadores brasileiros está, em larga medida, satisfeita com o trabalho que realiza. Talvez por esta razão, não são capazes de observar ou mesmo admitir a hipótese de que este esforço individual, por mais meritório que seja, não é capaz de construir uma escola dirigida a superar o subdesenvolvimento e a dependência que caracteriza nossa formação social.

A classe dominante, ao contrário, tem mais clareza sobre o assunto. Fernando Henrique Cardoso, presidente que conduziu os destinos da educação por 8 anos, foi quem afirmou categoricamente que a universalização não melhorou a qualidade da escola: "o que se ensina ali é um desastre". Não mentia, ainda que demonstre, certamente, uma dose considerável de cinismo, pois fala como se não fosse responsável pela situação calamitosa da escola brasileira.

A despeito da confissão presidencial, uma das marcas que podemos encontrar em quase todos os educadores no país é uma sorte de otimismo que se assemelha em muito à *consciência ingênua* que Alberto Guerreiro Ramos denunciou na década de 1960. Em oposição à *consciência crítica*, a consciência ingênua não possui domínio completo da situação e do meio onde atua, desconhecendo grande parte das determinações básicas sobre uma situação social ou época histórica específica.

Há motivos para tal situação. A submissão do intelectual à razão de Estado ou de partido representou, historicamente, uma renúncia voluntária ao exercício permanente da crítica. O intelectual e o professor se sentem na obrigação de defender seu governo e seu partido e terminam por alimentar o estranho hábito de "ver o lado bom em tudo", mesmo nas piores tragédias. É possível dizer que na medida em que a ditadura ficou pra trás e a democracia avançou no país, a atuação do professor na escola ficou marcada pela renúncia à crítica. É curiosa a situação, pois enquanto o professor se organizava em sindicato, lutava por salários em greves sempre longas, renunciava também à capacidade de dizer claramente que a escola era uma "calamidade". Não se atrevia a emitir juízo tão severo porque julgava que semelhante avaliação poderia servir como uma espécie de autocondenação, ou reprovação de seu próprio esforço. Outros, menos inibidos, apenas assumiam o papel de assessores da política oficial e estavam, portanto, impelidos a produzir soluções dentro das limitações estruturais do país. Produzia-se, assim, uma espécie de redução do horizonte utópico que levaria grandes contingentes de professores e alunos à triste consideração de que a escola não tem mesmo jeito, não tem solução ideal. Neste contexto, sem uma alternativa radical de organização da escola, a única "saída" possível está representada pela possibilidade de melhorá-la, passo a passo, no *estreito marco* de nossa situação atual. Enfim, restaria como desafio educacional apenas a tarefa de acomodar a escola aos requerimentos de um país condenado ao subdesenvolvimento e à dependência.

Contudo, no Brasil, a educação brasileira ainda reúne grandes contingentes de estudantes, professores e funcionários dispostos a lutar por outra escola. As energias limitadas a apenas *melhorar* a escola atual — por sua vez, um mecanismo de reprodução de nossas misérias intelectuais e um colaboracionismo com os detentores do poder que mantêm a escola cativa — podem, obviamente, ser redirecionadas para subverter completamente a situação em que nos encontramos. Os encontros de educadores e mesmo as conferências nacionais e estaduais recentemente organizadas revelam que o descontentamento é grande, mesmo que a hegemonia que ali se verifica ainda garanta o respeito dos educadores diante do controle estatal e certa aceitação das ilusões liberais. Mas também é possível verificar que diante da crítica — quando ela se manifesta de maneira clara e certeira — a maioria abandona os postulados dominantes e logo aderem a formas mais radicais de mobilização e interpretação sobre os rumos do país e da educação.

Em parte, a ausência da rebeldia, esta virtude tão necessária para mudar a escola, é compreensível. Acaso, os educadores brasileiros poderiam estar acima das contradições que terminaram por criar no Brasil as ilusões segundo as quais podemos superar o subdesenvolvimento e a dependência sem revolução social? Por que devemos exigir dos educadores maior consciência crítica se os melhores representantes das classes subalternas — nos sindicatos e nos partidos políticos — ainda alimentam ilusões de que "o Brasil nunca esteve tão bem quanto nos últimos anos"? Ora, os educadores brasileiros foram educados para a aceitação da ordem social capitalista e apenas marginalmente vincularam seu "trabalho na escola" ao processo político de radical transformação da ordem dominante. A verdade é que a antiga ideologia liberal segundo a qual "somente por meio da educação podemos mudar o país" ainda habita a cabeça supostamente "crítica" de muitos educadores nacionais.

Mas nada é imutável. A recente crise capitalista global, mais visível a partir de setembro de 2008, abriu novo cenário mundial e latino-americano. Não somente a desigualdade cresce em escala planetária, mas o estado nacional — nos países centrais e nos periféricos — revela claramente sua opção de classe: os recursos sempre negados para promover uma escola de melhor nível, sempre considerados inexistentes, jorraram agora de maneira plena para impedir que os grandes monopólios simplesmente desaparecessem em função da violência da crise. O Estado tem dono, ensina a crise. Portanto, não há que esperar dele senão este comportamento inequívoco: nos períodos de acumulação acelerada pode restar algo de investimento na educação e, nos períodos de crise, todo poder será dado ao capital com a correspondente política de austeridade fiscal que condena a educação a gasto desnecessário. Trata-se de uma lição histórica, de que devemos tirar todas as consequências para superar as ilusões que ainda marcam o comportamento do educador brasileiro.

Por outro lado, o socialismo voltou ao debate, especialmente na América Latina. As revoluções sociais em curso — Venezuela, Bolívia e Equador — indicam, de maneira clara, que somente a partir de transformações sociais profundas a educação pode também superar suas limitações atuais. Afinal, como explicar a erradicação do analfabetismo na Venezuela sem a compreensão da Revolução Democrática Bolivariana? Como aceitar que a educação necessária das maiorias indígenas finalmente existe, sem compreender a Revolução Democrática e Cultural da Bolívia e a Revolução Cidadã no Equador? Enfim, "o socialismo do século XXI" nunca foi um tema acadêmico, mas resultado de uma nova práxis política que se reproduz em solo latino-americano a partir da rebeldia de milhões de indígenas, camponeses, operários, tanto na cidade quanto no campo, que termina exigindo também de nós, no Brasil, uma reflexão fora dos limites do colonialismo intelectual, que historicamente nos domina, e distante das práticas políticas que terminaram por construir entre nós um otimismo ingênuo sobre nossas possibilidades dentro dos marcos do subdesenvolvimento e da dependência, que outra consequência não terá senão a aceitação daquela conduta que consagra a calamidade escolar entre nós.

Portanto, na América Latina, estamos diante de uma nova situação histórica que permitiu uma correlação de forças considerada até bem pouco tempo como improvável ou simplesmente abolida para sempre: as classes subalternas retomam a iniciativa política, redefinem nova práxis política e renovam a bandeira do socialismo como horizonte de nossa utopia concreta. Por que ainda calar diante desta nova situação? Por que ainda permanecer cativo do antigo horizonte político e cultural que restringia a práxis política do educador brasileiro à cínica tarefa de melhorar a escola atual, como se este objetivo fosse possível? Ora, é preciso dizer claramente que a melhoria da atual escola, sem o questionamento profundo e prático do subdesenvolvimento e da dependência, não terá outro resultado que a legitimação da ordem social dominante. Os ensaios aqui reunidos ainda expressam a ambivalência de nossa situação política e, portanto, dos constrangimentos políticos e culturais que atam o educador do presente às amarras do passado. Por outro lado, revelam também que estamos operando uma transição — lamentavelmente mais lenta que rápida — para um novo patamar político que, cedo ou tarde, terminará por exigir uma nova práxis política de todos aqueles que vincularam seu trabalho à educação brasileira.

O IELA considera que não pode deixar de levar para o estudo da educação brasileira as contribuições que está oferecendo para os estudos latino-americanos no Brasil. Afinal, nosso trabalho para latino-americanizar a consciência do brasileiro é também um tema educacional. Estamos seguros que as consequências deste trabalho serão profundas, pois no Brasil é cada dia maior a descoberta que também somos latino-americanos e que, em consequência, pertencemos à Pátria Grande. Neste contexto, a recuperação do pensamento crítico latino-americano que desenvolvemos em nossos projetos de pesquisa terminarão por oferecer uma alternativa teórica para a educação brasileira, tão marcada pelo eurocentrismo e o colonialismo intelectual correspondente. As "luzes", uma vez mais, não estão nascendo no meridiano de Paris, como costuma esperar as mentes colonizadas, mas da práxis política dos povos oprimidos que finalmente se manifesta de maneira plena, sem inibições, em vários países latino-americanos. Por que deveríamos ficar fora desta onda emancipatória?

O Anuário que agora apresentamos é expressão desta nova situação política latino-americana. É também um convite para o educador brasileiro assumir crescentes compromissos com uma práxis capaz de superar nosso atraso intelectual derivado das ilusões liberais, sejam elas conservadoras ou progressistas. O exercício da crítica radical que lentamente foi desaparecendo do horizonte do educador brasileiro e produziu este estranho fenômeno que opôs conservadores a progressistas – ambos expressões da dominação liberal e incapazes de oferecer uma alternativa civilizatória para as grandes maiorias – tem nova oportunidade histórica. A atuação política destemida e a necessária consistência teórica não somente se tornaram historicamente possível: transformaram-se numa exigência social. Portanto, o educador brasileiro já não está submetido ao isolamento social produzido por distintas formas de terrorismo estatal ou pelo limite imposto pelas democracias restringidas que até bem pouco tempo levaram o radicalismo político ao beco sem saída do chamado campo "progressista". Vivemos um tempo em que a ruptura com as práticas e concepções liberais tornou-se a única possibilidade de justificar as esperanças na escola como instrumento de emancipação social e cultural de milhões de brasileiros. As revoluções democráticas estão em curso na América Latina. Elas preconizam, desde o princípio, o socialismo como horizonte possível e necessário para as maiorias, único caminho válido para não alimentar ilusões sobre o papel da educação nas conflituosas sociedades latino-americanas. Portanto, precisamente estas revoluções atualizam a dialética entre revolução e democracia, superando a oposição criada pelo liberalismo entre democracia e revolução social, como se a opção pela segunda indicasse a falta de compromisso com a primeira. Poucas vezes se apresentam oportunidades históricas como a que vivemos neste momento. A principal tarefa intelectual do educador brasileiro é assumir sem vacilação os desafios do tempo presente, renovando sua práxis política e contribuindo de maneira clara para a construção de um novo horizonte cultural na luta pelo socialismo na América Latina.

NILDO DOMINGOS OURIQUES

Presidente do IELA — Florianópolis (SC)

PARTE I

Ano de 2008: a educação nacional em questão

1

O financiamento da educação no governo Lula e a mídia

José Marcelino de Rezende Pinto*

Ao contrário do que ocorre em outros países, a presença de assuntos ligados à educação pública na mídia brasileira é pouco comum. Esse fato, ao menos no que se refere à mídia impressa, provavelmente é decorrência de que seus consumidores, em sua maioria, matriculam seus filhos na rede privada de ensino. Se a educação como um todo é assunto pouco presente na mídia, mais ainda se pode dizer sobre o tema do financiamento da educação. Mesmo nas universidades, até meados da década de 1990, esse era um tema de pesquisa para, no máximo, duas dezenas de especialistas. Nas últimas duas décadas, contudo, este cenário tem mudado, motivado, seja pelo aumento de pesquisas na área, seja por certo consenso que se tem estabelecido no país de que os anos de descaso com a educação pública, que responde por mais de 80% das matrículas da educação básica, levaram o país a uma falta de perspectiva futura em termos de desenvolvimento econômico e social. Em

* Doutor em Educação pela Faculdade de Educação da UNICAMP. Professor da FFCLRP – USP.

particular, com relação ao financiamento, o grande elemento de mudança foi a aprovação do Fundef (Fundo de Manutenção e Desenvolvimento do Ensino Fundamental e de Valorização do Magistério) aprovado ao final de 1996. A gestão Paulo Renato à frente do Ministério de Educação (MEC) que, de uma maneira geral, deixará tristes recordações pela quase destruição das universidades federais[1], pelo descumprimento da garantia do custo aluno qualidade estabelecido na lei do Fundef e pelos vetos ao Plano Nacional de Educação (PNE)[2] teve o mérito de montar uma verdadeira agência de notícias dentro do MEC que municiava os órgãos de imprensa de todo o país com as "realizações" de sua gestão e, dessa forma, o tema educacional foi entrando na pauta das redações e, entre eles, o financiamento tem ampliado sua participação relativa, o que foi acentuado com a aprovação do Fundeb (Fundo de Manutenção e Desenvolvimento da Educação Básica) e também com o lançamento da proposta do Custo Aluno Qualidade Inicial, em 2007, pela Campanha Nacional pelo Direito à Educação[3].

Considerando o caráter desta publicação, neste primeiro número, achamos importante, antes de comentarmos os tópicos mais abordados pela mídia no que se refere ao financiamento, iniciarmos esta exposição com uma rápida análise de como evoluíram os gastos federais com educação nos últimos anos. Cabe ressaltar que esses gastos correspondem a apenas cerca de 20% do total de gastos públicos com educação; os outros 80% são divididos igualmente entre estados e municípios, cujo acompanhamento da execução orçamentária é bem mais difícil. Portanto, neste primeiro número do *"Anuário"* a análise se restringirá ao governo federal, mas a meta é que, nos próximos números, possa se apresentar um balanço dos gastos com educação do conjunto dos entes públicos, o que deve ser facilitado com a progressiva implantação do

1. AMARAL, N. C. *Financiamento da educação superior:* Estado *versus* mercado. São Paulo/Piracicaba: Cortez/Unimep, 2003.
2. PINTO, J. M. R. Financiamento da Educação no Brasil: um balanço do governo FHC (1995-2002). *Educação e Sociedade*, Campinas, v. 23, n. 80, p. 109-36, set./2002.
3. CARREIRA, D.; PINTO, J. M. R. *Custo aluno-qualidade inicial:* rumo à educação pública de qualidade no Brasil. São Paulo: Campanha Nacional pelo Direito à Educação/Global, 2007.

SIOPE (Sistemas de Informação sobre Orçamento Público em Educação), uma importante iniciativa do MEC, criado em 2004, que busca disponibilizar de forma rápida os gastos educacionais dos entes federados (www.fnde.gov.br/siope).

Uma análise da execução orçamentária do governo federal[4]

Para essa análise algumas decisões metodológicas precisam ser tomadas. A primeira refere-se à série histórica escolhida. Neste trabalho optou-se pelo intervalo 2000 a 2008, que permite uma análise dos três últimos anos da gestão FHC e de seis anos dos dois mandatos de Lula. A segunda questão refere-se ao índice de atualização monetária a ser utilizado. Optou-se pelo INPC (Índice Nacional de Preços ao Consumidor) do IBGE, que mede a inflação de uma cesta de consumo das famílias com rendimento de até oito salários-mínimos para as 11 maiores regiões metropolitanas do país. Escolheu-se este índice em virtude das despesas educacionais, que são essencialmente de gastos com pessoal, situarem-se nessa faixa de consumo. Por último, resta definir qual o indicador de gastos que será utilizado. Aqui, optou-se pelas Despesas com Manutenção e Desenvolvimento do Ensino, que são divulgadas periodicamente pela Secretaria do Tesouro Nacional em sua página (www.stn.fazenda.gov.br), conforme mandamento legal. A razão desta escolha é centrar a análise apenas naqueles gastos diretamente relacionados com o ensino, não considerando as despesas com alimentação escolar, assistência aos estudantes, além de programas de assistência social (como o Bolsa-família), que muitas vezes aparecem contabilizados como gastos com educação. Cabe ressaltar que, como se verá mais adiante, mesmo com uma sensível melhora na explicitação dessas despesas por parte da Secretaria do Tesouro Nacional (STN), graças principalmente aos esforços do Tribunal

4. Este tópico tem por base: PINTO, J. M. R; O governo Lula e a educação. In: *Insumos para o debate:* Financiamento da Educação no governo Lula. São Paulo: Campanha Nacional pelo Direito à Educação, 2009, p. 52-66.

de Contas da União, ainda persistem artifícios que inflam contabilmente os gastos federais. Portanto, sempre há o risco de se superestimar as despesas.

A Tabela 1 apresenta a evolução (medida em R$ de 2008) das despesas com manutenção e desenvolvimento do ensino (MDE) para o período 2000 a 2008, considerando, na primeira linha, as despesas feitas com recursos oriundos apenas da receita de impostos (fonte tesouro) e, na segunda linha, considerando-se todas as fontes, cujo principal acréscimo advém da inclusão dos recursos da quota federal do salário educação, que, como se sabe, não é um imposto, mas uma contribuição social.

TABELA 1

Despesas do governo federal com manutenção e desenvolvimento do ensino por fonte — 2000/2008 (R$ bilhões de 2008)

Fonte	2000	2001	2002	2003	2004	2005	2006	2007	2008
Tesouro	10,7	11,6	11,3	10,4	12,3	12,6	19,2	18,8	19,2
Todas as fontes	13,7	15,0	14,8	13,4	15,1	15,7	22,0	22,9	24,9

Fonte: Construída pelo autor a partir de dados da STN.

Obs.: de 2000 a 2006 os dados referem-se a despesas liquidadas; em 2007 e 2008 referem-se a despesas executadas, o que inclui os restos a pagar não processados, prática questionável e que inflaciona os gastos.

Os dados apresentados indicam uma mudança substancial no total de despesas com MDE somente no último ano do primeiro mandato (2006), que foi também um ano eleitoral. Cabe ainda comentar que no primeiro ano do governo Lula as despesas foram inferiores à média dos três últimos anos da gestão Fernando Henrique Cardoso (FHC). Percebe-se que somente com a consolidação no cargo do Ministro Fernando Haddad obteve-se uma mudança de patamar nos gastos do governo federal para o setor. Os dados de 2008 parecem indicar uma tendência de estabilização nesse novo nível em relação aos recursos advindos da vinculação constitucional (fonte "Tesouro") e um aumento associado aos recursos advindos de outras fontes. O risco deste processo é que estes recursos dependem essencialmente da capacidade do ministro e, portanto, podem não ter continuidade, em especial, com a mudança de governo. Ademais, sua fonte principal advém da quota federal do salário-educação, contribuição que corre o risco de desaparecer enquanto tal na reforma tributária[5]. Tomando por base o último ano do governo FHC (2002), e o ano de 2008 (para o qual se têm os dados de execução), observa-se um crescimento real de 79%, quando se consideram apenas os recursos do Tesouro, e de 82%, se considerarmos todas as fontes.

Já no Gráfico 1, a seguir, as despesas com MDE (todas as fontes) são comparadas com o PIB (Produto Interno Bruto) e com o total de despesas da União (incluídas aquelas com o refinanciamento da dívida pública).

GRÁFICO 1

Evolução das despesas da União com MDE (todas as fontes) como % do PIB e da Despesa Total

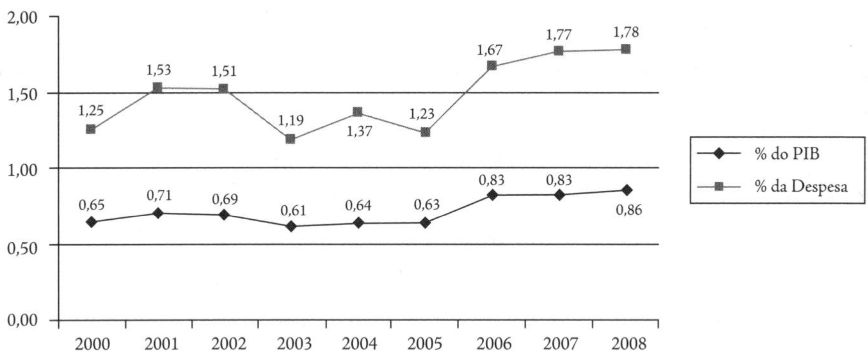

Fonte: STN (para MDE e despesa total) e IPEA (para o PIB).

5. MARTINS, P. S. Educação e reforma tributária. *Cadernos Aslegis*, Brasília, n. 33, p. 129-142, jan./abr. 2008. Disponível em: http//:www.aslegis.org.br.

Os dados apresentados parecem também indicar uma mudança no esforço federal com MDE, embora bem mais modesto. Tomando por base os gastos com MDE em relação ao PIB, constata-se um incremento de 0,15% do PIB em relação ao melhor ano de FHC no período estudado (2001). Em relação ao próprio governo Lula observa-se um acréscimo de cerca de 0,2% do PIB para os três últimos anos da série. Com relação à participação da MDE nas despesas totais do governo federal, embora a oscilação seja maior, o final da série parece também indicar uma mudança de patamar. Não obstante essa melhora, há que se ressaltar que o fato de as despesas com MDE responderem por apenas 1,8% da despesa total, é um indicador claro de falta de prioridade da área.

Relevante também é destacar a desproporção entre a participação do governo federal na carga tributária líquida (que já leva em conta as transferências de tributos para Estados, DF e Municípios), que é de cerca de 58% do total, e sua participação nos gastos com MDE. Considerando que a média de gastos com MDE do governo federal foi de 0,7% do PIB no período 2003 a 2007 e que o gasto total do país foi de cerca de 4% do PIB[6] (Castro, 2007), a participação federal representaria menos de 18% do total. Não é por menos que uma das deliberações da Conferência Nacional de Educação Básica, realizada em 2008, em Brasília, foi a de que a ampliação necessária dos gastos com educação para se atingir um ensino com padrões mínimos de qualidade tenha por base a participação de cada ente federado na receita tributária líquida. Curiosamente, nesta mesma direção já escrevia, em 1873, o republicano Antônio de Almeida Oliveira[7]: "Pois que a instrução do povo é a fonte da renda pública, e esta se divide pelo Estado, província e município, deve

6. CASTRO, J. A. Financiamento e gasto público na educação básica no Brasil: 1995-2005. *Educação & Sociedade*, São Paulo, v. 28, n. 100, p. 857-76, out./2007.

7. OLIVEIRA, A. A. *O ensino público*. Brasília: Senado Federal, 2003. Apud MARTINS, P. S. *Os fundos educacionais no financiamento da educação básica pública:* a inserção do Fundeb no federalismo brasileiro. (Relatório de qualificação de Doutorado) Brasília: Faculdade de Educação da Universidade de Brasília, 2009.

cada uma dessas entidades contribuir para a despesa do ensino com tantas quantas partes têm na renda do país."

Os dados apresentados na Tabela 2 buscam agora apresentar um maior detalhamento da despesa do governo federal em MDE considerando as diferentes subfunções. Os dados apresentados com detalhamento pela STN incluem apenas aqueles gastos que possuem como fonte os recursos do Tesouro. Esse fato, com certeza, introduz um viés nos resultados, pois excluem o detalhamento das despesas com os recursos da quota federal do salário educação, por exemplo, sob o qual se encontra boa parte das transferências voluntárias. De qualquer forma, optou-se por esse caminho, pois o uso das "despesas por programa" poderia gerar mais ambiguidades em virtude da definição pouco clara dos mesmos (por exemplo: Universidade do século

TABELA 2

Despesas do governo federal com manutenção e desenvolvimento do ensino por subfunção — 2000/2008 (fonte: Tesouro) (R$ milhões de 2008)

Subfunção	2000	2001	2002	2003	2004	2005	2006	2007	2008
E. Fundamental	845	881	606	819	64	51	1.059	1.142	336
E. Médio	99	829	172	142	165	227	173	122	157
E. Profissional	822	848	868	864	931	1.026	1.123	1.385	1807
E. Superior	8.762	8.574	8.693	8.246	8.314	9.066	10.150	11.434	11.509
Ed. Infantil	71	6	8	6	1	17	26	3	2
EJA	0	267	1	93	9	66	427	0	0
Ed. Especial	8	54	52	51	39	66	55	0	0
Comp. Fundeb*	-	-	-	-	-	-	-	577	952
Outras	95	151	881	173	2.728	2.036	6.195	4.169	4.388
Total	10.702	11.610	11.281	10.394	12.251	12.555	19.208	18.832	19.151

*Parcela da complementação advinda apenas da receita vinculada de impostos.

Fonte: Elaborada pelo autor, a partir de dados da STN.

XXI, Brasil Alfabetizado, Brasil Escolarizado etc). Uma rica e cuidadosa análise das despesas por programa do governo Lula pode ser obtida em Ximenes (2009)[8] ou em Araújo (2009)[9].

Os dados apresentados mostram o quão pouco se avançou ainda por parte do MEC em uma correta explicitação dos gastos com ensino. Particularmente a partir de 2004 (gestão Tarso e Fernando Haddad), observa-se uma explosão das despesas que não se enquadram nas subfunções explicitadas, o que é claramente injustificável, uma vez que essas categorias englobam boa parte das despesas que, se espera, sejam feitas em educação. Outra constatação é que as subfunções "ensino profissional" e "ensino superior" perfazem mais de 60% das despesas. As subfunções "educação infantil", "educação de jovens e adultos" (EJA) e "educação especial" são marcadas pela descontinuidade das séries históricas e pelos ínfimos valores. Os valores zerados (EJA e Ed. Especial) e R$ 2 mi (Ed. Infantil) de 2008 não indicam que o governo federal nada tenha feito nessas etapas/modalidades de ensino, pois despesas houve e provavelmente estão contabilizadas como "outras", ou então foram realizadas com recursos de outras fontes (salário-educação, em especial). De toda forma, a total falta de visibilidade orçamentária, de responsabilidade do próprio governo, já é um claro indicador da falta de prioridade para esses setores.

As únicas subfunções que apresentam uma continuidade remetem diretamente àqueles níveis e modalidades de ensino para os quais o governo federal possui rede própria, ou seja, ensino superior e ensino profissional. Com relação ao ensino superior, observa-se, no período de 2000 a 2008, um crescimento nas despesas em termos reais de 31%, que ocorreu essencialmente nos três últimos anos da série histórica. Esse crescimento parece refletir

8. XIMENES, S. B. A execução orçamentária da educação no primeiro mandato do governo Lula e suas perspectivas. In: *Insumos para o debate:* financiamento da Educação no governo Lula. São Paulo: Campanha Nacional pelo Direito à Educação, 2009, p. 8-32.

9. ARAÚJO, L. O financiamento da educação básica no segundo mandato do governo Lula. In: *Insumos para o debate:* financiamento da Educação no governo Lula. São Paulo: Campanha Nacional pelo Direito à Educação, 2009, p. 34-51.

uma melhoria observada nas condições de funcionamento das IFES (Instituições Federais de Educação Superior), mas ainda não captam os custos da grande expansão recente dessa rede (por ser gradual a contratação de pessoal, por exemplo), ou indicam que o crescimento das despesas não tem acompanhado àquele da oferta de vagas, o que pode apontar problemas mais à frente. Basta dizer que, de 2005 a 2008, o número de ingressantes nos cursos de graduação presenciais das IFES cresceu 22%. Cabe comentar também que a participação das despesas com ensino superior no total de MDE (fonte Tesouro) caiu de 82%, em 2000, para 60%, em 2008. Esse fato talvez já permita dizer que o MEC não é mais e tão somente o ministério da educação superior. No que se refere ao ensino profissional constata-se um crescimento bem mais robusto, no período, com uma variação de 120%. Essa expansão das despesas começa em 2004, com um crescimento de 8% sobre 2003, e atinge seu maior índice em 2008, com um valor 94% superior ao de 2004. Esse crescimento consistente parece dar base concreta ao discurso do governo Lula de expansão da rede federal de escolas técnicas; parece difícil, contudo, cumprir-se a meta de se chegar a 500 mil alunos em 2010, considerando-se que as matrículas no ensino profissional da rede federal eram de 77 mil alunos em 2007 (Brasil, 2007) e respondiam por apenas 10% do total de matrículas desta modalidade de ensino. Já com relação às despesas com a subfunção "ensino fundamental" observa-se um crescimento de 35% entre 2000 e 2007, com uma queda impressionante de 71% em 2008 frente a 2007. As oscilações observadas na Tabela 2 parecem antes indicar falta de critérios claros de contabilização e o mais provável é que boa parte das despesas com o ensino fundamental, assim como aquelas referentes à complementação da União para com o Fundeb (que afetam Ed. Infantil, EJA, E. Fundamental, E. Médio, Ed. Especial e E. Profissional), estejam contabilizadas como "outras".

Surpreende também que, no relatório da STN, o fato de um valor importante dos gastos da União com MDE aparecer sob a rubrica ("outras despesas"), o que indica, além de problemas de classificação, um risco de descontinuidade de programas em uma eventual mudança de governo. Ao que parece, parte da complementação da União ao Fundeb encontra-se aí classificada.

Essa bem-vinda ampliação dos gastos federais com MDE a partir de 2006 levanta, contudo, outra preocupação: como essas despesas se situam em relação à receita líquida de impostos? Trata-se de uma questão importante porque, se o governo federal já estiver aplicando índices bem superiores aos 18% definidos pela Constituição Federal, há o risco, frente a uma eventual mudança política do MEC ou do Executivo, ou ainda, em virtude dos efeitos da crise econômica, de ocorrer uma redução das despesas com o setor. Para responder essa questão foi construída a Tabela 3, que apresenta o percentual aplicado pelo governo federal com MDE e indica também qual seria este índice sem o efeito da Desvinculação das Receitas da União (DRU).

TABELA 3

Percentual de despesas do governo federal com manutenção e desenvolvimento do ensino — 2000/2007

	2000	2001	2002	2003	2004	2005	2006	2007	2008
Com o efeito da DRU	17,2	19,4	18,4	18,2	19,7	20,9	26,6	18,5	18,9
Sem o efeito da DRU	12,6	12,9	12,1	12,1	13,1	12,2	17,4	13,1	12,6

Fonte: elaborada pelo autor, a partir dos dados da STN.

Os dados apresentados na Tabela 3 indicam que, considerando a legislação em vigor (que leva em conta os efeitos da DRU), com exceção de 2000, o governo federal aplicou percentuais inclusive acima dos 18% definidos como o mínimo constitucional. A segunda linha do mesmo gráfico, contudo, mostra o quão nocivo para a educação têm sido os efeitos da DRU. Como se sabe, a DRU reduz a base da receita líquida de impostos sobre a qual se afere o cumprimento da vinculação, por parte do governo federal. Assim, quanto menor o valor desta base, mais fácil fica para o governo federal atingir os percentuais mínimos da Constituição Federal. Essa perda para a educação foi superior a 30% no período estudado. Para se ter um exemplo do que essa perda representa, se a vigência da DRU não tivesse sido prorrogada pelo governo Lula, o MEC, em 2008, deveria ter aplicado um adicional de R$ 8,2 bilhões com MDE, o que permitiria mais do que dobrar a complementação da União para com o Fundeb, ampliando o seu valor mínimo e reduzindo as disparidades regionais.

Como aponta Salomão Ximenes[10], não bastasse o dano que a DRU por si só representa, para aumentar o seu valor, a União a tem calculado usando como base não os impostos que de fato lhe pertencem, mas considerando também as transferências de impostos que constitucionalmente pertencem aos estados e municípios. Como mostra o autor, ao contrário de representar uma desvinculação de 20% da base de impostos da União, a DRU implicou, com esse artifício, uma desvinculação de 30% da base, em 2007.

Outro artifício flagrado há longa data pelo TCU (Tribunal de Contas da União)[11] [12] é a dedução, na hora de calcular a receita líquida de impostos, não somente das transferências de impostos que a União constitucionalmente repassa para os estados, Distrito Federal e municípios, como manda o § 1º do art. 212 da Constituição Federal, mas sim de um conjunto muito mais amplo de suas transferências para os entes federados, o que fazia cair enormemente a Receita Líquida de Impostos sobre a qual se calculam os 18% para MDE. Graças à ação do TCU, a partir de 2007, finalmente, a STN passa a fazer uma prestação de contas em que claramente são abatidas tão somente as transferências constitucionais de impostos. Para se ter uma ideia do impacto desta mudança de metodologia, basta dizer que de 2006 para 2007 a Receita Líquida de Impostos da União cresceu 48%, enquanto a sua Receita Total de Impostos cresceu 18%, em termos nominais. Essa mudança explica também a queda no percentual de vinculação de 26,6%, em 2006, para 18,5%, em 2007 e 18,9% em 2008. Essa constatação nos faz imaginar o quanto a educação foi lesada, em anos anteriores, por expedientes ilegais como esses.

---

10. Op. cit.

11. TCU. *Relatório sobre as contas do Governo da República*. Exercício de 2001. Brasília, 2002.

12. TCU. *Relatório sobre as contas do Governo da República*. Exercício de 2006. Brasília, 2007.

De qualquer forma, a ampliação observada mostra o quanto ainda estamos distantes dos gastos públicos em educação de 7% do Produto Interno Bruto (PIB) que constam no PNE, mas que foram vetados por Fernando Henrique Cardoso (FHC), ou mesmo dos 6% do PIB que são hoje propugnados por organismos como a Organização das Nações Unidas para a Educação, a Ciência e a Cultura (UNESCO) e que já são lei na Argentina[13]. O documento de referência para a Conferência Nacional de Educação (CONAE) que acontecerá em 2010, tendo por base deliberação da Conferência Nacional de Educação Básica de 2008 (Coneb), propõe a ampliação dos investimentos públicos para, no mínimo, 7% do PIB até 2011 e, no mínimo, 10% do PIB até 2014.[14]

A mídia e o financiamento da educação

Na parte que se segue, serão analisados os principais temas relacionados ao financiamento da educação que apareceram na mídia, tendo por base o banco de dados[15] organizado para esta publicação.

Financiamento da Educação Superior

Em primeiro lugar, aparece com grande destaque a questão do crédito educativo, hoje sob o nome de FIES (Fundo de Financiamento ao Estudante do Ensino Superior) sistema de financiamento. Boa parte das notícias reflete as informações divulgadas pelo MEC e apresentam pouco caráter analítico. Para 2008, foram pré-selecionados 50 mil estudantes, em um total

13. MORDUCHOWICZ, A.; DURO, L. *La inversión educativa en América Latina y el Caribe. Las demandas de financiamiento y asignación de recursos*. Buenos Aires: IIPE-Unesco, 2007.

14. Brasil, 2009. CONAE 2010. Construindo o sistema nacional articulado de educação: o Plano Nacional de Educação, diretrizes e estratégias de ação. Brasília, DF, Presidência da República, 2009.

15. Cfr.: http://www.anaurioeducativo.iela.ufsc.br

de 60 mil inscritos (*O Globo*, 9/12/2008). Noticia-se ainda que cerca de 506 mil estudantes estão inscritos no programa, envolvendo 1.459 instituições com investimentos de R$ 4,6 bilhões por parte da Caixa Econômica Federal responsável pelo sistema (*O Globo*, 14/11/2008). Cabe comentar que o FIES é decorrência natural do elevado grau de privatização da Educação Superior no Brasil; que não para de crescer: em 2005, as matrículas do setor privado respondiam por 74,1% do total, passando para 75,5% em 2006, atingindo 76% em 2007, com predominância nas regiões mais ricas do país (*Folha de S.Paulo*, 19/9/2008), repercutindo dados divulgados pelo Instituto Brasileiro de Geografia e Estatística (IBGE). Em São Paulo, estado mais rico da federação, este índice já supera os 90%. Com essa elevada privatização, em um país com baixos salários, cresce a inadimplência, tanto das mensalidades escolares, quanto nos sistemas de crédito educativo, como o FIES. Com relação às primeiras, cabe comentar a iniciativa da Confederação Nacional dos Estabelecimentos de Ensino (Confenen) que criou, sob o anódino nome de Cadastro de Informações da Educação Brasileira (Cineb), um cadastro de pais e contratantes inadimplentes, uma espécie de "Serasa" dos estabelecimentos do ensino, contemplando, inclusive, o envio de uma carta aos "devedores" informando da dívida e de que seu nome irá para o "cadastro". A notícia, divulgada, em Cuiabá, gerou críticas por parte da representante do Procon local que considerou a prática abusiva e ilegal (*Diário de Cuiabá*, 2/11/2008). Esta iniciativa mostra a lógica essencialmente mercantil que move o setor.

A inadimplência também está presente no FIES. Cabe comentar que este programa só surgiu, porque seu antecessor, o Crédito Educativo (CREDUC), foi a "falência" em virtude da inadimplência que era superior a 80% dos contratos. Como se sabe, o sistema de crédito educativo só é viável se os formados pagarem suas parcelas do financiamento, o que viabiliza o ingresso de novos alunos no sistema. Na prática, isso não ocorre, pois são poucas as garantias de ingresso no mercado de trabalho, ainda mais para alunos vindos de escolas privadas, ou de carreiras sem muito prestígio. No FIES, para resolver esse problema crônico, o governo federal financia apenas parte da mensalidade e exige fiador. Estas medidas, contudo, não enfrentam as questões da dificuldade de ingresso no mercado de trabalho e do baixo salário pago a boa parte das profissões de nível superior. Mesmo sendo um programa novo, a inadimplência do FIES já se situa entre 15% e 20%, e a Caixa Econômica Federal (CEF) estuda mecanismos de renegociação da dívida (*O Estado de S.Paulo*, 11/4/2008). Na mesma matéria noticia-se a "enxurrada de ações que o FIES enfrenta na justiça", em particular em função dos juros. Outra dificuldade no FIES refere-se à obtenção de um fiador. A saída encontrada pelo governo foi permitir a fiança "cruzada" de tal forma que um estudante, ou grupo de estudantes, seja fiador do colega, medida que só aumentará, a longo prazo, a inadimplência do sistema, mas quando, obviamente, o ministro será outro. Também para reduzir a inadimplência o governo reduz os juros para as carreiras do magistério e sugere que se pague com trabalho docente a dívida (*A Tribuna*, 3/9/2008). Resta saber se o salário será suficiente para saldar o débito com o FIES, e para viver com dignidade. Talvez o futuro professor prefira ter seu nome na Centralização dos Serviços Bancários S/A (Serasa). Curiosamente, não obstante todos os problemas do sistema, o Ministro Fernando Haddad defende a extensão do FIES para cursos de mestrado e doutorado (*Meio Norte*, 5/9/2008). Surge também a notícia de que o estado de Tocantins criou um FIES próprio, o Proeducar (*Jornal do Tocantins*, 19/9/20808).

Outra saída para resolver a baixa oferta de vagas gratuitas no Brasil, dentro de uma lógica mercantil, foi a criação do ProUni (Programa Universidade para Todos) pelo governo federal, em 2004, que vale por uma verdadeira reforma universitária ao mais que dobrar o número de vaga gratuitas no país, mas via sistema privado de ensino. O programa, em linhas gerais, transforma impostos devidos por instituições privadas de ensino superior (ou isenção de impostos, no caso das IES não lucrativas), em bolsas de estudo, que podem ser integrais, de 50% e de 25%. O programa estabelece, para acesso, critérios de renda (até 1,5 salário-mínimo de renda familiar *per capita*). Segundo notícia divulgada no Paraná (*Gazeta do Povo*, 2/7/2008), embora o programa já tenha permitido o acesso de cerca de 385 mil alunos na educação superior, apresenta hoje grande ociosidade de vagas (40%, das 118.871 oferecidas em 2008). Segundo a matéria, isso ocorre exatamente pelo critério socioeconômico, e a demanda do setor é ampliar a faixa de renda familiar para que essas vagas sejam aproveitadas. Caso isso ocorra, contudo, o risco é que o programa acabe se transformando em um mecanismo convencional de bolsa de estudos como o que as instituições já possuíam antes de sua criação. Essa talvez seja a principal crítica ao programa: quantas bolsas novas foram de fato criadas, considerando que a oferta de bolsas já era uma prática usual na IES privadas? Outro problema citado na matéria ocorre no caso das bolsas parciais, pois os alunos não têm como pagar os valores complementares. Para "resolver" este problema, o governo permitiu o financiamento desta parte via o FIES. Ou seja, cria-se uma bola de neve. Sabe-se também, que no caso do FIES, as instituições privadas financiam a parte das mensalidades não coberta por esse mecanismo de financiamento, o que só faz aumentar as chances de inadimplência no futuro, pois o jovem formando passa a ter não apenas um, mas dois empréstimos a pagar.

Como se vê, embora as saídas adotadas pelo MEC, via bolsas do ProUni, tenham ampliado o acesso gratuito ou semigratuito para segmentos mais pobres à educação superior, contando inclusive com o apoio de alguns movimento sociais, o sistema ainda apresenta sérios problemas. O controle sobre a qualidade ou obediência aos critérios de seleção dos alunos são frágeis e, no final, com o uso dos recursos do FIES, transforma-se em um programa que mais beneficia as instituições privadas de ensino, que aos alunos pobres que buscam acesso à educação superior. A pergunta que fica é: não seria melhor utilizar os recursos dos impostos não pagos por estas instituições e os recursos destinados ao saco sem fundo do FIES (já que, a longo prazo, é o poder público que arcará com a inadimplência do sistema e, provavelmente, um novo ministro criará um novo FIES) para ampliar a rede pública de ensino?

Mostrando ainda um forte viés por soluções de mercado no âmbito do financiamento da educação superior, cabe citar a abertura de capital na bolsa de valores de São Paulo por parte de algumas empresas de ensino, o que tende a aumentar a concentração do setor, com risco de falências, já que dados de 2002 já apontavam a existência de mais de meio milhão de vagas não preenchidas (Pinto, 2004). Quanto às bolsas, matéria cita a Estácio de Sá, que captou R$ 250 milhões e já conta com 195 mil alunos matriculados no Brasil (*Gazeta do Povo*, 6/4/2008). Segundo outra notícia publicada (*O Estado de S.Paulo*, 26/5/2008), especialistas avaliam que o setor deve receber cerca de R$ 3 bilhões em investimento nos próximos dois anos. A matéria cita como empresas que abriram seu capital, além da Estácio de Sá, os grupos Geração de Conhecimento (COC), Pitágoras e o Centro Universitário Anhanguera, este último, um dos que mais cresceu no país. Este último, que foi o primeiro a abrir seu capital, captou R$ 360 milhões na primeira oferta e outros R$ 508 milhões na segunda, já em 2008, ficando quase a totalidade destas ações com investidores de fora do país. Depois da abertura de capital que resultou em ampliações e aquisições de várias instituições, o grupo passou de 40 mil para 139 mil alunos. Na mesma direção o jornal *Folha de S. Paulo* (6/6/2008) noticia que o BNDES (Banco Nacional de Desenvolvimento Econômico e Social) abriria linha de crédito para instituições privadas de ensino médio e superior. Informa ainda que no final de 2007 o governo já havia lançado para essas instituições um programa de refinanciamento de suas dívidas de impostos e contribuições atrasados de cerca de R$ 7 bilhões. Finalmente, *A Tribuna* (11/10/2008) informa mudança na legislação que regulamenta os consórcios, a qual passou a permitir a utilização deste instrumento para pagamento de serviços em educação e saúde. A matéria dá como exemplo o pagamento de cursos de especialização como os Master Business Administration (MBAs).

Curiosamente, nos jornais pesquisados não se encontrou um número significativo de notícias sobre os projetos de expansão da rede federal de ensino superior. Como se sabe, os números anunciados são impressionantes. Através do sistema Universidade Aberta do Brasil (UAB) que se estrutura na modalidade de educação à distância (Decreto n. 5.800 de 8/6/2006) e do Programa de Apoio a Planos de Reestruturação e Expansão das Universidades Federais (REUNI), o governo federal se propõe a ampliar as matrículas federais de 491 mil, em 2002, para 1,2 milhão, em 2010 (http://reuni.mec.gov.br). Só no âmbito do REUNI pretende-se ampliar as vagas presenciais nos cursos de graduação de 101 mil, em 2002, para 227 mil, em 2012. O fato que preocupa é que, no caso do REUNI, para uma expansão tão robusta, o Decreto n. 6.096, de 24/4/2007, que o regulamenta, estabelece um limite de ampliação de 20% nos gastos de custeio e pessoal, em cinco anos. Como se vê, as contas não fecham. Portanto, a ampliação, caso ocorra, se dará em função da ampliação da razão alunos/professor que o mesmo decreto fixa em 18. Curiosamente, em sua estimativa de ampliação desta razão o MEC projeta sair de 14 alunos/professor, em 2005, para 20, em 2012, o que está acima do valor estipulado pelo decreto. No que se refere à UAB, como se sabe, a educação à distância no Brasil, que tem uma longa e pouco louvável tradição na educação básica, caracteriza-se pelos elevados índices de evasão e pelo pequeno aprendizado por parte dos alunos, até porque os alunos que, atingidos por essa modalidade, são geralmente aqueles jovens com menor capital cultural e com experiências prévias negativas de escolarização, portanto, os que mais necessitariam e se beneficiariam de um ensino presencial. Por tudo isso, há um risco concreto de que a ousadia das metas resulte em uma perda na qualidade da formação dos alunos da rede federal de educação superior, em processo análogo ao que ocorreu com a expansão do ensino médio público estadual, nas décadas de 1970 e 1980. Não obstante esses números impressionantes, os únicos tópicos encontrados sobre o tema foi uma entrevista no jornal *A Tarde*, de Salvador, com um dos idealizadores do REUNI, o Prof. Naomar Almeida, reitor da UFBA (Universidade Federal da Bahia), notícias sobre os investimentos de expansão na UFGO (Universidade Federal de Goiás), com mais de 60 obras (*O Popular*, 14/8/2008), e uma matéria sobre a transformação dos Cefets (Centros Federais de Educação Tecnológicas) por IFEs (Institutos Federais de Educação), com a oferta de 50% das vagas para os cursos de nível médio, 20% para licenciaturas e 30% para o ensino superior (bacharelados, engenharias e pós-graduação) (*Paraíba on-line*, 1/4/2008). Como se vê, a mídia nacional jogou mais luz sobre as ações no setor alinhadas com as "soluções" de mercado.

A crise do ensino médio e seu financiamento

Outro tema que aparece, embora de forma menos intensa, refere-se à chamada crise do Ensino Médio, que apresenta uma queda de matrículas quando se esperaria sua expansão, pois boa parte dos jovens e adultos do Brasil ainda não concluiu esta etapa da educação básica (*Folha de S.Paulo*, 18/3/2008). A queda de matrículas está ligada, com certeza, à crise de identidade do ensino médio; trata-se de uma etapa que nem assegura uma profissionalização adequada para os jovens e muito menos os prepara para a continuidade dos estudos, como estabelece a Lei de Diretrizes e Bases da Educação Nacional (LDB).

Com cerca da metade de suas matrículas ainda no período noturno, o ensino médio, no Brasil, tem pouco a oferecer em termos de perspectivas e estímulo para os jovens que o frequentam. Ligado a essa questão, mas sem que a mídia faça os vínculos evidentes entre os dois temas, aparece com grande espaço nos periódicos analisados a queda de braço entre o MEC e o Sistema "S" (Senai, Senac, Senar etc.). Assim, notícia da *Folha de S.Paulo* (17/5/2008) relata debate acalorado entre o presidente da CNI (Confederação Nacional da Indústria) e o Ministro da Educação. O primeiro acusa de estatização a proposta do MEC de usar parte dos recursos do sistema "S" (que somam mais de R$ 8 bilhões) para ampliar o sistema público de formação profissional. Cabe, contudo, lembrar que os recursos deste sistema, que são gerenciados pelas corporações patronais (como a CNI) são, na verdade, públicos, e o mais adequado seria sua utilização na rede pública de ensino, já que é muito precária a fiscalização de sua utilização que é feita de forma descentralizada pelas federações das indústrias, do comércio e da agricultura. O mais grave de tudo é que, muito embora se utilizem de recursos públicos, cada vez mais essas entidades cobram dos seus alunos. Ademais, a formação propiciada, geralmente aligeirada, se dá muito mais no interesse imediato das empresas do que referenciada na qualidade da formação e no interesse dos alunos. A título de exemplo do que poderia ser feito com esses recursos, considerando um custo médio de R$ 4 mil/ano de um aluno da rede técnica federal, o montante mobilizado pelo Sistema "S" propiciaria a inclusão de dois milhões de jovens em um sistema de ensino reconhecidamente de qualidade, que tanto qualifica para o trabalho como garante o ingresso de seus alunos nas melhores universidades. Contudo, em função do grande terrorismo feito através dos meios de comunicação e pela Internet pelas entidades que administram esses recursos, o MEC logo abriu mão de sua proposta inicial de ficar com parte dos recursos e fechou um acordo com as entidades patronais que gerenciam o sistema, segundo o qual estas terão de assegurar que dois terços dos recursos sejam destinados a cursos gratuitos, com prazo de implantação até 2014 (*O Estado de S.Paulo*, 26/7/2008). Ficou estabelecido também que esses cursos deverão ter duração mínima de 160 horas (hoje eles possuem duração média de 80 horas). Como se constata, perdeu-se uma oportunidade única para discutir com o conjunto da sociedade, sem necessidade de criação de novos tributos, uma mudança significativa no padrão de qualidade do ensino médio.

Outro programa de impacto na área noticiado trata-se do Brasil Profissionalizado, que tem como objetivo incentivar a expansão do ensino profissional integrado ao ensino médio nas redes estaduais, com a meta de investir R$ 900 milhões, até 2011, na construção, ampliação ou reforma de escolas públicas de ensino médio e profissional. Trata-se de iniciativa positiva, mas cabe lembrar que o custo maior não está em construir escolas e sim em assegurar o seu custeio com qualidade. Portanto, se não houve uma ampliação de impacto nos valores por aluno do Fundeb, o que pressupõe uma participação muito além dos 10% assumidos pela União no Fundeb, todas essas boas iniciativas tendem a ficar no meio do caminho, pois não impactam no custeio das escolas.

Outra iniciativa em discussão no Congresso Nacional é a criação de um Fundo de Desenvolvimento da Educação Profissional (*Diário do Amapá*, 12/12/2008), projeto de Emenda Constitucional de autoria do Senador Paulo Paim (PT, RS) que depende ainda de votação no plenário, para depois ser encaminhado à Câmara dos Deputados. Não deixa de ser uma proposta esdrúxula, uma vez que o Fundeb contempla já essa modalidade de ensino, ao menos em sua modalidade técnica. Finalmente, dissemina-se uma proposta interessante, mas que atinge poucos estudantes, que são as bolsas de incentivo à iniciação científica no ensino médio. *O Liberal* (26/10/2008) anuncia programa com este perfil com recursos da Fundação de Amparo à Pesquisa do Pará e o estado de São Paulo possui também projeto de natureza semelhante.

Questões envolvendo o Fundeb e o financiamento da educação básica

Considerando que cerca de mais de 75% dos recursos públicos destinados à educação pública no Brasil são direcionados para a educação básica (Educação Infantil, Ensino Fundamental e Médio), não deixa de surpreender o relativamente menor número de matérias que tratam deste tema. Mais uma vez credita-se isso ao fato de que boa parte dos pais que têm seus filhos nas escolas públicas do país não é assinante de jornais.

Entre os temas tratados, obviamente o Fundeb aparece com bastante destaque. Em geral as notícias possuem um caráter mais informativo, repercutindo as informações divulgadas pela assessoria de imprensa do MEC. Um exemplo disto é matéria divulgada pelo jornal *Paraíba on-line* (2/6/2008), que anuncia os fatores de ponderação para os diferentes níveis e modalidade de ensino do Fundeb. Na matéria é entrevistado Vander Borges, responsável pela operacionalização dos fundos no MEC desde a época do Fundef. Outra notícia a comentar é um reajuste ocorrido no valor mínimo do Fundeb, o qual, através de Portaria de agosto de 2008, passou a valer R$ 1.132,24 por aluno/ano, ou pouco menos de R$ 100/mês (*Tribuna do Norte*, 6/9/2008). Quando se compara este valor com as mensalidades cobradas por escolas privadas, percebe-se o quão insuficiente ele é para assegurar um ensino com padrão mínimo de qualidade, como determina a Constituição Federal. Um contraste ilustrativo também é matéria que indica o custo mensal de um adolescente infrator em regime de internato: R$ 4 mil por mês (*Paraíba on-line*, 13/7/2008).

Ainda com relação ao valor por aluno do Fundeb, assunto que repercutiu muito na mídia foi o decreto do governo federal que permite que, a partir de 2010, os estudantes com deficiência atendidos em escolas regulares e que recebam atendimento extraclasse na própria escola ou em estabelecimentos especializados sejam contados em dobro (*Tribuna do Norte*, 19/9/2008). Trata-se sem dúvida de uma conquista importante para garantir uma efetiva inclusão destes alunos e estimular uma ampliação do atendimento que ainda é muito aquém da necessidade real.

Outro tema que surgiu com muita frequência nos artigos analisados tratava da divulgação de cartilhas sobre a adequada utilização dos recursos do Fundeb (*Estado de Minas*, 3/11/2008) e dos desvios de seus recursos, como o caso de uma prefeita e um vereador de uma cidade do interior do Piauí que utilizaram recursos do fundo para o pagamento de cursos superiores (*Meio Norte*, 18/12/2008). Outra matéria interessante, recheada de exemplos de falcatruas, é encontrada no jornal *Estado de Minas* (3/11/2008). Já o *Diário de Cuiabá* (13/6/2008) noticia a prisão pela Polícia Federal do Secretário de Educação de Carlinda, acusado de apropriação indevida dos recursos do fundo. Outra notícia preocupante foi divulgada pela *Folha de S.Paulo* (12/12/2008) e relata que os Estados deixaram de repassar R$ 733 milhões segundo levantamento do MEC. Esse repasse a menos decorre da diferença entre a receita estimada e a efetivamente arrecadada. Contudo, por se tratar de um fundo contábil, com transferências automáticas, não seria esperado que isso acontecesse com o Fundeb. Essa notícia, se confirmada, afeta muito a credibilidade do fundo.

Um elemento novo e com forte impacto que tem surgido nas políticas de financiamento da educação básica refere-se à compra de apostilas elaboradas por grupos privados de ensino por parte de prefeituras. Segundo *O Estado de S.Paulo* (13/4/2008), pelos menos 150 municípios paulistas já contratam sistemas apostilados e, no Brasil, são cerca de 300 cidades, totalizando 690 mil alunos. Este mecanismo é altamente preocupante, pois, de um lado, implica duplicação de gastos, pois o MEC continua enviando o material do Programa Nacional do Livro Didático (custo total de R$ 661 milhões, em 2007) e, de outro, há um risco de padronização do material, conforme afirma pesquisadora da Unicamp, Ângela Soligo, citada na matéria. Além disso, essas contratações, que envolvem, muitas vezes, além das apostilas, assessoria e capacitação de professores, feitas muitas vezes sem licitação, são uma porta aberta para a corrupção. Não é à toa que o maior número ocorre no estado de São Paulo, onde a municipalização foi feita sem qualquer preocupação com a qualidade do ensino e sem qualquer respeito a uma rede estadual, que já é uma das melhores do país. A professora Theresa Adrião, da Unesp-Rio Claro, coordena uma pesquisa sobre esses contratos no estado de São Paulo.

Uma questão crítica para o Fundeb, mas que pouco apareceu nas matérias analisadas, refere-se a seus efeitos no pacto federativo. Como se sabe, com a municipalização induzida pelo Fundef, hoje os estados repassam cerca de R$ 10 bilhões aos municípios, pois esse tem mais alunos, proporcionalmente, à sua participação na receita de impostos. Com isso, o Fundeb quase nasceu sem a inclusão das matrículas em creches, o que só foi possível com a mobilização da sociedade civil. O preço pago por essa conquista, contudo, foi estabelecer para as creches um fator de ponderação no fundo muito aquém de seus custos reais, o que desestimula o crescimento da oferta, ou induz ao conveniamento com entidades sem fins lucrativos, com um custo menor para o poder público, mas com problemas graves de qualidade. Longa matéria (*O Estado de S.Paulo*, 4/5/2008) comenta esta queda de braço entre estados e municípios e seus efeitos para a educação infantil. Trata-se de questão extremamente preocupante, pois, como aponta notícia do jornal *Folha de S.Paulo* (14/7/2008), com base em dados do IBGE, faltam creches públicas em 24% das cidades brasileiras. Além disso, em 2006, apenas 15% das crianças de zero a três anos tinham acesso a creche, índice que, segundo o PNE (Lei n. 10.172/2001) deveria ser de 30%, chegando a 50% em 2011. Além disso, esse aceso é diferenciado em função da renda familiar: assim, entre o quinto mais rico da população este índice era de 30%, enquanto no quinto mais pobre era de apenas 10% (*O Estado de S.Paulo*, 4/5/2008). Outra matéria no mesmo jornal (2/1/2008), assinada por Renaldo A. Gonçalves, com o sugestivo título de "O futuro roubado", trata do mesmo tema e comenta o hábito das autoridades de culpar os outros por atos ou omissões que são de sua responsabilidade. Por fim, uma matéria publicada no jornal *A Tribuna* (28/10/2008), do Espírito Santo, reproduz fala do governador sobre a necessidade de o governo federal investir mais em educação básica. De fato, esse é um dos grandes desequilíbrios de nosso sistema de financiamento: o governo federal que fica com cerca de 2/3 da carga tributária responde por menos de 10% do que se gasta na educação básica.

Um outro tema relacionado ao Fundeb e que apareceu com muita intensidade na mídia trata-se da aprovação, em julho de 2008, da Lei nº. 11.738, que estabelece o Piso Nacional do Magistério de R$ 950 mensais. Contudo, boa parte das matérias não trazia repercussões positivas de uma conquista histórica do magistério, mas reproduzia as críticas de governadores e prefeitos sobre a inviabilidade de se pagá-lo, em especial, em função de artigo da lei que estabelecia o equivalente a um terço da jornada de trabalho para atividades extraclasse. Curiosamente, as críticas mais duras não vieram dos estados mais pobres da federação, mas da governadora do Rio Grande do Sul, Yeda Crusius, que alegou que não cumpriria a nova lei por entendê-la inconstitucional e que juntamente com outros governadores entraria com uma Ação Direta de Inconstitucionalidade (Adin) (*Correio do Povo*, 24/7/2008). Esta governadora, em conjunto com seus colegas do Paraná, Mato Grosso do Sul, Santa Catarina e Ceará, de fato entrou com a citada ação, e o STF acatou parte do pedido, suspendendo liminarmente a vigência do percentual destinado à atividade extraclasse, mantendo, contudo, a vigência do Piso nos demais aspectos (*O Globo*, 17/12/2008), entendendo que não havia inconstitucionalidade na fixação de um piso nacional de salários, visto que o mesmo estava previsto na própria Constituição Federal (CF). Sobre esse assunto, cabe comentar que há pouco sentido em fixar um piso salarial sem definir a parcela de tempo da jornada de trabalho que o professor poderá dedicar para planejar suas aulas, participar de reuniões coletivas com seus colegas, realizar reuniões com os pais e corrigir os trabalhos de seus alunos. A título de comparação, seria como se o jornalista fosse pago somente pelo tempo gasto para escrever uma matéria, ou um ministro do STF, só pelo tempo dedicado a elaborar seus votos e pareceres, sem contar o tempo dedicado à preparação dos mesmos. Portanto, um momento que deveria ser a feliz conclusão de uma luta que remonta à primeira Lei de Instrução Pública do Brasil de 1827 e que já falava em uma remuneração mínima para os "mestres e mestras", acabou se transformando, pela iniciativa destes governadores e pela ação do STF, em uma lei pela metade. De qualquer forma, o princípio constitucional e o valor do piso estão garantidos, assim como as correções periódicas previstas; trata-se de uma conquista inegável e que terá importantes impactos na qualidade da educação do país. Várias matérias tratam também do não cumprimento por parte dos gestores dos repasses do fundo para os salários, em especial, os abonos de fim de ano com as "sobras" do Fundeb.

Aliás, o impacto dos insumos educacionais na qualidade foi outro assunto que apareceu no material analisado. Particular impacto teve a divulgação por parte do movimento Todos pela Educação de estudo da consultoria McKinsey, que indica como principais fatores de sucesso escolar de países como Finlândia e Coreia do Sul a capacitação e valorização dos professores (*Folha de S.Paulo*, 20/6/2008). O estudo mostra que nestes países são recrutados para o magistério os formandos que tiveram melhor desempenho nas universidades. Além disso, na Coreia, os melhores professores são direcionados para as escolas com maiores dificuldades. Evidentemente a única forma de fazer com que os melhores alunos procurem o magistério é fazer com que os salários desta carreira sejam tão atraentes quanto aquelas com nível de formação equivalente. Para que isso ocorresse no Brasil, tendo por base os dados da Pnad do IBGE, os salários precisariam, no mínimo, dobrar. Outra matéria, publicada no jornal *Meio Norte* (3/10/2008), divulga estudo dos pesquisadores do Instituto de Pesquisa Econômica Aplicada (IPEA) Sergei Soares e Natália Sátyro, que aponta o impacto positivo dos insumos escolares (prédios adequados, bibliotecas, laboratórios etc.), particularmente nas escolas em piores condições. Nesta mesma direção encontra-se a iniciativa do Conselho Nacional de Educação em conjunto com a Campanha Nacional pelo Direito à Educação de debater e indicar como instrumento para orientação da política educacional o Custo Aluno-Qualidade Inicial (CAQi) que busca estabelecer, com base no valor dos insumos educacionais, o valor mínimo por aluno nos diferentes níveis e modalidade de ensino que garanta um padrão mínimo de qualidade ensino (*Tribuna do Norte*, 9/10/2008). Mais informações sobre o CAQi podem ser obtidas em Carreira e Pinto (2007)[16].

Contudo, o Plano de Desenvolvimento da Educação (PDE), um programa lançado em abril de 2007, mas que se tornou a verdadeira logomarca da gestão Fernando Haddad, desde então aparece pouco na mídia. Tema polêmico que está sendo estudado por vários autores, como GRACIANO[17]; KRAWCZYK[18]; ADRIÃO E GARCIA[19]; CAMARGO, PINTO E GUIMARÃES[20]. O PDE, quando apareceu nos jornais analisados, esteve relacionado aos recursos viabilizados através dos Planos de Ação Articuladas (PAR), e as matérias tratavam basicamente de recursos destinados à construção de escolas de educação infantil (Proinfância) e para a formação de professores. Neste sentido, matéria do *Correio Brasiliense* (28/9/2008) comenta o crescimento das matrículas em creches e pré-escolas de 2006 para 2007, e o representante do MEC e da Undime atribuem a melhoria do atendimento a um esforço maior dos municípios que foi respaldado com o PDE. Por outro lado, a *Folha de S.Paulo* (29/4/2008) relata as dificuldades que os municípios encontram para a realização dos convênios relativos ao Proinfância em função do grande número de exigências, em especial relativas à titulação dos terrenos para a construção das escolas de educação infantil e que

16. Op. cit.
17. GRACIANO, M. (coord.). *O Plano de Desenvolvimento da Educação (PDE)*. São Paulo: Ação Educativa, 2007. v. 4. (Em Questão)
18. KRAWCZYK, N. R. O PDE: novo modo de regulação estatal? *Cadernos de Pesquisa*, São Paulo, v. 38, n. 135, p. 797-815, set./dez. 2008.
19. ADRIÃO, T.; GARCIA, T. Oferta educativa e responsabilização no PDE: O Plano de Ações Articuladas. *Cadernos de Pesquisa*, v. 38, n. 135, p. 779-96. São Paulo, set./dez. 2008.
20. CAMARGO, R. B.; PINTO, J. M. R.; GUIMARÃES, J. L. Sobre o financiamento no Plano de Desenvolvimento da Educação. *Cadernos de Pesquisa*, São Paulo, v. 38, n. 135, p. 817-39, set./dez. 2008.

as municipalidades nem sempre têm como cumprir. Uma questão importante, e que o Proinfância não resolve, é que o custo de construir uma escola de educação infantil é muito inferior ao valor gasto para sua manutenção anual. Portanto, para viabilizar de fato a ampliação desta etapa de ensino, é fundamental que seja ampliado o seu fator de ponderação no Fundeb para que o mesmo seja adequado aos seus custos reais. Ainda sobre o PDE, cabe comentar uma entrevista dada sobre o tema pelo professor Dermeval Saviani ao jornal *O Estado de S. Paulo* (19/5/2008). O pesquisador ressalta alguns avanços representados pelo PDE, no que se refere à preocupação com a qualidade do ensino e com o apoio técnico aos municípios, mas sublinha que de nada adiantam esses programas educacionais, por mais acertados e bem intencionados que sejam, se não houver uma priorização da educação nos orçamentos dos entes federados. Comentando que os países ricos gastam de 7% a 8% do PIB para manter seus sistemas de ensino, cujas redes já estão montadas, cita o veto de FHC à determinação do PNE de se investir 7% do PIB em gastos públicos com educação e conclui afirmando que foi uma decepção Lula não ter derrubado esse veto.

Aliás, falando em necessidade de mais recursos para a educação, algumas matérias tratam da questão do uso dos eventuais recursos advindos das descobertas de petróleo na faixa do pré-sal pela Petrobrás como a grande fonte de novos recursos. Assim, em 15/8/2008, *O Estado de S. Paulo* noticia os esforços do MEC para ficar com parte dos royalties do petróleo. Já em 31/8/2008, a *Folha de S.Paulo* publica um artigo do ministro Fernando Haddad sustentando a necessidade de ampliar de forma estável as fontes de financiamento e cita, para tal, a derrubada da Desvinculação das Receitas da União (DRU) e parte dos royalties do petróleo. Já em artigo assinado (*O Estado de S.Paulo*, 28/11/2008), o professor Otaviano Helene, da USP, contesta a proposta no que se refere aos *royalties* por entender que a necessária expansão e melhoria do sistema educacional ficariam fragilizadas ao depender das oscilações de preço de apenas um produto, além de impactar nos seus preços. Cabe comentar que qualquer fonte adicional de recursos para a educação é salutar; o que não pode ocorrer é vincular a apenas uma fonte, que é instável, as necessidades de financiamento do sistema educacional, que são permanentes. Uma proposta que me parece mais viável seria vincular parte do lucro das estatais à melhoria da infraestrutura e aquisição de equipamentos para as escolas públicas do Brasil. Parte do lucro da Petrobrás, da Caixa Econômica Federal (CEF) e do Branco do Brasil (BB) poderia, com toda certeza, assegurar para todas as escolas brasileiras condições adequadas de funcionamento, como a existência de uma biblioteca e de laboratórios de ciência e de informática, além de uma quadra esportiva coberta.

No que se refere ainda à queda dos recursos para educação, cabe comentar a liminar concedida pelo ministro do STF, Gilmar Mendes, ao Governo do estado do Rio de Janeiro que reduz de 35% (conforme definido em lei estadual) para 25% o percentual mínimo destinado à educação (*Paraíba on-line*, 19/7/2008). Trata-se de notícia lamentável, tanto pela iniciativa do governo estadual, quanto pela posição do ministro, que ainda depende de confirmação pelo plenário. A boa notícia é que a educação está sendo cada vez mais tema da mídia e do Judiciário, como sucede nos países mais desenvolvidos, nos quais a justiça cumpre um papel importante na cobrança da implementação do direito à educação e da equidade do acesso e permanência. No Brasil, um problema é que, em boa parte dos cursos de Direito, a legislação educacional é praticamente ignorada, formando-se bacharéis com parco conhecimento sobre o tema.

Sobre o mesmo tema, ganhou um destaque relativo a discussão sobre os impactos da proposta de reforma tributária em debate no Congresso Nacional no que tange ao financiamento da educação. Neste sentido, matéria publicada pelo jornal *Gazeta do Povo* (13/9/2008) comenta, de um lado, a expectativa positiva de que ocorra no Congresso a aprovação do fim da DRU, carreando mais recursos para a educação; contudo, a mesma notícia repercute a preocupação de vários especialistas com os efeitos negativos para a educação da nova reforma, em especial com a previsão do fim do salário-educação. Muita embora os autores da proposta garantam que não haverá redução de recursos para a educação, a grande preocupação é que se necessita, na verdade, de uma ampliação significativa de recursos. Logo, uma reforma que, na melhor das hipóteses, deixa tudo como está, só aumenta a preocupação. Uma discussão mais aprofundada sobre o tema pode ser obtida em Martins[21].

Por fim, não há muito que comemorar em relação a uma das últimas notícias do ano. *O Globo* (27/12/2008) afirma que o MEC terá sua verba de publicidade, para 2009, triplicada em relação a 2007 (e 55% acima do valor de 2008), ao mesmo tempo em que teve um corte de R$ 1 bilhão em seu orçamento global, medida proposta pelo relator, senador Delcídio Amaral (PT-MS), e aprovada pelo Congresso. O orçamento aprovado foi de R$ 40,5 bilhões.

No anuário de 2009 veremos como foi a sua execução. Oxalá as notícias (e a realidade) educacionais sejam melhores!

21. Op. cit.

2

Conhecimento científico:
tensões entre comodificação e emancipação

Roberto Leher*

O lugar reservado nos jornais às políticas de ciência e tecnologia (C&T) e de pesquisa e desenvolvimento (P&D), esta última também denominada de inovação tecnológica, é sempre muito reduzido. No último ano, a pauta "ciência" enfatizou informações relativas à saúde, ao meio ambiente (aquecimento global) e às curiosidades microeletrônicas, informática e telefonia, mas pouco sobre os dilemas do futuro da ciência, da tecnologia e da P&D no país. No que se refere à política, sobressaíram em 2008 três grandes temas: I) o contraste entre o rápido avanço do Brasil no *ranking* da produção científica mundial e a evolução do registro de patentes, muito abaixo da posição ocupada pela produção científica; II) os escândalos nas fundações ditas de apoio privadas apensadas às universidades federais, e III) o corte de 18% no orçamento do Ministério da Ciência e Tecnologia.

* Doutor em Educação pela Universidade de São Paulo – USP. Professor da Faculdade de Educação e do Programa de Pós-Graduação em Educação da Universidade Federal do Rio de Janeiro – UFRJ.

O propósito do presente artigo é analisar esses três eixos situando-os nas principais nervuras da política de C&T e de P&D. Inicialmente, é examinado o aparente paradoxo entre o crescimento da produção científica e a reduzida participação do país nas patentes mundiais. A seguir, é discutida a tese de que cabe à universidade reduzir esse hiato, aproximando-se das empresas, proposição que, na prática, levou ao hipertrofiamento das fundações ditas de apoio privado, atualmente em crise. Finalmente, são analisados os implícitos e pressupostos das políticas governamentais e de organismos multilaterais (Banco Mundial — BM e Organização Mundial do Comércio — OMC) para o setor, colocando em relevo a problemática das patentes e de seus nexos com o desenvolvimento.

Publicações acadêmicas e patentes

O crescimento do número de publicações de autoria ou coautoria de autores brasileiros nas principais revistas científicas mundiais parece, à primeira vista, negar grande parte dos argumentos subjacentes às análises do imperialismo que sustentam que, fora do núcleo hegemônico, e como a industrialização dos países periféricos é reduzida — com cadeias produtivas incompletas ou baseada em indústrias leves — o sistema de ciência e tecnologia acaba ocupando um lugar muito secundário nas políticas estatais, resultando em um setor pouco dinâmico e reduzido.

Ao longo do presente texto este aparente paradoxo será examinado a partir da consideração de que existem particularidades entre o fazer científico e tecnológico (C&T) e as atividades de pesquisa e desenvolvimento (P&D). O poder determinativo do capital repercute de modo mais profundo nesta última, pois são as decisões econômicas que impulsionam uma dada inovação (gerando as inovações e as patentes) e não o contrário, a saber, as inovações geradoras de investimentos. Como, em virtude da condição capitalista dependente, as empresas localizadas no país raramente tomam a decisão de investir em inovação, estas acabam sendo pouco relevantes.

As atividades científicas e tecnológicas igualmente estão em interação com a força determinativa do capital, mas questões referentes à história da ciência nos diversos países, a tradição e a relevância das instituições científicas, as políticas de fomento às atividades de C&T, a disposição das frações burguesas locais em empreender ações para fortalecer o sistema de universidades públicas e institutos tecnológicos, a natureza e o caráter da educação básica, tudo isso repercute de modo relevante para a maior ou menor pujança do campo científico.

De fato, em um primeiro olhar, surpreende a tendência verificada com mais ênfase desde os anos 1990 de expansão continuada da produção científica brasileira em um contexto em que as políticas governamentais reduziram relativamente os recursos, a infraestrutura e a contratação de pessoal para as universidades públicas. O país passou da 22ª posição (1999) para a 15ª posição no *ranking* mundial (2007), quando foram publicados 19.428 artigos de nível internacional, equivalente a 2,02% dos artigos de todos os 183 países que participam do *ranking*. A ciência brasileira avançou da 22ª posição para a 15ª no *ranking* mundial. (*O Estado de S. Paulo*, 13 de setembro de 2008). E de 2007 para 2008 o crescimento foi de 56%, passando para a 13ª posição mundial, conforme sustenta o Ministério da Ciência e Tecnologia. O Brasil foi o país que mais cresceu na lista das 20 nações com mais artigos publicados em periódicos científicos indexados pelo Institute for Scientific Information (ISI): 30.145 artigos de instituições brasileiras foram aceitos nessas publicações (2,12% do total mundial). Como previsível, esse crescimento foi apresentado com grande visibilidade nos meios de comunicação como um êxito das políticas brasileiras para a área.

A questão:

> "Conforme um analista do Banco Mundial, Alberto Rodriguez, "O Brasil está publicando pesquisas em um ritmo bastante aceitável, tendo hoje 2% dos artigos científicos de revistas e jornais internacionais. Mas o número de patentes é baixo, 0,18% das patentes internacionais são brasileiras". Ao constatar esse hiato, o analista propugna o que seria um diagnóstico e uma solução para esse indesejável descompasso entre o desenvolvimento científico e a

Pesquisa e Desenvolvimento: "Há a necessidade de que a pesquisa feita na universidade e nos laboratórios seja mais voltada para aplicações práticas e menos para a teoria" (País fica atrás em inovação, diz Bird. *O Estado de S. Paulo*, 11 de setembro de 2008)".

Conforme é possível depreender das medidas oficiais, as recomendações bancomundialistas guardam inequívocas coincidências com as praticadas pelos governos brasileiros. Com efeito, o deslocamento de grande parte dos recursos de pesquisa para as atividades com interface com o setor produtivo, por meio da chamada lei de inovação tecnológica[1], o mestrado profissionalizante, as bolsas de produtividade em inovação, a criação de Institutos Federais de Educação Tecnológica com o propósito de incentivar a formação de pessoal na área tecnológica, ainda que de curta duração, e a reestruturação das universidades federais[2], no sentido de que seus cursos sejam menos teóricos e mais práticos, são iniciativas congruentes com essa avaliação.

Um exemplo recente da crescente presença do conceito de inovação (P&D) e da força dos setores do aparato de C&T que atuam no sentido de associar universidades e empresas é a linha de crédito do Conselho Nacional de Desenvolvimento Científico e Tecnológico (CNPq) em prol da formação de empreendedores envolvidos com a inovação: o Edital Programa de Capacitação de Recursos Humanos para Atividades Estratégicas (RHAE) — Pesquisador na Empresa. Este edital tem o propósito de apoiar pesquisas que contribuam para o aumento da competitividade de micro, pequenas e médias empresas. Os projetos devem estar referenciados na Política Industrial, Tecnológica e de Comércio Exterior do Fundo Nacional de Desenvolvimento Científico e Tecnológico (FNDCT) e nas áreas de interesse dos fundos setoriais envolvidos (cuja presença empresarial é marcante). O programa financia bolsas de fomento tecnológico por meio do programa de Estímulo à Fixação de Recursos Humanos de Interesse dos Fundos Setoriais, além de

1. Lei de Inovação Tecnológica n. 10.973, de dezembro de 2004.
2. Brasil, Decreto n. 6.096/2007, que institui o Programa de Reestruturação e Expansão das Universidades Federais (REUNI), 24 de abril de 2007.

bolsas de Iniciação Tecnológica Industrial e bolsas de Desenvolvimento Tecnológico e Industrial. Embora os objetivos empresariais sejam explícitos, a fonte de recursos é a mesma que deveria financiar projetos de C&T (e não de Pesquisa e Desenvolvimento), aumentando a competição pelos escassos recursos do FNDCT[3]. Por isso, o corte no orçamento do FNDCT para 2009, definido em 2008[4], teve um significado tão profundo, pois, concretamente, como uma parte relevante do Fundo já está direcionado para atividades de P&D (e não de C&T), as verbas para a ciência e a tecnologia não vinculadas diretamente ao mercado tornaram-se ainda mais exíguas, colocando em risco a continuidade de programas e projetos.

Pelo exposto até aqui é fácil concluir que não é possível explicar de modo simples os fatores que concorreram para o crescimento da produção científica brasileira nas revistas selecionadas para o levantamento (Thomson-ISI). É certo que desde a institucionalização da pós-graduação as publicações relevantes cresceram (para além da base de revistas examinadas), atestando o engajamento de professores e estudantes da pós-graduação na pesquisa. É possível postular, portanto, que as publicações cresceram no rastro da expansão vertiginosa dos programas de pós-graduação *stricto sensu*, das bolsas de estudo para mestrandos e doutorandos e do número de doutores nas universidades públicas. Mecanismos de indução, por parte da CAPES, nos programas de pós-graduação, exigindo que as publicações dos professores dos programas de pós-graduação sejam "qualificadas" por meio da certificação "Qualis" explicam em parte essa expansão, pois muitos professores se veem constrangidos a publicar em revistas que o sistema de avaliação considera

---

3. CNPq aprova 58 projetos para pesquisadores nas empresas. Ver:http://www.universia.com.br/materia/materia.jsp?materia=17551, acesso em 13 fev. 2009. Enquanto os recursos para C&T do FNDCT tiveram um corte de R$ 250 milhões, as verbas de inovação da Agência da Inovação do Ministério da Ciência e Tecnologia - Financiadora de Estudos e Projetos (FINEP) foram consideravelmente ampliadas: as instituições de ensino e pesquisa e empresas inovadoras de todo o País poderão contar em 2008 com 2,55 bilhões de reais. Ver: http://computerworld.uol.com.br/negocios/2008/04/09/com-r-2-55-bi-finep-tem-em-2008-a-maior-verba-para-inovacao/, acesso em 23 out. 2008.

4. Uma decisão a favor do atraso científico. *O Estado de S. Paulo*, 30 de janeiro de 2009.

relevantes na lógica "publique ou caia no ostracismo". Muitas dessas publicações são de áreas em que a pesquisa brasileira é particularmente consolidada, como agronomia, genética, física, matemática, biotecnologia aplicada à agricultura e à saúde etc.

Também a divisão internacional do trabalho científico entre os centros hegemônicos e os associados vem contribuindo para a ampliação das publicações. Determinadas etapas da pesquisa de ponta (mais intensivas em trabalho, que envolvem a coleta de biodiversidade etc.) são deslocadas para as periferias, gerando coautorias (situação particularmente presente na física, na matemática, nas biociências e na saúde) e artigos subsidiários. Não causalmente, o mesmo sistema de avaliação que coloca o país na 13ª posição, alerta para o fato de que as publicações brasileiras geram poucas citações, bem abaixo da média internacional[5].

Independente dos limites do sistema de avaliação adotado, grosso modo, é certo que a produção científica brasileira aumentou e que, a despeito da qualidade desses trabalhos, alguns muito relevantes, outros possivelmente nem tanto (o produtivismo tem levado a publicação de pesquisas menos densas e amadurecidas, o que se reflete nas poucas citações dos artigos), a pesquisa tornou-se uma dimensão cotidiana na pós-graduação, gerando efeitos benéficos para a formação dos graduados, mestres e doutores. Como melhor articular a pós-graduação com a formação humana não é a linha da política governamental. O que causa inquietação nos círculos governamentais e no Banco Mundial é o fato de que essas publicações não estão direcionadas para o setor produtivo, sendo demasiadamente teóricas.

Os discursos bancomundialista e governamental convergem, por conseguinte, na análise de que o atraso do país em termos de patentes deve-se sobretudo à suposta natureza teórica das universidades. Concebidas como instituições pouco comprometidas com as necessidades da sociedade, leia-se, do mercado, as universidades precisam ser objeto de políticas específicas, indutivas, capazes de reconciliá-las com os imperativos da "sociedade do co-

5. Ver nota 2.

nhecimento". Como apontado, com base nesses argumentos, uma série de medidas vem sendo implementadas nas universidades públicas, objetivando consolidar territórios, nichos, zonas liberadas, especificamente com fins de ser os *loci* de desejáveis parcerias público-privadas, como as fundações ditas de apoio privadas apensadas às universidades públicas.

Entretanto, o que vinha sendo considerado desde o início da década uma solução para uma melhor interação universidade-empresa, a despeito de críticas de entidades sindicais, como o Sindicato Nacional dos Docentes das Instituições de Ensino Superior (Andes-SN), tornou-se um problema de grande monta em 2008 quando uma série de graves denúncias vieram a público em virtude dos relatórios do Tribunal de Contas da União (TCU) e da mobilização estudantil em 2008[6]. Essas denúncias e fatos concretos envolvendo corrupção e uso inapropriado das verbas intermediadas pelas fundações ditas de apoio foram amplamente divulgadas nos grandes meios de comunicação, levando o TCU a produzir um acórdão regulamentando de modo mais restritivo o alcance dessas fundações (*Correio Braziliense*, 2 de dezembro de 2008). Outro resultado dessas denúncias e mobilizações estudantis foi o afastamento de dois reitores de importantes universidades públicas: a Universidade Nacional de Brasília (UnB) e a Universidade Federal de São Paulo (Unifesp).

A crise dessas fundações privadas ditas de apoio foi apresentada ao público como se decorrente do uso desonesto por parte de alguns dirigentes. Com isso, permaneceu oculto o problema mais relevante das mesmas: os conflitos entre o público e o privado, entre a produção de conhecimento não operacional aos interesses particularistas e os interesses privados que nada têm a ver com a função social da universidade pública. Não menos importante, permaneceu opaco o fato de que grande parte das vultosas somas que estas fundações movimentam são provenientes do próprio Ministério da

---

6. TCU encontra irregularidades no relacionamento de 14 universidades com fundações de apoio. *Agência Brasil*. Disponível em: http://www.agenciabrasil.gov.br/noticias/2008/11/28/materia.2008-11-28.8708931470/view.

Educação (MEC) e de contratos com órgãos e empresas públicas e de que, portanto, estas zonas liberadas para os negócios foram legitimadas pelo governo como uma alternativa para a aproximação das universidades em relação ao mercado.

É possível concluir parcialmente que o diagnóstico bancomundialista de que as universidades são instituições muito teóricas e pouco envolvidas com o setor produtivo se consolidou como um posicionamento oficial das políticas de C&T e de P&D no Brasil. As políticas de fomento, como os editais do Programa de Apoio ao Desenvolvimento Científico e Tecnológico (PADCT) e os advindos da Lei de Inovação Tecnológica, buscam suprir essa suposta lacuna e, para que pudessem ser efetivas, o Estado legitimou e induziu as universidades a constituírem fundações ditas de apoio privadas, compreendidas como territórios liberados para o empreendedorismo e para as parcerias público-privadas. Toda a crise que estas fundações passaram em 2008 foi apresentada ao público como sendo atribuída aos desvios provocados pela corrupção de alguns dirigentes. O presente artigo sustenta que o problema é muito mais complexo, estando relacionado ao processo de comodificação[7] do conhecimento decorrente dos imperativos capitalistas.

Mercantilização contra emancipação

O significado do conhecimento científico e tecnológico em vastos domínios da vida social não pode ser lido de modo linear. As mudanças com a revolução industrial e com a chamada "Terceira Revolução Tecnológica"[8], no sentido da crescente subordinação da ciência à lógica do capital, foram mui-

7. FAIRCLOUGH, Norman. *Discurso e mudança social*. Brasília: Editora da UNB, 2001. p. 255.
Para Fairclough a comodificação é: "o processo pelo qual o domínio e as instituições sociais, cujo o propósito não seja a produção de mercadorias no sentido econômico restrito de artigos para a venda, vêm não obstante a ser organizados e definidos em termos de produção, distribuição e consumo de mercadorias".

8. MANDEL, Ernest. *O capitalismo tardio*. São Paulo: Abril Cultural, 1982. (Os Economistas).

to profundas. Mas é um equívoco supor que a inserção da C&T e da P&D no processo do capital ocorre do mesmo modo. Não é possível confundir "a descoberta e a invenção científica e técnica" e a "inovação tecnológica", pois, embora relacionadas intimamente, guardam distinções relacionadas ao modo como ambas estão imbricadas no processo do capital no capitalismo tardio (daí a necessária distinção entre C&T e P&D).

Enquanto expressão do Iluminismo as revoluções científicas contribuíram, historicamente, tanto para uma melhor qualidade de vida social (razão emancipatória), como para o controle social e para a criação de necessidades que nada tem a ver com o bem-estar dos povos e para a expropriação do conhecimento dos trabalhadores (razão instrumental). Não é casual que o Iluminismo tenha associado conhecimento, controle social e progresso e, muitas vezes, esses nexos foram virtuosos. A maior longevidade humana não teria sido possível sem a ciência com todas as suas potencialidades e limites. Mas o vetor do progresso, como nos mostra Walter Benjamin[9], pode ocultar um rastro de destruição e miséria em que a ciência e a tecnologia desempenham um papel crucial, como ficaria evidente com Hiroshima e Nagasaki.

Não se trata de boa ou má ciência e, tampouco, de bom e mau uso da ciência, mas do sentido ético da própria produção científica e de que função social guia a sua produção. É preciso indagar se está inscrita como negócio capitalista sistematicamente organizado ou se está à serviço do público e, não menos relevante, quais seus referentes epistemológicos e epistêmicos. O fator decisivo aqui é o grau de imbricação da ciência ao processo do capital. No capitalismo tardio sua função emancipatória foi se estreitando, seu realismo crítico tornou-se vazio e muito do que se faz em termos de ciência, tecnologia e P&D tornou-se operacional à lógica do capital, nada tendo a ver com a sua dimensão emancipatória.

9. BENJAMIN, Walter. Obras escolhidas. *Magia e técnica, arte e política.* Ensaios sobre literatura e história da cultura. São Paulo: Brasiliense, 1987. v. 1.

De fato, no capitalismo tardio, a C&T e a P&D estão cada vez mais imbricadas com os imperativos do capital em seu processo de reprodução ampliada. Historicamente, é possível verificar uma tendência geral de ampliação do capital fixo, notadamente por meio do investimento em tecnologia e em pesquisa e desenvolvimento, tendência que, como nos mostra Marx, está na base das crises estruturais do capitalismo. Nos *Grundrisse*, Marx discute o modo como a ciência foi sendo subordinada à lógica capitalista, mostrando que foi o amadurecimento do processo do capital que impulsionou a subordinação da ciência ao metabolismo do capital e não o inverso:

> (...) A apropriação do trabalho vivo pelo capital alcança, na maquinaria, uma realidade imediata. Em primeiro lugar, é a análise e aplicação das leis químicas e mecânicas, diretamente derivadas da ciência, que permite à máquina realizar o mesmo trabalho anteriormente realizado pelo operário. No entanto, a maquinaria só se desenvolve nesse sentido quando a grande indústria já alcançou um nível superior e todas as ciências foram forçadas a se colocar serviço do capital; e quando, em segundo lugar, a própria maquinaria disponível já proporcionar recursos consideráveis. A invenção torna-se, nesse caso, um ramo dos negócios, enquanto a aplicação da ciência à produção direta determina as invenções e simultaneamente as solicita. Não foi esse o caminho pelo qual se desenvolveu a maquinaria, em linhas gerais, e muito menos aquele pelo qual ela progride a nível de detalhe. O caminho efetivo é um processo de análise através da divisão do trabalho, que gradativamente transforma as ações do trabalhador em operações cada vez mais mecânicas, de maneira que, em determinado ponto, um mecanismo pode substituí-las, Assim, o modo específico do trabalho é aqui transferido do operário para o capital sob a forma de máquina, e sua própria capacidade de trabalho é desvalorizada por essa transformação. Daí a luta dos trabalhadores contra a máquina. O que era atividade do trabalhador vivo torna-se atividade da máquina. (MARX, *Grundrisse*, apud MANDEL, 1982, p. 175).

Sob o ponto de vista dos trabalhadores, no capitalismo tardio a expansão dos meios tecnológicos na produção, por meio do maquinismo, significou crescente expropriação dos saberes produzidos nas relações de trabalho, caracterizando um processo de subordinação real do trabalho ao capital. A hipertrofia da pesquisa tecnológica operacional ao capital envolve, por conseguinte, controle social sobre o trabalho e expropriação dos trabalhadores tanto dentro das fábricas e das empresas, como, mais amplamente, aplicado aos meios de comunicação de massa e, no contexto dos Estados, tanto na dimensão "educadora" do Estado, como em relação à sua dimensão coercitiva, em particular associada ao complexo militar.

Desde a Segunda Guerra Mundial, o complexo militar é um dos principais financiadores de tecnologias sofisticadas, em distintos campos do saber: do controle social ao bioterror, da internet aos satélites, do complexo nuclear às neurociências, objetivando notadamente a elevação da capacidade industrial da produção de armamentos (equipamentos e sistemas integrados de armas) e do conhecimento do terreno histórico, cultural e social das áreas consideradas estratégicas, como ficou explícito no projeto Camelot nos anos 1960[10]. Todo esse enorme aparato de pesquisas induzidas pelas forças armadas é custeado, por suposto, com verbas públicas, competindo, portanto, com outros domínios, como a educação, a ciência voltada para o bem-estar dos povos, a saúde etc.

Os investimentos em pesquisa e desenvolvimento militares são muito concentrados e geram extraordinárias assimetrias em termos do domínio da ciência, tecnologia e P&D. Os EUA são responsáveis por 80% dos gastos militares da Organização para a Cooperação e Desenvolvimento Econômico (OCDE), e os países do G-7 por 97,8%, realimentando assimetrias entre os países; ademais, dada a finalidade militar das inovações, estas tendem a ocorrer em poucas firmas que logram elevadíssimos lucros, concentrando poder e conhecimentos.

No caso brasileiro, parte relevante dessa pesquisa tem como objetivo o domínio na área nuclear, comunicações (satélites) e aviões militares, mas fundamentalmente em consórcios com corporações multinacionais, reafirmando as assimetrias dentro do sistema de Estados. Por mais de uma vez o acesso a equipamentos sofisticados foi interditado pelos EUA, a exemplo, no

---

10. HOROWITZ, Irving L. *Ascensão e queda do projeto Camelot*. Rio de Janeiro: Civilização Brasileira, 1969.

início da década de 1990, de um supercomputador IBM 3090 adaptado à pesquisa aeronáutica. O agravante é que essa ciência, tecnologia e P&D não podem estar submetidas a controle social público, o mesmo acontecendo com a P&D realizada nas empresas e corporações em geral, também protegidas por duros sistemas de patentes.

Atualmente, poucos domínios da ciência de ponta estão direcionados para a solução de grandes problemas dos povos, para a antecipação de problemas do futuro e na busca de alternativas mais humanizantes frente às necessidades materiais e espirituais dos povos. Mesmo os conhecimentos que, embora inscritos no processo de valorização do capital, como determinados fármacos, podem ser úteis e necessários para a vida, frequentemente não são acessíveis aos que deles necessitam, como é o caso do conjunto de medicamentos de última geração para a síndrome da imunodeficiência adquirida (SIDA). Existem medicamentos em que a propriedade intelectual corresponde a 90% do custo do mesmo.

Ademais, em esferas imprescindíveis para o futuro da vida humana, o conhecimento científico serve antes para fortalecer o controle de corporações sobre a produção de alimentos, ameaçando gravemente a soberania alimentar dos povos. Corporações como Monsanto, Dupont-Pioneer e Syngenta são as três maiores empresas em transgênicos e também lideram o setor de sementes tradicionais, forçando os agricultores a submeterem-se ao padrão do agronegócio. Somente a Monsanto controla quase 90% das sementes transgênicas; juntas, estas empresas controlam 39% do mercado mundial de sementes e 44% das sementes sob propriedade intelectual[11]. As corporações e financeiras que atualmente comandam o avanço dos agrocombustíveis em escala planetária — e por isso pressionam os governos a não ceder em relação à reforma agrária que, no Brasil, está, de fato, paralisada — não ultrapassam duas dúzias: ADM, Cargill, Bunge, ConAgra, Dreyfus, DuPont, Syngenta,

11. RIBEIRO, Silvia. Quiere bajar la producción? ¡Use transgénicos!, *La Jornada*, 9/7/2008. Disponível em: http://www.jornada.unam.mx/2008/07/19/index.php?section=opinion&article=021a1eco, acesso em 10 fev. 2009.

Monsanto, Marubenji, Tate & Lyle, Wyerhauser, Tembec, British Petroleum, Misui, Royal Dutch Shell, Chevron, Mitsubishi, Petrobras, Total, Barclays, Morgan Stanley, Goldman Sachs, Societe Generale, and the Carlyle Group.

O comprometimento das universidades com as empresas, objetivo sempre reiterado pelo Banco Mundial e, no caso brasileiro, pelo Governo Federal, torna-se muito mais grave quando as instituições atuam diretamente como suporte para a Pesquisa e Desenvolvimento das corporações, seja engajando-se na produção de mercadorias tangíveis (minérios, sementes, insumos agroquímicos, equipamentos), seja na de mercadorias simbólicas (processos industriais, certificações, pareceres favoráveis diante de controvérsias ambientais e para a saúde humana). Como muitas vezes a universidade é chamada a emprestar seu prestígio social para validar negócios das corporações que os movimentos sociais consideram nefastos, as universidades acabam servindo de anteparo às corporações, entrando em confronto com populações indígenas, camponesas, com moradores de regiões atingidas por barragens etc. Na América Latina, esses conflitos vieram à tona, frequentemente, em virtude de lutas sociais que denunciaram os efeitos ambientais, sociais e para a saúde da expansão da fronteira agrícola da soja e do etanol e dos projetos de extração mineral.

Congruente com a teoria do capitalismo dependente é possível propugnar que o tipo de convênio entre as corporações e as universidades nos países centrais é distinto do presente nos países capitalistas dependentes, envolvendo somas consideravelmente maiores e, sobretudo, objetivos "acadêmicos" de outra natureza; isso não significa, contudo, que as pesquisas nas universidades latino-americanas sejam apenas operacionais e afastadas das chamadas fronteiras do conhecimento e que inexistam capilaridades entre os projetos estratégicos das instituições dos países centrais e as universidades latino-americanas. A rigor, essas vinculações são imprescindíveis para que os objetivos das corporações sejam alcançados, pois, concretamente, precisam interferir em territórios determinados, concretos, e as universidades locais podem ser úteis a esses propósitos.

Em suma, o nexo entre o desenvolvimento científico e o bem viver não está dado, em virtude da subordinação da pesquisa ao capital. O conceito de que o conhecimento científico é um fazer coletivo favorecendo as necessidades humanas, um direito social de todos os que possuem um rosto humano, por ser um patrimônio comum, é certamente incompatível com a sua comodificação. O reconhecimento da paternidade de uma descoberta — algo frequentemente difícil de ser imputado a somente uma pessoa ou laboratório, em virtude da crescente socialização da produção científica — não se confunde com a propriedade privada desse saber por duas décadas. Cabe criticar a extensão do que é patenteável para domínios como organismos vivos, código genético, propriedades medicinais de plantas, variedade de cultivares. Como agravante, no capitalismo, cada vez mais, a propriedade intelectual ocorre em processos básicos, ainda sem aplicação efetiva, na forma de "patentes proféticas", tornando vastos domínios da natureza propriedade exclusiva de corporações que dominam essas patentes básicas.

Do exposto até aqui é possível aduzir que a preocupação com as patentes não pode ser pensada de modo abstrato, pois, em geral, para os povos o problema não é a capacidade das empresas e laboratórios públicos e privados registrarem mais e mais patentes, mas antes em quebrar patentes que bloqueiam o acesso da humanidade a medicamentos, ou de impedir que determinadas esferas da vida possam ser submetidas a leis de propriedade intelectual, comodificando-as.

Universidade e inovação tecnológica

Como salientado anteriormente, é um erro supor que o conjunto das atividades científicas se confundem com a P&D. O fundamental da P&D e das novas patentes é realizado nos departamentos de P&D das corporações (ou em empresas criadas especificamente para estes fins), enquanto a atividade científica é realizada notadamente nas universidades e nos institutos públicos de pesquisa. Com base nessa argumentação, é possível responder ao questionamento do Banco Mundial sobre o porque de o Brasil ter tão relevante produção científica e tão poucas patentes. A razão fundamental desse hiato é a condição capitalista dependente do país. As empresas localizadas no território nacional, grosso modo, não necessitam imobilizar investimentos em inovação tecnológica objetivando ampliar o capital fixo, pois adquirem pacotes tecnológicos do exterior ou apenas executam etapas da cadeia produtiva que não necessitam de inovações tecnológicas, basicamente realizadas nas matrizes.

Disso resulta o modestíssimo lugar do país no *ranking* da ONU sobre o índice de avanço tecnológico, realizado em 72 países: o Brasil fica em 43º lugar[12]. Com efeito, o número de patentes registradas nos EUA é irrisório: na casa das dezenas/ano na década de 1980, e das centenas, no final da década de 1990, quando países de perfil outrora semelhante já contabilizavam-nas aos milhares. Embora seja um indicador que tenha de ser lido com cuidado, é evidente que os países que não seguiram à risca as recomendações do FMI e do BM, como a Coreia, por exemplo, lograram muito maior êxito na produção de conhecimento patenteável. Assim, por exemplo, nos anos 1980, os registros de patentes do Brasil e da Coreia estava na casa das dezenas, mas, no caso deste último, no final da década de 1990, alcançou mais de 3,5 mil/ ano.

NÚMERO DE PATENTES REGISTRADAS NOS EUA

	1990	2001
Brasil	41	110
Coreia	225	3.538
Relação Coreia: Brasil	5,5	32,0

Um dos indicadores mais utilizados para examinar a importância relativa das atividades de P&D é o número relativo de cientistas e de engenheiros (empresas, institutos de pesquisa e universidades) no conjunto da força de

12. OLIVEIRA, Marcos Marques de. A política governamental de ciência e tecnologia: da C&T à CT&I. In: NEVES, Lúcia Maria Wanderley (org.). *O empresariamento da educação:* novos contornos do ensino superior no Brasil dos anos 1990. São Paulo: Xamã, 2002. p. 75.

trabalho do país. Enquanto nos EUA e Japão cerca de 0,80% da força de trabalho encontra-se nessa categoria, no Brasil, apenas 0,11%, e na Coreia, 0,4% da força de trabalho está dedicada a essas atividades. Distintamente dos EUA, em que perto de 80% estão localizados em empresas privadas e 13% em universidades, no Brasil apenas 11% estão nas empresas e 73% nas universidades[13].

Países como o Brasil e o México comemoram a exportação de produtos de alta tecnologia, como automóveis, aparelhos eletroeletrônicos e outros. Esses setores econômicos *mais pujantes* que compõem a maior parte da pauta de exportações, estão demandando, realmente, conhecimento novo? Conforme os autores de *Globalização em questão*[14], apesar do reiterado discurso de que, com a globalização, as empresas perderam suas pátrias, na realidade, o que existe é uma brutal concentração do conhecimento estratégico nas matrizes (situadas nos países-sedes): algo como 70% de toda atividade de P&D estão localizadas no centro. Um exame mais detido comprova que os setores de maior repercussão na pauta de exportações são os de menor complexidade em termos de C&T e, no caso das plataformas de exportação, mesmo que os produtos sejam de alta tecnologia, a cadeia produtiva é incompleta e fragmentada e, regra geral, o conhecimento foi produzido na matriz, e não nas referidas plataformas.

Retomando o problema da validade da afirmação de que a universidade é o lócus da inovação, o exame da situação dos países centrais, e mesmo de países como a Coreia, revela ser um equívoco supor que a P&D é realizável na universidade. Não deveria causar espanto que nos EUA o financiamento das universidades por meio de captação de recursos privados é reduzido: dos US$ 27,5 bilhões alocados para o fomento à pesquisa em todas as universidades estadunidenses em 1999, apenas 7,5% foram provenientes de contratos com empresas. Os cerca de US$ 2 bilhões captados nas empresas pelas uni-

13. BRITO CRUZ, Carlos Henrique de. A universidade, a empresa e a pesquisa. In: *Seminário Brasil em Desenvolvimento*. Rio de Janeiro: Instituto de Economia da Universidade Federal do Rio de Janeiro (UFRJ), out. 2003.

14. HIRST, P.; THOMPSON, G. *Globalização em questão*. Petrópolis: Vozes, 1998.

versidades representam tão somente 1,4% dos quase US$ 180 bilhões investidos em P&D nas empresas estadunidenses no referido ano[15]. A pesquisa universitária abre novas perspectivas acadêmicas e pode formar quadros com alto domínio científico e com grande capacidade inventiva, ao passo que a P&D exige conhecimento íntimo de detalhes de mercado e técnicas de produção.

Ademais, a relação entre as universidades e o setor produtivo possui acentuadas diferenças entre os países semiperiféricos e os centrais (G-7). Como na periferia o setor produtivo não é intensivo em inovações tecnológicas, os quadros altamente qualificados atuam quase que exclusivamente em instituições públicas, como as universidades e os centros de pesquisa públicos. Em países em que o setor produtivo investe em inovações, os quadros de alta qualificação encontram abrigo nos departamentos de pesquisa das empresas.

Contribui para uma melhor compreensão da problemática examinar a situação da P&D e da elaboração de patentes nos EUA para, a seguir, discutir a realidade dos países capitalistas dependentes. A consideração da evolução da participação das indústrias nos gastos em P&D nos EUA comprova que, cada vez mais, a P&D é realizada no ambiente empresarial.

PARTICIPAÇÃO DAS INDÚSTRIAS NOS GASTOS EM P&D (EUA)

Ano	Participação da indústria
1950-1970	37%
1975	44%
1985	50%
1995	60%
2000	70%

Fonte: *National Science Fundation* (Reportagem, n. 7, p. 266)

15. BRITO CRUZ, Carlos Henrique de. Op. cit.

GASTOS EM P&D E PATENTES OUTORGADAS NOS EUA, PAÍSES SELECIONADOS

	Gastos em P&D (milhões de US$)	Gastos em P&D (% PIB)	Total de Patentes	Residentes (nacionais) %	Não residentes (estrangeiros) %
Argentina	361	0,39	1.587	9,1	90,0
Brasil	6,239	1,04	8.864	42,0	58,0
EUA	276.434	2,64	166.039	52,8	47,2
México	2.628	0,90	6.611	2,1	97,1

Fonte: Reyno e Sánchez REYNO, Jaime Estay (comp.) *La economía mundial y América Latina: tendencias, problemas y desafíos*. Buenos Aires: CLACSO, 2005; Argentina, dados 2000; EUA, 2001; Brasil e México, 2002. Valores dos gastos podem incluir verbas de C&T. No caso brasileiro, os gastos envolvem o conjunto C&T + P&D (Obs. Autor).

Não deveria surpreender, portanto, a constatação de que nos EUA, das 53,2 mil patentes registradas em 1994, apenas 3% do total tiveram origem na universidade[16].

A universidade não é o motor da inovação, pois esta responde às demandas do processo do capital. Ainda nos anos 1950, J. Steindl observou que "as inovações técnicas acompanham o processo de investimento como sua sombra, porém não atuam sobre ele como uma força motriz"[17]. É certo que a possibilidade de uma nova máquina ou de um novo processo pode ensejar investimentos, mas a decisão quanto ao desenvolvimento da nova tecnologia ou inovação obedece aos imperativos do capital. A destruição de capital fixo envolve complexos cálculos de mercado e de situação de concorrência. Uma inovação será convertida em força produtiva caso venha a ser lucrativa e não porque foi inventada. Mesmo que secularmente o intervalo de tempo entre a descoberta dos fundamentos científicos e tecnológicos e o seu uso na produ-

16. BRITO CRUZ. Op. cit., p. 13.

17. BARAN, Paul A. *La economía política del crescimiento*. México: Fondo de Cultura Económica (apud Baran, 1975, p. 123).

ção esteja reduzindo, são os imperativos do capital que governam o ritmo dessa compressão temporal. Caso contrário, pode acontecer algo semelhante aà ruptura da *bolha* da *nova economia* relatada por Brenner[18]. Com efeito, lembra o autor: "em 2000, nada menos de seis companhias estadunidenses estavam implantando novas redes nacionais de fibra ótica concorrentes entre si (...). Somando tudo, 39 milhões de milhas de cabos de fibra ótica entrecruzavam o planeta, o suficiente para circundar o globo 1.566 vezes. O acúmulo do capital fixo empatado concorreu de modo decisivo para deflagrar a intensa crise de 2000 (expressa na queda das ações das empresas de alta tecnologia) que está na raiz da crise que se torna visível em 2008".

Nos países periféricos, o capital não tem interesse em investir o excedente econômico em inovação, mas principalmente expatriá-lo. Não faltam projetos e ideias para utilizar os portentosos excedentes das corporações, ou, ainda, o volumoso orçamento proveniente dos tributos recolhidos pelo Estado. O fato é que, com a financeirização, as possibilidades de aplicação dos excedentes extraídos nas periferias em pesquisa científico-tecnológica ou em inovação são quase que inexistentes. O pouco que é investido frequentemente ratifica a condição neocolonial da maior parte das periferias. Muitas vezes, as corporações se valem de um determinado território para reduzir os custos da P&D, por meio da biopirataria, da apropriação de conhecimentos dos povos originários para identificação de princípio ativo de novos medicamentos.

Patentes na OMC: um obstáculo ao bem viver

Nesta última seção, o objetivo é examinar de modo mais sistemático as leis de propriedade intelectual e suas consequências para a economia dos países capitalistas. Não chega a surpreender o fato de que a quase totalidade das matérias jornalísticas não discuta o significado das patentes, consideran-

18. BRENNER, Robert. *O boom e a bolha:* os Estados Unidos na economia mundial. Rio de Janeiro: Record, 2003, p. 23.

do-as com um dado da realidade que não pode ser problematizado. Contudo, é inusitado que os governos não as discutam como um problema político. Soa como algo desprovido de verdade a preocupação do governo com as poucas patentes registradas quando o país segue aceitando leis de propriedade intelectual muito mais duras do que as existentes no período de industrialização dos países centrais.

O pior e mais perverso círculo vicioso vem sendo fechado pelo fato de que os conhecimentos estratégicos estão restringidos por leis de propriedade intelectual. As dificuldades para a formação de um setor industrial (considerando suas respectivas cadeias produtivas) em ramos intensivos em conhecimento deve-se também ao fato de que muitas dessas áreas estão interditadas a novos investidores por uma verdadeira plêiade de patentes. E a fragilidade industrial em áreas intensivas em conhecimento, por sua vez, reduz a demanda de pesquisadores nos centros de P&D, debilitando a institucionalização de diversos domínios do saber em universidades e em centros de pesquisa. A reduzida massa crítica de profissionais que vem sendo demandada não contribui para a criação de um ambiente propício a inovações e patentes, e assim sucessivamente.

É preciso frisar que muitas das atuais grandes corporações se beneficiaram, em termos de aquisição de tecnologias, de leis de propriedade intelectual mais brandas. Antes da Rodada Uruguai do Acordo Geral sobre Tarifas e Comércio — GATT (1987-1994), segundo as regras da Organização Mundial para a Propriedade Intelectual (OMPI) — que acabou tendo suas prerrogativas assumidas, na prática, pelo GATT —, o direito à propriedade intelectual era de cinco anos para as invenções, passando, após a criação da OMC, em 1994, para vinte anos.

O poder das corporações, em conjunto com os organismos de *Bretton Woods*, especialmente a partir da Rodada Uruguai, levou a imensa maioria dos governos latino-americanos a abrir mão de importantes conquistas republicanas contidas nas constituições e no ordenamento jurídico em geral. No início da década de 1990, o Brasil aderiu ao Consenso de Washington com ímpeto forte o bastante para "recuperar o tempo perdido". Nesse contexto, ocorreu no Brasil a aprovação da lei de patentes[19], apesar de setores do parlamento terem consciência de que a lei seria prejudicial para o país.

Em profundo contraste com os países centrais — que por época da constituição de seus parques tecnológicos investiram intensamente em seus centros de pesquisa e em suas universidades, não reconhecendo, então, patentes estratégicas —, os países periféricos assinaram leis de patentes sem salvaguardas que permitissem consolidar certa autonomia científico-tecnológica, ato que provoca um hiato de, pelo menos, vinte anos em relação a esses conhecimentos patenteados. E não são poucas as patentes em jogo: dos mais de três milhões e meio de patentes existentes no final dos anos 1990, apenas 1% está registrado em países periféricos, e das cerca de 250 mil patentes consideradas estratégicas — que permitem a produção imediata e futura de bens e serviços sensíveis — praticamente nenhuma está registrada nos países periféricos.

Com a supremacia do neoliberalismo, as restrições ao livre acesso ao conhecimento deixaram de ser pontuais e localizadas no amplo terreno da indústria armamentista, sendo deslocadas para o mundo dos negócios. Um dos marcos mais importantes desse deslocamento foi a aprovação do Acordo de Direitos de Propriedade Intelectual Relacionados ao Comércio (TRIPs, em sua sigla em inglês) originalmente em Marrakesh, 1994, passando a vigorar em 1995, já no escopo da OMC. Este Acordo foi viabilizado a partir de uma intensa campanha de pressão por parte das corporações e é o principal tratado sobre os direitos de propriedade intelectual, abarcando patentes, direitos de autor e marcas. Os TRIPs obrigam todos os membros da OMC a outorgar aos proprietários das patentes um monopólio temporal sobre as suas *invenções* e, conforme o seu artigo 27.3b, até mesmo sobre seres vivos. Em conformidade com a Rodada Uruguai, a lei brasileira prevê monopólio por vinte anos, período mais que suficiente para tornar os conhecimentos,

19. Em 14 de maio de 1996, o então presidente da República Fernando Henrique Cardoso sancionou a Lei n. 9.279/96, originalmente de autoria do Governo Collor (1991), que regulava direitos e obrigações relativos à propriedade industrial, abrangendo patentes, propriedade dos inventos gerados no trabalho e transferência de tecnologia.

quando publicizados, obsoletos. Vale adiantar que esse tempo seria aumentado com a aprovação da Área de Livre Comércio das Américas.

A legislação brasileira diferencia-se da internacional ao outorgar direitos aos proprietários das patentes de modo ainda mais incondicional do que o previsto nos TRIPs. Os marcos dos direitos de propriedade intelectual foram levados ao extremo pelo governo brasileiro, atendendo aos propósitos dos EUA: a proteção patentária dar-se-ia em todas as áreas industriais, e os governos nacionais adequariam as leis nacionais pertinentes em um ano, a contar a partir de janeiro de 1995. Cumpre destacar que o GATT admitira um prazo maior para os países *em desenvolvimento*, prazo não reivindicado pelo Brasil. Após um período de resistência de entidades acadêmicas, sindicais e de frações parlamentares, Fernando Henrique Cardoso fez aprovar a lei pois, sem isso, "não seria bem recebido pelo Presidente dos EUA" conforme a imprensa divulgara na época. A ingerência do Departamento de Estado norte-americano foi explícita e ofensiva.

Por pressão dos EUA, a legislação local admitiu o *pipeline*, a possibilidade de se conceder proteção a uma matéria técnica que já esteja em domínio público, contrariando até mesmo os TRIPs[20]. Desse modo, o país poderá se ver obrigado a pagar *royalties* sobre produtos que não seriam patenteáveis, por serem de domínio público.

As consequências dessa dependência são multívodas. O padrão e os custos dos medicamentos, dos insumos agrícolas, dos componentes eletrônicos, dos *softwares* etc., são hipertrofiados pela propriedade intelectual, restringindo o acesso a esses bens e serviços. Mas o problema não se restringe ao acesso. Outro aspecto a assinalar, conforme já destacado, é a concepção de sociedade subsumida nas atividades de pesquisa e desenvolvimento. Grande parte dos produtos agrícolas e dos medicamentos não atende às prioridades e às particularidades dos países do Sul. Assim, por exemplo, estudo da

20. BARBOSA, A. L. F.; EMERICK, M. C. Patentes, inventos no trabalho e transferência de tecnologia. In: FIGUEIRA BARBOSA, A. L. *Sobre a propriedade intelectual:* uma perspectiva crítica. Rio de Janeiro: Editora UFRJ, 1999. p. 399.

OXFAM registra que 90% dos recursos de investigação da indústria farmacêutica são direcionados para apenas 10% das enfermidades, justamente as de maiores taxas de retorno econômico (doenças características da fração de maior poder aquisitivo). Enquanto isso, milhões de pessoas padecem de problemas de saúde que não são objeto de atenção sistemática das corporações.

Outro aspecto não menos importante é que os TRIPs fomentam a pirataria da biodiversidade e os conhecimentos das populações originárias. As corporações do setor agroquímico valem-se da diversidade genética dos países do Sul como fonte de matéria-prima para a criação de Organismos Geneticamente Modificados (OGMs) e, em seguida, exigem direitos sobre tal organismo modificado. Embora os genes tenham sido extraídos de espécies nativas dos países do Sul, muitas vezes a partir de conhecimentos dos povos originários, os lucros provenientes dos medicamentos extraídos não são compartilhados com esses povos. A corporação da indústria farmacêutica Merck, por exemplo, patenteou o processo de fabricação de uma substância receptora de insulina com a qual poderá ser produzido um medicamento para o diabete de tipo 2, um negócio de bilhões de dólares, a partir do fungo *Pseudomassaria* existente na África Central. O povo africano obviamente nada receberá em seu benefício. Vandana Shiva, filósofa indiana, alerta que a propaganda a favor do modelo será avassaladora:

> a engenharia genética é apresentada como *o* meio de alimentar o terceiro mundo, de curar as doenças genéticas e de melhorar a alimentação. Trata-se na realidade da maior ameaça que a biodiversidade e os camponeses do Terceiro Mundo terão de enfrentar. (Bertrand e Kalafatides, 2002, p. 30)[21]

Em um contexto em que a propriedade intelectual é um recurso político (embora apresentado como jurídico) para proteger os interesses econômicos das corporações e em que estas buscam a apropriação de importantes espaços universitários, urge problematizar justamente sobre o sentido das

21. BERTRAN, Agnes; KALAFATIDES, Laurence. *OMC, le pouvoir invisible*. Paris: Fayard, 2002.

patentes na contemporaneidade. Não se trata, por óbvio, de negar a autoria intelectual, mas de refutar a comodificação do conhecimento e do patrimônio genético advindo da evolução das espécies. Nesse sentido, cabe aos espaços públicos das universidades e aos movimentos sociais questionar, em profundidade, a afirmação de que as universidades devem ser protagonistas destacadas da P&D protegida pela propriedade intelectual, em benefício exclusivo dos interesses particularistas das corporações. Distintamente de outros tempos históricos, essa luta exige estreita aliança entre os setores universitários comprometidos com a desmercantilização do conhecimento e os movimentos sociais antissistêmicos, luta esta que tem de retomar o debate sobre a função social da universidade, forjando práticas emancipatórias capazes de garantir a supremacia do público frente ao privado mercantil.

3

A qualidade da educação escolar no Brasil:

um contraponto à concepção hegemônica

Gaudêncio Frigotto*

Introdução

A escola, tal qual a conhecemos, constitui-se dentro de um processo histórico de luta da burguesia enquanto classe revolucionária em disputa com a base política, ideológica e institucional da nobreza e do clero, núcleo central da classe dominante do modo de produção feudal. Um acerto de contas: com o poder absolutista do Estado; com a ideologia dominante centrada na visão metafísica do mundo; e, finalmente, com a concepção da desigualdade huma-

* Doutor em Ciências Humanas (Educação) pela Pontifícia Universidade Católica de São Paulo — PUC/SP. Professor Titular aposentado pela Universidade Federal Fluminense — UFF e Professor Adjunto no Programa de Pós-Graduação em Políticas Públicas e Formação Humana da Universidade do Estado do Rio de Janeiro — UERJ.

na como algo determinado pela natureza — o escravo percebido como um animal que falava.

Como sublinha Marx[1], esse acerto deu à burguesia um papel revolucionário e civilizatório. Entretanto, esse mesmo autor nos mostra que o fato de a burguesia não ter abolido as classes sociais[2], que cindem o gênero humano, estatui apenas formalmente a igualdade e a liberdade.

A escola pública, universal, gratuita e laica constitui-se no aparelho de hegemonia, por excelência, na disputa com a velha ordem social e com a classe trabalhadora, mediante a "ciência" positivista e funcionalista e os valores e os símbolos que afirmam e sedimentam os interesses da classe burguesa. O núcleo central é o de educar para um consenso que entenda a sociedade capitalista como uma sociedade de tipo natural, por ser a que se organiza de acordo com a natureza humana utilitarista, onde cada um lutando pelo interesse próprio, negociando no mercado, geraria a prosperidade para todos.

A necessidade, por um processo contínuo, prolongado e renovado, de inculcar esse ideário evidencia que existe resistência ativa e luta contra-hegemônica da classe trabalhadora e de seus intelectuais. É nesse sentido que Marx e Engels[3] afirmam que a história humana, até hoje, vem sendo demarcada pela luta de classes. A educação escolar e a sua qualidade estão, pois, organicamente implicadas nessa disputa.

Se no início da sociedade capitalista a escola foi por excelência o grande aparelho de hegemonia e de reprodução das relações sociais, com o passar do

1. MARX, Karl. *Crítica à filosofia do Direito de Hegel*. São Paulo: Boitempo, 2006.
2. Referimo-nos aqui ao fato de que a burguesia derrota a classe dominante do antigo regime feudal e, por necessidade estrutural das relações sociais de produção, abole a escravidão. Entretanto, constitui-se na classe dominante detentora da propriedade privada dos meios e instrumentos de produção. Os trabalhadores, não mais escravos, mas também "livres" apenas para vender a sua força de trabalho, constituem-se estruturalmente em classe antagônica. A classe social é entendida, pois, como uma relação de força e de poder historicamente determinadas e que se define nos embates e lutas concretas.
3. MARX, Karl; ENGELS, Friedrich. *Manifesto do Partido Comunista*. São Paulo: Boitempo, 2006.

tempo, particularmente o jornal, o rádio e a televisão constituíram-se em poderosos aparelhos privados na conformação do pensamento e ideologia dominantes. Por certo, esses aparelhos privados de hegemonia não substituíram a função da escola, mas ampliaram fortemente o poder de convencimento de grandes massas sobre os mais diferentes temas da agenda dos interesses da classe ou frações de classe a que pertencem. Com o crescente acesso da classe trabalhadora à escola, não apenas por necessidade da reprodução social dominante, mas também por suas lutas, a educação escolar passa a ser tema crescente na mídia.

Neste texto buscamos analisar como a questão da qualidade da educação foi abordada no ano de 2008, tendo como fonte jornais de diferentes partes do país. O que nos interessa aqui não é ver se a questão da qualidade da educação teve mais ou menos incidência em relação a outros aspectos. O que buscamos é analisar como as reportagens explicitam a concepção da qualidade da educação e qual a materialidade que a constitui.

O pressuposto de que a qualidade da educação é centro de uma disputa de interesses de classe e que a imprensa é dominantemente um aparelho de hegemonia na conformação dos interesses da classe dominante, orienta o trato analítico necessário a ser dado aos dados das matérias jornalísticas. Por isso estruturamos o presente texto em dois itens e uma breve conclusão. No primeiro buscamos explicitar as concepções em disputa de qualidade de educação por ser a mesma marcada por interesses, valores, conteúdos e métodos de classe e como se explicita no processo de construção da especificidade da sociedade brasileira. No segundo, à luz do anterior, analisamos os dados das reportagens explicitando a concepção de realidade social que engendram, o método de abordá-la e as consequências no plano da ação política. Por fim, a título de conclusão, destacamos o que escondem e silenciam as abordagens dos jornais; como a burguesia brasileira e seu projeto de sociedade limitam a efetiva universalização da educação básica até mesmo para a competição intercapitalista e que concepção, método e ação política podem se constituir contra-hegemônicos.

Fundamentos sociais da contraposição quantidade e qualidade da educação: concepções em disputa

> "Sustentar a 'qualidade' contra a quantidade significa, precisamente, apenas isto: manter intactas determinadas condições de vida social, nas quais alguns são pura quantidade, outros pura qualidade."[4]

Uma análise histórica sobre a questão da qualidade na educação, de imediato, nos indica que explícita ou implicitamente vem contraposta à quantidade. Essa contraposição nos revela que aquela está visceralmente entranhada nas concepções de natureza e ser humano e nas relações sociais dominantes. Isso significa dizer que seu entendimento e a explicitação de sua natureza vinculam-se aos mesmos processos históricos das sociedades de classe nos quais estão inseridas as lutas pela igualdade de condições (objetivas e subjetivas) de produção da existência humana. Do mesmo modo vinculam-se aos processos históricos das lutas pela democracia, liberdade e igualdade entre os seres humanos, nos limites das sociedades de classe e na busca de sua superação.

A epígrafe de Gramsci capta o fundamento e o sentido da contraposição entre quantidade e qualidade na educação como algo inerente às formas dominantes de relações sociais de natureza classista. Em sociedades estruturalmente desiguais configura-se a organização de sistemas educacionais, também, estruturalmente desiguais. Diferentes pesquisas evidenciam formas históricas concretas de constituições dos sistemas educacionais marcados pela fragmentação, diferenciação e dualidade estrutural. Um dos trabalhos mais completos sobre a dualidade da educação escolar foi efetivado na França, pelos pesquisadores Baudelot e Establet[5], justamente na sociedade onde surgiu o ideário de igualdade, liberdade e fraternidade como lemas da revolução burguesa e o ideal republicano de democracia tenha atingido o mais alto grau.

4. GRAMSCI, Antonio. *Concepção dialética da história*. Rio de Janeiro: Civilização Brasileira, 1978. p. 50.
5. BAUDELOT, Christian; ESTABLET, Roger. *L'école capitaliste en France*. Paris: Maspero, 1971.

Desde o início da sociedade capitalista fica evidente a contradição insolúvel entre a estrutura político-econômica, as relações sociais dominantes e a possibilidade de uma escola unitária. Na realidade, instaura-se e se perpetua, de um lado, a escola clássica, formativa, de ampla base científica e cultural para as classes dirigentes, e outra pragmática, instrumental, adestradora e de formação profissional restrita e na ótica das demandas do mercado, para os trabalhadores. Trata-se de ensinar, treinar, adestrar, formar ou educar na função de produção adequada a um determinado projeto de desenvolvimento pensado pelas classes dirigentes.

Sem nenhuma dissimulação, por ainda situar-se na ambiguidade entre o velho e novo modo de produção, Antoine Louis Claude Desttut de Tracy, no início do século XIX, explicita com clareza aquilo que historicamente foi se concretizando nos sistemas educacionais.

> Em toda a sociedade civilizada existem necessariamente duas classes de pessoas: a que tira sua subsistência da força de seus braços e a que vive de renda de suas propriedades ou do produto de funções onde o trabalho do espírito prepondera sobre o trabalho manual. A primeira é a classe operária; a segunda é aquele que eu chamaria de classe erudita. Os homens da classe operária têm desde cedo necessidade do trabalho de seus filhos. Essas crianças precisam adquirir desde cedo o conhecimento, sobretudo, o hábito e a tradição do trabalho penoso a que se destinam. Não podem, portanto, perder tempo na escola. (...) Os filhos da classe erudita, ao contrário, podem dedicar-se a estudar durante muito tempo; têm muita coisa a aprender para alcançar o que se espera deles no futuro. (...) Esses são fatos que não dependem, de qualquer vontade humana; decorrem, necessariamente da própria natureza dos homens e da sociedade; ninguém está em condições de poder mudá-los.[6]

Isto, todavia, não significa que não tenha havido lutas e conquistas pela classe trabalhadora e, também, a constituição de classes dominantes de características diversas. São justamente os embates entre classes e frações de

6. DESTUTT DE Tracy, apud FRIGOTTO, Gaudêncio (org.). *Trabalho e conhecimento, dilemas na educação do trabalhador*. São Paulo: Cortez, 1987. p. 15.

classe e as relações no plano internacional e nacional que configuram a natureza específica de formações sociais e de seus sistemas sociais e educativos.

O que marca nossa especificidade é que a configuração da dualidade, a fragmentação e a qualidade da educação no Brasil estão ligadas a um processo histórico de marca colonizadora e escravocrata. Uma burguesia que se constituiu dentro e sustentou um longo processo colonizador e a sociedade ocidental, por outra parte, que mais demorou em promover a abolição da escravidão, quase 400 anos. Isso resultou num caldo cultural em que a classe dominante muito vagarosamente evoluiu até mesmo para ter um espírito capitalista e foi incapaz, como analisa Florestan Fernandes[7], de completar a revolução burguesa.

Sergio Buarque de Holanda[8], em *Raízes do Brasil*, publicado em 1936, revela na metáfora do título os traços profundos de nossas heranças, sobretudo culturais, expressos na aventura, na figura do "homem cordial", na aversão à impessoalidade e seus reflexos no plano social, econômico e político mediante o personalismo, populismo, clientelismo e patrimonialismo. Mazelas que se redefinem, mas permanecem como marcas profundas até o presente.

Caio Prado Jr.[9], primeiro intelectual que se valeu do método materialista histórico para analisar a sociedade e a formação econômica do Brasil, destaca três traços da herança colonizadora e escravocrata e que se reforçam na nossa formação social desigual e na dívida histórica no campo educacional. O primeiro é o *mimetismo*, que se caracteriza por uma colonização intelectual em que prevalece a cópia das teorias e ideias dos centros hegemônicos, hoje, das teses dos organismos internacionais e de seus intelectuais e técnicos, também da ideia de que não precisamos produzir ciência e tecnologia e de que podemos importá-la. O segundo problema é o crescente endividamento

---

7. FERNANDES, Florestan. *A revolução burguesa no Brasil:* ensaio de interpretação sociológica. Rio de Janeiro: Zahar, 1975.
8. HOLANDA, Sérgio Buarque de. *Raízes do Brasil.* São Paulo: Companhia das Letras, 1995.
9. PRADO JR., Caio. *A revolução brasileira.* São Paulo: Brasiliense, 1966.

externo e a forma de efetivá-lo pelas frações dominantes da burguesia brasileira. E, por fim, o último e, como consequência, a abismal assimetria entre o poder e ganhos do capital e do trabalho, configurando uma das forças de trabalho de maior nível de exploração do mundo.

É, sobretudo, ao longo do século XX que se travam disputas no interior da classe burguesa brasileira e em confronto com a classe trabalhadora na afirmação ou alteração das marcas acima referidas. Como indica Fiori[10], três projetos societários protagonizaram os embates ao longo do século XX no Brasil[11]. O dominante tem sua base no pensamento liberal conservador e centra-se dentro da ortodoxia do mecanismo do livre mercado, demarcado pelo monetarismo e por um vínculo orgânico e subalterno aos centros hegemônicos do sistema capitalista.

Os outros dois foram o nacionalismo desenvolvimentista conservador e o projeto nacional popular. O primeiro, embora tenha uma ênfase nos interesses nacionais, o fulcro básico é a manutenção dos interesses das frações da classe dominante mediante processos que Antonio Gramsci denominou "revolução passiva" e "transformismo". O segundo, representado por forças de esquerda de vários matizes, tem como centro de suas lutas a construção de uma nação autônoma e soberana, criação de um mercado forte interno e uma ampla participação popular. Projeto fortemente combatido por postular reformas de base que alterariam as relações de poder e, determinados grupos, a luta pelo socialismo.

As ditaduras de Getúlio Vargas na década de 1930 e depois a ditadura civil-militar de 1964 perseguiram, por todos os mecanismos de força do arbítrio e de força física, as lideranças e intelectuais desse terceiro projeto. Celso Furtado foi o intelectual que buscou, como Ministro do Planejamento do governo João Goulart, implementar um Plano Nacional de Desenvolvi-

10. FIORI, J. L. *O nome aos bois*. Instituto da Cidadania — Fundação Perseu Abramo. São Paulo: 30 dez. 2002.

11. A síntese aqui apresentada sobre esses embates está desenvolvida mais amplamente numa coletânea da qual participo e que trata dos fundamentos da educação escolar no Brasil (FRIGOTTO, Gaudêncio. Fundamentos científicos e técnicos da relação trabalho e educação no Brasil de hoje. In: LIMA, Julio César França; NEVES, Lucia Maria Wanderley. Rio de Janeiro: Editora Fiocruz, 2006. p. 241-88.

mento dentro da filosofia do projeto nacional popular. A classe dominante brasileira, apoiada pelas forças mundiais do capital, mormente pelos Estados Unidos, arquitetou o golpe civil-militar de 1964, e Celso Furtado foi um dos primeiros a amargar o exílio.

Furtado, o pesquisador e autor que mais publicou sobre a formação econômico-social brasileira e sobre a especificidade do nosso desenvolvimento ou subdesenvolvimento, se tornou vítima daquilo que suas análises explicitam em relação ao tipo de desenvolvimento que guarda intacto os interesses de classe, internos e externos. Uma de suas conclusões originais e base para análises de outros pensadores críticos que nos dão o inventário do que nos conduziu até o presente é de que o *subdesenvolvimento* não é uma etapa do desenvolvimento, mas uma forma específica de construção de nossa sociedade[12].

Dois autores contemporâneos, Florestan Fernandes e Francisco de Oliveira, corroboram a teses de Furtado, desdobrando-a e aprofundando-a. Contrariando o pensamento conservador dominante e de grande parte do pensamento da esquerda brasileira, Florestan Fernandes e Francisco de Oliveira rechaçam a tese dual que atribui nossos impasses para nos desenvolvermos à existência de um país cindido entre o tradicional, o atrasado, o subdesenvolvido e o moderno e desenvolvido, sendo as características primeiras impeditivas do avanço da segunda. Pelo contrário, mostram-nos esses autores a relação dialética entre o arcaico, atrasado, tradicional, subdesenvolvido, e o moderno e o desenvolvido na especificidade ou particularidade de nossa formação social capitalista.

O que se reitera para Fernandes[13], no plano estrutural, é que as crises entre as frações da classe dominante acabam sendo superadas mediante processos de rearticulação do poder da classe burguesa numa estratégia de conciliação de interesses entre o denominado arcaico e o moderno. Trata-se, para Fernandes, de um processo de "modernização do arcaico".

---

12. Ver, sobretudo, FURTADO, Celso, *Subdesenvolvimento e estagnação na América Latina*. Rio de Janeiro: Civilização Brasileira, 1968.
13. FERNANDES, Florestan. *Sociedade de classes e subdesenvolvimento*. Rio de Janeiro: Zahar, 1968.

Na mesma direção, Francisco de Oliveira[14] nos mostra que é a imbricação do atraso, do tradicional e do arcaico com o moderno e desenvolvido que potencializa a nossa forma específica de sociedade capitalista dependente e de nossa inserção subalterna na divisão internacional do trabalho. Mais incisivamente, os setores denominados atrasado, improdutivo e informal, se constituem em condição essencial do núcleo integrado ao capitalismo orgânico mundial. Assim, a persistência da economia de sobrevivência nas cidades, uma ampliação ou inchaço do setor terciário ou da "altíssima informalidade" com alta exploração de mão de obra de baixo custo são funcionais à elevada acumulação capitalista, ao patrimonialismo e à concentração de propriedade e de renda.

Ao atualizar, quatro décadas depois, a sua obra *Crítica à razão dualista*, Oliveira[15] nos revela que o que se tornou hegemônico foi a permanência de um projeto de sociedade que aprofunda sua dependência subordinada aos grandes interesses dos centros hegemônicos do capitalismo mundial. Esta opção hegemônica, em termos de consequências societárias, a expressa recorrendo à metáfora *do ornitorrinco*.

Para Oliveira, a imagem d*o ornitorrinco* faz a síntese emblemática das mediações do tecido estrutural de nosso subdesenvolvimento e a associação subordinada da classe burguesa brasileira aos centros hegemônicos do capitalismo e os impasses a que fomos sendo conduzidos no presente. Uma particularidade estrutural de nossa formação econômica, social, política e cultural, que nos transforma num monstrengo social.

As relações de poder e de classe que foram sendo construídas no Brasil, observa Oliveira, permitiram apenas parcial e precariamente a vigência do modo de regulação fordista tanto no plano tecnológico quanto no plano social. Da mesma forma ocorre no presente na atual mudança científica-técnica de natureza digital-molecular, que imprime uma grande velocidade à competição e à obsolescência dos conhecimentos. Isso, destaca Oliveira, torna nossa tradição da cópia ainda mais inútil. Uma sociedade, portanto, na qual, na

---

14. OLIVEIRA, Francisco de. *Crítica à razão dualista*. O ornitorrinco. São Paulo: Boitempo, 2003.
15. OLIVEIRA, Francisco de. Op. cit., 2003.

divisão internacional do trabalho, dominam as atividades ligadas ao trabalho simples e poucos nichos de trabalho complexo.

Florestan Fernandes[16], ao construir o conceito de capitalismo dependente, traduz o caráter de nossa especificidade histórica na sua raiz mais profunda. Trata-se de uma categoria que nos permite explicitar o caráter ideológico da "teoria" da modernização e os limites da teoria da dependência com as abordagens centro-periferia e o confronto entre nações, ao situar o núcleo explicativo na relação de classes e no conflito de classe no sistema capitalista. Capitalismo dependente expressa, então, não o confronto entre nações, mas a aliança e associação subordinada da fração brasileira da burguesia com as burguesias dos centros hegemônicos do sistema capital na consecução de seus interesses.

Essa mesma categoria permite compreender, de forma mais precisa, um processo histórico de desenvolvimento desigual e combinado. A aliança dependente e subordinada da burguesia brasileira com os centros hegemônicos do capital tem como resultado a combinação de nichos de alta tecnologia, elevadíssimos ganhos do capital, concentração abismal de capital e de renda e superexploração do trabalhador e uma concentração de miséria e de mutilação dos direitos elementares à grande maioria.

Este sucinto percurso que delineia o processo histórico que nos conduziu até o presente e cuja marca específica é de capitalismo dependente, nos permite compreender os embates no campo educacional, acirrados, sobretudo, em conjunturas históricas quando o projeto dominante era confrontado e se abriam possibilidades de mudanças mais profundas. Mudanças interrompidas por ditaduras que tomaram de mais de um terço do século XX ou seguidos golpes.

Os debates intensos da década de 1930, protagonizados pelas obras dos "pioneiros" da educação, onde as perspectivas críticas foram contidas pela ditadura de Vargas, cujo projeto pautou-se pela ideologia do nacionalismo desenvolvimentista conservador e de um arranjo dos interesses das frações

16. FERNANDES, Florestan. *Capitalismo dependente e classes sociais na América Latina*. Rio de Janeiro: Zahar, 1973.

da classe burguesa. Com o fim da ditadura Vargas, a sociedade brasileira experimentou um intenso movimento de lutas democráticas por mudanças estruturais. No campo educativo, a luta pela universalização da educação básica e por perspectivas educativas emancipadoras.

Como um castigo de *Sísifo*, o golpe civil-militar de 1964 joga novamente na planície as lutas sociais por um projeto societário de ampla participação popular. Sob a égide da ideologia do capital humano, onde a educação de direito social e subjetivo é transformada num serviço disputado no mercado, a ditadura, ao longo de mais de duas décadas, efetivou um ciclo de reformas do ensino fundamental à pós-graduação.

As lutas pelo fim da ditadura e os embates da década de 1980 no processo constituinte e, em seguida, da nova Lei de Diretrizes da Educação Nacional, reavivaram um novo alvorecer das lutas sociais por um novo projeto societário e de educação. No plano das concepções, a qualidade da educação, pela primeira vez, é disputada no horizonte da formação, unilateral ou politécnica e da escola unitária. Concepções estas vinculadas à luta pela superação das relações sociais e educacionais capitalistas.

O golpe, agora, seria mais profundo. Transitamos da ditadura civil-militar à ditadura do mercado. Neste contexto passa-se a cobrar da instituição escola, e dos processos educativos, um pragmatismo ultra-individualista. Educar o indivíduo isolado que luta por seu lugar a qualquer preço, seguindo os ditames do mercado. Margaret Teacher traduziu esse ideário sentenciando que não via a sociedade, mas sim os indivíduos. Um ideário que postula, pois, que não há lugar para todos, mas apenas para os mais competentes, para os que primam por uma "qualidade total".

Com efeito, a partir da década de 1990, sob o ideário neoliberal, os grandes formuladores das reformas educativas são os organismos internacionais vinculados ao mercado e ao capital. São eles que infestam o campo educativo com as noções de sociedade do conhecimento, qualidade total, polivalência, formação flexível, pedagogia das competências, empregabilidade e empreendedorismo.

Ao longo da década de 1990, sob o governo Fernando Henrique Cardoso, mediante as reformas do Estado e privatizações, sela-se a definição do projeto de sociedade de capitalismo dependente. O Ministro da Educação por oito anos, Paulo Renato de Souza, um intelectual vinculado e dirigente de organismos internacionais, efetiva, sob a ditadura do mercado, as reformas educativas que articulam os interesses das classes dos centros hegemônicos do sistema capital e, de forma associada e subordinada, da classe burguesa brasileira.

A profundidade das reformas na sociedade e na educação foi de tal ordem que a mudança de governo, há sete anos na mão de um líder operário eleito com o apoio da grande maioria das forças que historicamente se opunham a esse projeto, não o alterou na sua essência. O que é pior, por essa razão em grande parte, o campo da esquerda esfacelou-se e enfraqueceu as possibilidades da luta contra-hegemônica.

Pode-se afirmar que o sentido de qualidade de educação em todo este percurso efetivou-se no embate dos projetos societários em disputa no Brasil e que a perspectiva dominante ao longo século XX é pautada pelo horizonte monetarista e financista, que aprofunda nosso caráter de capitalismo dependente. Em consequência, como veremos no próximo item, a concepção da qualidade da educação, método e critérios de avaliá-la transitam da esfera pública para o mundo privado do mercado.

A qualidade da educação nos jornais em 2008 sob a ótica dos fatores[17]

Do levantamento feito sobre matérias que direta ou indiretamente tratam da qualidade da educação, foram selecionadas 23 do ano de 2008 (refe-

17. Agradeço a colaboração das mestrandas Michelle Paranhos e Ana Paula da Graça Souza Blengini, que realizaram um cuidadoso trabalho de sistematização das informações das matérias dos jornais aqui discutidas.

rência de todos os textos que compõem este Anuário), extraídas de dez jornais *online*, e que as tomamos como referência nesta análise. Elas não cobrem, pois, nem a totalidade de fontes, nem de artigos do ano acima referido sobre o tema da qualidade. Todavia, entendemos que nesse material está presente a tendência dominante de como a questão da qualidade da educação vem sendo concebida pelo pensamento dominante e traduzida num de seus aparelhos de hegemonia. A leitura das matérias nos permite categorizar, para efeito desta análise, em quatro eixos.

A qualidade na ótica dos fatores

O título deste item decorre da forma como aparece a compreensão da qualidade da educação na sua produção e nos seus efeitos nas matérias dos jornais. Ela resulta de determinados fatores e se expressa como um fator em relação à sociedade, esta reduzida comumente ao mercado. A mídia assim apresenta sua leitura sobre os problemas da qualidade de forma tão unânime não por acaso, mas por ser a expressão de uma determinada concepção de realidade social e educacional, método de abordá-la e forma concreta de intervir.

Por isso, a concepção de fator que preside e ordena a categorização acima se constitui no ponto central no plano teórico, metodológico e ético-político para perceber o que essa perspectiva explicita e o projeto societário e educacional ao qual se vincula e o que a mesma esconde e silencia. Praticamente o universo dos textos utiliza o termo fator ou expressões que dão a ideia de fator. Nos trechos a seguir destacados, a título de exemplificação, como o termo fator é reiterado. Nos dois primeiros aparece explícito e nos dois outros como "ponto chave" e a "responsabilidade" do sucesso.

> "o trabalho aponta os principais fatores comuns que contribuíram para o sucesso escolar de países como Finlândia e Coreia" (Impacto do piso nacional para professores divide opiniões.) (*Meio Norte*, 22 set. 2008).

"De acordo com a pesquisa, o fator que teve grande impacto no resultado dos países observados, e que é o ponto principal levantado pelo relatório, foi o trabalho do professor" (Impacto do piso nacional para professores divide opiniões.) (*Meio Norte*, 22 set. 2008).

"a formação do professor, seja inicial ou continuada, é o ponto chave para as mudanças que se deseja na educação" (Saídas para a crise na educação.) (*Diário de Cuiabá*, 13 ago. 2008).

"dados recentes de uma reportagem publicada pela revista *Isto É* (...) mostrou uma escola pública de um município de Mato Grosso do Sul, cujos alunos obtiveram índices muito acima da média nacional no Exame Nacional do Ensino Médio (ENEM). A responsabilidade por isso está no fato de que 90% dos professores dessa escola possuem títulos de mestres e doutores" (Saídas para a crise na educação.) (*Diário de Cuiabá*, 13 ago. 2008).

O filósofo Karel Kosik efetiva, dentro da concepção e método materialista histórico, a análise mais aguda do sentido da perspectiva do fator e o seu contraponto mediante compreensão da realidade humana na perspectiva da totalidade concreta. Em três movimentos, desvela o que representa a análise centrada na ótica do fator.

No primeiro, mediante a categoria de "pseudoconcreticidade" ou "metafísica da vida cotidiana"[18], destaca as visões de senso comum que reduzem a realidade à sua manifestação aparente. No segundo e terceiro movimentos, Kosik localiza na " metafísica da razão" e "metafísica da cultura" a perspectiva cientificista e reducionista da ciência burguesa balizada pela ótica fragmentária e funcionalista da realidade.

Na investigação analítico-metafísica vários aspectos do complexo social se transformam em categorias particulares e independentes; e momentos isolados da atividade social

18. O termo metafísica da vida cotidiana, da razão e da cultura, que Kosik utiliza ao longo do livro referido, é tomado numa perspectiva analógica para expressar análises que não alcançam as mediações históricas que permitem entender como um determinado fato é produzido. Resultam, portanto, de determinadas "crenças" sobre a realidade que se vinculam aos limites e interesses da classe social interessada em manter uma determinada ordem social.

do homem — o direito, a moral, a política, a economia — transformam-se, na mente humana, em forças independentes que determinam a atividade do homem. (...) A teoria dos fatores subverte o movimento social, mostrando-o de pernas para o ar, pois considera como "responsável" pelo movimento social os produtos isolados da *práxis* humana objetiva ou espiritual, quando o único autêntico portador do movimento social é o homem no processo de produção e reprodução da própria vida social.[19]

A explicação da realidade humana como soma de fatores independentes representa a forma específica da classe dominante de expor os problemas e as "disfunções" dos vários aspectos da realidade social e evadindo, mediante ideias e noções ideológicas ou "teorias", as determinações que as originam nas relações sociais de produção estruturalmente desiguais.

Disso resulta a projeção da particularidade da concepção de ser humano burguês, da racionalidade do proprietário privado que se relaciona com os demais movido pelos seus interesses egoístas, como isso fosse o caráter universal do ser humano. Trazendo para nosso objeto de análise, seria reduzir o que expressam os jornais sobre a qualidade da educação como sendo a verdade científica e não apenas a compreensão parcial de classe ou de frações da classe dominante veiculada na mídia na defesa de seus interesses.

As consequências, no plano da ação política, são coerentes com esse modo de conceber a realidade humana nas suas mais diversas manifestações. Trata-se de tratar pontualmente os efeitos sem atacar as determinações que os produzem. Por isso, também, que ora um ora outro fator é tomado linearmente como determinante, perpetuando uma análise circular e políticas erráticas.

Tomamos como exemplo emblemático de circularidade a análise do economista Delfim Neto, um dos mais destacados e influentes intelectuais orgânicos da burguesia brasileira nas últimas quatro décadas, justamente sobre a qualidade da educação e os seus efeitos sobre o desemprego e a criminalidade. Exemplo que nos permite, de forma sucinta, entender como as

19. KOSIK, K. *Dialética do concreto*. Rio de Janeiro: Paz e Terra, 1986. p. 99 e 103-4.

demais categorias extraídas dos textos dos jornais são tomadas de forma isolada, linear e arbitrária.

Em 2006, a capital de São Paulo ficou refém de ações de represálias do tráfico pelo Primeiro Comando da Capital (PCC). Um dos centros mais importantes do capital do mundo estremeceu e reagiu com a mão armada do Estado, matando mais de duas centenas de pessoas, muitas das quais inocentes. Neste contexto de comoção, Delfim Neto escreveu um artigo com o título: "Educação, crime e desemprego".

O raciocínio linear de que sem educação de qualidade o mercado não emprega e sem emprego a tendência é elevar a violência. Supondo que, de fato, existisse essa relação tão determinante da educação de qualidade, era de se esperar por uma enfática conclusão de que precisaríamos multiplicar por quatro vezes os recursos que investimos em educação, de sorte que todos tivessem acesso a escola e uma educação com a mesma qualidade. Delfim estaria assim se filiando à tese de Gramsci destacada na epígrafe, na qual nos diz que contrapor a quantidade à qualidade é querer manter intactas determinadas condições sociais. Mas sua condição de classe, não por maquiavelismo, o leva negar na conclusão o que está na sua proposição. "Quando fingiram preocupar-se com a questão, atacaram o problema da 'quantidade' e exterminaram a 'qualidade', como agora se confirmou".[20]

Qualificação ou formação e valorização do professor

Os professores, sua formação, qualificação e valorização aparecem como o "fator" preponderante na definição da qualidade educação, tanto positiva quanto, negativamente.

> "O prefeito Antonio José Gonçalves da Silva culpa os professores e as altas taxas de abandono escolar por alunos da zona rural, que engloba 46% da

20. NETO, Delfim. Educação, crime e desemprego. São Paulo, *Folha de S.Paulo*, 19 jun. 2006.

população, pela queda na qualidade da educação" (Veja como Japaraíba conseguiu o melhor desempenho educacional de MG.) (*Estado de Minas*, 30 jun. 2008).

"a capacitação e a valorização do professor são os grandes pilares da qualidade na educação" (Impacto do piso nacional para professores divide opiniões.) (*Meio Norte*, 22 set. 2008).

"De acordo com a pesquisa, o fator que teve grande impacto no resultado dos países observados, e que é o ponto principal levantado pelo relatório, foi o trabalho do professor" (Impacto do piso nacional para professores divide opiniões.) (*Meio Norte*, 22 set. 2008).

"(...) a educação no país tem passado por uma crise profunda, principalmente no que diz respeito à qualidade do ensino oferecido. (...). Daí o investimento na formação do professor ser uma das saídas possíveis para a resolução desse problema devido ao fato de que é impossível transpor as novas diretrizes educacionais sem a devida preparação dos educadores para isso" (Saídas para a crise na educação.) (*Diário de Cuiabá*, 13 ago. 2008).

"O Governo do Estado dá um dos passos mais importantes pela melhoria da qualidade do ensino público no Maranhão, que é a formação de professores de primeira à quarta série do ensino fundamental" (Valorizar o professor para desenvolver o Brasil.) (*Jornal Pequeno*, 14 maio 2008).

"Na opinião do presidente da Fundação Roberto Marinho, o Brasil precisa desenvolver um programa intenso de formação de professores, 'apoiando os educadores para que consigam obter com maior facilidade as ferramentas necessárias para seu aprimoramento'" (Escolas vão utilizar o novo Telecurso.) (*Folha de Boa Vista*, 23 fev. 2008).

O caráter contrastante desta ênfase é que justamente a partir da década de 1990 a reforma da educação e as políticas educacionais no Brasil, como nunca, vão ter referência os intelectuais dos organismos internacionais, muitos deles brasileiros, como o ex-ministro Paulo Renato de Souza. Essas políticas têm em comum o esvaziamento do controle do que identifica a profissão docente: o conhecimento, sua organização e sua socialização. De outra parte, as políticas de ajuste pioraram aquilo que já era lastimável: o salário dos docentes e suas condições de trabalho.

Gestão e parcerias do Estado com o setor privado e terceiro setor

Não por acaso o esvaziamento da profissão docente corresponde ao senso comum de que a não qualidade da educação ou a melhoria desta dependem da gestão. Também não se trata de qualquer gestão. A gestão adequada é a que segue as leis do mercado e, por isso, o Estado deve direcionar sua política de gestão com parcerias com o setor privado ou o eufemismo de terceiro setor ou organizações sociais. Por outro lado, gerir bem, no que transparece nas reportagens, é gerir o que se tem.

> "A escola Serafim da Silva Salgado, de Rio Branco, é a grande campeã do Prêmio Referência em Gestão Escolar 2008 com o programa pedagógico que valoriza a interatividade com a comunidade" (Qualidade na Educação.) (*Página 20*, 5 ago. 2008).
>
> "O Progestão é dividido em nove módulos e abrange todos os aspectos da gestão escolar, explica a coordenadora regional de educação, Odila Cancian Liberali. 'O Progestão trabalha a esfera pedagógica, financeira e de recursos humanos, com um objetivo bem específico: a melhoria na qualidade do ensino' (...) Ontem as equipes avaliaram o módulo VII: como gerenciar o espaço físico e o patrimônio da escola." (Escolas expõem ações do Progestão.) (*Correio do Povo*, 31 jul. 2008).
>
> "(...) Esse Centro funciona através de parcerias firmadas entre ICE, Governo Estadual e empresários pernambucanos. O modelo tem como meta melhorar a qualidade da educação através de ações conjuntas do setor público e privado (...) 'Nós empresários somos afetados diretamente pelos resultados da educação que é oferecida em nosso país. O que queremos mostrar é que podemos sim ajudar na educação desses jovens'" (Modelo de Ensino Médio é lançado no Piauí.) (*Meio Norte*, 26 maio 2008).

"O Governo do Estado dá um dos passos mais importantes pela melhoria da qualidade do ensino público no Maranhão, que é a formação de professores de primeira à quarta série do ensino fundamental, por meio do Instituto de Qualidade na Educação (IQE), organização não governamental voltada para projetos revolucionários de desenvolvimento do processo ensino-aprendizagem. (...) Esse convênio é o resultado das ações assumidas no 'Compromisso Todos pela Educação' (...)." (Valorizar o professor para desenvolver o Brasil.) (*Pequeno*, 14 maio 2008).

"Através de ações simples, como eventos comemorativos, seminários, campanhas educativas e reuniões periódicas, a escola estimula os pais a frequentarem o espaço, o que elevou a frequência escolar e a média dos alunos. (...) Envolvimento da comunidade é fundamental" (Qualidade na educação.) (*Página 20*, 5 ago. 2008).

"A Secretaria de Estado da Educação e Cultura se reúne com mais 73 municípios, para discutir adesão aos programas de Correção do Fluxo Escolar, em parceria com o Instituto Ayrton Senna. (...) O objetivo do encontro é apresentar os programas de correção de fluxo Se Liga Paraíba e Acelera Paraíba, que visam assegurar a qualidade na educação pública e corrigir as distorções idade/série em aluno de 9 a 14 anos. Os municípios convidados a participar da reunião apresentam baixo Índice de Desenvolvimento da Educação Básica — IDEB" (Mais 73 municípios estão sendo convidados pela SEC a fazer parceria com o Instituto Ayrton Senna. (*Paraíba on-line*, 29 jan. 2008).

A ação pedagógica dessa ênfase é criar um consenso de que a solução da qualidade da educação tem que ser buscada no mundo privado dos negócios, orientado pelos critérios, não do direito social e subjetivo à educação, mas do mercado. Esta pedagogia fica ainda mais bem explicitada no texto escrito por Vânia C. Motta — "Educação como caminho, mas qual? Todos pela Educação ou em Defesa da Escola Pública?" — e que integra esta obra.

Marco legal e ações pontuais do governo

Os "fatores" ligados à avaliação e medidas pontuais dos governos são também destacados como determinantes da melhora da qualidade na educação. Isto é coerente com a ênfase de que o Estado toma do setor privado os parâmetros de gestão e mesmo dos conteúdos que definem a qualidade por ele requerida. Neste sentido a ênfase não é de cobrar do Estado mais investimento, pois isto incidiria no que os empresários definem como "custo Brasil" para referir-se ao excesso de gastos do setor público. A função do Estado, nessa ótica, deve ser cada vez mais de indutor e de controle mediante mecanismos de avaliação.

> "A qualidade é garantida 'por todos os instrumentos e todas as oportunidades que a lei faculta'" (Quase 70% dos cursos superiores com piores avaliações oferecem bolsa para o ProUni.) (*O Globo*, 22 dez. 2008).
>
> "A LDB (1996) e os PCNs (1998) visam a 'adequação da escola pública às transformações sociais e culturais no mundo contemporâneo assim como integrar a escola ao seu público atual'" (Saída para a crise da educação.) (*Diário de Cuiabá*, 13 ago. 2008).
>
> "O Censo Escolar é instrumento importante para promoção da melhoria da qualidade na educação. As informações coletadas servem para a formulação de políticas públicas e para distribuição de recursos públicos." (Sociedade deve exigir qualidade na Educação Infantil.) (*Meio Norte*, 27 ago. 2008).
>
> "O Censo Escolar é uma ferramenta importante para promoção da melhoria da qualidade na educação e auxilia o MEC a conhecer melhor o sistema educacional, as qualidade e deficiências de cada estado" (Encontro Nacional do Censo Escolar ocorrerá em Roraima.) (*Folha de Boa Vista*, 26 mar. 2008).
>
> "Chegou a atingir a todos, mas não atingiu a qualidade esperada, e, diante disso, há a necessidade de trabalhar programas que primem pela qualidade do ensino" (Valorizar o professor para desenvolver o Brasil.) (*Pequeno*, 14 maio 2008).
>
> "O governador de São Paulo, José Serra (PSDB), assinou ontem um compromisso que inclui 28 diretrizes e metas de qualidade na educação, estipuladas pelo governo federal. (...) São Paulo foi o último estado a aderir ao programa — chamado de Compromisso Todos pela Educação —, que está inserido no Plano de Desenvolvimento da Educação". (Serra adere a programa de meta da União.) (*Folha de S.Paulo*, 29 maio 2008).

> "No Estudo 'A pré-escola no Brasil', elaborado por Rubem Klein, mostra que, segundo a análise dos resultados do Saeb, uma boa pré-escola faz diferença e pode atenuar as desigualdades socioeconômicas." (Sociedade deve exigir qualidade na Educação Infantil.) (*Meio Norte*, 27 ago. 2008).

> "a formação continuada é um círculo virtuoso, gera qualidade na educação como também aumento na remuneração dos educadores" (Saídas para a crise na educação.) (*Diário de Cuiabá*, 13 ago. 2008).

Um aspecto que aparece, direta ou indiretamente, em todas as reportagens das categorizações acima, é que a melhoria da qualidade da educação tem como resultado a diminuição das desigualdades socioeconômicas. O círculo vicioso exposto acima na abordagem linear de Delfim Neto se fundamenta na noção de capital humano formulada por Schultz[21] na década de 1950 e hoje rejuvenescida pela pedagogia das competências e dos receituários do "aprender a aprender", da empregabilidade e do empreendedorismo.

A ideia básica é que a chave para resolver as mazelas dos países pobres e das populações pobres é o investimento público e privado na educação. O que Schultz e seus seguidores, numa profusão cada vez maior, esquecem é de fazer a seguinte pergunta: os países e as populações pobres assim o são por que investem pouco em educação e educação de pouca qualidade ou investem pouco e tem educação de baixa qualidade porque são pobres?[22] Essa questão não tem resposta dentro da concepção de realidade e método funcionalista dos fatores para abordá-la por não estabelecer as conexões do que produz socialmente a desigualdade em todas as esferas da sociedade.

A hiperfragmentação da sociedade, o desemprego estrutural e a precarização do trabalho têm como superestrutura ideológica os ideários

---

21. SCHULTZ, Theodoro. *Capital humano*. Rio de Janeiro: Zahar, 1973.
SCHULTZ, Theodoro. *O valor econômico da educação*. Rio de Janeiro: Zahar, 1962.

22. Uma avaliação crítica detalhada da "teoria do capital humano" e sua concepção reducionista de ser humano, trabalho, sociedade e educação é efetivada em FRIGOTTO, Gaudêncio. *A produtividade da escola improdutiva*. São Paulo: Cortez, 2006.

neoliberal e pós-moderno que, por caminhos diversos, justificam a forma de ser do capitalismo tardio[23] no qual não há lugar para todos. Nesse contexto o foco da qualidade educação é demarcado pela noção de competência e esta referida ao indivíduo. Como não há lugar para todos, o mercado seleciona aqueles que adquirem as competências por uma educação de "qualidade total". Esta é que prepararia o trabalhador para executar uma tarefa de acordo com o que é tecnicamente prescrito, em menor tempo e menor custo.

Quem entende dessa qualidade é o "mercado", e ele é que sabe o que lhe convém. Nesse contexto assume importância central a gestão da escola e do processo ensino-aprendizagem e de sua avaliação dentro dos critérios privados. Daí a ênfase que encontramos nas matérias de jornal sobre os professores despreparados, da importância das parcerias com o setor privado ou seu disfarce, as organizações sociais.

A adoção do Instituto Ayrton Senna, Instituto de Qualidade na Educação (IQE) e congêneres por Secretarias Estaduais e Municipais de Educação como o enunciado acima, no caso da Secretaria Estadual de Educação da Paraíba, que reuniu 73 municípios para esse fim, são crescentes nos últimos anos. A Secretaria Municipal de Educação do Rio de Janeiro, com o mesmo fim, na atual gestão municipal, contratou o Instituto Ayrton Senna para ser o grande condutor da política de educação por entender que tem um método eficiente de "re-alfabetizar". Trata-se de métodos que se pautam pelas propostas de "imersão" para turistas ou executivos que não sabem um determinado idioma para um desaperto numa viagem de negócios ou de turismo. Dura o tempo da viagem. Talvez valesse perguntar aos contratantes se estão dispostos a pagar aos professores os mesmos valores dessas organizações privadas que vendem pacotes de ilusões pedagógicas. O estado do Rio de Janeiro, mais ousadamente, está adotando medidas para que as organizações sociais sejam as gestoras da área da saúde e da educação.

23. JAMESON, Fredric. *Pós-modernismo*. A lógica cultural do capitalismo tardio. São Paulo: Ática, 1996.

A título de conclusão

A breve análise aqui exposta nos permite destacar diferentes aspectos sugeridos pelas matérias selecionadas, do ano de 2008, com relação à qualidade da educação referida à sinalização das marcas da especificidade do projeto societário construído pela burguesia brasileira.

O que preside a identificação do que condiciona a qualidade da educação é a visão dos fatores. Trata-se da concepção e do método da realidade de classe que identifica as disfunções, mas não capta as mediações e determinações que as produzem. Daí ora um fator ora outro prepondera, e as medidas para sanar as disfunções são focais. No recorte estudado os fatores básicos destacados para a qualidade da educação foram a formação dos professores, a gestão em parcerias com o setor privado e o processo de avaliação.

Trata-se de uma análise que silencia e mascara, no plano mais geral, a inviabilidade de uma qualidade universalizada da educação nas sociedades de classe. Daí resulta análises circulares como a que destacamos de Delfim Neto. Na premissa sustenta que, se houvesse educação de qualidade para todos, haveria emprego e menor violência. Mas na conclusão de seu artigo reclama que os gestores preferiram a qualidade.

As matérias analisadas culpam os docentes pela má qualidade e mascaram que as políticas das parcerias com o setor privado expressam um processo crescente de mercantilização do conhecimento e da educação, retirando do professor o que define sua profissão — construir, organizar e socializar conhecimento, transformando-o em mero executor ou facilitador. Uma direção oposta daquela que Dermeval Saviani aponta como imprescindível ao analisar o Plano de Desenvolvimento da Educação (PDE) lançado pelo Governo Federal em 2007.

> Trata-se de criar a carreira do magistério da educação básica tendo como itens básicos um piso salarial substantivamente elevado em relação ao atual e jornada em tempo

integral numa única escola, com 50% do tempo dedicado à docência e a outra metade distribuída pelas demais atividades.[24]

Oculta-se, sobretudo, que pelo fato de a classe dominante brasileira não ter completado a revolução burguesa, ter incorporado apenas parcialmente o fordismo e as mudanças da base técnica da produção que o mesmo ensejou e, agora, parcialmente a nova base científico-técnica que associa microeletrônica à informação, não tem interesse sequer pela efetiva universalização da educação básica e a qualidade nos termos do capitalismo dos centros hegemônicos. Em determinadas conjunturas setores da sociedade reclamam, como foi o caso no final de 2007 e início de 2008, de falta de pessoal qualificado. Ao mesmo tempo as estatísticas dão conta de milhares de jovens em busca de emprego. Um vozerio enorme reclama e taxa a situação de "apagão educacional". Um duplo cinismo: por um lado passam a ideia que essa situação nada tem que ver com suas próprias opções e, de outro, que a resolução se pode dar como se concerta um curto-circuito.

A superação da circularidade de análise e da contraposição entre quantidade e qualidade na educação e sua visão mercantil implica uma concepção de realidade, de método de abordá-la e de ação política antagônicos à visão dos fatores. Trata-se da perspectiva de totalidade histórica que permite apreender quais as mediações, determinações que produzem a realidade humano-social e, dentro dela, a educação e os processos que qualificam a quantidade.

A superação, por outra parte, das relações sociais capitalistas e dos seus processos educativos, contraditoriamente, só pode ser construída dentro da adversidade da realidade dada e por obra da classe que não quer apenas reformar o capitalismo, mas transitar para uma sociedade sem a denominação de classe[25]. A orientação de Marx em 1871 na Mensagem ao Conselho Geral

---

24. SAVIANI, Dermeval. Em entrevista publicada no *Informativo "Expressão Sindical"* do SINPRO/Guarulhos. São Paulo, 17 set. 2007, p. 5.

25. O leitor interessado numa visão mais ampla de como se explicitam as perspectivas reprodutivistas, reformistas e críticas de qualidade de educação básica no Brasil, ver: FRIGOTTO, Gaudêncio. *Educação*

da Associação dos Trabalhadores continua uma orientação básica e atual para a classe trabalhadora e suas organizações. "Só a classe operária pode converter a ciência de dominação numa força popular. (...). A ciência só pode desempenhar o seu genuíno papel na República do Trabalho."[26] No Brasil, atualmente, o Movimento dos Trabalhadores Sem-Terra (MST) é que explicita com maior clareza essa perspectiva. Por isso, certamente, que é o movimento demonizado pela grande mídia.

---

tecnológica e o ensino médio: concepções, sujeitos e a relação quantidade/qualidade. Rio de Janeiro, UERJ/ CNPq/FAPERJ. Relatório de pesquisa, 2009.

26. KARL, Marx, apud MOURA, José Barata. *Materialismo e subjetividade* – Estudos em torno de Marx. Lisboa: Editorial Avante, 1998. p. 71.

4

A difícil laicidade na educação pública

Luiz Antônio Cunha*

A longa e profunda simbiose Estado-Igreja Católica que, por quatro séculos, moldou a sociedade brasileira tem na escola pública um de seus efeitos inerciais mais fortes: a presença da religião, tanto difusa quanto especificada, em disciplina própria no currículo. Mesmo com a acelerada redução do número de católicos, correlativo ao crescimento das Igrejas Evangélicas Pentecostais, aquela simbiose não se enfraqueceu, tampouco essa presença.

Todavia, a laicidade tem se mostrado viva no campo educacional e em movimento ascendente. Fora do campo, a laicidade é induzida pelo efeito-demonstração dos movimentos pelos direitos sexuais e reprodutivos contra as barreiras religiosas, em especial as que lograram cristalizar-se em determinações legais. O caso mais conspícuo é o da luta pela descriminalização do aborto. Dentro do campo educacional, a luta pela laicidade consiste na mobilização contra a transformação da escola pública em arena de luta pela

* Doutor em Educação pela Pontifícia Universidade Católica de São Paulo — PUC/SP. Professor titular do Núcleo de Estudos de Políticas Públicas em Direitos Humanos da UFRJ. Veja: www.nepp-dh.ufrj.br/ole

hegemonia religiosa: a Igreja Católica procura retomar as posições perdidas pelo rápido crescimento das Igrejas Evangélicas, e estas procuram ampliar as posições alcançadas. Cada lado pretende pôr o Estado a seu serviço, mesmo quando alianças de ocasião surgem sob a bandeira do ecumenismo.

Se as ideias laicas se expandem no país, em termos institucionais, a laicidade é incipiente, pois os partidos políticos evitam se contrapor às posições defendidas pelas direções das burocracias religiosas, de modo a não sofrerem sanções que possam ser prejudiciais nas eleições. O caso da descriminalização do aborto é exemplar. Diante dela, os partidos políticos se calam, quando não adotam posições afinadas com as das direções religiosas. A derrota de Jandira Feghali, candidata favorita ao Senado, pelo estado do Rio de Janeiro, nas eleições de 2006, foi atribuída à campanha que a Igreja Católica desfechou contra ela. O mote da campanha difamatória foi o projeto apresentado pela candidata, quando deputada federal, pela ampliação das condições para a realização de aborto legal no país.

Numa palavra, o oportunismo convive, no Congresso Nacional, com a atividade confessionalista militante, de modo que a laicidade, condição da efetiva democracia, é sacrificada sempre que é evocada.

Marcada por esse clima do Congresso Nacional, a imprensa traz matérias que consideram a presença da religião na escola como algo natural e/ou desejável. A laicidade, ao contrário, como algo forçado, exótico ou até mesmo como antieducativo. Poucas matérias escapam a essa polaridade. Vejamos como isso apareceu, em 2008, em quatro temas escolhidos entre os mais candentes da mídia impressa: o ensino religioso nas escolas públicas, o criacionismo nas aulas de ciências, a descriminalização do aborto e a *concordata* entre o Brasil e o Vaticano.

Religião: conteúdo curricular?

Desde 1934 a única disciplina escolar que as Constituições brasileiras determinam no currículo do ensino público é o ensino religioso. Nenhuma palavra sobre qualquer outra disciplina. Essa presença acintosa não resulta de consenso. Sobre o ensino obrigatório da matemática, das ciências, da história e da língua portuguesa existe consenso, tanto que a ninguém ocorreu determinar isso na Constituição. Mas sobre o ensino religioso não existe concordância, tanto que sua inserção no texto constitucional foi resultado de empenho e luta política, indicando a existência de resistência a esse conteúdo nos sistemas educacionais públicos.

A defesa da oferta do *ensino religioso* nas escolas públicas tem sido feita por um discurso redundante: essa disciplina seria o lugar natural da ética, da moral e da cidadania. Para ilustrar esse discurso, vejamos matéria publicada na *Folha de Boa Vista*, da capital de Roraima (1º de maio de 2008). Em artigo intitulado "Professores querem resgatar ética e moral com ensino religioso", o jornal roraimense noticiou reunião de docentes da rede estadual para finalizarem a matriz curricular daquela disciplina. A chefe da Divisão de Fortalecimento do Currículo, da Secretaria Estadual de Educação, professora Miriele Cavalcante, declarou ao jornal que

> além de mostrar a variedade religiosa que temos no mundo, os professores vão abordar em sala de aula o resgate da ética e da moral, entre os alunos. A nova matriz curricular do ensino religioso tem o objetivo de auxiliar também na formação do cidadão ético, que respeite o próximo e que seja inserido na sociedade. Isso era algo que estava perdido desde o seio das famílias. Agora, com a obrigatoriedade do ensino religioso, nós vamos abordar tudo isso. Até porque hoje as matérias escolares estavam muito específicas e deixavam essa lacuna.

Três meses depois, lemos o argumento da professora roraimense, da educação básica, repetido por seu colega paulista, da educação superior. *O Estado de S.Paulo* (24 de agosto de 2008) consultou dois professores, um da PUC-SP, outro da USP, para se manifestarem sobre a matéria. Para o professor de teologia, Jorge Cláudio Ribeiro, essa disciplina "ajuda a juventude a se inserir no contexto religioso, evitando fanatismos e manipulações por parte dos líderes. Esse conhecimento capacita os indivíduos a serem cidadãos autônomos".

Já Romualdo Portela, professor da Faculdade de Educação da USP, defendeu a posição oposta: "O ensino religioso é tarefa da família e dos templos. Aí se garante a opção de cada um. Na escola, deve-se ensinar o respeito ao outro, não a excluí-lo." Ao estabelecer diferenças entre os praticantes de determinados cultos e os demais, essa disciplina estaria ameaçando a liberdade de crença. Além do mais, a laicidade do Estado estaria sendo violada pelo pagamento de professores de religião nas escolas públicas e pelo caráter inevitavelmente confessional do ensino religioso, ao contrário dos defensores de um impossível ecumenismo. Na mesma direção, a professora Roseli Fischmann, da mesma instituição, foi taxativa:

> Quando você fala de religião, você fala bem da sua e nunca fala de uma outra da mesma maneira. Uma coisa é imaginar um curso sobre religião ministrado na universidade, outra é você trabalhar com um professor com realidade bastante limitada. Isso é desrespeito com as próprias religiões.

Para o professor Romualdo Portela, o currículo escolar destina-se à disseminação do saber historicamente acumulado. Para ele, ética, tolerância, respeito à diversidade e cultura da paz são valores incorporados ao patrimônio de toda a humanidade, e não propriedade de qualquer agrupamento religioso. Por ele, presenciamos séculos de luta em defesa das liberdades civis e pela separação entre Estado e Igreja.

Ao contrário da imagem consensual sobre o ensino religioso que os confessionalistas apresentam, a falta de consenso foi constatada na enquete de *O Estado de S.Paulo* (24 de agosto de 2008), que indagou dos leitores sobre o oferecimento dessa disciplina pelas escolas públicas e privadas. O resultado foi um empate técnico: 51% dos leitores favoráveis e 49% contrários.

Passando das posições defendidas sobre a presença da religião no currículo do ensino público para o que, de fato, acontece nessas escolas, as matérias na imprensa têm sido ainda mais rarefeitas.

O Estado de S.Paulo (18 de agosto de 2008) publicou artigo assinado por Maria Rehder, que apresentou informações sobre a oferta do ensino religioso na rede estadual paulista. Lemos aí que, de facultativo, esse ensino tornou-se obrigatório nas escolas estaduais do primeiro segmento do ensino fundamental.

Com efeito, da 1ª à 4ª série, aquele conteúdo é oferecido de forma transversal, misturado aos demais conteúdos. Como resultado, os alunos não podem optar se desejam tal ensino, nem mesmo os professores, que são obrigados a inserir os conteúdos religiosos nas suas aulas. Ora, eles podem ser agnósticos, ateus ou, se religiosos, defenderem outra forma de educar para a vida religiosa, que não passe pelo ensino propriamente dito.

Na rede estadual paulista, o ensino religioso torna-se facultativo só no segundo segmento do ensino fundamental, pois ele deixa de ser tratado de forma transversal e torna-se disciplinar, sendo oferecido em sala e horário próprios, na 8ª série, para os alunos que o desejarem, ministrado por professores do quadro do magistério que se candidatarem a esse mister.

Uma exceção digna de nota no panorama da grande imprensa foi o artigo assinado por Ruth de Aquino, diretora da sucursal da revista semanal *Época*, em 29 de agosto de 2008, que trouxe matéria de capa sobre o ensino religioso nas escolas públicas, com posições pró e contra. Como que antecipando a assinatura da *concordata* três meses depois, a diretora da sucursal escreveu:

> Quando a religião se impõe ao corpo de leis de um Estado laico, não ateu, fica complicado, para um pai ou uma mãe, recusar a doutrinação dos filhos no currículo de escolas públicas. (...) Como respeitar os pais ateus e agnósticos, e até mesmo as várias religiões, quando crianças são orientadas a rezar o Pai-Nosso antes da aula?

Criacionismo: infiltração nas aulas de Ciências

Dentre todos os temas concernentes à presença da religião nas escolas públicas, a questão do criacionismo foi o que mais claramente ofereceu aos leitores, em 2008, o confronto de posições opostas.

No primeiro mês do ano, a ministra do Meio Ambiente, Marina Silva, foi citada por artigos de jornal, que reclamaram de sua participação no 3º Simpósio "Criacionismo e Mídia", promovido pelo Centro Universitário Adventista, de São Paulo, mantido pela igreja à qual ela era filiada. A ministra defendeu no evento uma "educação plural", que tratasse o criacionismo como "mais um olhar" sobre a história natural. Em entrevista posterior, Marina Silva repetiu a posição dos neoconservadores norte-americanos, para quem "as duas visões" devem ser oferecidas aos alunos, para que "decidam por si mesmos".

A *Folha de S.Paulo* (20 de janeiro de 2008) emitiu forte opinião contrária em editorial, do qual foi extraída a parte final:

> Sob a aparência de equanimidade, a tese faz parte de uma investida anticientífica que, com firmeza, cumpre repudiar. Pode-se, é claro, sustentar que a fé pessoal é compatível com o espírito científico; que religião e ciência não se opõem. Talvez não se oponham, mas certamente não se misturam. E é isto o que o criacionismo tenta fazer, sem base comprovada, e com um aparato de falácias que um estudante médio, no Brasil ou em qualquer parte do mundo, não tem condições de identificar. Que a religião fique onde está, e não se faça ciência: eis uma exigência, afinal modesta, mas inegociável, da modernidade.

Três dias depois, Marcos Sá Corrêa publicou matéria em *O Estado de S.Paulo* (23 de janeiro de 2008), na qual se mostrou aliviado pelo fato de Marina Silva não ser ministra da Educação. O "bestiário bíblico" poderia causar males maiores do que no Ministério do Meio Ambiente, onde ele presumiu que as classificações daquela obra religiosa não estivessem em vigor. Por exemplo, uns animais seriam impuros, como o crocodilo, a lebre e o morcego; a raposa seria símbolo da vilania; o porco, da baixeza; a serpente, do mal etc.

O fim do ano trouxe o criacionismo de novo às manchetes dos jornais. Em 6 de dezembro de 2008, a *Folha de S.Paulo* publicou duas opiniões conflitantes sobre a presença dessa pretensa ciência na escola. A opinião contrária foi emitida pelo professor Charbel Niño El-Hani, do Instituto de Biologia da Universidade Federal da Bahia, para quem o objetivo das aulas de Ciências é ensinar Ciências. A posição afirmativa, ou seja, a de que o criacionismo deve ser ensinado nas aulas de Ciências foi emitida por Christiano P. da Silva Neto, presidente da Associação Brasileira de Pesquisa da Criação. A oposição das duas opiniões foi muito interessante. O professor baiano defendeu que vozes discordantes fossem ouvidas nas aulas de Ciências, não para que os alunos escolhessem entre a teoria da evolução e o criacionismo, mas para que conhecessem as diversas maneiras de explicar o mundo. Ao contrário de uma explicação religiosa, uma teoria científica precisa ser submetida ao teste do mundo empírico. O defensor do criacionismo, por sua vez, identificou a teoria evolucionista a um conto de fadas, elaborada por ateus.

A notícia de que o Colégio Presbiteriano Mackenzie incluiria o criacionismo nos três primeiros anos do ensino fundamental acarretou alguma discussão na imprensa. Houve declarações de dirigentes desse tradicional estabelecimento de ensino da capital paulista, assim como de outras escolas, religiosas ou não. O tom geral de suas posições era o de promoverem o debate, mediante o ensino do criacionismo ao lado do evolucionismo, já que não haveria consenso sobre a origem da vida. Como as crianças muito pequenas não poderiam entender o evolucionismo, a elas só seria apresentado o criacionismo, compatível com sua idade mental e cronológica.

O criacionismo no currículo não é exclusividade presbiteriana. *O Estado de S.Paulo* (8 de dezembro de 2008) informou que nos colégios católicos a teoria da evolução é a referência para as aulas de Ciências, deixando entrever que o criacionismo foi transferido para as aulas de religião. Mas, nos colégios batistas e adventistas, o criacionismo está presente nas aulas de Ciências. O jornal transcreve declaração de Selma Guedes, da equipe dirigente do Colégio Batista de Perdizes, na capital paulista, que assim justificou aquela mistura: "Ensinamos as duas correntes nas aulas e deixamos claro que os cientistas acreditam na evolução, mas para nós o correto é a explicação criacionista. O importante é não deixarmos o aluno alienado da realidade."

Em nome, então, do "contraditório", o criacionismo sai das aulas de religião para as de Ciências, como se fosse uma teoria científica. O jornal paulista publicou, na mesma data, entrevista com Ildeu de Castro Moreira, diretor do Departamento de Popularização da Ciência e da Tecnologia, no Ministério da Ciência e da Tecnologia, que disse não ver problema no criacionismo ser mencionado pelo professor, desde que seja feito da mesma maneira que fala da alquimia na história da Ciência. Mas, "oferecê-lo como alternativa, é uma inverdade". Abordando a questão, o professor Nélio Bizzo, da Faculdade de Educação da USP, defendeu que, do mesmo modo que não tem sentido provar cientificamente a existência de Deus, não cabe aos religiosos se contraporem à teoria científica da evolução.

Em 13 de dezembro de 2008, a *Folha de S.Paulo* publicou matéria sobre esse assunto, na qual transcreveu as declarações de Maria do Pilar Lacerda, Secretária da Educação Básica do Ministério da Educação, sobre a iniciativa do Colégio Mackenzie. Falando do ponto de vista do MEC, ela assim se manifestou:

> A nossa posição é objetiva: o criacionismo pode e deve ser discutido nas aulas de religião, como visão teológica, nunca nas aulas de Ciências. O ensino do criacionismo como Ciência é uma posição que consideramos incoerente com o ambiente de uma escola em que se busca o conhecimento científico e se incentiva a pesquisa.

Artigo assinado por André Petry, publicado em *O Globo* (31 de janeiro de 2009), defendeu opinião contrária à presença do criacionismo nas aulas de Ciências, por ser algo embrutecedor. Nas suas palavras:

> Embrutece porque ensina o aluno, desde cedo, a confundir crença e superstição com razão e ciência. É desnecessário. Que cientistas saem de escolas que embrulham o racional com o místico? Também é cascata, porque, fosse verdade, a turma estaria ensinando numerologia em matemática. Ensinaria alquimia em química, dizendo, em nome da "liberdade de pensamento", que é possível transformar zinco em ouro e encontrar o elixir da longa vida...

Aborto: a CNBB censura o MEC

Se os Parâmetros Curriculares não têm sido afrontados, no que concerne às ciências, isso não implica total afinidade entre a Confederação Nacional dos Bispos (Católicos) do Brasil — CNBB e o Ministério da Educação. A legalização do aborto, mesmo fora do Brasil, mostrou-se uma questão que quase chegou aos tribunais, em ação judicial da CNBB contra o MEC.

A maioria dos fiéis não está afinada com o alto clero católico, quando o assunto é sexo ou interrupção voluntária da gravidez. Mais da metade dos adeptos do catolicismo é favorável às determinações da legislação brasileira sobre o aborto e à ampliação das possibilidades legalmente admitidas. Ao contrário, portanto, da doutrina oficial da Igreja Católica, que não admite o aborto, em hipótese alguma.

Enquanto tramitam no Congresso Nacional projetos de ampliação das condições de realização do aborto, assim como outros que o proíbe, em qualquer situação, há embates circunscritos que mobilizam parcelas importantes da opinião pública. Nesses embates, a imprensa tem se manifestado mais livremente do que sobre a presença da religião na educação pública. Foi o caso da pesquisa científica com emprego de células embrionárias humanas. A proibição desse tipo de pesquisa, tentada por grupos religiosos, seria um enorme empecilho à pesquisa científica.

A Lei n. 11.105, de 24 de março de 2005, intitulada Lei de Biossegurança, foi aprovada por maioria absoluta nas duas casas do Congresso Nacional. Dentre seus objetivos principais estão o de "estabelecer normas de segurança e mecanismos de fiscalização de atividades que envolvem organismos geneticamente modificados e seus derivados" e a criação do Conselho Nacional de Biossegurança. O artigo 5. da lei permite, "para fins de pesquisa científica e terapia, a utilização de células-tronco embrionárias obtidas de embriões humanos produzidos por fertilização *in vitro* e não utilizados no respectivo procedimento". Condições são exigidas para isso: que os embriões sejam inviáveis para fins de reprodução e estejam congelados há pelo menos três anos; que os genitores devem seu consentimento; que as instituições de pesquisa ou serviços de saúde deverão submeter seus projetos à apreciação e aprovação dos respectivos comitês de ética em pesquisa.

Inconformado com a decisão do Congresso Nacional, o Procurador-Geral da República Cláudio Fonteles pôs o cargo a serviço de suas crenças pessoais e moveu uma Ação Direta de Inconstitucionalidade — ADI contra a Lei n. 11.105/2005. Acolhida a ação, o Supremo Tribunal Federal suspendeu os dispositivos contestados e promoveu audiências públicas com cientistas, médicos, religiosos, filósofos, antropólogos, juristas, assim como pessoas portadoras de necessidades especiais, presumidos beneficiários dos resultados das pesquisas com células-tronco. Definiram-se duas correntes de ideias: os que defendiam a tese de que a vida começa no momento mesmo da concepção, portanto o embrião é vivo e merecedor da proteção dos genitores e do próprio Estado; e os que defendiam a tese de que não é possível dizer quando a vida começa, mas, com certeza, os embriões congelados e inviáveis jamais se desenvolveriam a ponto de serem considerados seres humanos. Diante da inviabilidade de eles terem vida, propriamente falando, que eles fossem empregados na pesquisa científica e na terapia.

Entrementes, os defensores da ADI foram acusados de visarem um alvo estratégico: se o STF reconhecesse que a vida começa no momento mesmo da concepção, não seria possível aceitar, legalmente nem moralmente, nenhuma forma de aborto, nem mesmo as que a legislação brasileira admite, nos casos de estupro e de perigo de vida para a mãe. Diante do crescimento do movimento pela descriminalização do aborto, condenar, por implicação, qualquer forma de interrupção voluntária da gravidez, seria uma vitória jurídica e política dos setores "defensores da vida".

Tratava-se, então, de algo mais do que a pesquisa científica e a terapia a partir de células-tronco embrionárias. Buscava-se, isto sim, o controle religioso sobre a pesquisa científica, como se certas sociedades religiosas tivessem o monopólio da ética.

A votação no STF, nos dias 27 a 29 de maio de 2008, evidenciou a pequena maioria dos laicos: 6 ministros manifestaram-se pela constitucionalidade da Lei de Biossegurança, contra 5, que apresentaram graus diversos de objeções. Estes pretendiam estabelecer condições para a pesquisa científica, emendando a lei, como se o STF fizesse parte do Poder Legislativo. Apertada vitória, mesmo assim, vitória do Congresso Nacional e da maioria dos pesquisadores brasileiros, sintonizados com a vanguarda internacional.

No dia 30 de maio de 2008, *O Globo* noticiou o resultado da votação do STF e revelou o desapontamento da CNBB diante do resultado, o que teria constituído uma "ameaça à vida". Como contraponto, o jornal publicou declarações de aplauso do ministro da Saúde, José Gomes Temporão, e do presidente da Ordem dos Advogados do Brasil, Cezar Brito. Para eles, o pioneirismo da universidade brasileira e as possibilidades abertas pelas pesquisas com células-tronco abririam perspectivas otimistas em benefício do ser humano.

A interrupção da gravidez no caso de fetos anencéfalos foi também objeto de audiências públicas no Supremo Tribunal Federal, chamado a manifestar-se sobre essa questão. Embora ainda imprecisa na legislação, mais de três mil autorizações judiciais foram dadas no Brasil para que mulheres interrompessem a gestação por anomalias fetais. Foi o que informou *O Estado de S.Paulo* (27 de outubro de 2008) em matéria elaborada com base nos resultados de pesquisa realizada pelo IBOPE, por encomenda das ONGs Católicas pelo Direito de Decidir e ANIS — Instituto de Bioética, Direitos Humanos e Gênero. Entre 11 e 15 de setembro de 2008, foram ouvidas duas mil pessoas maiores de 16 anos, de todas as faixas socioeconômicas, residentes em 25 estados. A pesquisa mostrou que 71% dos entrevistados acreditavam ser uma tortura obrigar uma mulher a manter a gestação de um feto sem cérebro, contra a vontade dela, até o final. Para eles, os hospitais públicos têm o dever de atender uma mulher que optar interromper a gravidez por essa razão. Os católicos foram um pouco mais favoráveis do que a média, 72% com aquela opinião, enquanto os evangélicos menos, com 61%. Em termos gerais, a população residente nas regiões Norte e Nordeste, em zonas rurais, ou que tinham baixo nível escolar foram mais resistentes em admitir o aborto de mulheres com fetos anencéfalos.

Foi nesse quadro conflituoso, inclusive dentro do campo religioso, que a CNBB anunciou que estudava entrar na Justiça contra o MEC. Seus advogados estariam analisando a legislação para acusar o Ministério de fazer a apologia do aborto na prova do Exame Nacional de Estudantes da Educação Superior, realizada em novembro de 2008.

Como noticiou a *Folha de S.Paulo* (15 de novembro de 2008), uma das questões do ENADE, realizado no fim de semana anterior, em todo o Brasil, dizia que os países da União Europeia estavam reunindo suas melhores leis a favor das mulheres. Em seguida, perguntava que temas deveriam estar presentes na legislação, "de modo a assegurar a inclusão social das cidadãs". Várias alternativas foram apresentadas aos estudantes, mas a resposta certa, de acordo com o gabarito, era "aborto e violência doméstica".

Felipe Zanchet Magalhães, advogado da CNBB, declarou ao jornal paulista que "os autores da prova e os responsáveis por ela cometeram, no mínimo, os crimes de incitação ao crime e apologia do crime, previstos no Código Penal. Tirando os casos permitidos por lei, o aborto é crime no Brasil".

A ação não passou da ameaça, pois a prova do ENADE foi elaborada por entidades privadas, como a Fundação CESGRANRIO, por bancas de professores escolhidos sem a intermediação do MEC, inclusive nas universidades católicas.

Concordata: a volta da simbiose Estado-Igreja

Durante a visita do papa Bento XVI ao Brasil, em maio de 2007, a imprensa noticiou a pressão da Igreja Católica para que fosse assinada uma *concordata* com o Brasil. O Presidente Lula recusou, temeroso da reação das outras igrejas. Mas, o assunto não foi esquecido, muito pelo contrário. Desde então, o acordo foi costurado em segredo.

Em 18 de agosto de 2008, *O Estado de S.Paulo* noticiou a existência de negociações entre o Brasil e o Vaticano, também chamado de Santa Sé, inclusive de duas questões problemáticas: o livre-acesso dos missionários nas reservas indígenas e o ensino religioso obrigatório nas escolas públicas.

Depois de três meses de silêncio, em 13 de novembro de 2008, a imprensa brasileira noticiou a chegada do Presidente Lula a Roma, visando a entendimentos políticos com o presidente italiano Italo Berlusconi, com quem viajaria a Washington para a reunião do G-20. Noticiou, também, em segundo plano, a visita do presidente brasileiro ao papa Bento XVI no Vaticano, acompanhado de sua esposa e quatro ministros, ocasião em que foi firmada uma *concordata* entre os dois Estados.

Curiosa inversão! As agências internacionais destacaram a *concordata*, deixando em segundo plano o encontro de Lula com Berlusconi. Foi muito significativo o comentário de Nelson de Sá, autor da coluna Toda Mídia, na edição de 14 de novembro de 2008 da *Folha de S.Paulo*. Essa coluna trouxe um resumo das matérias de destaque na imprensa mundial. Vejamos o que ele disse sobre os jornais da Itália, quando da visita do presidente Lula. Eles destacaram suas declarações sobre a crise econômica mundial e as recomendações ao novo presidente americano para que levantasse o embargo econômico a Cuba. E acrescentou: "Às agências de notícias católicas, por outro lado, só importava a assinatura do estatuto sobre a Igreja no Brasil. Mas nem CNS nem CNA detalharam — e até o blog de José Dirceu cobrou do Itamaraty 'todos os devidos esclarecimentos' — sobre o acordo com a Santa Sé."

Apesar da diversidade de posições da grande imprensa nacional, a *concordata* foi apresentada como algo inócuo, que apenas consolidaria a legislação brasileira concernente à Igreja Católica. Que ficassem tranquilos os católicos, os crentes das demais religiões, assim como os não crentes, pois nada mudaria. Declarações de diplomatas do Itamaraty e de cardeais repetiam afinados essa mensagem. Como se o presidente Lula e o papa não tivessem coisas mais importantes a fazer do que patrocinar tratados inócuos...

As declarações dos diplomatas brasileiros foram um primor de dissimulação. Tanto a embaixadora brasileira no Vaticano, Vera Machado, quanto a diretora do Departamento de Europa do Itamaraty, Maria Edileuza Fontenele Reis (que teria conduzido as negociações), disseram que o documento era "apenas administrativo e diplomático", não contendo nada além das leis e regras em vigor no Brasil. O fato de o documento não conter referência alguma a "temas polêmicos", como o aborto e pesquisas com células-tronco, seria, segundo nossas diplomatas, a comprovação dessa redundância legal e política. Também reforçaria esse caráter redundante o tratamento do ensino religioso no ensino fundamental como sendo facultativo para os alunos, na forma prescrita pela Constituição brasileira. *O Globo* e *Folha de S.Paulo*, de 13 de novembro de 2008, transcreveram as palavras da diplomata Maria Edileuza: "não tem nenhuma malandragem. Se tivesse, meu pescoço é que iria para a forca".

Aqui no Brasil, a manifestação imediata dos interessados foi menos dissimulada. Vejamos alguns exemplos.

O presidente da CNBB, o arcebispo Geraldo Lyrio Rocha, disse que, além de não discriminar as outras religiões, o que o acordo tem de mais importante é reconhecer a personalidade jurídica da Igreja Católica no Brasil. A partir de agora, "se a Igreja der uma declaração de nulidade a um casamento religioso, este ato poderá ser usado para anular o casamento civil" (*Folha de S.Paulo*, 14 de novembro de 2008). Portanto, o acordo traz novidades importantes, nas palavras do próprio arcebispo.

Por que uma concordata, nessa altura dos acontecimentos? Um tratado deve trazer algum interesse aos dois lados. Não é possível imaginar que interesse material ou simbólico o Estado brasileiro poderia ter nesse acordo. Nem mesmo no tempo do cardeal Leme, o reorganizador da Igreja Católica como instituição hegemônica, quando havia o modelo vitorioso da *concordata* de Mussolini com o Papa Pio XI, o governo brasileiro firmou tratado semelhante com o Vaticano. Por que, agora, esse acordo?

A *Folha de S.Paulo* (14 de novembro de 2008) concluiu assim a matéria sobre a visita do presidente Lula ao papa: "O cardeal brasileiro dom Cláudio Hummes, que acompanhou a assinatura do acordo sentado ao lado da primeira-dama, comentou que Bento XVI está preocupado com a fuga de fiéis da Igreja Católica no Brasil e que por isso foram intensificadas as ações missionárias." A matéria não esclareceu, mas nem era preciso, que o acordo se propunha a dar uma resposta a essa preocupação.

A inconstitucionalidade do acordo é flagrada logo no primeiro *considerando*: "a Santa Sé é a suprema autoridade da Igreja Católica, regida pelo Direito Canônico". Ora, a Constituição brasileira veda à União, aos Estados, ao Distrito Federal e aos Municípios manter com os representantes dos cultos religiosos ou igrejas relações de aliança (art. 19). A Constituição admite a colaboração entre os Poderes Públicos e os cultos religiosos ou igrejas no caso de interesse público, mas na forma da lei.

Que se trata de uma aliança, não há dúvida. Afinal, é um acordo firmado com o dirigente máximo da Igreja Católica, em todo o mundo, nada mais notório. Mas, não há interesse público algum nos termos do acordo, apenas os interesses da Igreja Católica.

No artigo 1º, a ambiguidade é a tônica, pois afirma a representação da Santa Sé junto ao governo brasileiro a ser feita pelo Núncio Apostólico. E reciprocamente, pelo embaixador brasileiro. Ora, as relações do Estado brasileiro são com o Vaticano, este, sim, Estado, reconhecido pela ONU, não pode ser com a Santa Sé, instituição religiosa.

Assim, mesmo que o texto fosse mesmo só a transcrição das normas em vigor, da Constituição e de outros documentos legais brasileiros, ele seria inconstitucional, porque consistiria no estabelecimento de aliança com uma igreja, e — pior ainda — uma aliança que não poderia ser feita com nenhuma outra, já que só a Santa Sé tem um Estado para lhe dar sustentação internacional.

O artigo 11 diz que o Brasil "respeita a importância do ensino religioso em vista da formação integral da pessoa". Menciona o ensino religioso facultativo, durante os horários normais das escolas públicas do ensino fundamental, utilizando expressões da LDB. Mas, uma oração intercalada suscitou surpresas dos educadores brasileiros: *católico e de outras confissões* qualifica o ensino religioso. Estaria aí o reconhecimento do governo brasileiro do caráter necessariamente confessional do ensino religioso? Como ficaria o ensino religioso interconfessional, que está sendo desenvolvido em alguns sistemas educacionais? Para alguns educadores, a interconfessionalidade é compatível com a laicidade do Estado. Sobre isso, há uma luta interna ao campo religioso sobre a maneira de se lidar com o ensino religioso, luta essa que atravessa a própria Igreja Católica.

Em *O Globo* de 14 de novembro de 2008, o bispo de Petrópolis (RJ), Filippo Santoro, referiu-se aos "muitos pontos de grande importância do acordo", entre os quais o ensino religioso. Na posição de defensor da regulamentação do ensino religioso no estado do Rio de Janeiro, de que foi protagonista, o prelado saudou o acordo por ter endossado o confessionalismo, em oposição a uma "religião genérica, aconfessional, indefinida, já que tal religião não existe".

O artigo 16 tem o conteúdo mais polêmico:

> Dado o caráter peculiar religioso e beneficente da Igreja Católica e de suas instituições: I — O vínculo entre os ministros ordenados ou fiéis consagrados mediante votos e as Dioceses ou Institutos Religiosos e equiparados é de caráter religioso e portanto, observado o disposto na legislação trabalhista brasileira, não gera, por si mesmo, vínculo empregatício, a não ser que seja provado o desvirtuamento da instituição eclesiástica. II — As tarefas de índole apostólica, pastoral, litúrgica, catequética, assistencial, de promoção humana e semelhantes poderão ser realizadas a título voluntário, observado o disposto na legislação trabalhista brasileira.

Em *O Globo* de 14 de novembro de 2008 o ministro do Tribunal Superior do Trabalho, Ives Gandra da Silva Martins Filho, conhecido militante católico tradicionalista, teceu elogios ao acordo e focalizou o ponto que mais lhe agradou: o tratamento dos vínculos de padres, freiras, irmãos e irmãs, de um lado, e suas dioceses, de outro, completamente por fora da legislação trabalhista brasileira, enquadrados, agora, formalmente, como trabalhadores voluntários.

O editorial de *O Globo*, do significativo dia 15 de novembro de 2008, evocou os valores republicanos que deveriam presidir a discussão da *concordata*:

> A separação entre Estado e Igreja não é um capricho ou algo derivado de filosofias materialistas, mas uma conquista obtida a partir da Revolução Francesa, no final do século XVIII, a pá de cal no feudalismo, a base da República. Assim como não se pode transigir com a liberdade religiosa, o Estado deve representar e servir a todos, jamais a corporações e classes sociais específicas, bem como a igrejas.

A defesa feita do acordo entre Brasil e Santa Sé frisa que o texto está em linha com o dispositivo constitucional que obriga ser facultativo o ensino religioso. O problema está quando boas intenções escritas em letra de forma são aplicadas na vida real. O processo de escolha dos professores, o legítimo interesse de outras religiões em estar presentes nas salas de aula, o processo de consulta aos pais sobre a conveniência da matéria, todas estas são questões que precisam ser bem equacionadas, sem que se transforme o ensino religioso em fato consumado. Com isso, o facultativo se converterá em compulsório. Também será desastroso se a intolerância de algumas correntes religiosas conseguir infiltrar-se nas escolas públicas.

Entra-se, como se nota, num terreno desconhecido, a ser explorado com cuidado. O mesmo ocorre com a imunidade tributária. Num país conhecido pela *expertise* da sua criminalidade de colarinho branco, aconselha-se a não se instituir virtuais paraísos tributários, seja por qual pretexto. Como nos Estados Unidos, as igrejas e respectivas instituições precisariam ter e manter em dia a contabilidade, para poder comprovar, a qualquer momento, a origem e o destino do que arrecadam. E a Receita, por sua vez, também como nos EUA, deveria fazer fiscalizações por amostragem. Dessa forma, seria respeitada a imunidade das entidades religiosas, bem como o interesse do Estado, dos próprios religiosos e da sociedade como um todo de que este tratamento tributário especial não seja usado de forma mal-intencionada, sob o disfarce da filantropia e do amor ao próximo.

O Congresso, antes de ratificar o acordo, deve abrir amplo espaço para o debate.

Foi esse o mais veemente editorial publicado na imprensa brasileira, em todo o ano de 2008.

À guisa de balanço

A comparação das matérias focalizadas acima revela um quadro não homogêneo. Mesmo com a generalizada simpatia da mídia impressa pela religião, sem qualquer viés agnóstico, menos ainda ateu, foi possível perceber atitudes distintas, conforme a temática focalizada.

O ensino religioso nas escolas públicas foi, em geral, acolhido de modo simpático pela mídia, mas essa atitude não foi estendida à presença do criacionismo nos currículos escolares. Talvez a tolerância dos dirigentes religiosos católicos para com a teoria da evolução das espécies tenha sido um incentivo ao teor mais independente dos artigos. Já no caso das matérias que trataram das pesquisas científicas com células-tronco, que receberam a reprovação em bloco das autoridades religiosas católicas, o apoio das entidades culturais e científicas, assim como dos movimentos sociais, deve ter servido de referência para a maior abertura das notícias e das opiniões, dominantemente favoráveis à Lei de Biossegurança.

Foi diferente o que aconteceu com a assinatura da *concordata* com o Vaticano, sobre o que a mídia foi desproporcionalmente econômica no noticiário. É realmente surpreendente que um fato político de tamanha importância, que altera todo o rumo do Estado, desde a proclamação da República, tenha recebido tão pouca cobertura. Foi o que levou Alberto Dines a intitular seu comentário radiofônico no *Observatório da Imprensa*, de 17 de novembro de 2008, de "Acordo por debaixo dos panos", no qual acusou a mídia de cumplicidade com o governo e a Igreja Católica. Para ele,

> Nem a poderosa mídia eletrônica evangélica protestará porque não está interessada no ensino religioso. O que ela deseja é continuar distribuindo aos seus deputados mais e mais concessões de radiodifusão. Esta é a forma com que o governo gerencia o seu laicismo: oferece vantagens às confissões religiosas majoritárias e não se importa em atropelar o espírito e a letra da Carta Magna.

Em suma: decorridos mais de cem anos de regime republicano, a laicidade da educação pública foi uma presença ainda incipiente na imprensa brasileira.

CORTEZ EDITORA

5

Educação como caminho, mas qual?

Todos pela Educação ou em Defesa da Escola Pública?

Vânia C. Motta*

> A classe burguesa põe-se a si mesma como um organismo em contínuo movimento, capaz de absorver toda a sociedade, assimilando-a a seu nível cultural e econômico; toda a função do Estado é transformada: o Estado torna-se "educador"...
>
> Antonio Gramsci

Introdução

O Movimento Todos pela Educação (MTE), desde que foi criado, em 2006, por um seleto grupo de empresários e banqueiros, teve o apoio de organismos econômicos internacionais, fundações, organizações da sociedade civil e especialistas da educação ligados aos "braços sociais" de grandes em-

* Doutora em Serviço Social pela Universidade Federal do Rio e Janeiro — UFRJ. Professora Colaboradora do Programa de Pós-Graduação em Políticas Públicas e Formação Humana da Universidade do Estado do Rio de Janeiro — UERJ.

presas, está constantemente na mídia e tornou-se significativamente presente nas decisões de políticas públicas voltadas para a melhoria do ensino básico público, em todas as esferas do governo: federal, estadual e municipal.

O governo federal é coerente com as diretrizes desse "Movimento", quando lança oficialmente o Plano de Desenvolvimento da Educação (PDE), em 2007, ao mesmo tempo em que promulga o Decreto n. 6.094, dispondo sobre o Plano de Metas Compromisso Todos pela Educação.

O Movimento Todos pela Educação se apresenta como um amplo "movimento" da sociedade civil, "apolítico" e "apartidário" (*Folha de S.Paulo*, 14 de dezembro de 2008), que "voluntariamente" define estratégias de "gestão da qualidade" e metas voltadas para a melhoria da educação e da condição de vida dos brasileiros, objetivamente alcançáveis. Porém, temos clareza das concepções de educação e de sociedade que esse grupo representa e expressa: situadas nos limites das necessidades do mercado e do grande capital, com abordagens de políticas públicas funcionalistas e tecnocráticas que, passando ao largo das raízes da "questão social" e suas implicações na sociedade e na educação brasileiras, focam na "gestão de qualidade" a superação dos "males" da educação pública.

A força política do MTE pode ser medida, não só pela impressionante escalada de influência nas esferas de governo, como também pela ocupação em larga escala dos espaços e das agendas das mídias. Segundo o presidente do MTE, o empresário Jorge Gerdau Johannpeter: "A força do movimento reside na articulação dos esforços da sociedade civil[1], da iniciativa privada e de governos para criar a sinergia necessária à superação do quadro atual da educação no Brasil" (*Diário Catarinense*, 12 de dezembro de 2008).

1. Lamentavelmente não coube neste artigo uma discussão mais aprofundada sobre o sentido de sociedade civil. Para tal, recomendamos, além das obras de Antonio Gramsci: COUTINHO, C. N. *Intervenções*: o marxismo na batalha das ideias. São Paulo: Cortez, 2006; e *Gramsci:* um estudo sobre seu pensamento político. Rio de Janeiro: Civilização Brasileira, 1999; MONTAÑO, C. *Terceiro setor e questão social: crítica ao padrão emergente de intervenção social*. São Paulo: Cortez, 2002; NOGUEIRA, M. A. As três ideias de sociedade civil, o Estado e a politização. In: COUTINHO, C. N. e TEIXEIRA, A. P. (Orgs.). *Ler Gramsci, entender a realidade*. Rio de Janeiro: Civilização Brasileira, 2003.

É importante destacar que esse mesmo grupo de empresários criou em 2001 o "Movimento Brasil Competitivo" (MBC) e a partir dele vem implantando nas instituições públicas brasileiras, em seus vários setores, o "sistema de gestão de qualidade". Este "movimento", também presidido pelo empresário Jorge Gerdau Johannpeter, tem parceria com o Grupo Banco Mundial e a (ressuscitada) Agência dos Estados Unidos para o Desenvolvimento Internacional (USAID), é copatrocinado pela Merck Sharp & Dohme e pela Petrobras, entre outras grandes empresas[2].

A despeito das boas intenções dos empresários e da "consensual" definição de metas para a melhoria da educação básica, o que devemos nos ater é sobre os mecanismos de implementação destas metas, considerando que tais reformadores da educação estão diretamente relacionados à conservação de uma estrutura econômica e civilizatória que produz e reproduz as desigualdades econômica, social, política, educacional e cultural.

E é sobre a predominância desse enfoque instrumental, despolitizador e privatista da educação brasileira, amplamente difundido na mídia como políticas públicas, que se pretende discorrer neste artigo.

Lutas e mais lutas, reformas e mais reformas...

Lutas e mais lutas, reformas e mais reformas ao longo dos séculos sem, no entanto, ter sido plenamente conquistado até hoje, neste início do século XXI, o acesso universal à educação básica pública de qualidade. De que tipo de reforma a educação brasileira precisa?

Conforme nos esclarece Saviani:

> Efetivamente, a luta dos educadores pela qualidade da educação pública começa na década de 1920, com a fundação da Associação Brasileira de Educação (ABE), em 1924;

2. Coluna notícias no *site* do MBC, no dia 19 de julho de 2006, com o título: "Movimento Brasil Competitivo, Grupo Banco Mundial e USAID recebem a imprensa para divulgação do Relatório inédito *Doing Business* no Brasil". Acesso: http://www.mbc.org.br/mbc/portal/

> adquire visibilidade com o lançamento do Manifesto dos Pioneiros da Educação Nova, em 1932, e com a Campanha em Defesa da Escola Pública, na virada da década de 1950 para os anos de 1960, na fase final da tramitação do projeto de LDB; prossegue com as Conferências Brasileiras de Educação da década de 1980 e com o Fórum Nacional em Defesa da Escola Pública na Constituinte e na nova LDB; desemboca na elaboração da proposta alternativa de Plano Nacional de Educação nos Congressos Nacionais de Educação de 1996 e 1997; e se mantém com grandes dificuldades neste início do século XXI, na forma de resistência às políticas e reformas em curso e na reivindicação por melhores condições de ensino e de trabalho para os profissionais da educação.[3]

As reformas da educação realizadas no século XX estavam, na primeira metade, situadas na contradição entre a modernização do país e a superação do analfabetismo, universalização da educação básica pública e de qualidade e redução do abismo da desigualdade educacional. E, nas décadas finais, situadas na contradição entre a globalização da economia, os avanços tecnológicos, e as persistentes taxas elevadas de analfabetismo, a não universalização da educação básica pública, a baixa qualidade de ensino e a tendência do aprofundamento da desigualdade educacional.

Nessas reformas, a função educativa predominante foi econômica. Seja como instrumento de superação do "atraso" e de modernização da nação e de equalização social — "função econômica integradora"[4] — que percorreu as décadas de 1920 a 1970, associada ao projeto nacional-desenvolvimentista. Seja como instrumento que potencializa a competitividade entre mercados "livres" e globalizados e propicia a empregabilidade dos trabalhadores, ao desenvolver competências e habilidades necessárias para o mercado de trabalho na emergente "sociedade do conhecimento" — educação na "função econômica de inserção"[5] e como fator de equidade social.

---

3. SAVIANI, Dermeval. O plano de desenvolvimento da educação: análise do Projeto do MEC. *Revista Educação & Sociedade*. Campinas, v. 28, n. 1000 — Especial, p. 1231-55, out./2007. Disponível em: http://www.cedes.unicamp.br. p.1243.
4. GENTILI, Pablo. Educar para o desemprego: a desintegração da promessa integradora. In: FRIGOTTO, G. (Org.). *Educação e crise do trabalho:* perspectivas de final desSéculo. 2. ed. Petrópolis: Vozes, 1998.
5. Ibid.

Da primeira etapa do capitalismo brasileiro, calcado nas ideologias do desenvolvimento[6] da nação rumo à modernidade e da educação como motor de desenvolvimento e superação do "atraso", à segunda etapa, das ideologias da globalização e neoliberais e da educação como fator de aumento da produtividade e competitividade na concorrência intercapitalista, poucos foram os avanços na área e muitos têm sido os retrocessos na rede pública de ensino, principalmente no âmbito político.

Se na última década do século XX houve indicações de avanços no tocante à redução do índice de analfabetismo e ampliação do acesso à educação básica pública[7], conforme apontaram pesquisas e avaliações de vários organismos[8], as mesmas revelaram retrocessos na qualidade desse ensino.

A escola que foi "democratizada" não foi a escola que a sociedade brasileira lutou para ter acesso. A escola que foi "democratizada" foi uma escola precarizada pedagógica, financeira, infraestrutural e politicamente[9].

E, ainda, os dados sobre os "avanços" na educação escamotearam os retrocessos sofridos na Constituição Federal de 1988 e nos textos da LDBEN n. 9.394/1996 — principais alvos da luta que a burguesia travou para consolidar uma nova forma de dominação de classe no Brasil[10]. E como destaca

---

6. LIMOEIRO-CARDOSO, M. Ideologia da globalização e (des)caminhos da ciência social. In: GENTILI, P. (Org.). *Globalização excludente:* desigualdade, exclusão e democracia na nova ordem mundial. 3. ed. Petrópolis: Vozes; Buenos Aires: CLACSO, 2000.

7. Governo de Fernando Henrique Cardoso (FHC).

8. O PNAD-IBGE de 2003 revelava que: a taxa de analfabetismo das pessoas de 15 anos ou mais de idade reduziu de 32,94% em 1970 para 11,4% em 2003; a taxa de analfabetismo funcional das pessoas de 15 anos ou mais de idade caiu de 32,04% em 1997 para 24,8% em 2003; também elevaram a média de "Anos de Estudos de Instrução Formal" e a "Taxa de Escolarização Líquida por nível/modalidade de ensino". Apud MOTTA, Vânia C. Da *ideologia do capital humano à ideologia do capital social:* as políticas de desenvolvimento do milênio e os novos mecanismos hegemônicos de educar para o conformismo. 2007. Tese de Doutorado defendida no Programa de Pós-Graduação em Serviço Social da Universidade Federal do Rio de Janeiro —UFRJ. p. 206.

9. ALGEBAILE, Eveline. *Escola pública e pobreza: expansão escolar e formação da escola dos pobres no Brasil.* 2004. Tese de Doutorado em Educação. Universidade Federal Fluminense — UFF, Niterói.

10. COUTINHO, Carlos Nelson. Marxismo e "imagem do Brasil" em *Florestan Fernandes*, 2000. Disponível em: http://www.acessa.com/gramsci/?page=visualizar&id=90.

Saviani, no texto da Lei é possível identificar avanços e retrocessos, mas: "O conteúdo emergirá do confronto entre o que é proclamado e o que se realiza através das bases em que se assenta o sistema educacional"[11].

Ao nos atermos aos dados da educação brasileira, sem tomarmos como realidade empírica imediata, e às notícias, opiniões e análises de especialistas e de dirigentes veiculadas pela mídia nesse período, constataremos a predominância de um enfoque instrumental e despolitizador da questão educacional. Expressão do "reformismo neoliberal" ou da contrarreforma do Estado[12] realizado no primeiro governo Fernando Henrique Cardoso (1995-1998), porém sofrendo ajustes até os dias atuais.

É fundamental relembrarmos que a contrarreforma do Estado realizada nos anos 1990 tratou de "'reformas' orientadas para o mercado, num contexto em que os problemas no âmbito do Estado brasileiro eram apontados como causas centrais da profunda crise econômica e social vivida pelo país desde o início dos anos 1980"[13]. E que na "reforma gerencial do Estado" promovida em 1998 pelo então ministro Bresser Pereira, foram definidas e estabelecidas em lei as primeiras organizações sociais destinadas a executar no "setor público não estatal" atividades sociais e científicas que o Estado "desejava financiar", mas não executar[14]. Com as Organizações Não Governamentais (ONGs), as Organizações da Sociedade Civil de Interesse Público (OSCIPs) e as Organizações Sociais (OS), na figura de uma terceira esfera entre o mercado e o Estado — "terceiro-setor" —, dissolve-se a complexa e forte sociedade civil que emergiu nos anos 1970-1980, e se redesco-

---

11. SAVIANI, Dermeval. *A nova lei da educação:* LDB, trajetória, limites e perspectivas. Campinas: Autores Associados, 1997, p. 193.

12. BEHRING, Elaine R.; BOSCHETTI, Ivanete. *Política social:* fundamentos e história. 4. ed. São Paulo: Cortez, 2008. v. 2. (Biblioteca Básica de Serviço Social).

13. Ibid., p. 148.

14. Lei n. 9.637/1998 e Lei n. 9.790/1999, que regulamentam as entidades jurídicas de direito privado, de interesse social e utilidade pública, criadas com a finalidade de absorverem atividades públicas nas áreas de educação, pesquisa científica, desenvolvimento tecnológico, meio ambiente, cultura, saúde e esporte, definidas como "serviços não exclusivos do Estado" pela reforma administrativa gerencial pública.

bre uma sociedade civil "reificada como território das virtudes e destituída de contradições"[15].

O processo de "publicização" da reforma do Estado brasileiro, de dever do Estado e de direito do cidadão, a educação e a saúde passam a se constituir em serviços ou mercadorias ou caridades público-privada conforme o tipo de ação social e de interesses de determinados setores. Nesse sentido, a expansão do acesso à escola pública de ensino básico se dá no contexto da retração dos direitos.

A dinâmica que se opera no projeto societário capitalista brasileiro (e nele o projeto de educação) implica as várias etapas do capitalismo e a condição de capitalismo dependente — subordinada e aliada aos centros econômicos hegemônicos e excluindo a classe trabalhadora. Esta condição dependente e subordinada foi a opção da burguesia brasileira. Seja num projeto de desenvolvimento e modernização do país, seja num projeto de inserção no mundo globalizado, a burguesia optou por ser a sócia menor e subordinada da expansão do capitalismo e por não construir junto aos trabalhadores um projeto de sociedade, soberano, autônomo, mais justo[16].

Com isso, convivem "naturalmente" setores econômicos dominantes relativamente desenvolvidos e integrados ao mundo globalizado e uma massa de "despossuídos", condenados a níveis de vida inferiores ao da subsistência ou à pobreza e à miséria, ao desemprego, à informalidade etc., que Florestan Fernandes (1972) denominou de "capitalismo selvagem"[17]. "Capitalismo selvagem", na interpretação de Limoeiro-Cardoso, "conjuga crescimento econômico dependente com miséria e exclusão despóticas, além da ausência de direitos fora dos setores sociais dominantes"[18].

---

15. Ibid., p. 18.

16. LIMOEIRO-CARDOSO, Mirian. Capitalismo dependente, autocracia burguesa e revolução social em *Florestan Fernandes*. Instituto de Estudos Avançados da Universidade de São Paulo, agosto de 1995. Disponível em: http://www.iea.uspe.br/artigos

17. FERNANDES, Florestan. *Capitalismo dependente e as classes sociais na América Latina*. Rio de Janeiro: Zahar, 1972.

18. LIMOEIRO-CARDOSO. Op. cit., p. 6.

É importante ressaltar que Florestan Fernandes estava fazendo referência a um tempo histórico em que as burguesias enfrentavam o comunismo. E que, com isso, "já tendo o socialismo se colocado na agenda política mundial, ocorreria uma batalha de 'vida ou morte' entre ele e o imperialismo"[19]. Isso faz com que as burguesias dos países de capitalismo dependente optem por serem sócias menores e subordinadas ao capitalismo dos centros hegemônicos, se aliando "às velhas classes dominantes e aos segmentos militares, ao invés de tentar um compromisso mais permanente com as classes subalternas, compromisso que, se realizado, implicaria uma ampliação dos direitos de cidadania entre nós[20].

Imaginamos, então, que descartada a ameaça comunista, a receosa "batalha de vida ou morte" está sendo travada na atualidade pela massa da população desprovida das condições básicas de sobrevivência e de educação, saúde, cultura... E a burguesia, não só a brasileira, encontra-se "livre" para desencadear seus mecanismos de controle social, contendo possíveis tensões sociais e políticas advindas da intensificação da polarização entre países e do aumento da pobreza no mundo — antes que a "globalização da pobreza"[21] comece a "infectar e erodir todo o tecido social"[22].

Na virada do milênio — desintegrada a "função econômica integradora" da educação[23] e desvelada a ideologia da "função econômica de inserção",

19. COUTINHO. Op. cit.

20. Ibid.

21. CHOSSUDOVSKY, Michel. *A globalização da pobreza*: impactos das reformas do FMI e do Banco Mundial. São Paulo: Moderna, 1999.

22. Em 1977, o então gestor do Banco Mundial, McNamara, define em discurso realizado na XXXII Assembleia Anual de Governadores que ajudar aos governos pobres a superarem as necessidades humanas básicas, "que são sempre críticas", não é "questão de filantropia", mas de prudência. E aponta como uma "péssima economia" aquela que permite cultivar e difundir a pobreza "a tal ponto que comece a infectar e erodir todo o tecido social. A pobreza (...) é como um vírus que contagia a amargura, o cinismo, a frustração e o desespero" (apud LEHER, Roberto. *Da ideologia do desenvolvimento à ideologia da globalização*: a educação como estratégia do Banco Mundial para o "alívio da pobreza". 1998. Tese de doutoramento defendida no Programa de Pós-Graduação em Educação da Universidade de São Paulo — USP, p. 116).

23. GENTILI, Pablo. Educar para o desemprego: a desintegração da promessa integradora. In: FRIGOTTO, G. (Org.). *Educação e crise do trabalho*: perspectivas de final de século. 2. ed. Petrópolis: Vozes, 1998.

tendo em vista as elevadas taxas de desemprego ou a não inserção dos trabalhadores no mercado de trabalho, o aumento da pobreza e a precarização do trabalho[24], ainda, a persistência do analfabetismo, das baixas taxas de escolarização da população, do aumento das taxas de evasão e repetência —, outras formulações na função da educação são exigidas.

Educação como motor de desenvolvimento sustentável na "sociedade em redes"

No final do século XX, as mudanças no mundo do trabalho resultaram na formação de "contingentes populacionais desnecessários à vida social [capitalista] e, portanto, 'descartáveis', cuja segregação espacial crescente apontaria para o fim de uma 'inclusão forçada'[25] e para o abandono à sua própria sorte"[26]. Nesse contexto, eclodiram-se "zonas de pobreza"[27] que pontilharam progressiva e aceleradamente os "mapas", não só dos países de capitalismo dependente, mas também de países centrais. Conforme expressa Hobsbawm:

> (...) muitos dos países mais ricos e desenvolvidos se viram outra vez acostumando-se com a visão diária de mendigos nas ruas, e mesmo com o espetáculo mais chocante de

24. MOTTA. Op. cit.
25. Trata-se de uma "inclusão não idílica", "forçada": "Expropriados da capacidade autônoma de sobrevivência e de parte do valor produzido por seu trabalho, mas incluídos em um processo mercantil e industrial que produzirá, ainda segundo Marx, as formas de pensamento para assegurar sua continuidade. Uma verdadeira sociabilidade adequada ao sistema capitalista por-se-ia em marcha, controlando e disciplinando tanto a força de trabalho efetivamente empregada quanto aqueles que constituíssem suas bordas, enquanto exército industrial de reserva" (FONTES, Virgínia. Capitalismo, exclusões e inclusão forçada. In: FONTES, V. *Reflexões im-pertinentes*: história e capitalismo contemporâneo. Rio de Janeiro: Bom Texto, 2005, p. 23).
26. Ibid., p. 42.
27. Explica Limoeiro-Cardoso (2000) que a ideia de "zonas de pobreza" é associada à situação de exclusão de segmentos sociais da expansão do capital. E que compreender a pobreza a partir da "análise do empírico imediato" e da "descrição mais espacial do que temporal", desviando "a atenção para os chocantes 'dados' da miséria e da indigência", acaba por ocultar o processo histórico que insere essa temática.

desabrigados protegendo-se em vãos de portas e caixas de papelão, quando não eram recolhidos pela polícia. (...) O reaparecimento de miseráveis sem-teto era parte do impressionante aumento da desigualdade social e econômica na nova era. [28]

Se por um lado, as mudanças no mundo do trabalho revelaram o caráter ideológico da educação como função econômica de inserção ou fator de empregabilidade, por outro, criaram tensões políticas e sociais que provocaram a necessidade de formular políticas que atribuíssem uma "face mais humana" ao capitalismo ("terceira-via")[29].

A onda de demonização do Estado que sustentou o "reformismo neoliberal" nos anos 1980-1990 foi dissolvida e substituída, na virada do milênio, pela necessidade de fortalecer sua presença, pelo menos em determinadas áreas, segundo Fukuyama[30]: "Agora, clama-se o retorno do Estado como agente de desenvolvimento, intervindo na esfera econômica, mas na forma de conduzir mecanismos que garantam a estabilidade política e construam um mercado forte"[31].

Na continuidade desse processo de reformulação de políticas, realiza-se um "pacto global contra a fome e a pobreza no planeta" acordado entre países membros da Organização das Nações Unidas (ONU) e os principais organismos multilaterais (Banco Mundial — BM; Banco Interamericano de Desenvolvimento — BID; Comissão Econômica para América Latina —

---

28. HOBSBAWM, Eric. *Era dos extremos*: o breve século XX, 1914-1991. 2. ed. 27. reimp. São Paulo: Companhia das Letras, 2003. p. 395.

29. Ver: GIDDENS, Anthony. *A terceira via*: reflexões sobre o impasse político atual e o futuro da social-democracia. 5. ed. Rio de Janeiro: Record, 2005; KLIKSBERG, Bernardo. *Repensando o Estado para o desenvolvimento social*: superando dogmas e convencionalismos. 2. ed. São Paulo: Cortez, 2002. v. 64. (Coleção Questões de Nossa Época); FUKUYAMA, Francis. *Construção de Estados*: governo e organização no século XXI. Rio de Janeiro: Rocco, 2005; BIRD-BANCO MUNDIAL. *Do confronto à colaboração*: relações entre a sociedade civil, o governo e o Banco Mundial no Brasil. Brasília: Banco Mundial, junho de 2000.

30. Op. cit.

31. MOTTA, Vânia C. Ideologias do capital humano e do capital social: da integração à inserção e ao conformismo. *Revista Trabalho, Educação e Saúde*. Rio de Janeiro: Fiocruz, v. 6, n. 3, nov./2008-fev./2009, p. 549-71. p. 561.

CEPAL; Organização das Nações Unidas para a Educação, a Ciência e a Cultura — UNESCO), objetivado através das Políticas de Desenvolvimento do Milênio da ONU. No mesmo período, a UNESCO declarou a "Década da Educação". Associam-se, então, políticas sociais, compensatórias e focadas, com políticas para a educação básica.

> Como expressão desse "consenso" (...), as medidas anunciadas e objetivadas pelas PDMs visam a: promover mudanças institucionais baseadas na "boa governança", isto é, na formação de um ambiente de cooperação entre Estado-mercado-sociedade civil em vários níveis, local, nacional, regional e global, de forma a instaurar (...) estabilidade econômica e, principalmente, política; construir uma "cultura cívica" pautada em valores de solidariedade e de cooperação, e que venha a fortalecer os laços de confiança entre indivíduos e instituições como forma de construir o bem-estar social;[32] operar um tipo de desenvolvimento que não se restrinja ao âmbito econômico, mas que inclua noções de responsabilidade social e ambiental, compreendido como desenvolvimento sustentável.[33]

A ideia de desenvolvimento sustentável na concepção das PDMs enfatiza o desperdício de potenciais produtivos e a forma avassaladora de consumo de matérias-primas e de recursos naturais — principalmente aqueles que produzem energia. Em relação ao desperdício de potenciais produtivos, a ênfase não é só material, mas também de recursos humanos. E a preocupação não gira em torno somente do desperdício de recursos humanos em si, mas da possibilidade de se gerar conflito social por causa dele. Conforme expressa a equipe do Banco Mundial: "a exclusão de grandes segmentos da sociedade desperdiça recursos potencialmente produtivos e gera conflito social"[34].

---

32. Tal medida está inscrita na "teoria do capital social" de Robert Putnam. Segundo o pesquisador americano, os graus de cultura cívica, de confiança nos indivíduos e nas instituições, de solidariedade e de capacidade de associação de uma determinada formação social incidem nos níveis de desenvolvimento econômico e social (PUTNAM, Robert D. *Comunidade e democracia — a experiência da Itália moderna*. 3. ed. Rio de Janeiro: FGV, 2002).

33. MOTTA. Op. cit., 2009, p. 562.

34. BIRD. *Desenvolvimento e Redução da Pobreza:* reflexão e perspectiva (preparado para as reuniões Anuais de 2004 do Banco Mundial e do Fundo Monetário Internacional). Outubro de 2004, p. 5.

Nessa perspectiva, o que está em foco não é somente estabelecer estratégias de desenvolvimento econômico, mas, sobretudo, amenizar os riscos e as sequelas advindas de uma economia de "livre" mercado, "educando o consenso"[35] e formando um trabalhador de "novo tipo", com "competências emocionais e morais" para o enfrentamento de uma dura realidade (naturalizando-a) e como meio de gerar renovação econômica com estabilidade política.

> As tarefas que estão postas para os países de "capitalismo dependente" e suas instituições e organizações são: criar esforços conjuntos para superar os infortúnios causados pelo aumento da pobreza, da desigualdade e do desemprego; identificar o problema e a possível superação, baseado na "vocação produtiva" de cada grupo, comunidade ou zona de pobreza localizada; promover a oportunidade de cada um desenvolver suas capacidades produtivas em atividades econômicas alternativas que propiciem sustentabilidade econômica ou aliviar o problema com políticas de ação afirmativa e compensatória; elevar não só no âmbito da renda, mas reciprocamente no âmbito "cultural" as camadas mais pobres, instituindo competências emocionais e morais — principalmente naqueles que já não se enquadram nas condições específicas do trabalho no novo padrão tecnológico de produção —, desenvolvendo o espírito de iniciativa e o cultivo do "capital social" como meio de gerar renovação econômica — *educar para a sobrevivência*.[36]

O relatório "Desenvolvimento e Redução da Pobreza: reflexão e perspectiva" do Banco Mundial, preparado para as reuniões Anuais de 2004 do Banco Mundial e do Fundo Monetário Internacional, sintetiza da seguinte forma a nova proposta de desenvolvimento para o milênio:

> A nova onda neoliberal que dominou a década de 1980 subestimou a distribuição e a pobreza e insistiu no restabelecimento de mecanismos de mercado para promo-

35. NEVES, Lucia M. W. (Org.). *A nova pedagogia da hegemonia*: estratégias do capital para educar o consenso. São Paulo: Xamã, 2005.

36. MOTTA. Op. cit., 2009, p. 562.

ver o crescimento econômico (sic!). Na década de 1990 a economia do desenvolvimento apartou-se das explicações macroeconômicas de Keynes ou de Harrod e Domar para ressaltar os fundamentos micros de questões do desenvolvimento. Os economistas e formuladores de política do desenvolvimento tornaram-se mais preocupados com decisões no micronível, compreendendo seu papel crucial no crescimento da economia.[37]

Sem reformas estruturais e, ainda, sob as bases da "doutrina neoliberal" — hipertrofia do capital financeiro, "Estado-mínimo", contenção dos gastos públicos (digam-se gastos sociais), precarização do trabalho etc. —, no âmbito da educação vamos identificar dois movimentos: 1) conservação da ideologia da empregabilidade no contexto da "sociedade do conhecimento", porém voltada para a camada da classe trabalhadora que ainda dispõe de potencial competitivo (competências e habilidades) para disputar os poucos postos de trabalho no mercado formal; 2) direciona-se a ideologia do empreendedorismo, acrescida da "ideologia do capital social", para a grande massa de trabalhadores descartados da expansão do capitalismo; que já não possui potencial competitivo para disputar no mercado de trabalho formal, mas ainda possui capacidade produtiva realizável na informalidade, em cooperativas ou arranjos produtivos locais.

À ideologia do capital humano, predominante no século XX, acrescentam-se elementos da ideologia do capital social como condição de realização de um novo modelo de desenvolvimento — "desenvolvimento sustentável" — idealizado como adequado à nova "sociedade em redes"[38].

A "sociedade em redes" na lógica de mercado tem sido vista como um movimento histórico inserido na "sociedade do conhecimento" que combina tecnologia com solidariedade social calcada no indivíduo. É adequada ao "programa modernizante de democratização" da "terceira-via" que, segundo Giddens, seria "um programa capaz de controlar adequadamente as forças

37. BIRD. Op. cit., p. 3-4.

38. MOTTA. Op. cit., 2007; 2009.

que a globalização e a mudança tecnológica desencadearam", combinando "solidariedade social com uma economia dinâmica"[39].

Entretanto, adverte Putnam que: "o contrato social que sustenta essa colaboração na comunidade cívica não é de cunho legal, e sim moral. A sanção para quem transgride não é penal, mas a exclusão da rede de solidariedade e cooperação"[40].

Nesta perspectiva, a questão da desigualdade (econômica e social) é uma questão moral que pode ser resolvida nos âmbitos da cultura e da educação — transmitindo "mensagens culturais voltadas para valores de solidariedade e cooperação e, com isso, consolidar a coesão social"[41] — e da administração eficiente e eficaz — representada pelos organismos do terceiro setor: OS, ONGs e OSCIPs. Porém, está sujeita a penalização, o que depende da capacidade de indivíduos ou grupos de indivíduos formar redes ou se inserir nas redes existentes.

Em síntese, contrariando as apologias da globalização, na virada do milênio o mundo se encontra mais pobre apesar de todas as possibilidades de acumular riquezas. E o que se apresenta como solução já não cabe somente ao Estado — todos devem reunir esforços para amenizar tal contradição: empresários e terceiro setor.

No âmbito da educação pública escolar, tal tendência abarca dois movimentos: 1) o esvaziamento do sentido da educação enquanto direito social público e subjetivo, ao desresponsabilizar o Estado de sua garantia e transformá-la ou num serviço de interesse do mercado internacional ou numa questão de filantropia; 2) o esvaziamento do caráter político pedagógico, ao atribuir às escolas públicas a tarefa de produzir capital social com a colaboração voluntária da "sociedade civil" e como forma de administrar a pobreza.

39. GIDDENS, Anthony. *A terceira via e seus críticos*. Rio de Janeiro: Record, 2001, p. 15, 79.

40. PUTNAM. Op. cit., p. 192.

41. BIRD. *Relatório de Progresso da Estratégia de Assistência ao País para a República Federativa do Brasil*. Maio de 2002b. Ainda: "Os Avanços Sociais no Brasil", Vinod Thomas, *Folha de S.Paulo* (24/6/2002).

Reformas e mais reformas... E os "desafios" da educação persistem

O Movimento Todos pela Educação estabeleceu cinco metas básicas a serem cumpridas até 2022: Meta 1: Toda criança e jovem de 4 a 17 anos na escola; Meta 2: Toda criança plenamente alfabetizada até 8 anos; Meta 3: Todo aluno com aprendizado adequado a sua série; Meta 4: Todo jovem com Ensino Médio concluído até os 19 anos; Meta 5: Investimento em Educação ampliado e bem gerido.

Antes, é preciso ressaltar que tais metas são desdobramentos da Conferência Mundial de Educação para Todos da UNESCO realizada em 1990, quando a comunidade internacional celebrou compromisso mundial para prover uma educação básica de qualidade a todas as crianças e a todos os jovens e adultos, e definiu a meta de universalizar a educação básica e reduzir massivamente o analfabetismo até 2015. E estão situadas, historicamente, no pós-Fórum Nacional em Defesa da Escola Pública — movimento social brasileiro de grande representatividade na Constituinte e no processo de elaboração da Lei de Diretrizes e bases da Educação Nacional n. 9.394/1996.

Dez anos depois, como muitos países não alcançaram os objetivos traçados na Conferência Mundial de Educação para Todos, em Jomtien, a comunidade internacional se reuniu, novamente, em Dacar, e reiterou o compromisso de proporcionar "Educação para Todos" até 2015. Já nesse contexto, a UNESCO adere aos Objetivos de Desenvolvimento do Milênio (ODM) que também tem em suas metas melhorar todos os aspectos da "qualidade da educação e assegurar a excelência de todos, de forma a que resultados de aprendizagem reconhecidos e mensuráveis sejam alcançados por todos, especialmente em alfabetização linguística e matemática e na capacitação essencial para a vida"[42].

Entretanto, nos quase 20 anos da "Conferência de Jomtien" e quase 10 anos da "Conferência de Dacar" e da celebração dos ODMs, aprimoradas as

42. *Site* da ONU.

metodologias e estratégias de gestão, ainda existe uma distância significativa no tocante às metas estabelecidas até 2015.

O primeiro balanço realizado pelo MTE "reiterou o fato de que o Brasil está diante de uma encruzilhada"; embora tenha avançado no acesso à educação fundamental, "a qualidade da aprendizagem caiu na maioria dos estados" (*Diário Catarinense*, 22 de dezembro de 2008).

Num artigo publicado na *Folha de S.Paulo* (20 de janeiro de 2008) — "Educação para Todos na encruzilhada" —, de Kailash Satyarthi[43], chama a atenção a seguinte manchete: "Pesquisas recentes mostram que, a meio caminho de 2015, os governos ainda deixam de atender crianças e adultos analfabetos". No artigo, Satyarthi faz referência ao relatório "*No Excuses*" ("Sem Desculpas") da Campanha Global pela Educação (CGE)[44] que avalia a atuação de governos tanto em relação ao desempenho dos governos na melhoria da educação, quanto ao cumprimento da promessa dos países ricos em ajudar os países mais pobres a atingirem as metas estabelecidas nos ODMs.

Este relatório revela que "os países do G8 são os piores quando se trata de dar o financiamento prometido para a educação, e os EUA são o último colocado em sua 'classe do G8' (...)146ª posição". E sugere que, dependendo da vontade política de cada governo, é possível alcançar resultados, a exemplo dos avanços na "Costa Rica, Cuba, México, Sri Lanka e Tailândia", além de Quênia, Camarões, Botsuana e Burundi (Idem). "Estamos convencidos de que mostrar o que pode ser conseguido com a vontade política certa, respaldada por recursos, pode envergonhar os doadores, levando-os a cumprir suas promessas", expõe Satyarthi na *Folha de S.Paulo*. O presidente da CGE considera que o Brasil está situado entre os "20 primeiros países do *ranking*

43. Indiano. Presidente da Campanha Global pela Educação. Foi o fundador da Aliança do Sul da Ásia contra a Escravidão das Crianças e da Marcha Global contra o Trabalho Infantil. Em 2006, foi indicado ao Prêmio Nobel da Paz.

44. O CGE é uma plataforma de organizações da sociedade civil de Portugal voltada para a "cooperação e desenvolvimento da educação no planeta". Ver: http://www.educacaoparatodos.org/v2/

mundial graças aos esforços feitos (...), sobretudo por meio da pressão de organizações sociais e da sociedade civil e, ainda, de experiências como o Bolsa Família"[45].

De fato, o tal "pacto global de combate à pobreza no planeta", e que inclui a universalização da educação básica, acordado na ocasião da definição dos Objetivos do Milênio (2000) não foi cumprido. Em 2005, o relatório da Organização para a Cooperação e Desenvolvimento Econômico (OCDE) denunciava que os países mais ricos não estavam cumprindo o acordo estabelecido no Encontro do Milênio: destinar 0,7% do PIB. Ainda segundo consta no relatório "só recentemente começou a reverter a tendência declinante da Assistência Oficial para o Desenvolvimento (AOD)" chegando, em 2003, a 0,25%. Mas com a crise, podemos voltar à estaca zero em relação à ajuda externa. Nesse sentido, para avançar nas metas da educação a vontade política dos governantes é fundamental.

No início de 2007, o governo federal lançou o Plano de Desenvolvimento da Educação (PDE), vinculado às metas estabelecidas pelo MTE como Plano de Metas Compromisso Todos pela Educação, regulamentado pelo Decreto n. 6.094/2007 e Resoluções/CD/FNDE n. 29 e 47/2007, considerados instrumentos fundamentais para a melhoria do Índice de Desenvolvimento da Educação Básica (IDEB).

Saviani, entre outras análises, chama a atenção para o fato de que o PDE foi formulado paralelamente e sem levar em conta o disposto no Plano Nacional de Educação (PNE), aprovado pelo Congresso Nacional em 2001. O PNE foi "solenemente ignorado", diz o autor[46]. E que o Partido dos Trabalhadores (PT), através do PDE, assume a "aproximação com o empresariado (inclusive assumindo na denominação a agenda do "Compromisso Todos pela Educação"), ocorrendo certo distanciamento de suas bases originárias"[47]. Saviani apresenta da seguinte forma o MTE:

45. Id.

46. SAVIANI. Op. cit., 2007, p. 1240-1.

47. Ibid., p. 1243.

Apresentando-se como uma iniciativa da sociedade civil e conclamando a participação de todos os setores sociais, esse movimento se constituiu, de fato, como um aglomerado de grupos empresariais com representantes e patrocínio de entidades como o Grupo Pão de Açúcar, Fundação Itaú-Social, Fundação Bradesco, Instituto Gerdau, Grupo Gerdau, Fundação Roberto Marinho, Fundação Educar-DPaschoal, Instituto Itaú Cultural, Faça Parte-Instituto Brasil Voluntário, Instituto Ayrton Senna, Cia. Suzano, Banco ABN-Real, Banco Santander, Instituto Ethos, entre outros.[48]

Não só distante de suas bases originárias por causa da aproximação com empresários brasileiros, o governo PT e os próprios empresários estão também afinadíssimos, porém subordinados, aos financiamentos e às orientações das agências econômicas multilaterais — implementando um "projeto de Nação"[49] voltado para tornar o "Brasil competitivo"[50].

---

48. Ibid., p. 1243-4. Compõe o Movimento Todos Pela Educação — Presidência: Jorge Gerdau Johannpeter. Conselho de Governança: Ana Maria dos Santos Diniz (Grupo Pão de Açúcar), Antonio Jacinto Matias (Fundação Itaú-Social; Vice-Presidente do Itaú e Diretor da Febraban — Federação Brasileira dos Bancos, no setor Sustentabilidade no Setor Financeiro); Beatriz Bier Johannpeter (filha de Jorge Gerdau Johannpeter, é responsável pela área jurídica); Daniel Feffer (Diretor Vice-Presidente Corporativo da Suzano Holding S.A.); Danilo Santos de Miranda (Diretor Regional do SESC São Paulo; considerado "O homem por trás da instituição que mais movimenta a cultura no país"); Denise Aguiar Alvarez (Diretora da Fundação Bradesco; neta de Amador Aguiar); Fabio Coletti Barbosa (Presidente do Banco Real ABN Amro e da Febraban); Gustavo Ioschpe (filho do banqueiro Daniel Ioschpe; economista com duas graduações (em Ciência Política e Administração Estratégica pela Wharton School, na Universidade da Pensilvânia, e mestrado em Economia Internacional e Desenvolvimento Econômico, pela Universidade Yale, EUA); José Paulo Soares Martins (Gerente de Comunicação da Gerdau); José Roberto Marinho (filho do jornalista Roberto Marinho); Luis Norberto Pascoal (Presidente da Fundação Educar Dpaschoal; dono da Dpaschoal); Maria Lucia Meirelles Reis (Diretora financeira da entidade); Milú Villela (vice-presidente da Itaú S.A.; maior acionista individual do Banco Itaú; Presidente do Faça Parte — Instituto Brasil Voluntário, embaixadora da Boa Vontade da Unesco e membro fundador e coordenadora do Comitê de Articulação do Compromisso Todos pela Educação, além de presidente do MAM (Museu de Arte Moderna) e do Instituto Itaú Cultural); Ricardo Young Silva (Presidente do Instituto Ethos); Viviane Senna (Diretora do Instituto Ayrton Senna); entre outros.

49. Conforme veiculado no *site* da Secretaria de Comunicação da Prefeitura de Votuporanga, "O Movimento Todos Pela Educação surge não como um projeto de uma ONG específica, mas sim como um projeto de Nação".

50. O documento do Banco Mundial — *Brasil Justo Competitivo Sustentável: contribuições para Debate*. Washington (Estados Unidos) — foi elaborado em dezembro de 2002, como um documento que reúne as principais análises e experiências mundiais que poderiam colaborar na formulação de políticas do novo

É importante ressaltar que, em 2001, um grupo de empresários já tinha criado o "Movimento Brasil Competitivo" (MBC), seguindo a tendência mundial de implementar o modelo de "desenvolvimento competitivo e sustentável". Reconhecido como uma OSCIP, o MBC tem suas atividades voltadas ao "estímulo e ao fomento do desenvolvimento da sociedade brasileira"[51]. O Conselho Superior tem por função estabelecer o direcionamento político-estratégico do MBC. É composto por quatro Ministros de Estado, representantes da administração pública federal, e nove membros titulares, com seus respectivos suplentes, pertencentes a entidades civis privadas que participam como entidades associadas do MBC, que possuam identificação com a causa da competitividade, e à Fundação Nacional da Qualidade (FNQ)[52].

Segundo o presidente fundador, Jorge Gerdau Johannpeter (o mesmo do MTE): "O objetivo do MBC é promover um aumento radical da competitividade das organizações privadas e públicas brasileiras, de maneira sustentável, contribuindo para a melhoria da qualidade de vida da população"[53].

Os "princípios do movimento que quer modernizar a gestão pública brasileira"[54] são explicados pelo, então, diretor do MBC, Cláudio Gastal: to-

---

Presidente brasileiro que seria eleito em outubro daquele ano. Em 2003, Lula assume a presidência e já com a participação da equipe do novo governo o Banco Mundial elabora o documento Estratégia de Assistência ao País: EAP para 2004-2007. Washington (Estados Unidos), dezembro de 2003.

51. Ver *site* do Movimento: www.mbc.org.br

52. Veiculado no *site* da Ong Mobilizar para Inovar, no dia 6/7/2006. Integram o Conselho Superior do MBC os ministros Dilma Rousseff, (Casa Civil da Presidência da República); Luiz Fernando Furlan (Desenvolvimento, Indústria e Comércio Exterior); Sergio Rezende (Ciência e Tecnologia); e Paulo Bernardo Silva (Planejamento, Orçamento e Gestão); e os empresários Jorge Gerdau Johannpeter (presidente fundador do MBC e presidente do Grupo Gerdau); Carlos Augusto Salles (presidente do Conselho Superior do MBC); Elcio Anibal de Lucca (vice-presidente do Conselho Superior e presidente da Serasa); José de Freitas Mascarenhas (Conselheiro da Odebrecht), Adilson Antonio Primo (presidente da Siemens); José Tadeu Alves (Merck, Sharp & Dohme); Carlos Alberto da Veiga Sicupira (Varbra); Sergio Gabrielli (presidente da Petrobras); Daniel Feffer (Vice-Presidente Corporativo da Suzano Holding); Hélio Magalhães (presidente da American Express Brasil); e Geraldo Quevedo Barbosa (Becton Dickinson Indústrias Cirúrgicas Ltda.). Disponível em: http://www.inovar.org.br/mbc

53. *Site*: www.mbc.org.br

54. Revista *Exame*, 27 de junho de 2008. Disponível em: http://portalexame.abril.com.br/degustacao/secure/degustacao.do?COD_SITE=35&COD _RECURSO=211&URL_RETORNO=http://portalexame.abril.com.br/gestaoepessoas/m0163066.html

dos os setores da economia devem ser competitivos: o setor privado e o setor público, inclusive o terceiro setor; construir um "ambiente jurídico de negócios satisfatório"; a função do setor público "é tornar o ambiente do país satisfatório para o aumento da competitividade", isto é, dando "respostas rápidas" aos negócios (entende-se, sem licitação). Para o diretor: "não tem como ter empresas competitivas se o ambiente não for competitivo sustentavelmente, se o setor público não tiver gestão eficiente que permita ao setor privado ser competitivo".

Entre os projetos e programas de "gestão de qualidade" do MBC identificamos: "Agenda Competitiva Brasil 2005/2007", com objetivo de "desenvolver ações conjuntas de apoio a Subcomissão Permanente de Competitividade e realizar Seminários de Desenvolvimento Regional" (parceiros: Câmara Americana de São Paulo e Subcomissão Permanente de Competitividade da Câmara dos Deputados); "Agenda de Competitividade das Américas", com objetivo de "aplicar para a realidade brasileira a metodologia do estudo *Hacia un Pacto de Competitividad* desenvolvida pelo *Instituto Mexicano para La Competitividad* (IMCO) aprovada em nível internacional". Tal metodologia "se baseia na competitividade nacional e definição de agendas realistas, detalhadas e objetivas que viabilizem ações concretas (com planos e resultados potenciais) no contexto da economia brasileira" (Parceiros: IMCO e HP *Foundation*); "*Benchmarking* 2006", que tem como objetivo a "produção de relatório anual com a aplicação da metodologia de indicadores de competitividade para o Brasil, com ênfase na inovação, em particular no setor de saúde"; "PMGP — Ministério do Desenvolvimento Social", que objetiva a "obtenção de melhorias de gestão e ganhos significativos de qualidade e produtividade, através de ações voltadas ao aumento da eficiência de políticas públicas implementadas pelo Ministério do Desenvolvimento Social e Combate a Fome ("Clientes: Grupo Gerdau e Construtora Odebrecht"); "*Doing Business* no Brasil", que objetiva "realizar estudos sobre indicadores que medem obstáculos para o crescimento em 12 capitais e estados brasileiros (Parceiros: Banco Mundial e USAID)[55].

55. São os seguintes estados e municípios selecionados para esta primeira edição do estudo: Brasília, Distrito Federal; Belo Horizonte, Minas Gerais; Campo Grande, Mato Grosso do Sul; Cuiabá, Mato

Sobre os resultados do Relatório "*Doing Business* no Brasil", amplamente veiculados na grande mídia, destacamos a título de ilustração os seguintes: "O Brasil aparece apenas na 119ª posição no '*ranking*' das condições para fazer negócios ('*doing business*'), elaborado pelo Banco Mundial com base em pesquisa em 155 países" (*Folha de S.Paulo*, 27 de julho de 2006); "Há dúvidas quanto à capacidade de o País solucionar a questão de um setor público inflado, assim como o problema da burocracia, solapadora do ambiente de negócios"[56] (Revista *Exame*, Abril, n. 873, 2 de agosto de 2006, p. 20).

Segundo o MBC: "O foco principal está voltado para as medidas que podem ser implementadas rapidamente, sem alteração na legislação". O que se pretende é "aumentar a consciência da necessidade em melhorar o ambiente de negócios, estabelecer diálogo entre governo e setor privado, de forma a identificar, com mais precisão, as reformas prioritárias"[57].

Desde 2001, o MBC, parceiro do Banco Mundial e da USAID, vem difundindo sua filosofia e metodologia de trabalho para a gestão pública, baseada em três premissas: aumento de receita, diminuição de despesas e planejamento estratégico. Trata-se, como foi indicado pelo próprio Movimento, de uma adaptação das metodologias e de indicadores utilizados pelo Conselho de Competitividade dos Estados Unidos (US Concil) e do estudo *Hacia un Pacto de Competitividad*, desenvolvido pelo *Instituto Mexicano para La Competitividad* (IMCO) para a situação brasileira.

Entendemos que a influência desse grupo nas políticas de educação do atual governo tem como foco a implantação desse modelo de "gestão de qualidade", através do MTE, isto é, implementar um conjunto de instrumentos que possibilite resultados imediatos no IDEB, com custo baixo. Tal modelo

---

Grosso; Florianópolis, Santa Catarina; Fortaleza, Ceará; Manaus, Amazonas; Porto Alegre, Rio Grande do Sul; Porto Velho, Rondônia; Rio de Janeiro, Rio de Janeiro; Salvador, Bahia; e São Luís, Maranhão. Segundo veiculado no *site* do MBC: "O Brasil é o segundo país no mundo, depois do México, a participar deste estudo". Ver: http://www.mbc.org.br/mbc/portal/.

56. Revista *Exame*, Abril, n. 873, 2 de agosto de 2006, p. 20.

57. Ver: http://www.mbc.org.br/mbc/portal/

de gestão pode ser verificado não só no vínculo do PDE com o MTE, mas pelo Plano de Ações Articuladas (PAR).

No âmbito das redes escolares públicas, além do "termo de adesão voluntária" ao Plano de Metas Compromisso Todos pela Educação, o Plano de Ações Articuladas (PAR) — composto de "diagnóstico da educação básica do sistema local", "elaboração de instrumentos de Planejamento Estratégico", entre outras medidas de gerenciamento — é condição para a obtenção do "apoio suplementar e voluntário da União" (Decreto n. 6.094/2007)[58]. No âmbito dos Ministérios e demais organismos e empresas estatais, o PAR pode ser identificado em outros programas, a exemplo do Programa de Aceleração do Crescimento (PAC), no qual, como observou Saviani (2007), "cada ministério teria que indicar as ações que se enquadrariam no referido Programa"; o MEC "lançou o Índice de Desenvolvimento da Educação Básica (IDEB) e a ele atrelou as diversas ações que já se encontravam na pauta do Ministério, ajustando e atualizando algumas delas"[59].

Saviani nos alerta para aproveitarmos o momento favorável sobre a importância e prioridade da educação e que exige ações efetivas. Porém, diz que temos de ter "cautela para não cairmos na ingenuidade de acreditar, sem reservas, nas boas intenções que agora, finalmente, teriam se apoderado de nossas elites econômicas e políticas"[60]. Para o autor, "se o MEC seguir na trilha proposta pelo movimento empresarial 'Compromisso Todos pela Educação', os limites do PDE resultarão incontornáveis"[61].

Em relação à meta 5: "Investimento em Educação ampliado e bem gerido", é possível identificar a lógica desse grupo de empresários. Devemos lembrar que o Fundo de Manutenção da Educação Básica e da Valorização dos Profissionais da Educação (FUNDEB) alargou a abrangência dos níveis da educação, incorporando a educação infantil e de jovens e adultos. Mas não ampliou sufi-

58. Conforme consta no Decreto n. 6.094/2007, este apoio se realiza "mediante ações de assistência técnica ou financeira, (...) observados os limites orçamentários e operacionais da União".

59. SAVIANI. Op. cit., 2007, p. 1233.

60. Ibid., p. 1251.

61. Ibid., p. 1252.

cientemente o volume de investimento para atender o montante de alunos que foram abarcados por essa nova configuração do Fundo. Como observa Saviani:

> (O) FUNDEB é um fundo de natureza contábil que não chega a resolver o problema do financiamento da educação. Representa um ganho de gestão; porém, não um ganho financeiro. Na verdade, os recursos nele alocados, se efetivamente aplicados e corretamente geridos, podem melhorar o financiamento da educação comparativamente à situação atual, mas não terão força para alterar o *status quo* vigente.
>
> Ou seja: uma boa gestão do fundo permitirá atender a um número maior de alunos, porém em condições não muito menos precárias do que as atuais, isto é, com professores em regime de hora-aula; com classes numerosas; e sendo obrigados a ministrar grande número de aulas semanais para compensar os baixos salários que ainda vigoram nos estados e municípios.[62]

Aplicando a metodologia de gestão do MBC, o MEC terá de aumentar sua receita diminuindo despesas, custos. E custos são: folha de funcionários, material de consumo, merenda, infraestrutura etc. e tal. No tocante ao salário do professor, Saviani novamente nos chama a atenção sobre as estratégias do PDE:

> O PDE cuidou da questão salarial por meio do programa "Piso do Magistério". O valor de R$ 850,00 foi obtido tomando-se o salário de R$ 300,00 proposto em 1994, corrigido pela inflação. Observe-se, porém, que R$ 300,00 correspondiam, naquele ano, a 4,28 salários mínimos, cujo valor era R$ 70,00. Em relação ao salário-mínimo atual de R$ 380,00, o piso de R$ 850,00 corresponde a apenas 2,23 vezes. Além disso, prevê-se sua implantação gradativa pelo incremento, em 2008, de um terço do salário atual, dois terços em 2009 e apenas em 2010 chegaremos ao valor de R$ 850,00.[63]

Em julho de 2008 foi sancionada a Lei n. 11.738, que fixa o piso salarial de R$ 950,00 para os profissionais do magistério público da educação básica. Tomando como base o salário-mínimo atual (R$ 465,00), a projeção anunciada para 2010 (R$ 506,50), a relação piso/salário-mínimo será igual a 1,87.

62. Op. cit., p.1248-9.

63. Ibid., p. 1249.

Outro agravante em relação ao "Piso do Magistério", além da questão jurídica, trata-se do fato de que este novo piso supõe uma jornada de 40 horas, com a indicação expressa de que o montante de R$ 950,00 "compreende todas as vantagens pecuniárias pagas a qualquer título"[64].

Sobre o investimento na educação, ainda padeceremos com os parcos 3,5% do Produto Interno Bruto (PIB) até 2011, quando está previsto chegar aos 5%. Tal percentual está longe dos países que mais investem em educação [Estados Unidos (7,5%), Canadá (7,6%), Noruega (8,7%) e Suécia (8,8%)][65] — não só pelo percentual definido, mas também pelo volume do PIB. E a Coreia do Sul, amplamente veiculada na mídia como modelo de gestão na Educação, investiu 10% do PIB ao longo de 20 anos[66].

Mas não são estas análises que as principais mídias difundem.

Desde a criação do MTE, principalmente após o governo federal ter incorporado as metas e as estratégias de gestão de qualidade adotadas pelo Movimento em seus Planos e Programas, o "Movimento" tem sido anunciado como "o projeto que garante a educação básica a todos os brasileiros até 2022", ano do bicentenário da Independência (*Correio do Povo*, 17 de dezembro de 2008; *Gazeta do Povo*, 7 de setembro de 2008; *Folha de Boa Vista*, 25 de abril de 2008, entre muitos outros só nesse ano). O MTE está imbricado de tal forma nos programas e planos do governo federal que a adesão de cada estado e município ao plano de metas Todos Pela Educação é anunciada como realização deste movimento privado.

Considerações finais

Nossos empresários e governantes comprometidos em envolver "todos pela educação" e realizar "metas objetivas e alcançáveis" não estão dispostos a

64. Ibid.
65. Ibid., p. 1253.
66. Ibid., p. 1254.

aumentar significativamente o investimento na educação. Para atingir as metas para a melhoria da educação, contam com a eficácia da gestão e a boa vontade de "todos". Mas também já identificaram que é possível garantir, pelo menos, as metas de universalização do ensino fundamental num prazo de até seis anos (*Correio Braziliense*, 16 de dezembro de 2008). Segundo nosso Ministro da Educação, Fernando Haddad, em entrevista veiculada nesse jornal:

> Os números mostram que nos próximos dez anos o Brasil viverá um momento único de bônus demográfico. A população entre 0 e 17 anos cairá entre 7 e 8 milhões em dez anos. Por isso é absolutamente possível que em um prazo inferior a esse, de cinco ou seis anos, nós possamos tornar essa regra universal (*sic!*).

É isso mesmo? Os dilemas da educação básica pública brasileira serão resolvidos quando não tivermos mais alunos?

Enfim, sem aumentar os investimentos na educação e reduzindo seus custos, ficando a mercê da "caridade público-privada", das intervenções privadas (nos âmbitos econômico, político e cultural) e da despolitização da sociedade civil, que escola pública teremos? Considerando que no Brasil a rede pública de ensino básico atende 88% da população em idade escolar, quais seriam as implicações das orientações dos organismos multilaterais considerando a especificidade do Brasil de capitalismo dependente, predominantemente importador e consumidor de tecnologias? E as implicações de um modelo de desenvolvimento — local e sustentável — como mecanismo de controle social e administração da pobreza?

São questões que deveriam envolver toda a sociedade civil contra-hegemônica para refletir. E a mídia, enquanto ferramenta de comunicação e difusora de informações e de ideias, cumpriria uma função que alavancaria este processo. Porém, assim como a Educação, a mídia é um espaço de contradições, disputas e lutas por uma sociedade mais justa e igualitária.

A face perversa desse intenso processo de privatização do público, em suas múltiplas dimensões, está na despolitização da sociedade civil com perdas de direitos sociais conquistados. A luta de organismos e movimentos sociais, outrora de base, está restrita à "batalha de vida ou morte" e ao conformismo de uma parcela significativa da massa da população, ainda, mergulhada nas lógicas da sustentabilidade financeira e da "questão social" como um "negócio".

É preciso compreender de forma pessimista as novas condições com que defrontamos e, com otimismo, operar transformações internas de superação dessa ordem, como nos disse Gramsci. No âmbito da educação, não há dúvidas de que o caminho será em Defesa da Escola Pública de Qualidade.

6

Longe de um Projeto Nacional

Luiz Araújo*

Uma tentativa de alinhavar temas

O ano de 2008 vai ser lembrado pelos historiadores como o início da primeira grande crise econômica mundial do novo milênio. De setembro em diante este assunto pautou os principais veículos de comunicação de nosso país e as preocupações do povo brasileiro. Mas também foi um ano em que a educação aparece na mídia a partir da divulgação de indicadores educacionais preocupantes, pela aprovação de lei que criou o piso salarial nacional para o magistério e pelas reações governamentais contrárias à sua efetivação. O debate acerca da devolução dos recursos públicos desvinculados pelo governo federal via DRU (Desvinculação das Receitas da União) e os efeitos da crise econômica nas políticas sociais, especialmente na educação, farão parte deste conjunto de preocupações.

* Professor, mestre em Políticas Públicas em Educação pela UnB. Presidente do INEP (2003-2004). Atualmente é Consultor Educacional da UNDIME Nacional.

Este artigo é uma tentativa de alinhavar entre si todos estes assuntos vinculados ao financiamento público da educação, que foram tema de inúmeras matérias jornalísticas.

Conhecendo um pouco do cenário

As notícias educacionais veiculadas em 2008 são sobre um país concreto, que experimentou durante as últimas décadas a gestão governamental baseada nos pressupostos neoliberais. Sem conhecer o cenário é impossível entender a trama. O neoliberalismo, associado à reestruturação produtiva da era da acumulação flexível, tem acarretado um monumental desemprego, enorme precarização do trabalho e degradação ambiental crescente. Esse modelo vem gerando uma imensa sociedade de excluídos e de precarizados, uma crise que desestruturou a economia do Terceiro Mundo, eliminou os países do Leste Europeu e atingiu também o centro do sistema produtor de mercadorias. Há, na verdade, em escala mundial, uma ação destrutiva contra a força humana de trabalho[1].

O neoliberalismo produz um contingente maior de excluídos da rede de proteção social. Estes "novos excluídos", somados aos "excluídos estruturais", passam apenas a contar com serviços públicos sociais de caráter universal. Essa pressão associada ao desmantelamento dos serviços estatais levou ao crescimento da chamada política assistencial, de caráter substitutivo, emergencial, episódica e residual. Para a área social o postulado neoliberal principal é o seguinte: o bem-estar social pertence ao âmbito do privado (suas fontes "naturais" são a família, a comunidade, os serviços privados). Dessa forma

1. Conforme ANTUNES, Ricardo. Trabalho e precarização numa ordem neoliberal. In: GENTILI, Pablo; FRIGOTTO, Gaudêncio. *A cidadania negada*. São Paulo: Cortez, 2002, p. 35-48; e ARAÚJO, Luiz. *Financiamento da educação básica no governo Lula:* elementos de ruptura e de continuidade com as políticas do governo de FHC. 2007. 180 f. Dissertação de Mestrado. Faculdade de Educação. Universidade de Brasília, Brasília.

o Estado só deve intervir quando se coloca a necessidade de aliviar a pobreza absoluta e de produzir aqueles serviços que o setor privado não pode ou não quer fazer. Propõe-se, portanto, um Estado de Beneficência Pública ou Assistencialista, no lugar do Estado de Bem-Estar Social.[2]

Foi desta forma que se consolida no Brasil uma estratégia de focalização das políticas públicas, desmontando o frágil acúmulo pós-constituinte de 1988 de universalização da área social, especialmente educação e saúde. Esta estratégia de focalização é concebida a partir de quatro critérios complementares: a) focalizar como condição necessária; b) avaliar pra conhecer a relação custo-benefício; c) incorporar outros atores sociais como executores das políticas sociais; d) outorgar prioridade à demanda de serviços.

O princípio da focalização tem tido grande repercussão nas políticas sociais desenvolvidas nos últimos anos na América Latina e tem chegado ao Brasil sob a forma de programas que não mais visam atingir as populações pobres em geral, mas antes segmentos específicos.[3]

O desmonte feito pelo neoliberalismo não é de um estado de bem-estar social, mas de alguns traços existentes em nosso país. Não podemos esquecer de que o que tínhamos era a existência de limitações nas diferentes estruturas de proteção social, dentre as quais podemos destacar a má distribuição e a baixa cobertura dos programas sociais, como também uma estratificação dos beneficiários, segundo o valor dos benefícios que apenas reproduz a desigualdade pré-existente e a inexistência de um caráter redistributivo. Isto levou a que as reformas neoliberais, onde ocorreram, não encontraram uma total ausência de políticas públicas sociais. Contudo, em nome da "necessidade de reformas", houve verdadeiro desmantelamento de programas sociais, muitos dos quais em pleno funcionamento e com coberturas razoáveis[4].

---

2. Cf. SOARES, Laura Tavares. *Ajuste neoliberal e desajuste social na América Latina.* Petrópolis: Vozes, 2001. p. 44.
3. Cf. VIEIRA, Sofia Lerche. Políticas internacionais e educação: cooperação ou intervenção? In: DOURADO, Luiz; PARO, Vitor (orgs.). *Políticas públicas e educação básica.* São Paulo: Xamã, 2001. p. 72.
4. Op. cit., p. 43.

Além disso, a exclusão é um elemento vital do dinamismo do capital na América Latina. Portanto, a pobreza é consequência da exclusão social, e esta é parte constitutiva do modelo de acumulação capitalista em nosso continente, diferente do que acontece mais recentemente nos países avançados, onde a pobreza é fruto da globalização produtiva[5].

A educação foi alvo privilegiado do processo de descentralização das políticas sociais, visando combater uma crise cujos sintomas são identificados no mal desempenho de seus programas, porque identificados com a centralização estatal. A ideia que justificava tal procedimento era a de que a piora econômica seria consequência da crise da educação, imputando-se às escolas a responsabilidade pelos resultados obtidos em avaliações externas.

Para superar esse quadro são apresentadas algumas soluções, dentre elas, a reforma na estrutura e nas funções do sistema de ensino, no currículo e na formação dos professores, a descentralização administrativa e financeira e a avaliação externa[6].

Para Gentili (1996)[7] existe um "Consenso de Washington" também no plano educacional, que se baseia na necessidade de estabelecer mecanismos de controle e avaliação da qualidade dos serviços educacionais, na subordinação da produção educacional às necessidades do mercado.

O conceito de qualidade formulado pelos neoliberais vem do universo empresarial. As escolas passam a ser avaliadas como empresas, pois se constituem em locais de produção de um tipo específico de mercadoria (conhecimento), de preferência por métodos similares ao *Total Quality Control* (TQC).

Cabe ao mercado de trabalho emitir os sinais que permitam orientar as decisões educacionais, tendo como tarefa promover a empregabilidade, entendida como a capacidade flexível de o indivíduo se adaptar às demandas do

5. ARAÚJO, 2007, p. 35.

6. Cf. MARTINS, Ângela. A descentralização como eixo das reformas do ensino: uma discussão da literatura. *Educação e Sociedade*, São Paulo, ano XXII, n. 77, dez. 2001.

7. GENTILI, Pablo. Neoliberalismo e educação: manual do usuário. In: SILVA, Tomaz; GENTILI, Pablo (orgs.). *Escola S. A.* Brasília: CNTE, 1996.

mercado, cabendo à educação oferecer a ferramenta necessária para o indivíduo competir no mercado.

Resumidamente, podemos dizer que a perspectiva liberal ou neoliberal de educação enxerga o processo educacional e de formação humana tendo como sujeito definidor as necessidades e demandas do processo de acumulação do capital, ou seja, a educação deve ser regulada e estar subordinada à esfera privada[8].

Estas são, em resumo, as bases teóricas para que seja apreciada a cobertura jornalística em relação à educação, especialmente sobre o seu financiamento e sobre o papel do Estado no seu provimento.

O segundo ano de implementação do Fundeb

Em dezembro de 2006 ocorreu a aprovação da Emenda Constitucional n. 53, que instituiu o Fundo de Manutenção e Desenvolvimento da Educação Básica e de Valorização dos Profissionais da Educação — Fundeb[9]. Em 2008, a imprensa deu divulgação aos dados educacionais que ainda eram produto dos dez anos de vigência do Fundef, mas também deu vazão às expectativas de melhorias abertas com a extensa propaganda oficial acerca dos méritos do novo fundo.

O modelo anterior de financiamento tinha uma grande coerência com a política de focalização das políticas públicas. Afetava diretamente a capacidade dos entes federados em prover o direito à educação nos demais níveis e modalidades, com destaque para os efeitos perversos no atendimento das crianças de zero a seis anos de idade, seja pela baixa cobertura escolar, seja pela precarização do modelo de atendimento, induzindo a proliferação de uma imensa rede de escolas infantis comunitárias e filantrópicas.

O Fundef manteve as desigualdades regionais. Foram constituídos 27 fundos estaduais, cada um tendo por base para a repartição os recursos re-

8. FRIGOTTO, Gaudêncio. *Educação e a crise do capitalismo real*. São Paulo: Cortez, 2000.

9. BRASIL. *Constituição da República Federativa do Brasil*. Brasília: Senado Federal, 2008.

sultantes de impostos. Como o desenvolvimento econômico, fator determinante para o perfil das receitas, é desigual, os fundos estaduais reproduziram as desigualdades regionais preexistentes.

O novo fundo — Fundeb —, em termos de desenho operacional, é semelhante ao Fundef, constituindo 27 fundos estaduais, bloqueando parte dos recursos vinculados à manutenção e ao desenvolvimento da educação, distribuindo os recursos de acordo com um valor *per capita*, encontrado pela divisão dos recursos de cada fundo pelo total de matrículas regulares existentes em cada rede de ensino.

Também não trouxe mudança substancial no papel constitucional da União, ou seja, este papel se manteve apenas como suplementar, emergencial, ajudando aqueles fundos estaduais que não alcançarem determinado patamar mínimo de valor por aluno. Com isso não ocorreu alteração na essência do papel do Estado brasileiro, por meio do ente federado com maior poder arrecadatório, no provimento da educação básica.

Um dos fatos que mais teve repercussão na mídia foi a divulgação do estudo feito pelo Instituto de Pesquisas Econômicas Aplicadas — IPEA[10], a partir dos dados da Pesquisa Nacional por Amostragem Domiciliar — PNAD/2007. O estudo destacava o fato de que a situação da juventude brasileira continuava precária. Cerca de 14 milhões de jovens podem ser considerados pobres no Brasil, segundo a PNAD/2007, e cerca de 4,6 milhões estavam desempregados, número que representava 63% do total de desempregados do país.

Se, por um lado, 82% dos jovens entre 15 e 17 anos frequentavam a escola, por outro lado 44% não haviam concluído o ensino fundamental e apenas 48% haviam conseguido ter acesso ao ensino médio na idade correta. A PNAD descobriu que 9,0% dos jovens rurais são analfabetos, contra apenas 2,0% dos que residem na área urbana.

---

10. IPEA. *Comunicado da Presidência n. 12: PNAD 2007 — primeiras análises*. Brasília, DF, 2008.

O mais grave: os jovens pobres são obrigados a abandonar os estudos para trabalhar. Antes de completar 18 anos, 21,8% dividem estudo e trabalho. Após os 18 anos, apenas 16,2% continuam conseguindo conciliar as duas atividades. Esses números graves ainda escondem as desigualdades sociais, pois a PNAD atestou que apenas 10% dos maiores de 18 anos de famílias que possuem renda familiar de até meio salário-mínimo conseguem manter-se estudando ao ingressar no mercado de trabalho. Esse número sobe para 30% nas famílias de renda *per capita* acima de cinco salários-mínimos.

É clara também a desigualdade racial. O analfabetismo entre jovens negros é quase duas vezes maior do que entre brancos. No acesso ao ensino superior a frequência líquida é cerca de três vezes maior entre os brancos.

DRU é parte integrante do ajuste fiscal

A Desvinculação das Receitas da União — DRU é um mecanismo inserido na Constituição Federal para burlar a vinculação de recursos para as áreas sociais, especialmente educação e saúde. Constitui importante instrumento para alcançar o superávit primário e, por conseguinte, para operar um ajuste fiscal visando honrar com juros e encargos da dívida pública.

A DRU começou com o nome de Fundo Social de Emergência — FSE, em 1995, sendo substituído pelo Fundo de Estabilização Fiscal —FEF e, finalmente, pela Desvinculação das Receitas da União. Antes de ser distribuído para as diversas áreas sociais, o governo retira 20% dos impostos arrecadados. Este recurso quase que na sua totalidade é gasto com a dívida pública da União.

Em 2007 o governo Lula enviou ao Congresso Nacional a Proposta de Emenda Constitucional n. 89/07, prorrogando a DRU até dezembro de 2011. Não houve alteração nas características, nem cogitou a exclusão da área de educação. Em 2008, foi aprovada no Senado uma Proposta de Emenda Constitucional que exclui dos efeitos da DRU os recursos vinculados à educação, mesmo que de forma parcelada.

A mídia pautou o debate sobre os efeitos da aprovação da devolução dos recursos para a educação. Inúmeras declarações governamentais favoráveis foram publicadas, mas como regra houve uma abstração do verdadeiro conteúdo do debate atual, o qual acontece menos de um ano depois da DRU ter sido prorrogada com poucos votos contrários no Congresso Nacional e com amplo apoio da imprensa.

Havia uma sincera expectativa de que o governo Lula acabasse com a sangria de recursos educacionais provocada pela DRU — Desvinculação das Receitas da União. Os dados disponíveis deixam transparente que essa não foi a opção. Os números atualizados pelo IGP-DI (Índice Geral de Preços — Disponibilidade Interna) mostram que a educação perdeu 32 bilhões e 909 milhões de reais com a continuidade da DRU no governo Lula.

A perda representa praticamente um ano de orçamento do Ministério de Educação e Cultura (MEC) desviado para pagamento dos juros e encargos da dívida pública.

Em 2005, durante a preparação da proposta do Fundeb, o MEC chegou a propor uma devolução gradual da DRU, vinculando o dinheiro que não iria ser desviado com a implementação de um aumento da contribuição da União para o novo fundo. Na época, o ministro da Fazenda Antonio Palocci não concordou, e o resultado foi um aumento da complementação da União sem mexer na DRU. A argumentação do Ministério da Fazenda era de que acabar com a DRU na educação abriria um perigoso precedente, pois outros setores atingidos pela DRU iriam reivindicar igual tratamento. Preferiam aumentar os recursos para a educação, mas sem alterar a regra da desvinculação.

No final de 2006 foi aprovada a Emenda Constitucional n. 53 e criado o Fundeb. Os últimos dois anos, já dentro da vigência do Fundeb, quando os recursos teoricamente deveriam ter aumentado e a sangria provocada pela DRU deveria ter diminuído, o que se verificou foi a sua intensificação. Em 2007 foram 7,5 bilhões e em 2008 mais 8,2 bilhões. Estas informações estiveram ausentes da cobertura jornalística feita no período sobre o assunto.

Expansão dissociada do financiamento

No dia 29 de outubro de 2008 foram publicados no *Diário Oficial da União* os dados preliminares do Censo Escolar de 2008. A imprensa divulgou o *release* fornecido pelos órgãos governamentais, mas não fez nenhum esforço de realizar uma análise dos dados fornecidos na oportunidade.

Analisando aqueles dados preliminares verifica-se que passados dois anos de vigência do novo modelo de financiamento educacional, no caso o Fundeb, seus efeitos esperados ainda não aconteceram.

Analisando os dados dos censos escolares de 2003 a 2008 é possível verificar que a criação do Fundeb não reverteu, pelo menos até agora, a tendência de queda das matrículas da educação básica pública. Em 2003 tínhamos 48,4 milhões de alunos nas redes estaduais e municipais e em 2008 foram registrados 45,9 milhões, ou seja, uma redução de 5,1%. E mais, esta redução teve como consequência uma maior carga de responsabilidade nas costas dos municípios brasileiros, que passaram de 51% para 53,3% seu peso nas matrículas.

O ensino fundamental continua caindo, tendência que já vem se manifestando faz algum tempo. As explicações são encontradas no comportamento demográfico e numa melhoria do fluxo escolar. Em 2003 tínhamos 31,1 milhões de alunos e hoje temos apenas 28,4 milhões. O preocupante não é a redução em si, pois há mais alunos na sala de aula do que o total de crianças na idade de 7 a 14 anos. O preocupante é que há um desequilíbrio entre a oferta da rede estadual *versus* a rede municipal. A rede estadual vem diminuindo seu tamanho no decorrer dos anos, fruto do processo de municipalização do ensino fundamental desencadeado nos dez anos de existência do Fundef. A criação do Fundeb não deu sinais de reversão deste quadro.

A educação infantil, um dos motivos que por si só justificaria a superação do Fundef, apresentou um comportamento estável em relação a 2007, porém isso só garantiu a retomada do patamar detectado pelo censo em 2003. Isso é muito grave, pois é justamente a etapa da educação básica mais desprotegida e que mais expectativas de crescimento o Fundeb criou.

A matrícula do ensino médio também continuou a cair, mesmo depois de dois anos tendo o financiamento garantido pelo Fundeb. Em 2003 tínhamos 7,8 milhões de alunos e em 2008 foram registrados 7,3 milhões, ou seja, uma queda de 7,1%. Comparando com 2007, temos uma elevação de 4,1%, mas ainda estamos distantes de recuperar patamares anteriormente alcançados.

Os dados censitários de 2008 trazem uma boa notícia para a oferta da educação de jovens e adultos (fundamental e médio). Em 2003 tínhamos 4,1 milhões de alunos na EJA presencial pública. No último ano do Fundef (2006) esse número era de 4,6 milhões. Em 2007 houve uma queda para 4,2 milhões, mas felizmente o ano de 2008 representou uma retomada do crescimento, e o censo apresenta a existência de 4,7 milhões de alunos.

Em relação ao atendimento na educação infantil (creche e pré-escola), a PNAD mostrou que a taxa de escolarização bruta na faixa de 0 a 3 anos de idade atingiu 17,1% e entre as crianças de 4 a 6 anos chegou a 77,6%, mantendo uma tendência de crescimento registrada nos últimos anos.

O Plano Nacional de Educação (Lei n. 10.172/2001) prevê que em 2006 já deveriam estar estudando 30% das crianças de 0 a 3 anos. Portanto, em 2007 continuávamos longe de cumprir esta meta. Por outro lado, conseguimos cumprir a meta de cobertura para crianças de 4 a 6 anos, que era de 60% até 2006. Em 2011 deveremos ter 50% e 80% de cobertura, respectivamente. Não devemos esquecer que a cobertura líquida em 2007 da educação infantil foi de apenas 36,4%. Os dados do censo escolar de 2008 mostram um crescimento de apenas 3,2% do total de matrículas na educação infantil em nosso país. Este resultado foi puxado por um acréscimo de 10,9% nas matrículas em creche.

Alguns fatores podem explicar por que, em que pese a matrícula estr em ascensão, ainda os indicadores são tão distantes das metas do Plano Nacional de Educação. Em primeiro lugar, a remuneração das matrículas em creche foi estabelecida abaixo do valor real do custo-aluno; isso age como forte desestímulo para os gestores municipais. Em segundo lugar, o baixo desempenho das ações do Ministério da Educação para suprir o investimento em construção de unidades de educação infantil (Proinfância). Em terceiro lugar, o estímulo dado pela lei regulamentadora do Fundeb à manutenção de rede comunitária e filantrópica, que opera com custos inferiores aos verificados na rede pública.

Os dados do censo mostram que uma de cada três crianças na idade de frequentar uma creche estuda na rede privada, sendo parte considerável estudantes de escolas comunitárias e filantrópicas.

A taxa de escolarização bruta entre os jovens com idade entre 15 a 17 anos era de 82,1% na PNAD de 2007 e entre aqueles que tinham 18 a 24 anos era de 30,9%. Verificando a taxa de escolarização líquida nestas faixas etárias identificamos que apenas 48% dos jovens entre 15 e 17 anos estão no ensino médio, ou seja, a maioria está presa ainda no ensino fundamental. A meta do PNE era 50% de cobertura em 2006 e 100% em 2011.

Os dados do censo escolar vêm registrando uma angustiante estabilidade nas matrículas públicas no ensino médio até 2006. Esperava-se que esse cenário sofresse uma reversão pós-fundeb, mas isso não aconteceu. Pelo contrário, os dois primeiros censos após a aprovação do financiamento para o ensino médio mostram queda de matrículas. Em 2006 tínhamos 7,7 milhões de jovens na rede pública estadual e municipal. Em 2007 este número caiu para apenas 7 milhões, e em 2008 as matrículas alcançaram 7,3 milhões.

Apesar do acréscimo de vagas na rede pública entre 2007 e 2008, no cômputo geral houve uma estabilidade de matrículas em 8,3 milhões (considerando a rede federal e privada de ensino). Certamente chegaremos a 2011 muito longe do cumprimento da meta do PNE, mesmo com uma fonte de financiamento garantida para o ensino médio.

No mesmo período em que eram divulgados os dados preliminares do censo escolar, o Ministro da Educação, Fernando Haddad, encaminhava ao Palácio do Planalto uma proposta de mudança no tempo mínimo de ensino obrigatório, dos atuais nove anos para 14 anos. De acordo com a proposta, enviada por meio de uma nota técnica, as crianças teriam de ser matriculadas na escola aos quatro anos de idade e permanecer até os 17, ou seja, passaria a ser obrigatório o ensino da pré-escola (quatro e cinco anos), ensino fundamental (seis a quatorze) e ensino médio (quinze a dezessete).

No dia 30 de outubro foi noticiada a realização de uma audiência no MEC com inúmeras entidades educacionais, com destaque para a presença da Campanha Nacional pelo Direito a Educação e do Consed (Conselho Nacional de Secretários de Educação), da Undime (União Nacional dos Dirigentes Municipais de Educação), do UNICEF (Fundo das Nações Unidas para a Infância) e representantes do Conselho Nacional de Juventude. Nesta reunião teria sido aceita pelo ministro Haddad a proposta de realização no primeiro semestre de 2009 de um seminário para discutir a infraestrutura, os objetivos, a qualidade e a obrigatoriedade do ensino médio no país. O referido evento discutirá também a obrigatoriedade para o ensino de pré-escola.

Entretanto, este debate voltou a ser pauta da imprensa no final do ano, pois o governo federal se mobilizou para associar a expansão da obrigatoriedade a PEC, que versa sobre a retirada da educação dos efeitos da DRU. No discurso oficial passou a ser condição suficiente para a expansão da obrigatoriedade da educação básica a devolução parcelada dos recursos desviados pela DRU.

O orçamento nominal do MEC vem aumentando nos últimos anos, e isso tem sido provocado pela elevação dos custos fixos das Universidades e Cefets e pela complementação dos recursos da União no Fundeb, que por força da Emenda Constitucional n. 53/06 sofreu aumento progressivo. A devolução dos recursos da DRU para o MEC não garantem automaticamente que os estados e os municípios terão melhores condições para universalizar a pré-escola e o ensino médio. Vai depender de como estes recursos serão devolvidos e utilizados e de uma avaliação se serão suficientes para tal empreitada.

Em relação à devolução, corre-se o risco de ocorrer uma manobra contábil e os valores crescentes de participação da União no Fundeb serem financiados pelos valores ganhos com a devolução parcelada da DRU.

Um piso no meio de uma crise mundial

No dia 16 de julho de 2008 foi aprovada a Lei n. 11.738, que instituiu o piso salarial profissional nacional para os profissionais do magistério público da educação básica.

Reivindicação histórica do magistério, a aprovação da referida lei obteve larga divulgação nos meios de comunicação.

Logo após a aprovação, os governadores André Puccinelli (PMDB-MS), Roberto Requião (PMDB-PR), Luiz Henrique da Silveira (PMDB-SC), Yeda Crusius (PSDB-RS) e Cid Ferreira Gomes (PSB-CE) entraram com a Adin (Ação Direta de Inconstitucionalidade) contestando o valor do piso (R$ 950,00), a reserva de 1/3 da jornada de trabalho para atividades extraclasse, a indicação de que os benefícios valem para profissionais em início de carreira e a definição de um prazo para o cumprimento das regras.

Houve intensa mobilização dos sindicatos dos professores e da sociedade civil organizada. Originou-se inclusive uma reação jurídica por parte de organizações da educação. Por iniciativa da ONG Ação Educativa, a Campanha Nacional pelo Direito à Educação e um conjunto de entidades enviaram uma petição *Amicus Curiae* (do latim, Amigo da Corte) para rebater os argumentos dos governadores e fornecer elementos para que os ministros do STF decidissem favoravelmente à implementação do piso.

No dia 17 de dezembro o Supremo Tribunal Federal acolheu parcialmente a Ação Direta de Inconstitucionalidade impetrada por cinco governadores contra a Lei n. 11.738/08. As manchetes dos jornais no dia seguinte passaram a impressão de que os governadores haviam sido derrotados, mas isso não corresponde à verdade dos acontecimentos.

O STF manteve o piso, mas atendeu plenamente os interesses dos governadores. Os ministros remeteram para a legislação estadual e municipal a definição da carga horária dos docentes e sua divisão entre horas destinadas a aulas propriamente ditas e o percentual destinado a planejamento e estudos. E também autorizaram aos estados e municípios calcular o piso sobre a remuneração, como a lei atual estabelecia apenas para 2009. Isso tudo até o julgamento do mérito, que obviamente ninguém é capaz de prever a data, podendo o julgamento durar anos.

Como o valor do piso é muito rebaixado e a legislação permite calcular o seu valor em 2009 sobre toda a remuneração, o que o STF fez foi conceder aos governadores o aval para manter as jornadas atuais e diminuir o impacto do piso na vida dos professores.

O mais interessante é que não foi possível encontrar posicionamento público do governo federal diante de tão importante decisão. Silenciou sobre um aspecto essencial para qualquer projeto de melhoria da qualidade educacional.

Custo aluno qualidade pauta limites do debate

Na contramão do raciocínio circunscrito ao ideário neoliberal de restrição orçamentária para a área social, foi lançado no final de 2008. pela Campanha Nacional pelo Direito à Educação, o livro *Custo aluno — qualidade inicial: rumo à educação pública de qualidade no Brasil*[11].

O debate acerca da qualidade no ensino não é recente em nosso país. A palavra qualidade ocupa as páginas dos jornais, dos discursos dos candidatos ao executivo, de secretários de educação e de ministros. Esta palavra precisa ser preenchida com um dado conteúdo, ou apresenta diversos conteúdos escondidos por trás dos discursos.

Os autores do livro trabalham o termo qualidade como um conceito histórico, ou seja, socialmente construído. Os atores sociais que compõem a Campanha Nacional pelo Direto à Educação não estão em cima do muro, nem pretendem tergiversar sobre as diferentes visões de qualidade que, no decorrer da história do país, foram defendidas e influenciaram os caminhos

11. CARREIRA, D.; PINTO, J. M. R. *Custo aluno- qualidade inicial:* rumo à educação pública de qualidade no Brasil. São Paulo: Global/Campanha Nacional pelo direito à Educação, 2007.

trilhados pela educação. Apresentam referências sobre que qualidade deve ser construída o custo aluno em debate.

Defendem que esta qualidade educacional seja capaz de gerar sujeitos de direitos, de aprendizagem e de conhecimento e que seja comprometida com a inclusão cultural e social, uma melhor qualidade de vida no cotidiano, o respeito à diversidade, o avanço da sustentabilidade ambiental e da democracia e a consolidação do Estado de Direito.

A qualidade precisa ser construída por meio de investimentos financeiros a longo prazo, com reconhecimento das desigualdades sociais em educação, tendo como referência as necessidades, os contextos e os desafios do desenvolvimento de uma região, de um país e de uma localidade.

Com estes pressupostos estabelecidos é forçoso concordar com os autores quando afirmam que o custo aluno qualidade "representa uma inversão completa da lógica que pauta o financiamento da educação e das demais políticas sociais no Brasil, marcado pela subordinação do investimento social à disponibilidade orçamentária imposta pelo ajuste fiscal[12].

É possível debater a questão da qualidade sob duas óticas: gasto-aluno ou custo aluno-qualidade. Para o enfoque de gasto-aluno, o valor mínimo é função das disponibilidades financeiras. É resultado da divisão do montante de recursos disponíveis pelo número de alunos que precisam ser atendidos. Todo o raciocínio educacional estará preso ao fato de que a variação no gasto-aluno depende, basicamente, da expectativa de arrecadação.

O conceito de custo aluno-qualidade, por sua vez, toma como referência não a disponibilidade financeira, e sim o resultado de um levantamento dos custos dos insumos indispensáveis a uma aprendizagem com sucesso (infraestrutura escolar, salário de professores etc.), divididos por um número ideal de alunos por turma ou por escola.

Debater o custo aluno-qualidade não é algo abstrato. A educação é uma política pública que conta com recursos alocados nos orçamentos federal,

---

12. Op. cit.

estaduais e municipais. Além disso, possui vinculação obrigatória de recursos estabelecida na Constituição Federal.

Nesta semana o IPEA lançou mais um Comunicado da Presidência, de número 14[13], esmiuçando os dados da PNAD 2007, desta vez trabalhando as informações da renda no Brasil. Ao final do documento foi publicada uma tabela esclarecedora acerca o debate sobre custo aluno-qualidade. Agrupando e atualizando os gastos federais de 2000 a 2007, o IPEA comprovou o que inúmeros pesquisadores e entidades do movimento social denunciam seguidas vezes: a prioridade nacional foi e continua sendo proteger os interesses dos poderosos e transferir renda para estes setores.

O gasto com pagamento dos juros da dívida foi oito vezes maior do que os destinados à educação e quatro vezes maior do que o valor aplicado em saúde e mais de treze vezes maior do que o total de recursos aplicados no investimento público federal. E o documento, acertadamente, conclui que este gasto pode ser "considerado como um gasto improdutivo, pois não gera emprego e tampouco contribui para ampliar o rendimento dos trabalhadores, termina fundamentalmente favorecendo a maior apropriação da renda nacional pelos detentores de renda da propriedade (títulos financeiros)"[14].

Falta um projeto nacional que inclua a educação

A cobertura da mídia é consequência da hegemonia do pensamento neoliberal em nosso país. O olhar sobre a educação não prima pela garantia do direito e sim pela oferta de oportunidades e pelo reforço da primazia do privado sobre o público. Este último é continuamente apresentado como a representação do atraso e da ineficiência. A permanência dos dogmas neoliberais limita a possibilidade de que a educação possa aparecer como parte de um projeto nacional de desenvolvimento. Na verdade, o próprio projeto na-

13. IPEA. *Comunicado da Presidência n. 14: PNAD 2007 — primeiras análises*. Brasília, DF, 2008.

14. Op. cit., p. 10.

cional está ausente dos debates governamentais e da mídia. Há um "consenso" de que nosso horizonte deve ser apenas conquistar melhores condições para a nossa inserção dependente no mundo globalizado.

É óbvio que a eclosão da crise econômica mundial no final de 2008 e suas repercussões sobre estes dogmas poderiam ter provocado uma profunda reavaliação do caminho trilhado pelo nosso país nos últimos anos. Infelizmente não foi em 2008 que isso aconteceu. A questão do projeto nacional continua em aberto e dentro deste debate o papel que a educação poderia desempenhar no combate às desigualdades sociais, raciais e regionais.

PARTE II

Novos contornos da educação brasileira

7

O Plano de Desenvolvimento da Educação (PDE)

Carmen Sylvia Vidigal Moraes*
Celso João Ferretti**

Este texto está estruturado em três etapas: caracterização do Plano de Desenvolvimento da Educação (PDE); apresentação das análises acadêmicas já realizadas sobre o documento e discussão dos resultados da implementação do PDE em 2008, com base em informações oficiais e em notícias veiculadas pela imprensa escrita.

Caracterização

O PDE, publicamente apresentado em 15 de março de 2007 e lançado oficialmente pelo Ministério da Educação (MEC), em 24 de abril do mesmo

* Doutora em Sociologia pela Faculdade de Filosofia, Letras e Ciências Humanas (FFLCH) da Universidade de São Paulo — USP. Professora Associada da Faculdade de Educação da USP.

** Doutor em Educação pela Pontifícia Universidade Católica de São Paulo — PUC-SP. Professor Titular do Curso de Pós-Graduação da Universidade de Sorocaba — UNISO.

ano, propõe-se enfrentar a questão da qualidade da educação básica brasileira, precária há tempos, mas cujo reconhecimento, por parte do próprio Ministério, só se deu na década de 1990, por ocasião do debate sobre o papel da educação em face das transformações econômicas e sociais observadas em âmbito do capitalismo mundial desde a década de 1970. Foi muito bem recebido pela população em geral, mas com reservas por parte de setores dela, diante da desconfiança quanto à possibilidade efetiva de atingir os objetivos visados.

Concomitantemente ao lançamento do PDE deu-se a promulgação do Decreto n. 6.094/07 que instituiu o "Plano de Metas Compromisso Todos pela Educação", o qual estabelece 28 diretrizes para a melhoria da qualidade da educação básica brasileira[1]. O decreto é a expressão legal dos propósitos do movimento "Compromisso Todos pela Educação", lançado em São Paulo, em 6 de setembro de 2006, como uma ação da sociedade civil, mas representando, efetivamente, o ponto de vista de um setor desta, o do empresariado, composto, entre outros, por entidades de grande porte dos setores bancário, industrial, comercial e de prestação de serviços, da mídia e de ONGs, direta, indireta ou remotamente vinculadas às questões educacionais, mas que veem nesta um vetor de desenvolvimento econômico social. Certamente estão interessadas na formação educacional adequada de sujeitos sociais, mas tal adequação deve ser entendida nos limites de uma perspectiva que se vincula às suas necessidades e interesses.

Sobre a produção acadêmica a respeito do PDE: convergências e divergências

Nesta parte do texto são tratados temas que apareceram, de forma reiterativa, nas produções de autores cujos trabalhos, publicados em dois perió-

1. Conforme ADRIÃO e GARCIA (2008), tais diretrizes resultaram de pesquisa empírica por meio da qual o MEC pretendeu identificar práticas educativas que redundaram em bom desempenho de alunos de redes de ensino na Prova Brasil de 2006.

dicos acadêmicos respeitados e de ampla circulação, versaram, desde 2007, sobre o PDE[2]. São três esses temas: a) visão geral do PDE; b) o IDEB; c) o FUNDEB.

Visão geral do PDE

Depois de produzir sua caracterização do PDE, Saviani detém-se na análise de sua singularidade, estabelecendo a comparação entre este e os planos produzidos em momentos anteriores da história da educação brasileira. O que confere singularidade ao PDE, conforme o autor, é o fato de que ele se assenta sobre "três dos programas lançados no dia 24 de abril [de 2007]": o "Índice de Desenvolvimento da Educação Básica" (IDEB), o "Provinha Brasil" e o "Piso do Magistério"[3]. Os dois primeiros identificados por Saviani como o pilar técnico do PDE. O segundo pilar é constituído pelas ações relativas ao magistério. O terceiro é representado pelo elemento financeiro: o Fundo de Manutenção de Educação Básica e da Valorização dos Profissionais da educação (FUNDEB).

Saviani aponta alguns aspectos do PDE que mereceriam reparos ou, pelo menos, maior atenção e cuidado. Entre estes faz referência à necessidade de cautela quanto ao súbito empenho do empresariado em prol da quali-

---

2. ADRIÃO, Theresa; GARCIA, Teise. Oferta educativa e responsabilização no PDE: o Plano de Ações Articuladas. *Cadernos de Pesquisa*, São Paulo, v. 38, n. 135, p. 779-96, set./dez. 2008.

   CAMARGO, Rubens Barbosa; PINTO, José Marcelino de Rezende; GUIMARÃES, José Luiz. Sobre o financiamento no Plano de Desenvolvimento da Educação. *Cadernos de Pesquisa*, São Paulo, v. 38, n. 135, p. 817-39, set./dez. 2008.

   KRAWCZYK, Nora Rut. O PDE: novo modo de regulação estatal? *Cadernos de Pesquisa*, São Paulo, v. 38, n. 135, p. 797-815, set./dez. 2008.

   SAVIANI, Dermeval. O Plano de Desenvolvimento da Educação: análise do projeto do MEC. *Educação & Sociedade*, Campinas, v. 28, n. 100 — Especial, p. 1231-55, out. 2007.

   WEBER, Silke. Relações entre as esferas governamentais na educação e PDE: o que muda? *Cadernos de Pesquisa*, São Paulo, v. 38, n. 134, p. 305-18, maio/ago. 2008.

3. SAVIANI, Dermeval. Op. cit., p.1242.

dade da educação, dada as circunstâncias em que ocorreu e a resistência desse setor da sociedade civil"ao financiamento público da educação superior, área que [gostaria] de ver como domínio da iniciativa privada"[4]. Por outro lado, considera positivo o envolvimento desse setor, bem como a capitalização que o MEC fez da receptividade da opinião pública ao PDE[5]. Krawczyc participa dessa crítica com argumentos semelhantes.

Camargo, Pinto e Guimarães[6], por seu turno, após tecerem um diagnóstico sombrio, mas realista, dos problemas que acometem a educação nacional, consideram que o Plano Nacional de Educação (PNE), firmado em 2001, tem sido sistematicamente descumprido. Por isso, tendem a avaliar o PDE menos como uma construção orgânica e amadurecida, articulada com o PNE, e mais como resultado de embates políticos no seio do governo Lula e, ao mesmo tempo, como parte da estratégia político-econômica consubstanciada no Programa de Aceleração do Crescimento (PAC), de que fazem parte os Planos Setoriais dos diferentes ministérios. Disso resultaria seu caráter fragmentado em uma multiplicidade de ações.

Weber e Krawczyk parecem ir em direção diversa, talvez pelo foco de análise privilegiado. Weber[7] contrapõe-se à visão do PDE como um conjunto de fragmentos. Entende-o como iniciativa contrária à visão fragmentada que tem historicamente presidido a política pública de educação e como contribuição a uma nova abordagem baseada na concepção sistêmica de educação escolar. A seu ver, o Plano propõe uma política de Estado "com sustentação na sociedade e na esfera pública, independente do grupo no poder", de modo a superar a descontinuidade dos programas governamentais e assegurar a educação como direito social básico. Weber entende que o PDE pressupõe a construção da unidade do sistema educacional como sistema nacional que preservaria a multiplicidade, evitaria a uniformidade e enfren-

4. Ibid., p. 1252.
5. KRAWCZYC, Nora Ruth. Op. cit.
6. CAMARGO, Pinto e Guimarães. Op. cit.
7. WEBER, Silke. Op. cit.

taria a desigualdade das oportunidades educacionais, "considerando as necessidades do desenvolvimento econômico e social"[8].

Segundo Weber, o PDE propõe um modelo de articulação entre os entes federados no sentido de concretizar a vontade política de promover efetivamente a oferta de educação de qualidade, alçando "a política educacional ao campo da racionalidade, do qual não estão excluídos instrumentos de controle e de intervenção" entre eles a avaliação, ao estabelecer conexões entre avaliação, financiamento e gestão. Considera que o PDE tem, em tese, condições para tanto, desde que se institucionalize o regime de colaboração e o controle social da educação. Alinha, nesse sentido, uma série de contribuições do plano.

De forma semelhante a Weber, Krawczyk[9] avalia positivamente a proposição, enunciada na Carta de 1988, de "compartilhamento de competências políticas, técnicas[10] e financeiras para a execução de programas de manutenção e desenvolvimento da educação de forma a concertar a atuação dos entes federados sem ferir-lhes a autonomia" (Brasil, 2007). A autora salienta que a proposta tende a manter "o espírito de focalização da política educacional, não como princípio, mas como estratégia de equalização"[11], além de visar outra importante inovação que consiste no "acréscimo de metas qualitativas e intermediárias às metas quantitativas já estipuladas no Plano Nacional de Educação". Segundo ela, a diversidade de metas — quantitativas e qualitativas, intermediárias (definidas a cada dois anos para as redes de ensino e instituições escolares) e finais — "concatena-se com dois eixos fundamentais do PDE: a responsabilização da classe política, juntamente com o comprometimento dos gestores e dos docentes das escolas, e a mobilização social"[12].

Krawczyk considera, ainda, bastante original a forma proposta de enlace entre educação e território, "porque rompe com a lógica fragmentada da

8. Ibid., p. 310.
9. KRAWCZYK. Op. cit.
10. Idem.
11. Ibid., p. 800.
12. Ibid., p. 803.

municipalização anterior", e leva a pensar o município não apenas como ente federado responsável pelo ensino fundamental, mas como uma forma de demarcar as clivagens sociais, e a eleger a União como o ente articulador e equalizador desses territórios. Esse seria o embrião da criação de um sistema educacional nacional no país. Por outro lado, aponta o risco de restringir, ao território, a compreensão das desigualdades educacionais, pois elas manifestam-se de várias formas no país, além da territorial, "tais como a socioeconômica (público e privada) e aquela interna a cada uma das redes educacionais públicas"[13].

Adrião e Garcia[14] analisam em particular o Plano de Ações Articuladas (PAR), que é o instrumento utilizado para convênios entre a União e os municípios. Por meio do PAR, estes, por adesão voluntária, responsabilizam-se perante o MEC pela realização local de ações previstas no Plano de Metas Compromisso Todos pela Educação, para o que recebem assessoria técnica e transferências voluntárias de recursos feitas pela União. A responsabilização é parte do processo de prestação de contas por meio da qual se pretende "introduzir na gestão pública mecanismos que permitam aos usuários e gestores responsabilizar os 'prestadores' de determinado serviço por aquilo que é oferecido à sociedade"[15].

Embora este instrumento possa ser entendido como um mecanismo de incentivo aos municípios para melhorar a qualidade da educação, a própria existência do "apoio técnico (...) demonstra o reconhecimento da precariedade em que se instituiu a massa de oferta educacional pública decorrente do processo de 'pulverização' pós-Fundef"[16]. Tal avaliação, bem como os resultados precários obtidos por programas semelhantes no Chile, levam as autoras a avaliar com cautela as virtuosidades da proposta, temendo, de um lado, que a dificuldade no cumprimento das metas desanime educadores envolvidos e,

13. Ibid., p. 814.
14. ADRIAO, Theresa; GARCIA, Teise. Op. cit.
15. Ibid., p. 781.
16. Ibid., p. 791.

de outro, que o afã de produzir resultados redunde em distorções nos processos educativos desenvolvidos pelas unidades escolares[17].

Como é possível notar, não há consenso sobre a estrutura geral do PDE, pois, pelas características que encerra, a proposta é passível de diferentes tipos de apreciação. Saviani, Weber e Camargo et al. manifestam preocupação quanto à constituição de efetivos mecanismos de regulação que possam garantir o cumprimento dos objetivos do PDE. Tanto Weber quanto Krawczyk têm clareza de que o Plano pode falhar no cumprimento de suas finalidades caso um complexo sistema de regulação e controle não seja instituído tendo em vista garantir o efetivo compartilhamento proposto e evitar a possibilidade, receada por Saviani, de ocorrer manipulação de dados para a obtenção irregular dos repasses da União aos municípios.

O Índice de Desenvolvimento da Educação Básica (IDEB)

No geral o IDEB recebeu avaliação positiva dos diferentes autores, que o consideram um avanço importante ao combinar o desempenho dos alunos em avaliações nacionais com o fluxo, envolvendo repetência e evasão. Saviani[18], por exemplo, ressalta que o IDEB "se constitui no recurso técnico por excelência para monitorar a implementação do PDE, definir e redefinir as metas, orientar e reorientar as ações programadas e avaliar os resultados, etapa por etapa". Apesar da avaliação positiva, Saviani considera-o insuficiente, por si só, para detectar todos os aspectos que interferem na produção dessa qualidade.

Sobre o instrumento pesam outras críticas. Krawczyk, Camargo, Pinto e Guimarães e Adrião e Garcia criticam a exacerbação da avaliação como mecanismo de regulação e controle e a provável utilização do índice para produzir hierarquização das escolas e municípios no que respeita à consecução

17. Esta última consideração também foi alvo de avaliação de mesmo teor por parte de Camargo et al. (op. cit.).

18. SAVIANI, Dermeval. Op. cit., p. 1245- 6.

das metas relativas à melhoria da qualidade do ensino, com o que o Plano recairia em procedimentos por ele criticados. Tais autores mostram-se receosos quanto a possíveis manipulações e conformação do trabalho pedagógico aos parâmetros ditados pelas avaliações de rendimento tendo em vista a obtenção dos resultados positivos esperados como consequência da articulação entre a União e os municípios. De acordo com Krawczyk, não existe no Plano a explicitação clara de mecanismos de controle que possam "coibir os comportamentos perversos e antidemocráticos suscitados pela divulgação de resultados de avaliações institucionais no conjunto do sistema"[19]. Weber, ao contrário, considera positiva a conexão entre financiamento, gestão e avaliação, mas sugere que as funções desta última sejam alargadas para além do diagnóstico, evitando que se centre sobre a detecção das fragilidades do ensino.

Camargo, Pinto e Guimarães[20] apontam o que lhes parece constituir contradição interna do PDE: de um lado, critica as políticas que pretendem melhorar a qualidade da educação pela concessão de recompensas financeiras aos professores de alunos com desempenho em exames nacionais compatível com os parâmetros estabelecidos em metas das Secretarias de Educação[21] e, de outro, propõe a utilização das "variações no IDEB (...) como referência para o repasse de recursos às escolas públicas"[22].

O Fundo de Desenvolvimento da Educação Básica (FUNDEB)

Apesar do geral reconhecimento dos autores de que o FUNDEB representa um avanço em relação ao FUNDEF, todos, à exceção de Weber, consi-

19. KRAWCZYK, Nora Ruth. Op. cit., p. 806.
20. CAMARGO, Rubens Barbosa; PINTO, José Marcelino; GUIMARÃES, José Luiz. Op. cit.
21. Os autores exemplificam com a Secretaria de Educação de São Paulo.
22. CAMARGO et al. relatam que, em seminários itinerantes realizados em universidades paulistas em 2007, os maiores questionamentos se voltaram para os mecanismos de avaliação nacional, o que aproximaria as propostas do PDE das oriundas do governo Fernando Henrique Cardoso. Op. cit., p. 826.

deram a proposta falha no sentido de que não representa, de fato, investimento novo em educação e, muito menos, uma ação no sentido de elevar a dotação orçamentária em educação dos atuais 4% para, no mínimo 8%, tendo em vista as objetivas carências das redes públicas de ensino. Saviani[23] é, nesse sentido, radical, ao insistir em que a melhoria da qualidade da educação brasileira depende, necessariamente, do aumento substancial dos recursos financeiros alocados à educação em nível nacional. No seu entender (idem, p. 1249), o FUNDEB "representa um ganho de gestão; porém, não um ganho de financiamento". Camargo et al. alinham-se com as críticas de Saviani, além de fazer ressalvas a afirmações oficiais de que, durante o governo Lula, antes mesmo da proposição do PDE, houve incremento dos recursos oriundos do salário-educação e do investimento mínimo por aluno por meio do FUNDEF[24]. Reconhecem, no entanto, que o FUNDEB representa um avanço em relação a este.

Em função de suas críticas, Saviani sugere ao MEC duplicar, de imediato, "o percentual do PIB investido em educação, passando, dos atuais cerca de 4%, para 8%" (idem), sob o argumento de que isto aproximaria o país daqueles que têm apoiado pesadamente o setor, mesmo já tendo consolidado há muito seus sistemas de ensino. Considera que tal medida elevaria substancialmente os recursos que o PED estaria alocando à educação básica. Krawczyk partilha dessa posição, apesar da estimativa do governo Federal de que, com o PDE, o investimento em educação teria um aumento da ordem de 1% do Produto Interno Bruto/PIB, incluindo a complementação de recursos que correspondem à União no FUNDEB.

Além desses aspectos mais gerais, alguns autores detêm-se sobre outros que também merecem atenção. Saviani e Weber, por exemplo, criticam no PDE a ausência de proposta para jornada de trabalho dos professores em uma única escola, com previsão da distribuição de tempo para o desenvolvimento das aulas e das atividades extraclasse com remuneração compatível.

23. SAVIANI, Dermeval. Op. cit.

24. Ibid., p. 824.

No que diz respeito à remuneração e formação de professores, Saviani[25] apresenta extensa e fundamentada crítica à proposta de piso salarial contida no PDE. Também critica a ação do PDE quanto à formação a distância com cursos ofertados pela Universidade Aberta do Brasil.

A implementação do PDE: a palavra do MEC e a da sociedade civil

Com o objetivo de verificar a implementação do PDE, foi realizada consulta ao *site* do MEC, no item que trata dos resultados alcançados. As informações sobre cada um dos atuais 52 Programas que o compõem são muito sintéticas e pouco elucidativas quanto ao desenvolvimento das ações propostas. Para fins deste trabalho, foram tomadas como referência informações concernentes ao ano de 2008, tendo como foco as ações realizadas, os recursos alocados ou despendidos e a parcela da população atendida. Programas que deixaram de apresentar no *site* quaisquer dessas informações não foram citados. Os dados recolhidos estão dispostos, a seguir.

O PDE na imprensa escrita no ano de 2008

As notas sobre as matérias jornalísticas recolhidas de alguns dos principais jornais de circulação nacional e local visam apresentar aspectos ressaltados na veiculação do Plano de Desenvolvimento da Educação/PDE durante o ano de 2008. As notícias permitem perceber ênfases e prioridades na imprensa escrita dos diferentes estados/regiões do país. Não têm o propósito de realizar análise do "discurso periodístico" e de suas condições sociais de produção, e nem se propõem a ser exaustivas, mesmo porque as noventa matérias levantadas em quinze periódicos[26] não representam a totalidade dos

25. Ibid., p. 1249.

26. Os jornais consultados em ordem alfabética são os seguintes: *Correio Brasiliense* (Acre), *Correio do Povo* (Rio Grande do Sul), *Cinform* (Sergipe), *Diário Catarinense* (Santa Catarina), *Diário de Cuiabá* (Mato

QUADRO 1

Implementação de Programas do PDE em 2008.

Programas	Ações	Beneficiários	Financiamento
Biblioteca na escola	Previsão: distribuição de 3.956.480 livros didáticos e 24.728 acervos Distribuição de 1.948.140 livros didáticos e 97.407 acervos para a E.I.	7.788.593 alunos em 17.049 escolas 5.065.686 alunos de 85.179 da E.I.	R$ 38.902.804,00 R$ 9.044.910,30
Brasil alfabetizado	As próprias do programa, sem especificação.	1,3 milhão de alfabetizados	Sem informação sobre 2008
Brasil Profissionalizado	Sem informação sobre 2008.	Não há informações.	Investimento de 210 milhões de reais
Caminho da escola	Março 2008: financiamento de ônibus escolares.	1.623 municípios habilitados	R$ 627.414.875,00
Catálogo Nacional dos Cursos Técnicos	Entre novembro/2007 e março/2008: consultas públicas para construção do catálogo. Em 2008: 7,2 mil cursos listados.	Sem informação sobre 2008	Sem informação sobre 2008
Educação Especial	Identificação de beneficiários do BPC. Previsões: a) aumento de salas de aula com recursos multifuncionais de acessibilidade; b) adequação de prédios escolares pelo Programa Dinheiro Direto na Escola; c) adaptação de 4,3 mil salas de aula.	369.765, dos quais 29% frequentando escola	40 milhões de reais
e- MEC	Regulamentação de cursos do E.S. no programa informatizado em abril de 2008	6.113 processos	Sem informação sobre 2008
E-TEC Brasil	Pré-seleção de cursos. Financiamento de projetos aprovados	174 cursos e 74 instituições	45 milhões para custeio e 29,3 milhões para bolsas
FIES	Atendimento a estudantes. Previsão de oferta de 100 mil novos atendimentos	468.089 estudantes em 2008	Sem informação sobre 2008

CONTINUA

Programas	Ações	Beneficiários	Financiamento
FUNDEB	Previsão para 2008 de contribuições dos Estados, DF e Municípios para 2008 e complementação da União com R$ 3,2 bilhões	40,2 milhões de alunos	58,8 bilhões de reais 3,2 bilhões de reais
Lei de Incentivo à Pesquisa	4 projetos pré-qualificados e 12 projetos em fase de credenciamento em 2008	Sem informação sobre 2008	150 milhões como benefícios fiscais a instituições científicas e tecnológicas em 2008
Luz para todos	Sem especificação quanto a 2008	No 1º semestre de 2008, benefícios para quase 9 mil instituições	Sem informação sobre 2008
Mais educação	Desenvolvimento do programa nas capitais, regiões metropolitanas e cidades com mais de 200 mil habitantes e escolas com baixo IDEB.	Previsão de que 47 mil alunos adotassem o programa em 2008	Investir 60 milhões de reais em 2008 para ampliar as atividades em 2.000 escolas.
Observatório da Educação	Reportados 28 projetos em andamento em 2008	Sem informação sobre 2008	Sem informação sobre 2008
Olhar Brasil	Ministério da Saúde distribuiu cartilhas para identificação de sinais de baixa visão na EJA.	Sem informação sobre 2008	Sem informação sobre 2008
Olimpíada da Língua Portuguesa Escrevendo o Futuro	Lançamento em 2008	Alunos do E.F. e dois últimos anos do E.M. Previsão: 7,2 milhões de alunos e 187 mil professores em 80 mil escolas	O MEC e a Fundação Itaú Social deveriam investir, cada um, 8 milhões de reais no projeto
PIBID	Meta: oferecimento de 20 mil bolsas para estudantes universitários em 2008	Alunos de licenciatura: bolsa mensal de R$ 300; supervisores (docentes de escola com estudante estagiário): bolsa mensal R$ 600.	Os recursos do Pibid para 2008 eram de R$ 39 milhões

Programas	Ações	Beneficiários	Financiamento
PNAES	Instituído em 2008	Sem informação sobre 2008	Previsão de R$ 126,3 milhões no 1º ano
PNLA	Avaliação de obras e processo de escolha pelas entidades parceiras. Dos 29 livros avaliados, 19 seriam recomendados para o Guia do Livro Didático para Alfabetização de Jovens e Adultos.	Sem informação sobre 2008	Sem informação sobre 2008
PNPD	A Capes recebeu 751 propostas válidas em 2007 e o CNPq recebeu 1.079.	Meta: atender anualmente 500 novos bolsistas pela Capes e 250 pelo CNPq, a partir de julho de 2008 Previstas 1,5 mil bolsas. Atendimento anual de 750 bolsistas Pesquisador receberia uma bolsa mensal de R$ 3,3 mil e R$ 12 mil anuais para material de consumo	O investimento previsto era de R$ 37 milhões por ano
ProInfância	Previsão: 2008, ProInfância garantir construção de mais 500 unidades. Priorizar acessibilidade para permitir a locomoção de portadores de necessidades especiais.	500 municípios	Sem informação sobre 2008
Proext MEC	Em 2008 estavam sendo trabalhados, em parceria com outros órgãos, os lançamentos de editais do Proext MEC/Cultura; do Proext MEC/Cidades; do Proext MEC/Saúde e do Proext/ Cultura/Iphan	Sem informação sobre 2008	Previsão de R$ 8 milhões para o edital Proext MEC/2008 e de R$ 3,6 milhões para Proext MEC/ Cultura
PET	Com 370 grupos em 2008 e pretendia criar mais 30 grupos até o final daquele ano.	Sem informação sobre 2008	Sem informação sobre 2008
Pró-funcionário	Meta: em 2008, expandir o atendimento fosse por meio do PDE	Expectativa para o curso técnico: mais 30 mil pessoas.	Sem informação sobre 2008

CONTINUA

Programas	Ações	Beneficiários	Financiamento
Programa Incluir	Aprovação de 38 projetos em fase de avaliação e acompanhamento em 2007. Propostas receberam R$ 2 milhões em investimentos	Sem informação sobre 2008	A expectativa de recursos para 2008 era de R$ 3,3 milhões.
ProUni	Expectativa: mais 170 mil bolsas para os processos seletivos de 2008. No 1º semestre letivo 106 mil matrículas efetivadas com auxílio do ProUni, 70% de bolsas integrais e 30% parciais.	385.257 alunos beneficiados no 1º semestre de 2008	Sem informação sobre 2008
Provinha Brasil	Primeiro teste e demais instrumentos de apoio do Kit da Provinha Brasil em 2008. Avaliação de habilidades quanto ao processo de alfabetização e letramento inicial de alunos. Previsão de posterior inclusão de habilidades referentes ao letramento em matemática.	Sem informação sobre 2008	Sem informação sobre 2008
SINAES	Estavam previstas 3.650 avaliações para 2008	Meta: avaliar 420.000 estudantes de graduação em 2008.	Sem informações sobre 2008
Supervisão do Curso de Direito	A supervisão concluída em 18/1/2008 lavrou 29 Termos de Saneamento de Deficiências, reduzindo 6.315 vagas. Na segunda fase, concluída em 17/2004, foram reduzidas 14.372 vagas. Até este mês apenas quatro cursos de direito haviam recebido a certificação do MEC	80 cursos de Direito com desempenho fraco	Sem informação sobre 2008
UAB	Em abril de 2008 convocação das instituições de ensino superior para apresentar propostas de cursos nas áreas da diversidade. Previsão: conveniar mais 57 instituições (universidades e CEFET) e aprovação de 270 novos polos. Meta: ter mais 90 mil alunos. Ainda em 2008, lançamento do edital para seleção de 250 novos polos.	Atender 75 mil professores com oferta inicial de 7 cursos diversos. 291 polos de apoio em funcionamento e matrícula de 40 mil alunos.	Sem informação sobre 2008

Fonte: www.mec.gov.br, consultado em 29/6/2009

artigos publicados nem dizem respeito a todos os órgãos existentes. Constituem, entretanto, amostra representativa das tendências dessa área de comunicação e permitem visualizar as dimensões das políticas educacionais mais enfatizadas por essa mídia e os espaços concedidos aos diferentes atores sociais ao longo do processo de implantação do Plano em 2008.

O ano de 2008 pode ser considerado decisivo na implementação das metas pretendidas pelo Ministério da Educação/ MEC. Com essa perspectiva, entendemos que sua visualização, ao lado da análise da produção acadêmica, das manifestações da sociedade civil organizada e dos informes oficiais, possibilita apreender as diferentes dimensões de apropriação do PDE no ano de 2008 e, assim, contemplar os objetivos deste Anuário.

Para melhor localizar similaridades e diferenças nas publicações, procuramos agrupar os jornais por região e separar as notícias por eixos temáticos, e, dessa maneira, acompanhá-las ao longo do tempo. É importante diferenciar o formato das matérias publicadas, uma vez que se apresentam como reportagens, na maioria das vezes, realizando a "cobertura dos acontecimentos", e como artigos de conteúdo opinativo, assinados por jornalistas ou autores convidados/selecionados. No grupo considerado não constam editoriais, os quais expressam frequentemente a posição do órgão de imprensa a respeito dos fatos.

Seguindo o mesmo percurso lógico utilizado na discussão dos textos acadêmicos, serão abordados aspectos relacionados às dimensões centrais do PDE, conforme aparecem explicitados nos diferentes jornais.

No que diz respeito à visão geral do Plano veiculada pela imprensa é importante notar os espaços concedidos aos diferentes sujeitos sociais e a direção dos posicionamentos assumidos. Observa-se, em primeiro lugar, que as notícias são construídas com base em informações e dados oficiais fornecidos pelas secretarias e órgãos do MEC, e que os agentes governamentais

---

Grosso), *Estado de Minas Gerais, Folha da Boa Vista* (Roraima), *Folha de S.Paulo, Gazeta de Alagoas, Gazeta do Povo* (Paraná), *Jornal do Tocantins, Jornal Pequeno* (Maranhão), *O Estado de S.Paulo, O Globo* (Rio de Janeiro), *O Liberal* (Pará). Cf. Banco de Dados: .http://www. anuarioeducativo.iela.ufsc.br

são também os interlocutores privilegiados para esclarecer, explicar e/ou justificar as medidas anunciadas. Os jornais dos diferentes estados trazem, além da fala do Ministro da Educação e de outras autoridades do MEC, a dos secretários de educação dos estados e, em geral, a dos secretários municipais das respectivas capitais, e/ou dos presidentes das entidades representativas destes profissionais, assim como depoimentos de técnicos responsáveis pelas iniciativas locais de desenvolvimento do PDE. É frequente incluírem declarações de governadores, prefeitos e deputados.

A presença da universidade e das associações de professores nas páginas dos jornais é proporcionalmente pequena relacionada à quantidade de matérias publicadas. No período de um ano, na amostra de notícias considerada, observamos que foram realizadas entrevistas (2) apenas com o professor Dermeval Saviani, da Faculdade de Educação da Unicamp, pelos jornais paulistas *O Estado de S.Paulo* (19 de maio de 2008) e *Folha de S. Paulo* (13 de julho de 2008). Verifica-se também a presença de docentes em algumas poucas consultas pontuais e nas "sabatinas" temáticas organizadas e publicadas pela *Folha de S.Paulo* (12 de março de 2008). No que se refere aos representantes de empresas, fundações empresariais e organizações não governamentais/Ongs, encontramos, além de outras rápidas referências, artigo e entrevistas com o presidente e a secretária executiva do Movimento Todos Pela Educação, parceiro privilegiado do governo federal no desenvolvimento do PDE, Mozart Neves Ramos e Priscila Cruz, na *Folha de S.Paulo* (19 de abril de 2008) e em *O Estado de S.Paulo* (5 de setembro de 2008).

Diferentemente dos informes oficiais, bastante precários, em particular os encontrados *on-line* na página do MEC[27], conforme o Quadro 1, as notícias trazidas pela imprensa permitem caracterizar o PDE e os programas conveniados, assim como acompanhar sua implementação, tornando-se, contraditoriamente, uma fonte privilegiada de informação sobre as ações do governo no campo educacional.

27. Ver: http://www.mec.org.br/

O conjunto de informações e dados veiculados sobre os vários programas, referenciados às distintas condições socioeconômicas, políticas e culturais dos diversos municípios, estados e regiões, contribui para a apreensão do significado de tais programas, vistos, de início, como aparentemente "soltos", fragmentados. Os programas de diferentes naturezas, alguns diretamente relacionados à promoção da qualidade de ensino, como é o caso do *Ensino Fundamental com nove anos* e da *Biblioteca na Escola*, por exemplo, e outros, não imediatamente relacionados, mas que são imprescindíveis enquanto meios para o alcance das metas objetivadas — *Programa Nacional de Reestruturação e Aquisição de Equipamentos da Rede Escolar Pública de Educação Infantil/ Proinfância*, *Caminho da Escola* e *Pnate/Programa Nacional de Apoio ao Transporte Escolar*, *Programa Nacional de Alimentação Escolar*, *Luz para Todos*, *Piso salarial Profissional do Magistério* — entre outros, parecem constituir, na realidade, um todo articulado, em consonância com a visão sistêmica defendida pelo MEC e por algumas análises acadêmicas citadas neste trabalho. Observa-se que os 52 programas do PDE são articulados por meio do Plano de Ações Articuladas/PAR, construído a partir das necessidades educacionais identificadas pelos municípios e das dificuldades diagnosticadas pelo Índice de Desenvolvimento da Educação Básica/IDEB. Assim, o PDE incorporou alguns programas já existentes e, ao que parece, foi desenvolvendo outros, como respostas às demandas originadas nas localidades conveniadas, de acordo com o Plano de Metas Compromisso Todos pela Educação, no processo de implementação do regime de colaboração entre a União e os demais entes federados.

Nessa perspectiva, há programas "meio", que são transversais, afetos a toda a escola básica, por exemplo, como há os destinados especificamente a um nível ou modalidade de ensino. Existem também programas que comportam ações variadas, as quais, por sua vez, passam a constituir novos programas — caso do *Brasil Profissionalizado* e seus desdobramentos — o *Funtep/ Fundo Nacional de Formação Técnica e Profissional* e o *PROEJA/Programa Nacional da Educação Profissional com a Escola Básica na Modalidade de Educação de Jovens e Adultos*, entre outros, este último com interfaces complementares à Formação Profissional, quanto com a educação de adultos, visando realizar os objetivos curriculares da educação integrada no ensino técnico de nível médio, na modalidade EJA.

Segundo as indicações da imprensa, constata-se que, ao longo de 2008, o Programa *ProInfância* foi um dos mais desenvolvidos pelas diversas prefeituras brasileiras (*Folha da Boa Vista*, 9 de janeiro de 2008; *O Correio do Povo*, 9 de janeiro e 18 de maio de 2008; *Folha de S.Paulo*, 9 de janeiro de 2008; *O Estado de S.Paulo*, 19 de maio de 2008). Tais jornais informam que o MEC destinaria R$ 339,5 milhões para a construção de 484 creches em municípios de todo o país, o que permitiria o acesso de cerca de 100 mil crianças a mais, entre zero e seis anos de idade, à Educação Infantil. O *ProInfância* repassaria R$ 800 milhões até 2010 para melhorar e ampliar a rede de creches e pré-escolas públicas das redes municipais e do Distrito Federal. Apresentam dados fornecidos pelo Fundo Nacional de Desenvolvimento da Educação/FNDE, que coordena o programa, indicando que 4,3 mil municípios haviam mostrado interesse em receber o apoio financeiro destinado à construção e reforma de creches, além da aquisição de equipamentos e mobiliário.

Alguns jornais descrevem a realização local dos programas do PDE. O *Jornal de Tocantins* (20 de maio de 2008) informa que, dos R$ 3 bilhões a serem repassados pelo MEC por meio do PDE, R$ 5,6 milhões seriam investidos no Tocantins pelo ProInfância, "o equivalente a oito novas creches para oito municípios tocantinenses". No Pará, *O Liberal* (21 de maio de 2008) informa que 70 prefeitos paraenses seriam também contemplados com parte dos R$ 363,4 milhões anunciados para a construção de creches em todo o Brasil.

Outros programas foram priorizados nessa fase por estados e prefeituras. O *Jornal de Tocantins* (20 de maio de 2008) refere-se a investimento, via Programa Caminho da Escola, "de mais R$ 1,65 milhão, sendo para aquisição de 5 ônibus e micro-ônibus para a zona rural"; e o repasse de R$ 300 mil, oriundos do Programa Nacional de Informática na Educação, para implantação de laboratórios de informática em seis escolas. Segundo a assessoria de comunicação da Prefeitura de Palmas, o Governo Federal também se comprometera em liberar R$ 4 milhões para a construção de mais uma Escola de Tempo Integral. No mesmo sentido, *O Liberal* (21 de maio de 2008) e a *Folha da Boa Vista* (20 de maio de 2008) comentam a adesão de municípios de seus estados ao Programa Caminho da Escola.

A organização de polos da Universidade Aberta do Brasil/UAB deu-se prioritariamente em estados do centro e norte do país, como Tocantins e Pará, contemplados também com a criação de escolas técnicas, pelo Programa Brasil Profissionalizado, e escolas indígenas. Segundo o *Jornal de Tocantins* (20 de maio de 2008), o estado organizaria quatro polos de Universidade Aberta do Brasil (UAB) com um total de 225 vagas; e quatro escolas técnicas oferecendo 4,8 mil vagas. Além disso, quase R$ 40 milhões já foram transferidos ao estado para serem investidos em 14 novas escolas (que substituiriam as unidades de placas construídas pelo interior antes da criação do estado) e em dez escolas indígenas. *O Liberal* (21 de maio de 2008) menciona a organização de 15 polos da UAB, com a abertura de 2.300 vagas. De acordo com o Ministério, seis escolas técnicas seriam construídas ainda no estado, para atender uma demanda de 7,2 mil alunos. A *Folha de Boa Vista* (20 de maio de 2008) informa a construção de escolas indígenas e, segundo o jornal, os recursos do governo federal destinados ao "PAR indígena" atingiram R$ 100 milhões em 2007.

O Programa Nacional Biblioteca da Escola /Pnbem, dirigido ao ensino médio, é outra ação do PDE bastante valorizada em 2008. O programa propõe organizar acervos literários em Bibliotecas de 17.049 escolas, constituídos por obras de referência e de pesquisa em todas as áreas do conhecimento tratadas no currículo. Os livros (3,4 milhões, no total), que integravam acervos com 139 títulos cada, seriam escolhidos pela Secretaria de Educação Básica do MEC e pela Sociedade Brasileira para o Progresso da Ciência/ SBPC, beneficiando mais de 7,7 milhões de estudantes do Ensino Médio (EM) público (*Correio do Povo*, 5 de fevereiro de 2008).

Um aspecto a observar no noticiário dos jornais é a diferença de ênfase na difusão e tratamento das informações relacionadas aos diferentes programas do PDE. Alguns deles não são sequer mencionados e outros, como é o caso do Brasil Profissionalizado, aparecem minimizados em sua importância. No que se refere ao desenvolvimento de ações relacionadas a este Programa, as notícias mais frequentes dizem respeito à criação de escolas técnicas e à transformação de Centros Federais de Educação Tecnológica/Cefets em Institutos Federais de Educação, Ciência e Tecnologia/IFES (*Folha da Boa Vista*, 29 e 5 de março de 2008; *O Liberal*, 29 de julho de 2008). Outras folhas (*Correio do Povo*, 28 de dezembro de 2008; *Diário Catarinense*, 27 de dezembro de 2008; *O Globo*, 26 de dezembro de 2008; *O Estado de S.Paulo*, 27 de dezembro de 2008) informaram que o presidente Lula havia sancionado Lei que amplia a rede de escolas federais, com a criação de 38 novos IFES. O PDE deveria atingir, conforme declarações do Ministro da Educação, a meta de 354 escolas profissionais em funcionamento e 500 mil alunos estudando gratuitamente. De acordo com as informações oficiais, o Programa Brasil Profissionalizado previa, também, investimentos de R$ 900 milhões, em quatro anos, para reestruturar as redes estaduais de ensino médio destinadas à oferta de educação profissional e beneficiar 350 mil estudantes.

Notícia de *O Globo* (12 de novembro de 2008) refere-se a medida particularmente relevante sobre a transformação em Lei do acordo firmado entre o Governo Federal e as Confederações Nacionais da Indústria e do Comércio, revertendo prática instituída no ato de criação do Serviço Nacional de Aprendizagem Industrial/SENAI e Serviço Nacional de Aprendizagem Comercial/SENAC, na década de 1940. Desde o decreto de Getúlio Vargas, essas instituições, de gestão privada, são mantidas com financiamento público. Segundo a nova legislação, dois terços dos recursos do SENAI e do SENAC passam a financiar a oferta gratuita de cursos técnicos e profissionalizantes a estudantes e trabalhadores de baixa renda. Quanto ao SESI e ao SESC, cada entidade aplicará um terço dos seus recursos em educação básica e ações educativas em saúde, esporte, lazer e cultura.

É importante notar que, embora as notícias publicadas pela imprensa refiram-se à oferta do ensino médio profissional integrado, nenhuma delas comenta a incorporação da Educação de Jovens e Adultos (PROEJA) como modalidade a ser desenvolvida pelos IFES. De modo geral, medidas do PDE relativas à educação de adultos e ao ensino profissional (PROEJA e EJA FIC/ Formação Inicial e Continuada, por exemplo) são pouco mencionadas, sobretudo nos artigos acadêmicos. A nosso ver, mereceriam referência particular dado o seu significado inovador, inclusive em relação ao Plano Nacional de Educação/PNE, e por representarem conquistas históricas do movimento social popular[28].

Na imprensa, as referências ao ensino de adultos são menos frequentes que as relativas ao ensino "regular" de crianças e jovens na idade adequada. Em geral, a EJA é mencionada entre os demais programas suscitados pelo PAR, nos diferentes estados e municípios. Nesta amostra de notícias analisadas, há apenas uma que tem por tema o Programa Brasil Alfabetizado, publicada pela *Gazeta do Povo* (9 de setembro de 2008), informando aos leitores que o PDE deverá alfabetizar ao ano 1,3 milhão de alunos, meta a ser atingida em 2009. A previsão do diretor de Políticas da Educação de Jovens e Adultos do MEC, Jorge Teles, era de o curso, com verba de R$ 200 milhões, chegar a 4 mil municípios. O diretor aponta outras novidades a serem introduzidas em 2009: a distribuição de livros didáticos específicos para esse público e o desenvolvimento de projetos de leitura.

O Ensino Superior também é objeto de notícias. Reportagem do *Correio do Povo* (14 de março de 2008) informa que 53 reitores aderiram ao Programa de Apoio a Planos de Reestruturação e Expansão das Universidades Federais (Reuni) e que os recursos previstos para a Educação Superior no país, por meio do Reuni, até 2012, alcançariam R$ 2 bilhões. O primeiro repasse, de R$ 250 milhões, ocorreria em 12/7/2008 (criação de 10 universidades federais e 61 *campi* no país). Para essa expansão seriam também criados 23.930 cargos nas universidades federais (13.276 para professores; e 10.654 técnico-administrativos). Os recursos contemplariam as licenciaturas, que formam professores para a Educação Básica, pois faltavam, na época, 246

28. Sobre essa questão, ver FERRETTI, C. (2007) e MORAES, Carmen S. V. (2007): PDE estabelece metas para os próximos 15 anos. Entrevistas. *RET-SUS/ Revista da Rede de Escolas Técnicas do Sistema Único de Saúde*, Rio de Janeiro: Fiocruz, ano II, n. 30, jul.-ago., p. 10-13. Textos completos em: www.retsus.epsjv.fiocruz.br

mil docentes. As vagas de licenciatura na IFES deveriam passar de 49.551 (2008) a 71.191 (2012).

Se o regime de colaboração entre os entes federados significa avanço perceptível em relação ao processo de municipalização das redes públicas de ensino e às políticas descentralizadoras impostas pelo Fundef, é importante verificar se o PDE dispõe de adequados mecanismos de regulação capazes de materializar o regime de colaboração e concretizar a vontade política de promover a oferta de educação de qualidade. A esse respeito, as medidas veiculadas pela imprensa levam a crer que o MEC está atento às dificuldades e condições adversas existentes nos vários municípios e unidades escolares do país. Nesta perspectiva, a resposta da Secretária da Educação Básica/SEB do MEC, Maria do Pilar Silva, ao ser questionada pela *Folha de S.Paulo* (19 de maio de 2008) sobre o atraso no repasse dos recursos para os 1.242 municípios dos 4.300 que aderiram ao compromisso com o Plano em 2007, indica preocupação do MEC em viabilizar a elaboração dos planos de ações pelos municípios, e de propiciar aos agentes sociais locais o preparo devido à sua realização. Segundo a Secretária, o atraso era esperado, porque o ministério,

> antes de começar a repassar verbas geradas pelo PDE, elaborou em conjunto com as prefeituras, planos de ações a partir do diagnóstico técnico dos problemas e soluções de cada cidade. (...) Além da exigência de os municípios elaborarem antes um plano de ações, muitas prefeituras, especialmente as mais pobres, têm dificuldades para cumprir as exigências burocráticas previstas, como por exemplo, aqueles que não conseguiam recursos para construção de escolas em áreas mais necessitadas por causa da falta de documentos que comprovem a titularidade do terreno, acontecimento frequente em áreas rurais, indígenas ou quilombolas.

Durante todo o ano de 2008, os jornais informam a realização de ações do PDE dirigidas à capacitação dos agentes sociais para viabilizar o processo de construção do PAR, "uma exigência do MEC". Em Roraima, segundo a *Folha de Boa Vista* (9 de janeiro de 2008), o programa de capacitação envolveu Prefeitos, Secretários Municipais de Educação e técnicos de todos os municípios. O treinamento fora realizado pela Associação dos Municípios de Roraima, por sugestão da deputada federal Ângela Portela (PT), que articulou a ida a Boa Vista de dois (2) técnicos do FNDE. No Maranhão, a Secretaria da Educação do Estado criou uma Assessoria aos Municípios para Desenvolvimento da Educação, a AMDE, constituída de "técnicos jovens", em geral professores da UFMA e Seduc, o que, segundo o *Jornal Pequeno* (18 de maio de 2008 e 20 de maio de 2008), "fomentou e contribuiu para a adesão dos 100% dos municípios maranhenses ao Compromisso e os tem apoiado em sua inserção nas ações previstas pelo PDE". Segundo *O Liberal* (24 de novembro de 2008), o MEC liberara R$ 30 milhões para as escolas municipais e estaduais do Pará. O plano consistia na formação de 2.200 pessoas, entre diretores de escolas, técnicos da Secretaria de Estado de Educação (Seduc) e secretários municipais de educação dos 143 municípios paraenses. A formação visaria "detectar quais os problemas das escolas, as deficiências, erros e trazer formas de reverter essas situações", conforme coordenadora do núcleo projetos especiais da Seduc, Ana Lúcia de Lima. Os participantes teriam 2 meses (fevereiro e março) para elaborar o PDE de cada escola. No Paraná, dirigentes de escolas estaduais e municipais de Cuiabá teriam participado de um encontro de formação para o Programa Mais Educação, do governo federal, realizado em 4 escolas estaduais e 31 municipais da Capital (*Diário de Cuiabá*, 1 de setembro de 2008).

Além das providências do PDE nas diferentes localidades, o MEC organizou encontros em Brasília com os prefeitos dos municípios conveniados, por ocasião das comemorações de um ano de existência do PDE, em maio de 2008, e em fevereiro de 2009 (reunindo, neste último, 3.550 gestores); com secretários de educação e até com pais de alunos de escolas públicas, para debater os objetivos e metas do Plano (*Correio Brasiliense*, 6 de novembro de 2008; *O Liberal*, 19 de novembro de 2008; *Gazeta de Alagoas*, 24 de janeiro de 2008; *Gazeta do Povo*, 19 de outubro de 2008; *Correio do Povo*, 18 de maio de 2008; *Jornal de Tocantins*, 28 de maio de 2008; *Jornal Pequeno*, 23 de maio de 2008). Não se pode esquecer, também, da Conferência Nacional da Educação Básica, entre 14 e 18 de abril do 2008, reunindo cerca de 1,5 mil delegados — representantes de entidades e setores educacionais de municípios e de todos os estados, com o objetivo de encaminhar prioridades apontadas nas conferências regionais de 2007 sobre o tema "A Construção do Sistema Nacional Articulado de Educação" (*Correio do Povo*, 14 de maio de 2008).

Apesar das tentativas positivas de materializar em novas bases a cooperação entre esferas governamentais e entre elas e os movimentos sociais, no esforço de viabilizar nos diferentes estados e municípios a criação e a capacitação de sujeitos sociais capazes do exercício da autonomia, permanecem alguns problemas não resolvidos no que diz respeito ao processo de responsabilização dos municípios adeptos do PAR e aos mecanismos de regulação.

A falta de espaço impede a citação de todos os exemplos pertinentes, o que nos leva a optar por apresentar um exemplo ilustrativo das dificuldades em controlar as prefeituras locais no cumprimento das metas de melhoria da qualidade do ensino público. O FNDE disponibilizou, via Programa Nacional de Alimentação Escolar, R$ 1,6 bilhão, para ser transferido aos estados e municípios em 10 parcelas. Como era de se esperar, há municípios inadimplentes, que não conseguem responder às exigências do Programa, apresentar notas fiscais e outros comprovantes necessários, e, apesar das orientações do FNDE, têm a verba bloqueada. No caso do Programa Nacional de Apoio ao Transporte Escolar, a coordenadora Thaís Ribeiro afirma "que os municípios precisam ser punidos de alguma forma". Para ela, "o gestor não pode deixar para prestar contas quando quiser, caso contrário, não tem sentido o repasse do governo. É um recurso público". A esse respeito, o presidente da União Nacional dos Dirigentes Municipais de Educação (Undime), Danilo Melo, explica que a suspensão das verbas mostra o descuido dos municípios em relação aos prazos: "em certas cidades, o recurso do Pnae é a única alternativa para a alimentação escolar". Ainda de acordo com Melo, a Undime realiza um trabalho junto aos gestores quando os prazos estão perto de vencer: "encaminhamos ofícios, telefonamos, tudo para lembrar que o município precisa cumprir as exigências do FNDE" (*Jornal do Tocantins*, 27 de julho de 2008).

Por ocasião da divulgação dos dados do IDEB por escola e município, definido pelo MEC como "ferramenta para acompanhamento das metas da qualidade do PDE para a educação básica" (*O Estado de S. Paulo*, 24 de março de 2008 e 25 de março de 2008), alguns representantes da universidade e da chamada sociedade civil organizada foram chamados a comentar os resultados nacional e locais. Entre esses comentários, é importante citar três deles, tanto pelo sentido das críticas feitas como por sua representatividade. *O Estado de S.Paulo* (11 de junho de 2008) entrevistou o educador da Universidade Federal de Minas Gerais (UFMG), Francisco Soares, o qual considera que, apesar do bom resultado alcançado, as médias já obtidas continuam num patamar abaixo de países desenvolvidos. No entanto, "isso mostra[va] que estipular metas e cobrar esforços traz efeitos". Para a presidente do Conselho Nacional de Secretários de Educação — Consed, Dorinha Seabra Rezende, "foi a primeira vez que o Brasil teve um regime de colaboração. Antes, os sistemas estaduais estavam fazendo uma coisa, os municipais, outra e o MEC, outra". Segundo ela, iniciativas como o PDE, do MEC, e o movimento Todos pela Educação, organizado por empresários para apoiar a área, ajudaram nesse sentido. O presidente da Campanha Nacional pelo Direito à Educação, Daniel Cara, destacou que o PDE avançara no assessoramento técnico das redes municipais, mas financeiramente o apoio era insuficiente: "ele [PDE] liberou R$ 1 bi, mas segundo os nossos estudos, para haver uma participação efetiva da União, o valor anual repassado deveria ser entre R$ 19 bi e R$ 26 bi" (*O Estado de Minas*, 20 de junho de 2008). O presidente da Confederação Nacional dos Municípios (CNM), Paulo Ziulkoski, por sua vez, aponta também a má gestão de algumas secretarias como fator que interfere no desempenho dos alunos:

> Além da falta de financiamento, em muitos municípios, estados e na União há problemas de má gestão (...), de falta de professores qualificados com remuneração mais condizente, falta de envolvimento da comunidade. Os municípios estão dentro do possível procurando fazer a sua parte.

Notícia particularmente esclarecedora, no *Correio Braziliense* de 22 de janeiro de 2009, comentou o alto índice de distorção idade-série no país, e informou que, conforme esclarecimento da SEB/MEC, seriam oferecidas tecnologias educacionais aos municípios portadores de baixos resultados no

IDEB de 2007. Segundo a Secretária do MEC, tais tecnologias "foram pré-qualificadas e compõem o Guia de Tecnologias Educacionais. São elas: correção de fluxo escolar na aprendizagem, desenvolvida pela organização não governamental Geempa; programa de correção de fluxo escolar, do Instituto Alfa e Beto (IAB); e programa Acelera Brasil, do Instituto Ayrton Senna (IAS)". Esclarece que:

> as tecnologias educacionais são como projetos pedagógicos que possuem estratégias e metodologias específicas para fazer com que o aluno recupere o conteúdo atrasado e avance para a série correta. Elas trazem instruções desde a gestão educacional até como avaliar o processo de aprendizagem.

As informações, pouco conhecidas, confirmam a tendência de a participação da universidade pública estar sendo cada vez menos solicitada pelos governos na elaboração e realização de ações educacionais, sendo o seu espaço preenchido por organizações não governamentais, de forte presença na área. Circunstância que merece análise e reflexão não só por seu significado político, mas sobretudo pela incidência nas políticas públicas.

A esse respeito, é interessante ouvir, um pouco mais, o representante do Movimento Compromisso Todos pela Educação, Mozart Ramos. Se é possível encontrar convergências relevantes entre os sujeitos sociais, não devem ser esquecidas as grandes diferenças de posição entre eles no que concerne à concepção de avaliação e à relação entre o público e o privado no campo educacional, as quais se expressam concretamente na adoção/recomendação de medidas políticas relacionadas à gestão e financiamento da educação. Em entrevista concedida à *Folha de S.Paulo* (19 de abril de 2008), tanto o presidente como a secretária do Movimento explicitaram claramente a perspectiva de atribuir à iniciativa privada e ao terceiro setor o protagonismo no campo das ações educativas. Para eles, cabia ao Movimento "o grande mérito" de contribuir para "a mudança de cultura na educação" fazendo com que os gestores públicos refletissem sobre a "necessidade da profissionalização com metas e clareza de onde se pretende chegar". Citam, como exemplos, os estados do Piauí e de São Paulo, onde os Secretários de Educação de governos diferentes, do PT e do PSDB, estavam "claramente apontando metas e resultados", e haviam lançado a "premiação para os diretores por resultado", no Piauí, e a "premiação para professores" em São Paulo. Este é um tema de disputa, como se pode notar, comparando tais formulações com algumas exaradas por alguns dos autores citados no artigo.

Mozart, em particular, avalia que o investimento da iniciativa privada — entre R$ 1 bilhão e R$ 1,5 bilhão — era montante pequeno, se comparado a todo o dinheiro que é investido no país. Segundo ele, só o governo federal investiu R$ 14,6 bilhões em educação em 2007. Mas, se não cabe à iniciativa privada competir com o setor público, cabe a ela realizar iniciativas que possam referenciar a política pública. E o argumento utilizado não deixa de ser original:

> uma prefeitura não pode testar uma metodologia, com dinheiro do contribuinte, em apenas 3 escolas. Já uma fundação ou um instituto podem. Esse aprendizado, depois, pode ser oferecido para toda a rede, se der resultado. Muitos não dão. Por isso, o gestor não pode ficar testando com dinheiro público. Já as empresas podem encontrar metodologias novas.

Os problemas relacionados ao orçamento para a Educação foram tema de reportagens durante todo o ano de 2008 e indicam convergências entre diferentes segmentos da sociedade a respeito da necessidade de viabilizar o aumento de recursos para a área. A sequência de notícias, todas meramente informativas, sobre a disponibilidade de recursos para a Educação, mostra claramente a disputa no interior do governo e as dificuldades do MEC para manter o orçamento e as prioridades da área, em primeiro lugar por meio do repasse de parte do aumento da alíquota do Imposto sobre Operações Financeiras/IOF (*Folha de SPaulo*, 1 de janeiro de 2008; *Gazeta do Povo*, 4 de janeiro de 2008) e, posteriormente, via proposta de extinção da Desvinculação de Receitas da União (DRU) a partir de 2009 (*Correio do Povo*, 9 de janeiro e 5 de fevereiro de 2008; *O Estado de S.Paulo*, 21 de julho e 17 de outubro de 2008;

Gazeta do Povo, 22 de novembro de 2008). O orçamento de custeio e investimentos do MEC, para 2009, seria de R$ 17,3 bilhões; a maior parte dos recursos estava comprometida com as ações do PDE, que previa investimentos de R$ 8 bilhões até 2010 (*O Estado de S. Paulo*, 17 de outubro de 2008).

A defesa permanente de recursos orçamentários "imprescindíveis à consolidação de uma educação de qualidade" pelo Ministro da Educação, em fóruns nacionais e internacionais, é tema frequente de reportagens, como a publicada pela *Gazeta do Povo* (22 de novembro de 2008) sobre a 35ª Reunião de Ministros da Educação do Mercosul, realizada no Parque Tecnológico Itaipu (PTI), em Foz de Iguaçu. Na ocasião, Fernando Haddad propôs "um pacto para a preservação dos orçamentos públicos do setor, independente da crise econômica mundial". Lembrou que a Argentina tem uma legislação que já preserva investimentos na área independentemente da economia, e o mesmo ocorre nos outros países do Mercosul: "cada um tem uma legislação protetora. No Brasil, também temos uma vinculação constitucional". Segundo o Ministro, a manutenção dos investimentos em educação viria a ajudar, em qualquer contexto, a superar adversidades socioeconômicas. Insistiu que até o final de 2008 a Desvinculação das Receitas da União/DRU para a educação deveria ser derrubada. Com isso, R$ 7,5 bilhões seriam repostos, anualmente, ao orçamento do MEC (o Ministro apostava na aprovação da Proposta de Emenda Constitucional da senadora Ideli Salvatti (PT), que já passara pelo Senado e pela Comissão de Constituição e Justiça da Câmara)[29].

Relativamente às questões orçamentárias, cabe lembrar as preocupações dos educadores no que se refere à lei que estabeleceu o piso nacional do salário dos professores da educação pública básica, reivindicação histórica dos

29. Cabe mencionar aqui, mesmo fora dos marcos cronológicos da análise realizada, que a 3 de junho deste ano, 2009, seguindo o caminho do Senado, a Câmara Federal aprovou a PEC 277/08, que reduz gradualmente os percentuais da DRU sobre as verbas destinadas à Manutenção e Desenvolvimento do Ensino. Em 2009, o percentual cairá a 12,5%, em 2010, a 5%, e em 2011, os 18% seriam totalmente destinados à educação. O texto aprovado propôs, também, a ampliação da obrigatoriedade do ensino para crianças e jovens de 4 a 17 anos de idade (atualmente, a obrigação é de 6 aos 14 anos). SOUSA, Antonia. *O Povo on-line*, 11 jun. 2009. Disponível em: (http:/admin.opovo.com.br

docentes. A medida definiu, também, o aumento do tempo reservado ao professor para atividades fora da sala de aula (o Conselho Nacional de Educação/CNE fixava entre 20% e 25% da carga o tempo para atividades extraclasse; a nova regra estabelece um terço da jornada do professor). No entanto, de acordo com *O Estado de S.Paulo* (21 de julho de 2008), dias antes de o projeto ser sancionado pelo presidente da República, o Consed havia questionado a constitucionalidade de alguns de seus pontos. Entre eles, o reajuste dos salários ainda em 2008 (artigo que acabou vetado pelo Presidente), e o aumento da hora atividade.

Este episódio expressa as dificuldades políticas a serem enfrentadas pelo MEC na concretização das metas educacionais do PDE. Para enfrentar os obstáculos, o MEC propôs a criação de instrumentos jurídicos que comprometam os diferentes entes federados no apoio às escolas na execução das metas estabelecidas (regulação para garantir o compromisso). Sobre isso, é interessante observar as posições do presidente do Movimento Todos pela Educação, em artigo publicado por *O Estado de S.Paulo* (5 de setembro de 2008). A seu ver, o PDE profissionalizou a gestão, "com diretrizes para que cada município, a partir do seu diagnóstico, consiga estabelecer seu plano". Outra mudança importante foi no financiamento:

> Antes, funcionava como balcão de negócios. Um prefeito que havia prometido uma escola em um distrito fazia o projetinho e apresentava, sem grandes estudos para saber se aquilo era de fato necessário. Agora, há diretrizes claras, com ajuda aos municípios com mais dificuldades.

O articulista formula, então, uma questão relacionada à gestão e regulação do programa pelo MEC, a seu ver "obrigatória", que também guarda convergências com as anunciadas pelo próprio Ministério e por representantes da universidade mencionados neste trabalho. Se há metas qualitativas e quantitativas a serem cumpridas pela União, pelos estados e municípios a partir de "resultados concretos e mensuráveis", que consequências irão advir para os gestores que não as cumprirem? Na sua opinião, "o Brasil já está maduro" para responder a essa pergunta "por meio da discussão e aprovação de uma Lei de Responsabilidade Educacional". Passo importante nesse sentido fora dado no início de julho (2008) quando ocorreu, em Brasília, o Seminário Internacional Ética e Responsabilidade na Educação: Compromisso e Resultados, realizado em parceria pela Comissão de Educação e Cultura da Câmara dos Deputados, a Unesco e o movimento Todos Pela Educação, com o apoio do Consed, da Undime e do CNE. Em linhas gerais, uma Lei de Responsabilidade Educacional estabeleceria a exigência do tratamento ético dos recursos da educação e da busca constante da melhoria da qualidade no ensino público. Ao mesmo tempo, vincularia a aplicação de recursos financeiros à conquista desses resultados. Para tanto, "a União, os Estados e os municípios deve[riam] estabelecer um regime de colaboração norteado pela divisão equilibrada de atribuições, avançando-se rumo a um sistema nacional de educação estável e cooperativo". Por fim, o presidente do movimento Todos pela Educação, em outra posição convergente com as críticas acadêmicas aqui apontadas, ressalta a necessidade de serem fornecidos aos gestores públicos da educação as ferramentas necessárias para que pudessem alcançar os resultados planejados. O apoio técnico, por meio da consultoria do MEC, consistiria em um passo nessa direção. Mas o salto de qualidade desejado só ocorreria via ampliação do montante de recursos destinados anualmente à educação. Hoje, afirma ele, "investimos cerca de 9 vezes menos que os Estados Unidos, 7 vezes menos que a União Europeia e a metade do que investem vizinhos como a Argentina".

Conclusões

Diante da amplitude do tema e da multiplicidade de informações sobre ele, algumas escolhas se tornaram necessárias para a produção deste texto. Era nosso objetivo inicial apresentar informações e tecer considerações analíticas sobre elas, assim como comentar, também analiticamente, as produções acadêmicas sobre o PDE. Todavia, por limitações de espaço e tendo em vista os objetivos do Anuário, nos restringimos à produção de caráter mais descritivo.

Sinteticamente pode-se dizer que, pela sua natureza polêmica, o PDE suscita manifestações não consensuais a respeito de seus propósitos, estrutura e possíveis contribuições à melhoria da qualidade da educação, ao mesmo tempo em que arregimenta consensos, ainda relativos, em torno de algumas proposições como, por exemplo, o FUNDEB. Por outro lado, o volume dos recursos envolvidos e certa ordenação nas relações entre os entes federados quanto à sua utilização sugere a possibilidade de que resultados positivos possam ser obtidos. O período de vigência do PDE é ainda muito restrito para que seja possível uma avaliação mais precisa de suas reais contribuições à qualidade da educação nacional, considerando que o efetivo deslanche do Plano se deu em 2008. Nesse sentido, fazem-se necessárias investigações criteriosas sobre o seu desenvolvimento para que se possa ir além da análise da crítica acadêmica à proposta, assim como das manifestações pontuais e muitas vezes impressionistas registradas pelos veículos de informação.

8

Ensino Médio e Educação Profissional:

a visão da imprensa e a dualidade na concepção do Ensino Médio Integrado

Maria Ciavatta*
Marise Ramos**

> Enfim, [há os que] acreditam nessa verdade mais perigosa do que todas as outras, que é a possibilidade de um mundo perfeito.
>
> MIGUEL DE SOUZA TAVARES [1]

Introdução

Não sejamos ingênuos de acreditar em um mundo perfeito, porque ele é histórico e, como tal, é feito à imagem da vida social. No Brasil, com qua-

---

* Doutora em Ciências Humanas (Educação) pela Pontifícia Universidade Católica do Rio de Janeiro — PUC/Rio. Professora Titular-Associada ao Programa de Pós-Graduação em Educação da Universidade Federal Fluminense — UFF.

** Doutora em Educação pela Universidade Federal Fluminense — UFF. Professora do Programa de Pós-Graduação em Políticas Públicas e Formação Humana e da Faculdade de Educação da UERJ.

1. TAVARES, Miguel de Sousa. *Não te deixarei morrer David Crockett*. Rio de Janeiro: Nova Fronteira, 2005. p. 126.

trocentos anos de escravidão, grandes latifúndios, grileiros, grandes industriais e tantas ingerências estrangeiras e muitas multinacionais, gerou-se uma sociedade real com base na dualidade de classes e extrema desigualdade na distribuição de renda e dos benefícios sociais. Todas as esferas da vida social são pautadas pelas divisões básicas que remontam às capitanias hereditárias, às sesmarias, reinos e impérios dos quais ainda há remanescentes reais ou consagrados pelo poder que ordena a sociedade.

Com a educação não poderia ser diferente. Ela tem sido alvo de restrições que operam através das políticas educacionais, da legislação, da qualidade díspar dos sistemas de ensino e das ideologias que legitimam as ações governamentais e os setores capazes de manter seus interesses na vida social e na representação política e organizativa que operam a dualidade de classes nos seus múltiplos aspectos. Um dos ângulos mais críticos do problema é o ensino médio e seu contraponto, a educação profissional. O trabalho e a busca de emprego é uma das faces mais visíveis da entrada do adolescente e do jovem na vida adulta. Ela lhe assegura ou não um lugar social, uma perspectiva de futuro, de autonomia e independência dos laços familiares na constituição da própria vida.

Não espanta, pois, que, diante das incertezas do mundo presente quanto ao futuro do trabalho, e diante da inquietação dos jovens, a atenção das autoridades se volte para as alternativas educacionais que possam atenuar o mal-estar social dos milhões de excluídos de boas alternativas dos meios de vida. Não são novidade os prognósticos, como de um ex-secretário do trabalho dos Estados Unidos, há mais de dez anos, que declarou, em relação ao emprego, que "50% dos trabalhadores não serão mais necessários, irão perder os empregos; 20% terão boas condições de trabalho, um bom salário; 30% vão ter sua condição de trabalho precarizada (trabalho em tempo parcial, salários menores, falta de proteção previdenciária)"[2].

E ainda não estava visível a grande crise pela qual o capitalismo global atravessa hoje que, mesmo com as anunciadas "medidas de saneamento", tais

2. PAULA, João Antonio de. As contradições do capitalismo nunca estiveram tão evidentes. *Brasil de Fato*, São Paulo, 28 de maio a 3 de junho de 2009. p. 5.

como as propostas de regulamentação dos capitais, de redução do déficit público, permite prever "a barbárie em todos os sentidos", mas sem horizonte de desfecho favorável ao sistema desumano que tem sobrevivido a todas as crises[3]. Para Oliveira, "o sistema que repousa em bilhões de decisões privadas, tem um componente de instabilidade e de irracionalidade global não desprezível"[4]. Trata-se de uma crise clássica de realização do valor, incluindo "o chamado 'capital fictício'[5] cujo delirante desenvolvimento escondeu por muito tempo as raízes materiais da crise em gestação"[6].

Diante da crise do capital, do emprego e do trabalho submetido ao grande desenvolvimento científico-tecnológico e à nova organização do trabalho, que educação deve ser oferecida aos jovens? Não admira que diversas tentativas sejam feitas para encontrar a "fórmula" educacional ao ensino médio. O governo, os intelectuais, os empresários, a imprensa trazem à consideração seus pontos de vista. Neste texto, temos por objetivo analisar o pensamento expresso em artigos publicados em jornais brasileiros, no ano de 2008, coletados diariamente pelo Projeto Anuário Educativo — Brasil[7], tendo por quadro teórico e político a concepção de ensino médio integrado.

Para isto, discutiremos, inicialmente, a imprensa como fonte de pesquisa e o tratamento conferido à educação pelos jornais, vendo que tende a

---

3. Op. cit.
4. OLIVEIRA, Francisco de. *Quo vadis capitalismus? Le Monde Diplomatique*. Brasil, São Paulo, ano 2, n. 22, maio de 2009.
5. Fenômeno que François Chesnais analisa como a "dominância financeira" na economia, em detrimento da produção do valor através do investimento no capital produtivo. "O 'regime de acumulação com dominância financeira' designa, em uma relação estreita com a mundialização do capital, uma etapa particular do estágio do imperialismo, compreendido como dominação interna e externa do capital financeiro". CHESNAIS, François et al. *Uma nova fase do capitalismo?* São Paulo: Cemarx, 2003, p. 46.
6. Ibid., p. 4-5.
7. O Projeto Anuário Educativo Brasileiro se desenvolve no Instituto de Estudos Latino-Americanos (IELA) da Universidade Federal de Santa Catarina — UFSC, sob a coordenação da Profa. Dra. Guadelupe Terezinha Bertussi, e reitera a proposta e realização de seu homônimo, Anuário Educativo Mexicano, editado anualmente, desde 2001, pela Universidad Pedagógica Nacional — UPN, México, DF, desde 2000, em coedição com o Editorial Miguel Angel Porrúa.

predominar no seu conteúdo a perspectiva do senso comum que ajuda a sustentar, por sua vez, a ideologia que se quer transmitir à sociedade civil, neste caso, o pensamento governamental e empresarial. Confirma-se, assim, o quanto a imprensa atua como aparelho privado de hegemonia. Essa análise será cotejada com uma leitura dos documentos oficiais que tratam dos temas abordados pelas notícias, sempre em contraponto com a concepção de educação em geral e do ensino médio integrado em particular, ainda contra-hegemônica porque comprometida com os interesses da classe trabalhadora e não do capital. Assim, o presente artigo pode ser visto como uma fonte de informação, certamente mais rigorosa do que as encontradas nos jornais, mas, sobretudo, é um trabalho de análise crítica do pensamento hegemônico e uma tentativa de evidenciar contradições que podem potencializar a política educacional numa perspectiva emancipatória.

A imprensa como fonte de pesquisa e a educação nos jornais

A aproximação com as fontes, na pesquisa histórica[8], implica algumas preocupações. Alves[9] relaciona algumas delas. A primeira é: em que medida os documentos determinam nossas conclusões no trabalho de pesquisa? O que fazer com documentos contraditórios? O que representam os documentos disponíveis considerando-se o conjunto da produção sobre um tema? Eles expressam todos ou os principais ângulos de um problema? Como trabalhar com documentos únicos ou isolados? E com a interferência do pesquisador? A estas acrescentamos uma questão que nos interessa de modo especial: como trabalhar com as fontes de imprensa que são editadas a partir dos aconteci-

8. Estas notas sobre fontes de pesquisa têm por base: CIAVATTA, Maria. *Historiografia em trabalho e educação* — Como se constroem as categorias. Projeto de Pesquisa. Niterói: Universidade Federal Fluminense (CNPq, 2008-2011).

9. ALVES, Cláudia Maria C. *Os arquivos e a construção de categorias de análise na história da educação.* Niterói: Universidade Federal Fluminense. s. d., 11 p.

mentos transformados em reportagens ou em editoriais, onde está implícita ou explícita a expressão de interesses, as ideologias que permeiam as classes e grupos sociais que podem dar voz às suas ideias e necessidades?

Alves[10] também chama atenção para a transformação do trabalho do historiador no século XX, em que ganham destaque as categorias de análise utilizadas. No caso das fontes de imprensa, por nós utilizadas neste artigo, duas categorias podem ser particularmente úteis, ideologia e hegemonia. Sobre a última, escreve Gramsci:

> A divisão dos poderes e toda a discussão que se verificou pela sua realização e pela dogmática jurídica nascida de seu advento, são o resultado da luta entre a sociedade civil e a sociedade política de um determinado período histórico, com um certo equilíbrio instável das classes, determinado pelo fato de que certas categorias de intelectuais (ao serviço direto do Estado, especialmente burocracia civil e militar) estão ainda ligadas às velhas classes dominantes.[11]

Como veremos no exame de algumas notícias sobre a educação, publicadas em 2008, o domínio do noticiário está com a "grande imprensa" do eixo Rio-São Paulo (*O Globo, Folha de S.Paulo, O Estado de S.Paulo*), que fazem eco na Revista *Veja* (ou vice-versa) e se reproduzem em jornais dos estados como *O Liberal; Jornal Pequeno; Página 20; Correio do Povo; Cinform; Jornal do Tocantins* e *Tribuna*.[12]

Estão presentes nas notícias, particularmente, interesses governamentais (federal e estaduais) e do empresariado. Às vezes, expressos diretamente, como planos e propostas dos governos, mas sempre com uma argumentação de legitimação dos interesses de classe de quem fala e argumenta, como no caso da educação profissional e sua proclamada relação com emprego. Parti-

---

10. Op. cit.
11. GRAMSCI, Antonio. *Obras escolhidas*. São Paulo: Martins Fontes, 1978. p. 224.
12. Jornais semanais críticos, como *Brasil de Fato*, e revistas semanais ou mensais como *Carta Maior, Carta Capital, Caros Amigos*, não estão incluídas nas fontes próprias a esta pesquisa. Elas podem se tornar contraponto na análise das matérias.

mos do conceito de ideologia expresso por Marx e Engels (1979). Cada nova classe

> (...) é obrigada, para alcançar os fins a que se propõe, a apresentar seus interesses como sendo o interesse comum de todos os membros da sociedade, isto é, para expressar isso mesmo em termos ideais: isto é, é obrigada a emprestar às suas ideias a forma de universalidade, a apresentá-las como sendo as únicas racionais, as únicas universalmente válidas (p. 74).[13]

Gramsci complementa a concepção de ideologia como um movimento de classe e a caracteriza de acordo com o papel que cumpre na vida social:

> É preciso distinguir entre ideologias historicamente orgânicas, que são necessárias a uma certa estrutura, e ideologias arbitrárias, racionalistas, "queridas". Enquanto historicamente necessárias, têm uma validade que é validade "psicológica", organizam as massas humanas, formam o terreno em que os homens se movem, adquirem consciência de sua posição, lutam etc. Enquanto "arbitrárias", não criam outra coisa senão "movimentos" individuais, polêmicas etc. (...).[14]

Nas notícias analisadas vemos todos esses aspectos expressos no discurso jornalístico que tem características próprias aos meios de comunicação. Bertussi, na apresentação do projeto do Anuário, a ser realizado no Brasil, traz também à reflexão alguns pressupostos teóricos. Primeiro, o referente empírico da pesquisa são as notícias, portanto, um acontecimento midiático "cuja construção e sentido são resultantes das contradições que as empresas jornalísticas enfrentam para manter seu poder econômico, social, simbólico e cultural no campo da comunicação e fora dele"[15].

---

13. MARX, Karl; ENGELS, Friedrich. *A ideologia alemã* (I — Feuerbach). São Paulo: Ciências Humanas, 1979, p. 74.
14. Op. cit., p. 65.
15. BERTUSSI, Guadelupe Terezinha. Mapa de problemas no campo educativo brasileiro construído a partir de notícias publicadas em jornais *on-line* de todo o país, em 2008. Florianópolis: UFSC/IELA, 2008, p. 1. Disponível em: http://www.anuarioeducativo.iela.ufsc.br

Entendemos que, além da hegemonia do campo da mídia (campo no sentido que lhe dá Bourdieu, 1984)[16] e das ideologias subjacentes às notícias veiculadas, "a alma do jornalismo exitoso resulta ser a novidade, o novo que atualiza o velho, o azar, o fugaz, o acidental, o individual, o naturalizado, o imprevisível. Seu maior inimigo é a rotina, já que a rotina em si, não dá notícia"[17]. Daí por que, na leitura dos jornais, os fatos e seus protagonistas "morrem" para o leitor depois que se esgotam os aspectos "novedosos", e é necessário buscar seus desdobramentos em outras fontes.

Não seria diferente com a educação, em que os meios de comunicação, por um lado, atuam como "porta-vozes reais do campo educativo, por outro, que este acaba circunscrito, no imaginário social, aos temas e limites impostos pela mídia"[18]. De modo que:

> Trabalhar criticamente com a notícia educativa ou com os jornais como fonte primária de pesquisa para fazer ciência requer superar essas determinações através do conhecimento sistemático e crítico deste discurso, de seus tipos, fundamentos, características, modalidades, contradições, funções (...).[19]

Algumas questões norteiam nossa análise: qual o papel dos intelectuais que geram as notícias e comentários? Quais os pressupostos das notícias contidas nos textos? Que mecanismos de convencimento são utilizados? Quais as posições e temas predominantes?

Como contraponto, utilizaremos alguns documentos oficiais do MEC. O que significam as reformas propostas para o ensino médio, em nível fede-

---

16. "A estrutura do campo é um estado da relação de forças entre os agentes ou as instituições que intervêm na luta, ou se preferirem, na distribuição do capital [cultural] específico que foi acumulado durante lutas anteriores e que orienta as estratégias ulteriores" (BOURDIEU, Pierre, *Sociología y cultura*. México, DF: Grijalbo/CNCA, 1984, p. 136). Ao que acrescentamos: no mundo mercantilizado do capitalismo atual, os capitais culturais remetem a benefícios sociais e econômicos proporcionados pelo sistema, às classes e grupos sociais.
17. BERTUSSI, op. cit., p. 1-2.
18. Ibid., p. 2.
19. Ibid.

ral e dos estados? Qual o lugar da educação profissional? Recursos: quais, quanto, de que fontes, para quê? O que significam as mudanças dos Centros Federais de Educação Tecnológica (Cefets) para Institutos Federais de Educação, Ciência e Tecnologia (Ifets)?

A história que os jornais contam

O acompanhamento diário de 27 jornais, das cinco regiões do país, durante o ano de 2008, revela escassa presença da educação no noticiário. Quanto ao objeto deste estudo, o ensino médio em relação com a educação profissional é tratado, diretamente, em cerca de 30 notícias. No conjunto, os temas principais em pauta são o ensino médio integrado à educação profissional, os recursos e os novos Ifets. Como a assinatura de convênios com os estados para a implantação do programa Brasil Profissionalizado e a transformação dos Cefets em Ifets ocorreu nos últimos dias de dezembro de 2008, alguns jornais noticiaram os fatos somente em janeiro de 2009.

Também no início do ano, em um país de população empobrecida como o Brasil, encontramos um tema emergente de grande importância para este nível de ensino, a extensão da alimentação nas escolas, para os estudantes do ensino médio. Temas residuais são a avaliação segundo os resultados do IDEB para a educação básica como um todo (a média de 3,8) e o índice de rendimento no ensino médio ainda menor (3,5), embora com algum aumento de décimos de 2005 para 2007 (a média dos países desenvolvidos é 6,0) (*Diário de Cuiabá*, 12 de junho de 2008; *O Estado de S.Paulo*, 13 de junho de 2008; *Folha de Boa Vista*, 1 de junho de 2008).

O nível de elaboração das notícias varia muito, algumas informações são consistentes e bem redigidas, independentemente das ideologias veiculadas (a exemplo de *O Estado de S.Paulo*, 7 de junho de 2008), outras lacunares, genéricas (a exemplo de *Tribuna*, 30 de dezembro de 2008).

As notícias reproduzem o pensamento hegemônico do governo e dos empresários. Um detalhe, em meio às notícias, informa que "O programa pode ser estendido a todos os estados que possuem rede de ensino médio ou de educação profissional de nível médio que tenham assinado o Compromisso Todos pela Educação" (*Jornal do Tocantins*, 27 de agosto de 2008), documento do governo federal que mereceu várias manifestações de apoio e defesa de intelectuais e empresários ao longo do ano.

As notícias reproduzem, também, o senso comum da sociedade quando apresentam uma ênfase generalizada na importância da educação profissional para as necessidades do mercado e dos alunos. "Com a meta de ampliar o Ensino Médio (EM) integrado à Educação Profissional no país", o lançamento do programa Brasil Profissionalizado justifica-se diante do fato de que "66% dos jovens que concluem o Ensino Médio (EM) no país não têm acesso à universidade" (*Correio do Povo*, 29 de abril de 2008). De acordo com levantamento do MEC, "apenas um sexto dos alunos do ensino médio chega ao superior e dois milhões de jovens entre 15 e 17 anos estão fora da escola" (*Cinform*, 12 de maio de 2008).

O ensino médio é tratado como "o principal gargalo do sistema educacional brasileiro", um "nó" que o governo federal tenta resolver (*O Estado de S.Paulo*, 22 de dezembro de 2008 e 17 de dezembro de 2008; *Diário Catarinense*, 17 de dezembro de 2008). "A maioria [dos alunos] não consegue relacionar a permanência na escola com o futuro profissional", afirmou o Secretário de Educação Tecnológica do MEC, Eliezer Pacheco (*Cinform*, 12 de maio de 2008). O que, a nosso ver, não é apenas um problema de cursos mais adequados à formação profissional, mas da sociedade como um todo. No atual modelo produtivo capitalista, avança-se no uso de altas tecnologias combinadas à nova organização do trabalho, reduzem-se custos, desemprega-se e milhões são lançados à incerteza quanto aos meios de sobrevivência pelo trabalho.

Uma dificuldade adicional à solução do problema é o fato de que a reforma proposta pelo governo federal tem custos elevados, inclusive para os estados. Prevê-se o gasto mínimo de R$ 2 mil por aluno. "O investimento por aluno em 2006, conforme dados mais recentes disponíveis, foi de R$ 1,4 mil." Para o Ministro da Educação, Fernando Haddad, "o maior crescimento de recursos que já ocorreu no ensino médio foi de 2005 para 2006, cerca de 35%. Não temos dados de 2007 ainda, mas sabemos que a tendência é de manutenção desse crescimento" (*Diário do Amazonas*, 17 de dezembro de 2008). "As propostas vão precisar de um investimento quase duas vezes maior do que o da atualidade" (*O Estado de S. Paulo*, 17 de dezembro 2008). Esta preocupação está presente no noticiário sobre o grupo de trabalho que reuniu o Ministério da Educação e o Ministro Mangabeira Unger, da Secretaria para Assuntos Estratégicos, ligada à Presidência da República (*Diário Catarinense*, 17 de dezembro de 2008).

O discurso do mercado como a meta desse nível de ensino tem um contraponto em alguns documentos oficiais, como veremos nas seções seguintes deste texto, sobre o ensino médio integrado e o programa "ensino médio inovador", onde está presente uma visão humanista da educação: "A identidade do ensino médio se define na superação do dualismo entre propedêutico e profissionalizante. (...) Busca-se uma escola que não se limite ao interesse imediato, pragmático, utilitário"[20].

O grande destaque, em tom de celebração, são os convênios assinados pelos estados com o governo federal para a criação de escolas técnicas de nível médio. No Acre, a transformação do Instituto de Desenvolvimento de Educação Profissional Dom Moacyr em "Escola Técnica Federal do Acre (ETFAC)", futuro Ifet, com o apoio do Cefet do Amazonas, a criação de duas novas escolas no interior, em Sena Madureira e em Cruzeiro do Sul, disponibilizando um *e-mail* para sugestões sobre os cursos que devem ser oferecidos (*Página 20*, 2 de fevereiro 2008).

No Rio Grande do Sul, com a presença do Secretário de Educação Profissional e Tecnológica do MEC, Eliezer Pacheco, a notícia da criação de novas escolas tem caráter nacional. O governo federal atua em duas frentes: a ampliação da rede de educação profissional, com a criação de 214 escolas e a criação de 200 núcleos de Educação Profissional a Distância, com prioridade

20. MEC. SEB. *Ensino Médio Inovador*. Brasília, 2009, p. 5.

para logística e serviços. Até 2011 serão investidos R$ 900 milhões para construção, ampliação e reforma de escolas, sendo R$ 30 milhões para o estado. Já em 2009 seriam abertas duas ou três escolas, de acordo com os empreendimentos locais, o Polo Naval e a Aracruz Celulose. Existem 150 escolas na rede estadual que oferecem 220 cursos (*Correio do Povo*, 29 de maio de 2008). Pelo convênio assinado com o estado, para o programa Brasil Profissionalizado, "75 escolas técnicas gaúchas serão beneficiadas" (*Correio do Povo*, 28 de dezembro de 2008).

A presença do governo federal no noticiário indica que a rede de escolas técnicas vai passar de 140 para 354, com a criação das 214 novas escolas, sendo R$ 600 milhões de investimentos diretos e R$ 900 milhões para escolas dos estados e municípios, destinados a equipamentos, reformas, qualificação profissional dos professores (*Cinform*, 12 de maio de 2008). A expectativa durante os quatro anos de realização do programa é de que "sejam atendidos 1,8 mil municípios; 3,6 mil escolas construídas, ampliadas ou reformadas; 400 mil alunos; 7,9 mil laboratórios equipados e mais de 133 mil professores capacitados em todo o País". Pretende-se ainda que se melhore a gestão e as práticas pedagógicas (*Jornal do Tocantins*, 27 de agosto de 2008).

A transformação dos Cefets em Ifets é destacada pelo Ministro da Educação como "a nova proposta brasileira na área de educação" (*Cinform*, 12 de maio de 2008). Até onde conhecemos a história do ensino técnico, o que ocorreu, basicamente, é uma mudança de nome (de estrutura organizativa, organograma etc.), de instituições de ensino médio que já tinham nível superior porque, progressivamente, foram formando quadros em nível de pós-médio (tecnólogos), graduação e pós-graduação e, à semelhança da Universidade Federal de Tecnologia do Paraná, almejavam o reconhecimento do *status* de nível superior que lhes é dado ao passar a Ifets.

A lei sancionada pelo Presidente Lula no final de 2008, n. 11.892/2008[21], previa a criação de 38 Ifets no país. "Os Institutos nascem com 168 *campi* e

21. BRASIL. Lei n. 11.892, de 29 de dezembro de 2008. Institui a Rede Federal de Educação Profissional, Científica e Tecnológica, cria os Institutos Federais de Educação, Ciência e Tecnologia, e dá outras

chegarão a 2010 com 311" (*Jornal Pequeno*, 12 de janeiro de 2008). No Rio Grande do Sul, os três Institutos Federais teriam campi em 23 localidades do estado e o potencial de gerar 27.600 novas vagas. Prevê-se que 50% das vagas serão destinadas ao ensino médio integrado à formação profissional; 30%, para as engenharias e bacharelados tecnológicos e 20% para as licenciaturas de ciências da natureza (física, química, matemática, biologia), incentivadas as licenciaturas de conteúdos específicos de educação profissional e tecnológica (mecânica, eletricidade, informática) (*Correio do Povo*, 28 de dezembro 2008; *Jornal Pequeno*, 12 de janeiro de 2008).

No Espírito Santo, segundo o diretor do Ifet, vão ser criadas 30 mil novas vagas para cursos profissionalizantes, já que, até 2010, serão "seis novas unidades além das nove já existentes" (*Tribuna*, 30 de dezembro de 2008). No Maranhão, o Instituto terá 18 campi e 21,6 mil vagas com os percentuais distribuídos percentualmente (50%) como noticiadas no *Correio do Povo*, e em outros jornais. Além disso, está prevista "forte inserção na área de pesquisa e extensão para estimular o desenvolvimento de soluções técnicas e tecnológicas e estender os benefícios à comunidade" (*Jornal Pequeno*, 12 de janeiro de 2008).

Um ponto polêmico diz respeito à informação de que "ainda exercerão o papel de instituições acreditadoras e certificadoras de competências profissionais" (*Jornal Pequeno*, 12 de janeiro de 2008). Ney[22] discutiu longamente a controvérsia das instituições que capacitam e paralelamente certificam para o mercado suas próprias ações formativas.

O argumento da importância da visão de mercado na reforma do ensino médio repercute ênfase nas licenciaturas para as áreas técnicas e em uma visão discutível sobre como seria o ensino médio integrado na visão do Ministro para Assuntos Estratégicos:

---

providências. *Diário Oficial da União*. Brasília-DF, terça-feira, 30 de dezembro de 2008, p. 1-3. 253

22. NEY, Antonio F. Vieira. *Certificação profissional*. Concepções em disputa. 2009. Tese (Doutorado em Educação). UFF, Niterói, p. 151 s.

> A ideia, segundo o ministro, é que o estudante não seja ensinado a operar determinados tipos de máquina mas, por exemplo, tenha aulas de física de uma maneira que possa acompanhar o desenvolvimento de máquinas e se adaptar às mudanças exigidas pelas novas tecnologias. O currículo também seria flexível, permitindo ao estudante uma formação diferenciada. (*O Estado de S.Paulo*, 17 dez. 2008; *Diário Catarinense*, 17 dez. 2008).

Como veremos adiante, o ensino médio integrado pode, sim, ensinar a operar e a conhecer o desenvolvimento das máquinas, mas deve ter também uma visão política do significado da transformação na sua vida e de seus direitos de trabalhador. Vieira propõe, também, o estudo em módulos. "Assim, em caso de repetência, o estudante teria que refazer apenas o módulo em que não teve sucesso."[23] Não seria o caso da(s) disciplina(s) em dependência, já existente(s)? Ou os módulos significariam uma maior fragmentação do currículo? "Poderia, por exemplo, ser criada uma escola que dispensasse as férias de verão e inverno para que os estudantes acelerassem os estudos" (*Diário Catarinense*, 17 de dezembro de 2008).

O currículo escolar e as disciplinas são questões de maior interesse presente escassamente nos jornais. O MEC considera que este nível de ensino vive uma "crise aguda" e que "as políticas adotadas pelo governo para enfrentá-la não surtiram efeito". O Ministro da Educação "está anunciando uma proposta de alteração do currículo desse ciclo de ensino para torná-lo mais técnico e voltado à realidade do mercado de trabalho". Elaborada pelo grupo de trabalho do MEC com a Secretaria de Assuntos Estratégicos, a proposta foi apresentada ao Conselho Nacional de Educação (*O Estado de S.Paulo*, 22 de dezembro de 2008).

Uma boa incursão sobre o tema currículo foi feita pelo mesmo jornal (7 de junho de 2008), a propósito da inclusão das disciplinas Filosofia e Sociologia no ensino médio. Disciplinas claramente de formação humanista assumem um "movimento pendular de inclusão e exclusão em razão de divergências pedagógicas e motivos ideológicos" na educação brasileira.

23. Op. cit.

Foram introduzidas como disciplinas obrigatórias no ensino secundário na década de 1920; com o Estado Novo, em 1942, tornaram-se optativas; com a Lei de Diretrizes e Bases da Educação Nacional (Lei n. 4.024/61), após longa disputa de sentidos e recursos, foram incluídas no currículo sob o argumento da qualidade; com a Ditadura, por força da Lei n. 5.692/71, foram retiradas do currículo; com a redemocratização do país, a partir de 1985, retomaram-se as pressões pela sua inclusão, o que veio a ocorrer, a partir daí, nos estados São Paulo, Rio de Janeiro, Distrito Federal, Paraná, Pernambuco e Rio Grande do Sul, abrindo-se concursos para essas disciplinas, chegando a obrigatórias ou optativas em 21 estados, nesta década; em 2001, o Congresso aprovou uma lei que as tornava obrigatórias, "mas o Presidente FHC a vetou, alegando que faltavam professores e infraestrutura"; a nova lei aprovada (Lei n. 11.684/08) altera o art. 36 da LDB n. 9.394/96 e "volta a tornar obrigatório o ensino de filosofia e de sociologia nas 23.561 escolas públicas e privadas de ensino médio do país, que tem um total de 9 milhões de alunos" (*O Estado de S.Paulo*, 22 de dezembro de 2008).

Mas o assunto não é tranquilo. O mesmo jornal conclui que ainda não se sabe se é acertada sua inclusão no ensino médio "ou se teria sido melhor reforçar o ensino de português, matemática e ciência" (op. cit.). A discussão continuará presente ao longo de 2009. A disputa em torno da presença das duas disciplinas se deslocou para a recusa de introduzir filosofia em prejuízo da carga horária de história, como alegou a Secretaria de Estado de Educação de São Paulo.

A presença de movimentos sociais e manifestações em defesa da educação, salvo intelectuais e empresários e/ou notícias de greves, são ainda mais escassas. Parece ser uma situação limite a que levou alunos, funcionários e professores de uma escola média de Igarapé-Miri, interior do estado do Pará, a fazer um protesto "nas ruas do município". A razão teria sido a demora na reforma da escola de 1.000 alunos que foram deslocados para uma escola localizada à beira da rodovia PA-151 e para um barracão alugado pela prefeitura, "cuja estrutura, desde janelas, paredes e cadeiras etc. está comprometida pelo tempo". Após o que, a Secretaria de Estado de Educação informou que já alugou um prédio (...)" (*O Liberal*, 7 de agosto de 2008). Notícia similar, que não redundou em maior desastre porque ocorreu à noite, foi o desabamento do telhado de uma escola de ensino fundamental e médio em Val-de-Cães, também interior do Pará (*O Liberal*, 1 de agosto de 2008).

Esta é uma síntese do que os jornais retratam da política e da realidade do ensino médio no país. A política funda-se em dois pilares, o conceptual, que indica o tipo de ensino médio que se quer para o Brasil; e o financeiro, à medida que se reconhece que, sem um investimento maciço de recursos nas redes estaduais, juntamente com o fortalecimento da rede federal, não há como enfrentar os problemas reiterados historicamente nesta etapa educativa.

Não obstante, como já apontamos, ainda que conceptualmente, a política caminhe no sentido do ensino médio integrado, permanecem contradições na existência de diferentes programas que podem ou não estar convergindo numa mesma direção. Por outro lado, a efetividade do investimento financeiro depende tanto da eficácia administrativa dos sistemas envolvidos, quanto da capacidade de o governo federal obter hegemonia de seu pensamento. E este, por sua vez, ainda que manifeste no conteúdo dos documentos oficiais um compromisso com a classe trabalhadora, deixa transparecer nas notícias citadas os interesses do capital. Captar essas contradições nos subsidia para disputar essa mesma política. É a esse trabalho que nos deteremos no desenvolvimento seguinte do presente texto.

Dualidade na concepção do ensino médio integrado

No ano de 2008, o ensino médio — última etapa da educação básica — ocupou as páginas dos jornais com o apelo de ter se tornado um "nó" no processo de formação dos jovens brasileiros. Apresenta-se, assim, mais um rótulo conferido a este momento da escolarização, depois de já se ter denunciado seu caráter historicamente "pendular" e "dual". Pendular porque, desde que inscrito na estrutura da educação nacional, a finalidade desses estudos tem sido, ora de caráter propedêutico, ora profissionalizante. Dual, por sua vez, pelo fato de ser neste momento que a educação mais expressa a dualidade de classes que caracteriza a sociedade capitalista.

Tanto sua pendularidade quanto a dualidade foram frontalmente criticadas pelos estudos em educação em nome da unitariedade, a ser perseguida na estrutura e no conteúdo do ensino. Esta foi a principal luta que mobilizou os educadores brasileiros na década de 1980 em torno da elaboração de uma nova lei de diretrizes e bases da educação nacional. O desfecho da história já é amplamente conhecido, e pode ser resumido como a derrota de um projeto elaborado pela e com a sociedade civil — não sem contradições, mas expressando uma síntese do diverso — por um projeto apresentado ao Senado, feito às portas fechadas no governo FHC, que do original só guardou as regulações mínimas.

De todo modo, já se assinalou que mesmo esta lei trouxe elementos em direção à unitariedade. O principal deles foi a consolidação do ensino médio como educação básica. Ou seja, este não seria mais um nível de ensino independente da formação básica dos jovens brasileiros, imprensado entre os estudos fundamentais e os superiores, o que antes facilitava as intermitentes mudanças de suas finalidades e organização, mas seria justamente o fato de ser etapa da educação básica que levaria o ensino médio a assegurá-la, impossibilitando a substituição de tal finalidade por qualquer outra, como por exemplo, a profissionalizante. Sem elidir a possibilidade da profissionalização — tal como se vê no parágrafo 2. do artigo 36 da Lei — esta, ou qualquer outra perspectiva que o ensino médio pudesse assumir, estaria condicionada a garantir, de forma indubitável e inegociável, a formação básica aos estudantes. Em outras palavras, qualquer outra finalidade do ensino médio só poderia ser adicionada à primeira e nunca substituí-la.

Não obstante, por sua característica minimalista, ao não regulamentar tal possibilidade, o que se poderia ver como superado foi resgatado pela reforma realizada no governo FHC sobre a qual também muito já se debateu. Resumidamente, pode-se dizer que a proibição feita pelo Decreto n. 2.208/97 de o ensino médio preparar os estudantes para o exercício de profissões e a configuração absoluta da educação profissional como modalidade separada do ensino médio restabeleceu tanto a pendularidade quanto a dualidade[24].

Para se chegar a um texto com face jurídica que revogou o Decreto n. 2.208/97 e, ainda, para atender a negociações com setores conservadores, os princípios filosóficos da formação integrada foram sendo excluídos até se chegar ao que hoje se apresenta no decreto como as "formas de articulação" entre ensino médio e educação profissional. Como a exposição de motivos é esquecida após um texto tornar-se norma jurídica, o caráter filosófico do ensino médio integrado foi também esquecido, restando somente o aspecto formal da integração, qual seja, ensino médio integrado tem sido entendido exclusivamente como sinônimo de profissionalizante.

Agravando esse senso comum, que tem se tornado norma de conduta para as instituições e sistemas de ensino, esteve a separação das políticas de ensino médio e educação profissional abrigada em duas secretarias ministeriais distintas. O ensino médio, na Secretaria de Educação Básica (SEB), e a educação profissional, na Secretaria de Educação Profissional e Tecnológica (SETEC). Naturalmente, se ensino médio integrado passou a ser entendido como sinônimo de ensino médio profissionalizante, foi esta última secretaria que o assumiu como tal.

Dentro deste quadro vimos, então, o desenvolvimento de duas políticas de ensino médio voltados para os sistemas estaduais de ensino, a saber: o Brasil Profissionalizado, da Secretaria de Educação Profissional e Tecnológica; e a mais recente política do Ensino Médio Inovador, da Secretaria de Educação Básica, ambas anunciando o incentivo à implantação do ensino médio integrado. Porém, a primeira está claramente voltada ao ensino médio profissionalizante, e a segunda, ao contrário, para o não profissionalizante. Além dessas políticas, no âmbito do sistema federal de ensino, temos os

24. Este decreto deu margem a intensa controvérsia que levou a sua revogação por meio do Decreto n. 5.154/2004. Ver, entre outros, FRIGOTTO, Gaudêncio; CIAVATTA, Maria; RAMOS, Marise. *Ensino médio integrado*: concepção e contradições. São Paulo: Cortez, 2005a; e FRIGOTTO, Gaudêncio; CIAVATTA, Maria; RAMOS, Marise. A política de educação profissional no governo Lula: um percurso histórico controvertido. *Educação & Sociedade*, Campinas, v. 26, n. 92, p. 1087-113, 2005b.

Institutos Federais de Educação, Ciência e Tecnologia, definidos no artigo 2º da Lei n. 11.892/2008.

Atualmente, a política de ensino médio integrado ora sendo instituída apresenta-se como programas mais abrangentes dadas as seguintes características: a) implicam, respectivamente, as redes estaduais e a federal, atingindo, então, a totalidade do sistema público que atua na educação profissional; b) apresentam metas físicas e financeiras claras; c) particularmente no primeiro caso, vêm acompanhados de um documento básico que dispõe sobre princípios e diretrizes fundamentais para as ações políticas e pedagógicas realizadas sob a sua égide. O fato de esses programas terem como um dos princípios a implantação desse tipo de ensino, juntamente com as características antes referidas, nos autorizariam a considerar tais políticas como, finalmente, respostas concretas à possibilidade jurídica emanada do Decreto n. 5.154/2004?

Como afirmamos anteriormente, a concepção de ensino médio integrado não se restringe à profissionalização, nem pode ser alternativa compensatória ao ensino médio propedêutico. Ainda que isto esteja enunciado no documento-base *Educação Profissional Técnica de Nível Médio Integrada ao Ensino Médio*, que apresenta "pressupostos para a concretização dessa oferta, suas concepções e princípios e alguns fundamentos para a construção de um projeto político-pedagógico integrado"[25], na prática pode-se estar reduzindo o ensino médio integrado ao estritamente profissionalizante. Em contrapartida, o Programa Ensino Médio Inovador pretende, exatamente, preencher a "lacuna de programas consistentes no âmbito curricular para o ensino médio não profissionalizante"[26]. As perguntas que ficam são: a) o que significa o

25. MEC. SETEC. *Educação profissional técnica de nível médio integrada ao ensino médio*. Documento Base. Brasília. 2007, p. 4. Este documento foi elaborado por pesquisadores convidados pelo MEC: Dante Moura, Marise Ramos e Sandra Garcia. Os itens "Concepções e Princípios" e "Alguns Fundamentos para a Construção de um Projeto Político-Pedagógico Integrado" baseiam-se em RAMOS, Marise Nogueira. O Projeto Unitário de Ensino Médio sob os Princípios do Trabalho, da Ciência e da Cultura. In: FRIGOTTO, Gaudêncio; CIAVATTA, Maria (Orgs.). *Ensino médio: ciência, cultura e trabalho*. Brasília, 2004; e em FRIGOTTO, Gaudêncio; CIAVATTA, Maria; RAMOS, Marise. Op. cit., 2005a.

26. MEC. SEB. *Ensino médio inovador*. Brasília. 2009, p. 13.

"integrado" em cada uma dessas políticas? b) A consolidação de uma base unitária do ensino médio, da qual se desdobrariam diversas perspectivas formativas, dentre as quais a profissionalização, poderia trazer a perspectiva de superação da dualidade?

Programas e ações do governo Lula

Identificamos a existência de uma política pública, primeiramente por encontrarmos um ordenamento jurídico claro sobre o tema, que se formaliza em 2004 com o Decreto n. 5.154, mesmo que este seja, ainda, um instrumento frágil com menor capacidade de obtenção de hegemonia, por se tratar de um ato do executivo. No ano de 2008, porém, este ordenamento é incluído na LDB[27].

Em segundo lugar, suas finalidades, objetivos, metas e financiamento são descrits no Plano de Desenvolvimento da Educação (PDE), instituído pelo governo Lula em 2007.

Programas de educação profissional: Brasil Profissionalizado e os Institutos Federais de Educação, Ciência e Tecnologia

O eixo das declarações e notícias vistas nos jornais que apresentamos é a expansão da educação profissional, com a particularidade de se incentivar a implantação do ensino médio integrado, o que se pretende viabilizar tanto mediante o investimento direto do governo na criação de escolas federais, quanto pelo repasse de recursos aos governos estaduais. Estão aqui, então, o escopo dos dois principais programas de governo para a educação profissio-

27. Isto foi feito pela Lei n. 11.741/2008 (BRASIL, 2008), mediante o acréscimo de uma seção especificamente dedicada à articulação entre a educação profissional e o ensino médio, denominada "Da Educação Profissional Técnica de Nível Médio", incorporando o artigo 4º do Decreto n. 5.154/2004.

nal no Brasil. Isto responde ao que destacávamos de que o MEC deveria fomentar a implantação do ensino médio integrado em sua própria rede e nas redes estaduais.

A finalidade do programa Brasil Profissionalizado, instituído pelo Decreto n. 6.302, de 12 de dezembro de 2007, conforme enunciado pelo MEC[28], é fortalecer as redes estaduais de educação profissional e tecnológica, com o objetivo de que essas implantem a educação profissional técnica de nível médio integrada ao ensino médio. Como vimos, até 2011, a iniciativa deve repassar recursos do Governo Federal, da ordem de R$ 900 milhões, para que os estados invistam em suas escolas técnicas.

Nas redes estaduais, de fato, o programa é uma resposta, pois proclama, claramente, o objetivo de que estas implantem a educação profissional técnica de nível médio integrada ao ensino médio, mediante a modernização e a expansão das redes públicas de ensino médio integrado. Não obstante, afirma ainda que isto deve ser feito enfatizando-se a articulação entre formação geral e educação profissional.

Pelo texto do Decreto n. 5.154/2004 e, agora, da LDB, a articulação pode ser feita também pela concomitância, o que significa que o Brasil Profissionalizado pode apoiar também essa forma e não somente o integrado. Como a concomitância tende a predominar nos sistemas, inclusive como resquício da política do governo FHC, os sistemas resistem a implantar o integrado. Por isto, o programa pode se limitar a repassar recursos — o que não deixa de ser importante, já que a educação profissional após a LDB não teve fonte assegurada — porém, sem induzir efetivamente a política de ensino médio integrado nos sistemas estaduais de ensino.

Já o fomento à implantação do ensino médio integrado na rede federal se dá pela exigência de que os Institutos Federais ofereçam pelo menos 50% de suas vagas aos cursos integrados. Aqui não vemos a referência à articulação e sim, somente, à integração, o que nos leva a crer que nessas instituições, de

28. Disponível em: http://portal.mec.gov.br/setec. Acesso em: 16 jun. 2009.

fato, a educação profissional deverá ser oferecida, prioritariamente, de forma integrada ao ensino médio. Resta saber se, nessas instituições e nas redes estaduais, a concepção desses cursos irá ou não na perspectiva da educação politécnica e unitária, tal como podemos identificar no documento-base do MEC que a fundamenta. Para tanto, é preciso forte vontade política porque, como vimos pelo noticiário na imprensa e no dualismo de projetos educacionais que permeiam a sociedade e o governo, estão muito presentes a ênfase e a ideologia de formar para o mercado de trabalho.

Ensino Médio Inovador

O foco do Programa Ensino Médio Inovador são os currículos de ensino médio, numa elaboração conjunta do Ministério da Educação e da Secretaria de Assuntos Estratégicos, com o Ministro Mangabeira Unger.

Justificativa, pressupostos, plano de implementação, linhas de ação, avaliação e orçamento são expostos no documento da Secretaria de Educação Básica[29], analisado pela Câmara de Educação Básica do Conselho Nacional de Educação, redundando num parecer discutido pela primeira vez em audiência pública realizada em 1/6/2009[30].

Trata-se de um programa de apoio à promoção de inovações pedagógicas pelas escolas públicas, visando a fomentar mudanças na organização curricular do ensino médio. Em síntese, o programa tem em vista instaurar outros modos de organização e delimitação dos conhecimentos. As disciplinas deveriam se articular com atividades integradoras mediante relações entre os eixos constituintes do ensino médio, quais sejam, trabalho, ciência, tecnologia e cultura. O currículo teria o trabalho como princípio educativo

29. MEC. SEB. *Ensino médio inovador*. Brasília, 2009.

30. BRASIL. Ministério da Educação e do Desporto. Conselho Nacional de Educação. Câmara de Educação Básica. Minuta de Parecer — 26 de maio de 2009. Proposta de experiência curricular inovadora do Ensino Médio.

nas dimensões ontológica e histórica, à qual estariam relacionadas às concepções de ciência e cultura[31]. Nessas proposições, vê-se a influência do pensamento histórico-crítico e da concepção de ensino médio integrado[32]. A consolidação de uma base unitária deste ensino é uma das ênfases do documento, que destaca, também, que esta base deve integrar trabalho, ciência e cultura, a partir da qual se desdobrariam possibilidades formativas diversas segundo cada um dos eixos de integração, concebendo-os também como contextos de formação específica: no trabalho, como formação profissional; na ciência, como iniciação científica; na cultura, como ampliação da formação cultural. A formação para a compreensão e a atuação no mundo do trabalho — sendo profissionalizante ou não — a formação científica e, ainda, para o trabalho científico, assim como a formação cultural devem compor a base unitária do ensino médio, podendo também ser convertidos em contextos da formação diversificada[33].

Quando vamos ao documento, entretanto, não encontramos orientações mais claras nesse sentido, ainda que se aponte para que o projeto político-pedagógico, dentre outros aspectos, articule teoria e prática, vinculando o trabalho intelectual com atividades práticas experimentais; promova a integração com o mundo do trabalho por meio de estágios direcionados para os estudantes do ensino médio; e organize os tempos e os espaços com ações efetivas de interdisciplinaridade e contextualização dos conhecimentos[34]. Em termos operacionais, o que se pode encontrar de diferencial deste programa para o que as diretrizes curriculares do ensino médio vigentes apregoam são a elevação da carga horária mínima para três mil horas; a dedicação exclusiva do docente à escola; e o estabelecimento de que o mínimo de 20% da carga horária total do curso seja destinado a atividades optativas e disciplinas eletivas a serem escolhidas pelos estudantes.

---

31. MEC. SEB. Op. cit.
32. Ver, entre outros, FRIGOTTO, Gaudêncio; CIAVATTA, Maria; RAMOS, Marise. Op. cit. 2005a.
33. RAMOS. Op. cit., 2004.
34. MEC.SEB. Op. cit., 2009.

Considerações finais

O objetivo deste artigo foi utilizar, como fonte de pesquisa, notícias sobre ensino médio e educação profissional veiculadas na imprensa. Fizemos sua análise crítica à luz dos documentos oficiais e da concepção de ensino médio integrado à educação profissional que vimos debatendo desde a imposição do Decreto n. 2.208/97 e sua posterior revogação.

A análise dessas políticas não pode nem reificá-las como soluções, agora para o propalado "nó do ensino médio", nem rechaçá-las por não enfrentarem estruturalmente alguns problemas históricos da educação em uma sociedade de classes como a brasileira. É preciso captar contradições e, nelas, identificar as mediações que podem ser disputadas no sentido contra-hegemônico. Sob esse princípio tentamos compreender a que questões essas políticas buscam dar respostas, qual o significado e quais as perspectivas dessas respostas.

Nesse exercício analítico, além da explicitação da concepção de ensino médio integrado como educação politécnica e unitária, no sentido gramsciano, tomamos como contraponto os dois principais programas do governo para o ensino médio, o Brasil Profissionalizado e o Ensino Médio Inovador. Complementarmente, a expansão da rede de escolas técnicas federais e a transformação dos Cefets em Ifets.

O Programa Brasil Profissionalizado pode representar um avanço para os estados, ainda que as condições objetivas de seus sistemas de ensino possam representar limites estruturais à efetivação do ensino médio integrado. No que se refere à rede federal, destacamos que a condição de oferta de 50% de suas vagas para o ensino médio integrado não deve se tornar apenas uma formalidade advinda da negociação para a sua transformação em instituições de ensino superior.

Do ponto de vista da concepção do Ensino Médio Inovador, salientamos a existência de uma ambiguidade que se manifesta na ênfase do ensino para o mercado de trabalho ao lado da defesa de princípios humanistas da educação. Quanto à implantação, dois aspectos sinalizam efetivamente uma possibilidade de avanço na qualidade do ensino médio, posto que se reportam a condições objetivas para tal. Um deles é a maior carga horária do ensino médio; e o outro é a dedicação exclusiva dos docentes.

O terceiro aspecto trata do estabelecimento de um mínimo de 20% da carga horária total do curso destinado a atividades optativas e disciplinas eletivas, a serem escolhidas pelos estudantes. Não existe, entretanto, para esta opção, um direcionamento claro aos preceitos conceituais sobre a unitariedade e a diversidade do currículo do ensino médio baseado na integração entre trabalho, ciência e cultura. Ao contrário, se não forem orientadas efetivamente por aqueles preceitos, podem se reduzir a experiências diversas dos estudantes sem clareza de seus objetivos e fundamentos formativos.

Em resumo, o Ensino Médio Inovador tem o potencial de gerar um conjunto de propostas alternativas, mas, para avançar, é necessário que se centre na concepção de ensino médio integrado que discutimos e com a qual o documento do MEC parece se afinar. Isto continua sendo uma questão a ser enfrentada concretamente no plano da realidade.

9

A pseudodemocratização da educação superior

inclusão-excludente com forte apoio ao setor privado

Angela C. de Siqueira*

Verificando notícias sobre ensino superior divulgadas na mídia em 2008, sobressaem, pela sua quantidade, aquelas sobre o PROUNI (Programa Universidade para Todos), o FIES (Fundo de Financiamento ao Estudante do Ensino Superior), e vinculadas aos mesmos, as questões sobre acesso, com especial destaque para o ENEM (Exame Nacional do Ensino Médio) e a EAD (Educação à Distância). No conjunto, percebe-se a ênfase no noticiário sobre a ampliação de vagas em instituições privadas, com forte apoio das políticas públicas, num discurso que enfatiza a democratização, como que criando uma suposta oportunidade para todos na sociedade.

Ainda na mídia foi divulgado um número reduzido de textos sobre a universidade, com foco nas instituições federais (IFES), criticando sua orga-

* Doutora (Ph.D) em Educação pela Florida State University, Professora Associada I da UFF — Programa de Pós-Graduação em Educação/Faculdade de Educação.

nização considerada "arcaica, rígida" e que deveria tornar-se mais moderna, "flexível". Nesse contexto, foi divulgado o decreto do projeto REUNI (Projeto de Reestruturação e Expansão das IFES), como processo de ampliação de vagas, via maior otimização dos recursos humanos, algumas contratações e construções, e supostamente respeitando a autonomia das IFES, já que poderiam optar por aderir ou não aderir ao "Acordo de Metas" e estabelecer o "seu" plano de expansão para atingir as metas previstas. Ou seja, mais uma vez há a reiteração para a sociedade de que o governo luta pela democracia e quer modernizar e "deselitizar" as universidades públicas.

Utilizamos como subtítulo deste artigo o termo inclusão-excludente[1] para caracterizar o tipo de inclusão que está ocorrendo, em especial para os alunos provenientes da classe trabalhadora. Há de fato uma ampliação da oferta de vagas em cursos denominados nível superior, mas, em sua maioria, com caráter distinto e distante de uma educação de fato de nível de reflexão/proposição/autonomia intelectual superior ou universitária, pautada pela indissociabilidade ensino-pesquisa-extensão e pelo desenvolvimento do pensamento crítico, criativo e propositivo. Ou seja, está em curso uma política pública de pseudodemocratização da educação superior, em que se forja um grande consenso com a ampliação do acesso, mas é um acesso limitado e limitador, pois mantém o conhecimento sob controle, evita o confronto, conquista os até então "excluídos", para incluí-los de forma subordinada, via oferta de cursos mais rápidos, com classe mais cheias, com professores com menos tempo para dar atenção ou até mesmo com auxiliares (tutores) ainda em processo de formação.

Vale destacar que todo esse discurso de inclusão, democratização do acesso, respeito à autonomia é construído e divulgado numa sociedade capitalista dependente, na qual

> a exploração é superexploração, a concentração da renda e da propriedade é extremada, a dominação ideológica é maciça, a organização política oscila entre autocracia e

1. KUENZER, Acácia Z. Exclusão includente e inclusão excludente: a nova forma de dualidade estrutural que objetiva as novas relações entre educação e trabalho. In: LOMBARDI, J. S.; SAVIANI, D.; SANFELICE, J. L. (orgs.). *Capitalismo, trabalho e educação*. São Paulo: Autores Associados, 2005. p. 77-95.

> ditadura, de tal modo que no capitalismo dependente a autocracia se impõe como se fora normalidade e a democracia como uma exceção.
>
> Uma sociedade assim constituída precisa construir o "consenso" ininterruptamente, para o que mantém a informação sob controle estrito e bloqueia o acesso ao conhecimento e ao confronto reflexivo e analítico entre possíveis formulações divergentes. Desqualifica *a priori* toda a divergência e todo aquele que se opõe[2] (Limoeiro, 2007, p. 25).

Neste sentido, boa parte das políticas para a educação superior brasileira foram implementadas sob a forma de Medidas Provisórias e Decretos, nas quais o executivo assumiu claramente o papel legislativo, mas com um discurso permanente de estar contribuindo para a democracia, liberdade e autonomia.

A seguir passaremos a abordar as políticas mencionadas, como as mesmas vêm sendo tratadas pela mídia e como estão intimamente articuladas, evidenciando o que a mídia deixa de explicar, ou aborda de forma minimizada.

As políticas de incentivo direto ao setor privado — PROUNI, EAD, ENEM E FIES

O PROUNI, pelo próprio nome, induz a que a população acredite que se trata de um programa de acesso à universidade e isto é reiterado nas matérias da mídia, bem como nas propagandas oficiais do governo e dos empresários da educação, inclusive com o uso da imagem de cantores/atores conhecidos, afirmando que agora todos terão a chance de entrar na universidade; de ser alguém na vida (como se assim não fossem); de ter uma profissão; um futuro; uma garantia de emprego. Enfim, de realizar o sonho de sair da pobreza ou de melhorar sua condição de vida e de sua família. A seguir, algumas matérias divulgadas na mídia em 2008 reforçam tal perspectiva salvacionista do PROUNI/educação superior:

2. LIMOEIRO, Miriam. Sobre as relações sociais capitalistas. In: NEVES, L. M. W; PRONKO, M. A.; SANTOS, M. A. *Debates e sínteses do Seminário Fundamentos da Educação Escolar do Brasil Contemporâneo*. Rio de Janeiro: Fiocruz, 2007. p. 25.

"Tive muita sorte.... sem bolsa, dificilmente teria conseguido fazer a faculdade" (*Gazeta do Povo*, 20/2/2008).

"ProUni cria nova chance de ingresso ao ensino superior" (*Correio do Povo*, 12 maio 2008).

"Bolsa integral realiza sonho de estudante" (*Gazeta do Povo*, 2 jun. 2008).

"Aluno de baixa renda ganha espaço nas universidades... o PROUNI tem impacto significativo no movimento de ingresso dos alunos mais pobres" (*Folha de S.Paulo*, 16 ago. 2008).

"Quarentões sonham com diploma... comerciante de 40 anos tentou pela terceira vez o ENEM... para poder se inscrever no PROUNI... meu sonho é fazer faculdade.... Reparador de eletrodoméstico...quer garantir o diploma no futuro." (*A Tribuna*, 1 set. 2008).

"Está para se formar em menos de 50 dias, o que considera um sonho realizado... Com um filho para criar e dependendo dos trabalhos que conseguiria sem o diploma, Janaína não se anima com o futuro que poderia proporcionar ao pequeno" (*Diário de Cuiabá*, 12 out. 2008).

Muitas vezes os candidatos entram em qualquer curso nos quais conseguem aprovação e não nos que desejam, já que têm cinco (5) opções na hora da inscrição do ENEM (Exame Nacional de Ensinso Médio) que dá acesso ao PROUNI, como pode ser visto através da fala de uma aluna: "Das cinco opções, duas foram o curso desejado [direito] e as outras para carreiras menos concorridas. Consegui, na segunda chamada, mas para Engenharia Ambiental. Não desperdicei a chance e vou continuar tentando" (*Gazeta do Povo*, 20 fev. 2008).

Parece ter sido esquecido que o PROUNI foi divulgado "coincidentemente" quando o Conselho Nacional de Assistência Social estava cassando os certificados de filantropia de várias instituições de ensino superior que gozavam da renúncia fiscal, e em troca deveriam ofertar 20% de bolsas integrais para alunos carentes, mas que não estavam cumprindo. Na verdade, muitas ofereciam bolsas parciais, e usavam tal oferta como *marketing* e forma de atrair/manter alunos; outras, em troca de bolsa, exigiam que os alunos trabalhassem na instituição (secretarias, bibliotecas etc.), ou seja, obtinham mão de obra gratuita; outras, ainda, incluíam na cota de bolsas as que deveriam ser concedidas aos professores e/ou trabalhadores das instituições por conta de acordos de dissídios coletivos; e/ou bolsas para amigos, parentes etc.

Assim, o PROUNI foi apontado pelo governo como uma maneira de fazer com que as instituições filantrópicas cumprissem a lei. Mas, na realidade, para que cumprissem a lei, não precisaria do PROUNI; só continuar a fiscalização. Além disso, os fiscais da Previdência têm uma tradição maior de fiscalização do que os do MEC, que teriam que criar toda uma estrutura para acompanhar a concessão de bolsas e a renúncia fiscal cabível.

Um outro dado de contexto que deve ser lembrado foi de que houve um grande crescimento de instituições de ensino superior (IES) privadas no Brasil[3], em especial durante o governo de Fernando Henrique Cardoso, fazendo com que as mesmas alegassem que estavam com 500 mil vagas ociosas, o que em parte poderia ser real em função do desemprego e o achatamento salarial, bem como do tipo de expansão feita, com a oferta de muitos cursos na mesma área de conhecimento (direito, administração, ciências contábeis, letras, pedagogia etc.) e de qualidade questionável. Contudo, as instituições privadas não tinham tal ociosidade, pois as turmas só se formam de fato no caso da existência de alunos.

Nesse contexto, o PROUNI pareceu ser mais um projeto para salvar as IES privadas da crise, de expansão da rede privada, do que realmente "democratizar o acesso". Mais ainda, criou o precedente de criar vagas públicas em instituições privadas.

O PROUNI foi de fato apresentado pelo governo através do Projeto de Lei n. 3.582, em 28/4/2004, encaminhado pelos Ministros da Educação e da Fazenda, via Exposição de Motivos Interministerial n. 26, visando suposta-

3. Segundo dados dos Censos do Ensino Superior, em 1992 havia 893 instituições de ensino superior no país, sendo 666 privadas e 227 públicas. Em 2006 o número de IES aumentou para 2.270, sendo 2.022 privadas e 248 públicas. Do total de 2.270 IES, apenas 7,8% são universidades, e a grande maioria, 72,7%, são faculdades isoladas, sendo 1.567 privadas e 82 públicas, estas últimas em sua maioria municipais. Para maiores detalhes, ver SIQUEIRA, Angela C. Educação superior em disputa: expansão excludente *versus* democratização da universidade crítica. *Universidade e Sociedade*, 43. Brasília: ANDES-SN, ano XVIII, p. 155-168, 2009.

mente "democratizar o **acesso** da população de baixa renda ao ensino superior"[4]. Mas, na verdade, parece ter sido, e continua sendo, um projeto de expansão da rede privada, através da renúncia fiscal. O PROUNI foi iniciado com um ato discricionário, a Medida Provisória (MP) 214/2004, que já previa vagas para alunos provenientes da escola pública de baixa renda e para professores da rede pública sem limite de renda, para depois se constituir como a Lei n. 11.096/2005. Neste percurso, houve todo um processo de mudanças, que claramente atenderam aos interesses da iniciativa privada, primeiro incluindo também as instituições com fins lucrativos, alterando, a cada ato, as modalidades de bolsas (de integral para parciais de 50 e 25%), reduzindo o percentual de bolsas integrais e aumentando a renda mínima familiar, de forma a captar mais alunos, como pode ser visto no quadro a seguir.[5]

Vale destacar que as instuições que aderem ao PROUNI passam a gozar de renúncia fiscal do Imposto de Renda Pessoa Jurídica — IRPJ; Contribuição Social sobre o Lucro Líquido — CSLL; COFINS e PIS. Tal isenção seria aplicável por 10 anos, renováveis por igual período. Além de reduzir a arrecadação geral da União, ao conceder renúncia do IRPJ, o PROUNI reduz o montante da receita da educação, que é vinculada aos impostos.

O discurso divulgado à época, e que persiste até hoje, é que o governo não tem como expandir a rede pública na dimensão necessária, e o PROUNI vem sendo apontado pela mída como **a única possibilidade** para que a população de baixa renda tenha acesso ao "ensino superior". Nesse sentido, continua uma propaganda maciça na televisão, jornais e até com envio de correspondência direta às comunidades de forma a convencer a todos sobre essa "grande possibilidade" de acesso dos mais carentes ao ensino superior.

---

4. BRASIL. PRESIDÊNCIA DA REPÚBLICA. CASA CIVIL. SUBCHEFIA DE ASSUNTOS PARLAMENTARES (2004). *Exposição de Motivos Interministerial n. 26 e Projeto de Lei* — Minuta de projeto de Lei, que institui o Programa Universidade para Todos (PROUNI). (Tarso Fernando Herz Genro-Ministro de Estado da Educação e Antonio Palocci Filho — Ministro de Estado da Fazenda). Brasília-DF, 28/4/2004.
5. ALMEIDA, Sérgio Campos. *O avanço da privatização na educação superior brasileira:* O PROUNI como uma nova estratégia para a transferência de recursos públicos para o setor privado. Dissertação de Mestrado. Faculdade de Educação — UFF. p. 112.

QUADRO I

Paralelo entre o Projeto de Lei, a MP n. 213/04 e a Lei n. 11.096 que instituiu o PROUNI

Renda *per capita* [e modalidades de bolsas]		
PL Somente seriam concedidas bolsas integrais para alunos cuja renda *per capita* não ultrapassasse um salário mínimo.	MP Aumento no limite de renda para um salário mínimo e meio. Passou a vigorar a concessão, também, de bolsas parciais de 50% para alunos com renda *per capita* que não ultrapassasse três salários mínimos.	LEI Foram estabelecidas ainda bolsas de estudos parciais de 25% para os bolsistas com as mesmas condições sociais daqueles com direito à metade de gratuidade.
Proporção bolsa integral/aluno		
PL Uma bolsa integral para cada nove alunos regularmente matriculados, independentemente de a instituição ter ou não finalidade lucrativa. Para as entidades beneficentes de assistência social é fixada a proporção de uma bolsa integral para cada quatro alunos pagantes.	MP Existe a alternativa para as instituições sem fins lucrativos e não filantrópicas: a proporção de uma bolsa para cada dezenove pagantes e, adicionalmente, bolsas parciais de 50%, até o equivalente a 10% de receita anual efetivamente recebida. Para as beneficentes, determinou que a proporção será de um bolsista integral para cada nove pagantes e até, no mínimo, o equivalente a 20% de sua receita bruta composta por bolsas parciais de 50% e programas de assistência social.	LEI Para as instituições com ou sem fins lucrativos e não filantrópicas, a concessão de uma bolsa integral para cada 10,7 alunos pagantes ou, de forma alternativa, uma bolsa integral para cada 22 pagantes, com quantidades adicionais de bolsas parciais (50% e 25%), até atingir 8,5% da receita bruta.

Boa parte da oferta de vagas continua se dando em cursos tais como de Administração, Direito, Pedagogia, Letras etc., sendo muitos ministrados de forma mais abreviada, aligeirada ou a cada ano cresce a oferta de cursos à distância. Raramente há vagas para cursos de Engenharia ou Medicina. Há ainda novos cursos/velhos cursos, alçados à categoria de ensino superior, em especial de tecnólogos, que se assemelham aos pós-médios, dentro de uma perspectiva de educação "terciária" proposta pelo Banco Mundial[6] para a classe trabalhadora.

A partir de uma matéria publicado no jornal *Página 20* (13 de fevereiro de 2008), em que um vereador do PTN de Rio Branco, Acre, defende a ampliação de vagas nas universidades particulares, para atender jovens de baixa renda, propondo a criação de um PROUNI municipal, e alegando a existência de muitas universidades naquele município e que com um maior número de vagas "haverá mais qualificação na educação e mais profissionalismo de nossos jovens", busquei no site do MEC/PROUNI[7] identificar quais seriam essas universidades privadas existentes em Rio Branco/Acre e que cursos/vagas oferecem, já que no momento tais dados estão acessíveis, para que os candidatos possam fazer inscrição para a segunda etapa de 2009.

Assim, as universidades privadas em Rio Branco são na verdade quatro "Polos de apoio presencial", para a oferta de cursos à distância, de instituições das regiões Sul e Sudeste (Universidade do Sul de Santa Catarina, Universidade do Norte do Paraná, Universidade Paulista e Universidade Castelo Branco). Os cursos mais oferecidos são de Administração, Ciências Contábeis, Letras, Pedagogia e vários de Tecnologia (de gestão financeira, em negócios imobiliários, de gestão legislativa, em recursos humanos, de gestão de sistemas de informação, em logística, dentre outros). A Universidade do Sul de Santa Catarina oferece 19 cursos, sendo 13 de tecnologia e os demais: Administração, Ciências Contábeis, Filosofia, Matemática, Pedagogia e Turismo, e APENAS uma vaga para cada um. O que isso implica em termos de estratégia de marketing? E para aqueles que não conseguem a bolsa para a única vaga? Irão se inscrever e se endividar para pagar? O *site* ainda informa que existem mais seis instituições de ensino superior não universitárias em Rio Branco oferecendo bolsas no PROUNI, sendo que também 3 delas só oferecem cursos a distância, e dentre eles vários de tecnologia.

6. BANCO MUNDIAL. *Construir Sociedades del Conocimiento: Nuevos Desafíos para la Educación Terciaria.* Washington, D.C.: Banco Internacional de Reconstrucción y Fomento / Banco Mundial, 2003.
7. ACRE. Disponível em: http://prouni-inscricao.mec.gov.br/inscricao/1_etapa/consulta/cursos/resultado.asp. Acesso em: 19 jul. 2009.

Além disso, como foi mencionado em uma matéria publicada em *O Globo* (22 de dezembro de 2008), repetida na *Gazeta do Povo* do mesmo dia, "quase 70% dos cursos superiores com piores avaliações oferecem bolsas do ProUni".

Neste sentido, há pressão dos empresários educacionais, que criaram no Congresso a frente parlamentar em defesa do ensino privado, para evitar que o MEC divulgue os resultados de avaliação dos cursos, isto porque, segundo matéria publicada em *O Estado de S.Paulo*, em 5/12/2008:

> Das 508 instituições que tiveram o CPC [Conceito Preliminar de Curso] 1 e 2 este ano, 444 (87%) são privadas... [Um] consultor alertou em palestra para o "perigo" dos índices para a saúde financeira das instituições, chegando a dizer que os dados atrapalhavam futuras fusões.

Ou seja, evidencia-se que para o cidadão-trabalhador é esse o ensino superior que vem crescendo e sendo prioritariamente oferecido: cursos mais rápidos, mais baratos, de qualidade questionável e altamente lucrativos para as instituições mercantis de ensino.

Tal expansão de cursos no setor privado por um lado atende aos interesses de ampliação de lucro dos empresários da educação, fortalecendo a perspectiva da educação como um setor privilegiado para a exploração e expansão do capital e, por outro, cumpre a função de forjar o consenso na sociedade, visto estar supostamente atendendo às "demandas" da população, que, bombardeada pelo discurso da sociedade do conhecimento/Teoria do Capital Humano, busca o acesso à educação superior ou ao diploma como a única ou principal saída para superar as condições precárias em que vive.

Outra iniciativa do governo casada com o PROUNI, mencionada anteriormente, é o ENEM — Exame Nacional do Ensino Médio. O ENEM foi instituído como um exame de caráter facultativo para os egressos do ensino médio, mas obrigatório para aqueles que querem concorrer as bolsas do PROUNI. É um exame aplicado por um órgão do governo, vinculado ao MEC, o INEP — Instituto Nacional de Estudos e Pesquisas Educacionais

Anísio Teixeira, e que, portanto, consolida a oferta de vaga pública, de exame público para ingresso nas IES privadas via inscrição no *site* do próprio Ministério da Educação/PROUNI. Ou seja, evidencia a existência de uma parceria público-privada, onde o público, o governo federal, aparece chancelando e financiando todas as instituições e cursos que oferecem vagas/bolsas de estudos, mesmo aquelas de baixíssima qualidade. O apelo na mídia é muito forte, e boa parte das notícias sobre educação superior são chamadas para inscrições, divulgação de resultados e prorrogações tanto dos prazos de inscrição como de divulgação de resultados, como das três chamadas em cada semestre. Na verdade, servem de grandes espaços na mídia para a propaganda das IES privadas e para o caráter "democrático/ popular" do atual governo.

O ENEM e o PROUNI criam ainda uma indiferenciação entre o público e privado, entre IES privadas e universidades públicas, e aí se constrói o sonho do acesso à universidade, com o imaginário da universidade pública de pesquisa, com professores em sua maioria doutores, onde os alunos irão obter o conhecimento universalmente constituído e acumulado e, mais do que isso, desenvolver autonomia intelectual, questionar, obter o grau de doutor para execer com mais plenitude sua cidadania, com mais instrumentos para exigir seus direitos. A mídia contribui muito para essa indiferenciação público/privado, chegando ao ponto de afirmar que os jovens de baixa renda vão frequentar universidades, ainda que privadas, e as instituições públicas é que são denominadas faculdades, como se não fizessem parte de universidades.

> Destinado a incluir jovens de baixa renda em universidades privadas, para contornar a deficiência de vagas nas faculdades públicas, o programa do governo federal [PROUNI] dá bolsas de estudos para alunos de todo o país (*Gazeta do Povo*, 31 de maio de 2008).

Mas, o que de fato está disponível para a maioria é coisa bem diferente, como mencionado anteriormente. Portanto, é um processo de pseudodemocratização do conhecimento, via ampliação do acesso de cursos, em sua maioria de segunda categoria, não universitários, para a classe trabalhadora, mas proclamados como se fossem de fato cursos universitários, até pelo nome do PROUNI, o que mascara a realidade, facilita e financia tal engodo.

Contudo, o PROUNI já apresenta problemas para as empresas educacionais, mesmo com toda a propaganda, sucessivas prorrogações de inscrições e diversas chamadas, há vagas sobrando. No segundo semestre de 2008, ficou com 39% das vagas ociosas, sendo que em sua maioria oferecia bolsas parciais, de 25% e 50%. Os motivos para a sobra de vagas são muitos, dentre eles a área dos cursos oferecidos, a modalidade — crescimento vertiginoso da educação a distância, o grande número de bolsas parciais, os gastos para além da sala de aula (transporte, livros, alimentação, equipamento de informática e acesso à internet), a baixa remuneração, a precarização do trabalho, com grande instabilidade em relação à existência e manutenção de vínculo empregatício, mas o principal fator parece ser o esgotamento de certa demanda reprimida que foi atendida desde o início da vigência do programa, com a MP em 2004, combinada com a falta de concluintes do ensino fundamental e médio.

Segundo dados dos censos educacionais — da educação superior de 2007[8] e da educação básica de 2006[9] —, o número de vagas oferecidas para ingresso no ensino superior (presenciais: 2.893.942 vagas; tecnológicas: 394.120; a distância: 1.541.070, totalizando 4.829.132 vagas) ultrapassa o número de matriculados no último ano do ensino médio (3º e 4º anos, totalizando 2.441.833 alunos).

Ávidas por atrair alunos, algumas instituições privadas de ensino superior estão providenciando cursinhos preparatórios para o ENEM para alunos de baixa renda oriundos da rede pública, já que a nota mínima para ser pré-selecionado é de 45 pontos. Cabe destacar que os resultados no referido exame apontam que os alunos das escolas públicas de ensino médio financiadas pelo governo federal, bem como bolsistas das instituições privadas, em especial das regiões sul e sudeste, vem obtendo as melhores notas no Enem.

---

8. MEC/INEP. Resumo Técnico. Censo da Educação Superior 2007. Brasília: MEC/INEP, 2009.
9. MEC/INEP. Resultados do Censo Escolar de 2006. Matrículas Ensino Médio. Tabela 1.49. Brasília: MEC/INEP, 2008.

Nesse sentido, vem aumentando a competição nessas regiões, bem como a nota para obtenção de bolsa nos cursos desejados e não nas 5 opções possíveis.

Como o capital busca sempre novos nichos de atuação, estão também surgindo empresas intermediárias entre os alunos e as instituições de ensino superior, para atrair alunos via descontos nas mensalidades, e assim reduzir as vagas ociosas e a inadimplência. Matéria publicada no *Estado de S.Paulo* (22 de dezembro de 2008) menciona duas instituições "Mais Estudo" e uma filantrópica, o Centro de Ação Cultural Logolux. A primeira cobra semestralidade de R$ 60,00 aos interessados para conseguir bolsas com desconto de até 60% em IES privadas. Seu diretor afirmou que "mantém parceria com 15 universidades da Grande São Paulo e já ajudou (*sic*) 12 mil jovens a ingressar no ensino superior... para o primeiro semestre de 2009, 15 mil novos alunos devem se matricular em uma das instituições conveniadas". Já a filantrópica Logolux cobra a mesma taxa, só que mensalmente, e seu presidente afirmou que desde 2006 estão atuando só na área educacional e tem "10 mil associados em São Paulo, Guarulhos e Mogi das Cruzes". Mensalidades de R$ 700,00 caem para R$ 350,00. Tais empresas intermediárias visam aos alunos das classes trabalhadoras, para eles classes C e D, tanto os não aprovados no PROUNI quanto aqueles aprovados mas somente para bolsas parciais de 25%, que com a intermediação podem conseguir um desconto maior.

Esse negócio educacional parece ser bem lucrativo, pois as empresas intermediárias recebem tanto dos alunos/candidatos quanto das IES para onde conseguem atrair alunos. Só na "Mais Estudo", os 12 mil alunos "ajudados", mediante pagamento, e mais os outros 15 mil novos, todos pagando semestralidades de R$ 60,00, ou anuidade de R$ 120,00, perfazem um total de R$ 4.400.000,00 por ano, só da parte dos alunos, fora das IES.

Em face da grande expansão das IES privadas, da crescente ociosidade de vagas não preechidas pelo PROUNI e da prática da oferta de grandes descontos para atrair alunos, há um acirramento da competição interinstitucional que poderá levar ao crescimento do processo de fusão/incoporação de empresas educacionais, formando grandes monopólios de ensino, num processo de desnacionalização, em que o governo brasileiro acaba por financiar os empresários educacionais estrangeiros, via renúncia fiscal do PROUNI, auxiliando o ingresso via ENEM e FIES, que trataremos mais adiante. Ao mesmo tempo, há um rebaixamento da qualidade do ensino ofertado, via busca de seu barateamento com mais uso da EAD, uso de profissionais ainda em formação — alunos de graduação — como tutores, aumentando ainda a precarização do trabalho docente (intensificação da jornada, terceirização, contratação via cooperativas e por módulos de ensino, atrasos do pagamento de salários etc.).

Os atrasos salariais ou paralisações e manifestações de alunos e professores ocuparam minúsculas notas de jornais, como a seguinte: "Uniplac atrasa três meses de salários... Uma decisão judicial garante o recebimento dos ordenados em parcelas" (*Diário Catarinense*, 4 de dezembro de 2008).

Já o caráter mercantil da educação ganhou uma matéria maior, mas também é tema pouco comentado nos jornais mais conhecidos, como mostra o excerto a seguir. No entanto, certamente é matéria mais comum em jornais especializados em transações comerciais, como o *Valor Econômico*.

> "... em 2005, o grupo norte-americano Laureate comprou 51% da participação [na Anhembi Morumbi]... Outra modalidade de participação estrangeira tem acontecido por meio da compra de ações na bolsa de valores. É o caso da Anhanguera, da Fanor (Faculdades do Nordeste) e da Kroton, que detém as faculdades do grupo Pitágoras. A CM Consultoria aponta também a Estácio de Sá... e o SEB (Sistema Educacional Brasileiro)... A próxima pode ser a Unip (Universidade Paulista), que é a maior instituição do país, de acordo com dados do MEC de 2006. Segundo o jornal *Valor Econômico*, a instituição recebeu uma oferta de R$ 2,5 bilhões do grupo Americano Apollo". (*Folha de S.Paulo*, Angela Pinho, da sucursal de Brasília, sem data do jornal — Matéria "Estrangeiro ganha espaço no ensino superior").
>
> "Movimento contrário à venda do Centro Universitário Ritter Reis, campus de Porto Alegre, Uniritter, para o grupo Anhanguera Educacional" (*Correio do Povo*, 19 set. 2008)

Para preencher as bolsas que oferecem (especialmente as parciais de 50% ou de 25%), o governo introduziu modificações no Fundo de Financiamento ao Estudante do Ensino Superior — FIES, sucessor do CREDUC — Crédito Educativo dos anos 1970, ambos custeados pela Caixa Econômica Federal, a fim de incluir e dar preferência os alunos do PROUNI. Assim, o aluno com bolsa parcial de 50% ou complementar de 25% passou a poder cursar a faculdade sem pagar metade ou 75% das mensalidades, mas cerca de R$ 50,00 trimestralmente à Caixa Econômica Federal, a título de amortização dos juros. Os contratos assinados antes de 2006 pagam uma taxa de 9% ao ano e, a partir de 1 de julho do referido ano, os juros foram reduzidos para alunos de pedagogia, licenciaturas, normal superior e tecnólogos para 3,5% ao ano, áreas que o governo queria incentivar, enquanto para as demais a taxa de juros é de 6,5% ao ano. Tal mudança também recebeu bom destaque na mídia.

> "PROUNI poderá ser financiado pelo FIES" (*Jornal de Tocantins,* 23 dez. 2008).
>
> "FIES pode ampliar financiamento a bolsistas parciais do Prouni" (*Folha de S.Paulo,* 23 dez. 2008).
>
> "MEC estuda unir programa [ProUni] ao FIES" (*Gazeta do Povo,* 26 fev. 2008).
>
> "ProUni e Fies apoiarão 1 milhão de alunos" (*Correio do Povo,* 7 maio 2008).
>
> "Governo abre hoje inscrições para o ProUni, agora com financiamento" (*Gazeta do Povo,* 21 maio 2008).
>
> "Bolsista parcial poderá financiar todo o curso" (*Folha de S.Paulo,* 31 maio 2008).
>
> "Inscrições de bolsitas [do Prouni] ao FIES é adiada" (*Jornal de Tocantins,* 2 ago. 2008).
>
> "Abertas inscrições para programa de Financiamento Estudantil" (*Página 20,* 3 ago. 2008).

Foi feita ainda uma mudança para reduzir a dificuldade dos alunos trabalhadores em cumprir a exigência de apresentação de um fiador, com a criação da figura do "fiador solidário"; ou seja, um grupo de alunos bolsistas assina como fiador da dívida um dos outros, o que também ganhou espaço na mídia.

As políticas de incentivo indireto ao setor educacional privado — a lógica mercantil nas IFES, via fundações, reforma curricular e o REUNI

Como mencionamos no início do texto, poucas foram as matérias na mídia em relação às políticas para IES públicas. As notícias existentes se referem ao conturbado processo de aprovação do REUNI (Plano de Reestruturação e Expansão das IFES), a reforma curricular nele embutida e os escândalos acontecidos nas Fundações, com o uso indevido dos recursos por alguns reitores.

Quanto às notícias sobre o REUNI, a *Folha de S.Paulo*, em 6/2/2008, publicou uma ampla matéria do reitor da UFBA, prof. Naomar de Almeida Filho, criticando as reações adversas ao referido Plano, reduzindo-as a uma minoria do movimento estudantil, chamada de conservadora e reacionária, e enaltecendo as virtudes do REUNI:

> parte integrante do PAC da educação. Foi concebido para duplicar a oferta de vagas, com um orçamento de R$ 7 bilhões para ser aplicado em cinco anos... O REUNI inaugura uma terceira fase de expansão do sistema universitário federal. Agora temos um modelo de crescimento da educação superior, que por um lado respeita a autonomia universitária... e por por outro, pela primeira vez, a aplicação de recursos de custeio, investimentos, modelagem pedagógica e contratação de docentes e servidores são feitos antes da expansão das atividades de vagas...O REUNI representa um indutor da eficiência institucional e de qualificação pedagógica.... Em todas as IFES, dirigentes acadêmicos, encorajados por incentivos gerenciais e financeiros do MEC, decidem mudar a universidade; docentes e técnicos, inspirados em tendências contemporâneas, elaboram novos modelos de reformulação curricular; servidores, antevendo melhores condições de trabalho e valorização do serviço público engajam-se ao processo.

Nem a imprensa nem o reitor mencionaram que o REUNI foi implantado através de um decreto, Decreto n. 6.096/2007, que se constituiu num ato arbitrário, longe do debate democrático.

Quanto aos recursos, os R$ 7 bilhões em cinco anos para todas as IFES irão somente se houver expansão de vagas e o atendimento de todas as outras cláusulas do REUNI. Vale destacar que praticamente igual montante é retirado, anualmente, do orçamento da educação através da DRU, instrumento criado pelo governo FHC e mantido por Lula, para burlar o preceito constitucional das receitas vinculadas, retirando 20% da base de cálculo, que pode ser destinado para qualquer fim, desde aumentar o superávit primário para o pagamento da dívida pública, como realização de obras do PAC, empréstimos para usineiros, salvamento de bancos etc. Ou seja, o REUNI vai demorar cinco anos para devolver o que o governo retira em um...

Vale ainda destacar que o governo acena com um acréscimo de recursos limitado a vinte por cento das despesas de custeio e pessoal, mas, respectivamente, nos artigos 3º e 7º do Decreto n. 6.096/2007, fica claro que "o atendimento aos planos é condicionado à capacidade orçamentária e operacional do MEC" e "as despesas decorrentes deste processo devem estar circunscritas às dotações orçamentárias consignadas anualmente ao MEC". Ou seja, não há de fato garantia de recursos para a expansão proposta.

O apregoado respeito à autonomia universitária se reduziu a dois fatores: a) a adesão seria voluntária, as universidades poderiam aderir ou não; b) cada universidade deveria apresentar o seu plano de expansão e reestruturação.

Como destacou o reitor da UFBa, o MEC usou incentivos gerenciais e financeiros para convencer os dirigentes acadêmicos a aprovar o REUNI; isto é, as universidades há anos sem recursos e sem pessoal, se quisessem receber algo, teriam que aderir ao REUNI. Além disso, os eventuais montantes daquelas que não aderissem seriam repassados para as outras, fomentando assim um espírito de competição para não ficar para trás; sem recursos e com outra ainda pegando o que lhe caberia.

Em relação à autonomia para elaboração do plano, é uma autonomia que não existe de fato, pois o Decreto n. 6.096/2007 estabeleceu diretrizes e metas que têm que ser seguidas em todos os planos.

Art. 2º — O Programa terá as seguintes diretrizes:

I — redução das taxas de evasão, ocupação de vagas ociosas e aumento de vagas de ingresso, especialmente no período noturno;

II — ampliação da mobilidade estudantil, com a implantação de regimes curriculares e sistemas de títulos que possibilitem a construção de itinerários formativos...

III — reorganização dos cursos de graduação e atualização das metodologias de ensino-aprendizagem;

IV — diversificação das modalidades de graduação, preferencialmente não voltadas para profissionalização precoce e especializada;

IV — ampliação de políticas de inclusão e assistência estudantil;

V — articulação da graduação com a pós-graduação e da ed.superior com a ed. básica.

As diretrizes mencionadas devem ser implementadas de forma a atender as metas estabelecidas de alcançar, ao final de cinco anos: taxa de conclusão média de noventa por cento nos cursos de graduação e relação de dezoito alunos de graduação por professor em cursos presenciais.

Traduzindo essas diretrizes, o primeiro item poderá ser atingido com a ampliação de concursos de reingresso, transferência, mudança de curso, alunos em mobilidade estudantil. Só que, primeiro, as vagas ociosas nas IFES são ínfimas se compradas com as IES privadas; segundo, a "ociosidade"/ evasão geralmente acontece nos últimos anos dos cursos, ficando difícil o ingresso de alunos em qualquer modalidade, a não ser de alunos quase já formandos de outras instituições, numa mobilidade estudantil focalizada. Outra opção é facilitar a aprovação, afrouxando os critérios de avaliação, ainda mais para poder atingir uma taxa de conclusão média de noventa por cento. Na verdade, quando se estabelece taxa de conclusão média, não se está preocupado com a taxa de evasão, ou de identificar e ou se preocupar efetivamente com a evasão, mas somente em garantir que de uma turma de 100 alunos, no final do período do curso, haja 90 graduandos, não importando se os graduandos que entraram estão se formando, ou que seja alguém que fez apenas uma pequena parte do curso. Em cursos como Física, por exemplo, não só no Brasil, mas em diversos países, o número de formandos é bem reduzido, a evasão existente precisa ser estudada, mas certamente há fatores como falta de perspectiva profissional ou a baixa remuneração para aqueles que pretendem seguir a carreira do magistério.

A ampliação da mobilidade estudantil, com a implantação de regimes curriculares e sistemas de títulos que possibilitem a construção de itinerários formativos, se adequa às perspectivas de ampliação do processo de Bolonha na América Latina (o que trataremos mais adiante), que necessita da reorganização do sistema de títulos no país, com sua equivalência em termos de tempo de duração, sequência e conteúdos, medidos por competências, significando um certo número de créditos. Essa proposta é fundamental para a circulação mercantil da educação.

A reorganização dos cursos de graduação e atualização das metodologias de ensino-aprendizagem propiciam não só a redução de cargas horárias e enxugamento/esvaziamento do currículo, em especial para os tempos menores dos períodos noturnos, destinados aos alunos trabalhadores, mas também a adoção da educação à distância nos cursos presenciais, a computação de parte de créditos via exames de proficiência ou disciplinas realizadas em outras instituições. Na UFF, por exemplo, caso as coordenações dos cursos de graduação aceitem todas as possibilidades de flexibilização curricular, aprovadas no novo regulamento geral dos cursos de graduação, o aluno de um curso de graduação presencial poderá concluir seu curso cursando de fato apenas 20% das disciplinas presencialmente. Pois pode cursar até 20% da carga horária à distância, 40% exame de proficiência e 20% aproveitamento de crédito de disciplinas cursadas em outras IES.

Passando diversificação das modalidades de graduação, preferencialmente não voltadas para profissionalização precoce e especializada, o item tem a ver com a ideia dos bacharealados interdisciplinares, similares aos *community colleges* americanos ou 1 ciclo do Acordo de Bolonha.

Em relação à ampliação de políticas de inclusão e assistência estudantil, tal medida se vincula à adoção da polêmica política de cotas (raciais, econômicas, para professores, para portadores de necessidades especiais etc.). Já a articulação da graduação com a pós-graduação e da educação superior com a educação básica significa o uso de alunos da pós-graduação como professores não remunerados ou parcamente remunerados com um bolsa, atuando como professores ou tutores na graduação, e dos alunos de graduação fazendo o mesmo na educação básica. Há a proposta do pagamento do ensino gratuito com trabalho não remunerado após a formatura. Basta informar como o formando e sua família irão se manter, pagando aluguel, transporte, alimentação e contas do dia a dia sem remuneração necessária e, certamente, sem possibilidade de adquirir livros, jornais e participar de outras atividades culturais inerentes à sua formação permanente.

Voltando à questão da suposta autonomia, o documento contendo as Diretrizes do REUNI (p. 12) alertou que "todas as propostas encaminhadas deverão contemplar um aumento mínimo de 20% nas matrículas de graduação projetadas para a universidade, além de atender as demais diretrizes do programa". Isso certamente se denomina heteronomia, e não autonomia. O plano apresentado pelas IFES é na verdade um contrato de gestão, chamado Termo de Compromisso.

Aqui vale relembrar que a grande expansão do setor educacional privado se deu concomitantemente com políticas para redução de gastos com o setor educacional público, processo este consonante com diretrizes defendidas e divulgadas pelo capital, em especial através dos organismos internacionais, com destaque para o Banco Mundial, que divulgou vários estudos sobre reforma da educação superior em distintos países, a partir dos anos 1990[10],

10. Ver, por exemplo, WOLFF, L.; ALBRECHT, D. (Ed.). *Higher education reform in Chile, Brazil and Venezuela: towards a redefinition of the role of the State*. Washington, D. C.: The World Bank, Human Resources Division/LACR, 1992. (A view of the LATHR, 34); BANCO MUNDIAL. *China: management and finance of higher education:* a World Bank country study. Washington, D. C.: The World Bank, 1986. (PUB 5.912).; ______. *Higher education reform in Brazil*. Washington, D. C.: The World Bank, Population and Human Resources Division/ LACR, 1991. (Draft-confidential.); ______. *Higher education: the lessons of experience*. Washington, D. C.: The World Bank Group. 1994. (Series Development in Practice); ______. *Argentina: higher education reform*. Washington, D. C.: The World Bank, Human Resources Operation Division/ LACR, 1995. (Staff appraisal report n. 13.935-AR.); ______. *Indonesia: higher education support project: development of undergraduate education*. Washington, D. C.: The World Bank, Population and Human

enfatizando tal perspectiva, pautado na premissa de que a universidade de pesquisa era cara, ineficiente, inadequada e desnecessária para os países pobres e em desenvolvimento. Além do aperto fiscal, as universidades públicas também foram instadas a aumentar sua "produtividade" e adotar uma lógica de funcionamento similar à lógica mercantil do setor privado. Alguns estudos financiados pelo Banco Mundial e Fundação Ford no país, em especial no Núcleo de Estudos e Políticas de Educação Superior da USP — NUPES, apontavam tal direcionamento. Algumas críticas e sugestões de dois seminários realizados pelo referido Núcleo, em 1989, foram: a) o modelo da universidade de pesquisa era utópico e tinha muitos privilégios; b) a gratuidade neste nível de ensino era um escândalo por beneficiar "uma casta de privilegiados"; c) o processo de escolha de reitores feito por eleição era muito político; d) seria preciso estabelecer novos modelos para a distribuição de recursos e de busca de fontes alternativas para o financiamento das universidades; e) os currículos

---

Resources Division, East Asia and Pacific Regional Office, 1996a. (Staff appraisal report n. 15.498-IND); ______. *Jordan higher education development study*. Washington, D. C.: The World Bank, Human Resources Division, Middle East and North Africa Region, 1996b. (Report n. 15.105-JO); ______. *Republic of Senegal: higher education project*. Washington, D. C.: The World Bank Group. Population and Human Resources, Western Africa Department, 1996c. (Staff appraisal report. n. 15.523-SE); ______. *Romania: reform of higher education and research project*. Washington, D. C.: The World Bank, Human Resources Operation Division, Europe and Central Asia Region, 1996d. (Staff appraisal report n. 154.525-RO); ______. *China: higher education reform: a country study*. Washington, D. C.: The World Bank, 1997a. (Report n. 17.138); ______. *Republic of Tunisia: higher education: challenges and opportunities*. Washington, D. C.: The World Bank, Human Development Group, Middle East and North Africa Region, 1997b. (Report n. 16.522-TN); ______. *Russian Federation: education innovation project* Washington, D. C.: The World Bank, Human Resources Division, Europe and Central Asia Region, 1997c. (Staff appraisal report n. 16.267-RU); ______. *Chile: higher education improvement project*. Washington, D. C.: The World Bank, Human and Social Development Group, Argentina, Chile and Uruguay Country Management Unit, Latin America and Caribbean Region, 1998a. (Report n. 17.887); ______. *Mexico: higher education financing project*. Washington, D. C.: The World Bank, Human Development Sector Management Unit, Latin America and Caribbean Region, 1998b. (Report n. 17.174-ME.); ______. *Republic of Hungary: higher education reform project*. Washington, D. C.: The World Bank, Human Development Unit, Europe and Central Asia Region, 1998c. (Staff appraisal report n. 16.536-HU); ______. *Vietnam: higher education project*. Washington, D. C.: The World Bank, Education Sector Unity, Vietnam Country Unit, East Asia and Pacific Region, 1998d. (Report n. 17.235-VN); ______. *China: higher education reform project*. Washington, D. C.: The World Bank, Human Development Sector Unit, East Asia and Pacific Regional Office, 1999. (Report n. 19.146-CHA).

deveriam ser mais flexíveis; f) a formação de professores para o ensino fundamental e médio deveria ocorrer em faculdades de formação de professores, não em universidades; g) a avaliação do professor deveria ser feita por produtividade; h) os custos das universidades públicas poderiam ser reduzidos via o aumento da relação aluno-professor e da relação matriculados-formados, assim como pela redução do tempo para graduação; i) a carga de trabalho docente e seu potencial de trabalho deveria ser usado mais intensamente; j) criar mecanismos de avaliação baseados em padrões a serem estabelecidos e que permitam comparações.

Tais críticas e sugestões encontram-se em documentos do Banco Mundial[11] para a reforma do ensino superior, como pode ser visto a seguir:

Sugestões do Documento do Banco Mundial (1991):

a) Os processos decisórios nas IFES deveriam ser restritos aos mais produtivos da comunidade acadêmica, representantes de sociedade e do governo; b) revogação da "lei da isonomia", fim da estabilidade e da aposentadoria integral, e admissão usando as regras aplicadas no setor privado; c) definição do orçamento com base em fórmula, calculada em função do custo estimado por aluno e do desempenho estudantil; d) observância do custo unitário, relação professor/aluno e número mínimo de estudantes de graduação matriculados para a oferta de turmas; e) suspensão de construção de novos prédios ou criação de qualquer outra universidade federal até que as instituições existentes alcancem um nível "adequado" de utilização do espaço físico, através, por exemplo, da duplicação de suas matrículas; f) o patrocínio de um programa de administração/gestão universitária utilizando o grupo do

11. As análise e recomendações do item "a" ao "g"constam do documento do Banco Mundial: *Higher education reform in Brazil.* Washington, D. C.: The World Bank, Population and Human Resources Division/ LACR, 1991. (Draft-confidential.); já o item "f" consta dos seguintes documentos: *Higher education: the lessons of experience.* Washington, D. C.: The World Bank Group. 1994. (Series Development in Practice); *Priorities and strategies for education. A World Bank review.* Washington, D. C.: The World Bank Group. Series Development in Practice, 1995; *Higher education in developing countries: peril and promise.* Washington, D. C.: IBRD/ The World Bank Group, 2000.

NUPES e o mestrado da UFSC. Treinamento no exterior em administração/gestão universitária apoiado pela CAPES; g) Diferenciação institucional — Brasil foi frequentemente apontado como modelo, com muitas instituições privadas não universitárias.

O embate se instalou em defesa do modelo universitário, pautado na indissociabilidade ensino, pesquisa e extensão, na oferta de cursos que dessem uma base para a formação de um profissional com amplos conhecimentos e uma visão crítica da sociedade, e não cursos mais compactos, aligeirados. Nesse processo, muitas greves ocorreram ao longo dos anos 1990, a universidade continuou resistindo, com todas as dificuldades, mas cada vez mais perpassada e pressionada para adotar uma lógica mais mercantil e se assemelhar aos parâmetros de funcionamento das IES privadas. Como exemplos dessa processo podemos mencionar a adoção de remunerações pautadas crescentemente em gratifições de desempenho/titulação (GED, GEMAS, GIT[12]), as avaliações produtivistas (número de alunos titulados, número de *papers* publicados etc.), a não reposição de pessoal em função de mortes ou aposentadorias, o incentivo à criação de cursos pagos e a criação e o incentivo às Fundações privadas nas IFES, a aprovação da Lei da Inovação Tecnológica, legitimando e reforçando o trabalho remunerado de professores com dedicação exclusiva em empresas do setor produtivo; uso de prédios, instalações, equipamentos, pessoal etc.

Ao mesmo tempo, o governo incentivou a expansão das IFES, via interiorização; isto é, criação de novos *campi*, em sua maioria via frágeis e inadequados convênios com prefeituras, que legalmente devem usar seus recursos para a educação básica, onde o que se expandia era apenas a dimensão ensino da universidade.

A política governamental do segundo governo Lula, ante às críticas ao PROUNI e dentro da perspectiva da sociedade do conhecimento, que voltou a incentivar a educação, em especial, em nível superior e continuada, visando

12. GED — Gratificação de Estímulo à Docência; GIT — Gratificação de Incentivo à Titulação; GEMAS — Gratificação Específica do Magistério Superior.

atingir a meta estabelecida no Plano Nacional da Educação da oferta de educação superior no país até 2010, começa a incentivar e financiar a criação de novas "universidades", boa parte delas também apenas tratando da dimensão ensino (mais curto, mais rápido e mais barato) e não diferindo das instituições privadas não universitárias, a não ser pela gratuidade. Algumas instituições criadas, primeiro na caneta e depois providenciando-se de fato o local de funcionamento, e alguns dos novos *campi* são: UNIPAMPA — Alegrete, Itaqui, São Borja, São Gabriel e Uruguaiana; UNIFESP — São José dos Campos, Santos e Diadema; UFAM — Humaitá e Coari; UFPI — Picos, Parnaíba e Bom Jesus; UFC — Sobral e Cariri; UFBa — Vitória da Conquista; UFF — Rio das Ostras, Nova Friburgo, com perspectivas de expansão das unidades interiorizadas em Santo Antônio de Pádua, Angra dos Reis, Volta Redonda e Campos dos Goytacazes.

Algumas, como a Universidade do ABC, apresentaram outra organização do ensino, dividido em ciclo básico, denominado bacharelado interdisciplinar, de 2 ou 3 anos, para uma grande número de alunos, e depois a formação profissional para uns poucos, similar ao modelo americano dos *community colleges*[13] e a reforma do ensino superior europeu pautado no Processo de Bolonha.[14]

---

13. Os *community colleges* oferecem cursos de 2 anos, de formação mais geral, emitindo títulos de Bacharel por áreas de conhecimento; em artes, ciências etc.

14. O Processo de Bolonha foi assinado pelos ministros da educação da comunidade europeia, objetivando assegurar a defesa e a ampliação do mercado de educação superior europeu, tornando a Europa competitiva diante da perda de alunos para a Nova Zelândia, EUA, Canadá e Austrália, dentre outros. Para tanto, o Processo de Bolonha foi deflagrado com a declaração de Sorbone em 1998, seguido do cordo de Bolonha em 1999 e pelas Declarações de Praga, em 2001, Lisboa, em 2002, Berlim, em 2003 etc., aprovadas nas sucessivas reuniões ministeriais anuais. Tal processo propôs e vem estabelecendo uma padronização quanto à duração dos cursos superiores, organizando-os em 3 ciclos, com as seguintes durações: 1º ciclo, com até 3 anos, correspondente à graduação; 2º ciclo, com 2 anos, chamado mestrado, e o 3º ciclo, com 3 anos, correspondente ao doutorado. Em todos esses ciclos deveria haver um sistema de créditos transferíveis (ECTS), acreditação/revalidação de títulos por agências nacionais (NQF), agências de certificação de qualidade (QA — quality assurance agencies), mas de preferência rumo a uma agência supranacionial europeia (ENQA) e quiçá mundial, baseadas na avaliação de competências, definidas no sistema europeu de *standards* e *guidelines* (ESG); revalidação de títulos, mobilidade estudantil etc. Bolonha também institucionalizou cobrança de mensalidades/anuidades em todos os ciclos, mesmo em estabecimentos oficiais onde não existiam.

Vale destacar que foi realizado, no dia 22 de junho de 2009, o II Seminário de Internacionalização, na Universidade Federal de Alagoas[15], com o objetivo de discutir iniciativas de cooperação e intercâmbio internacional realizadas pela Universidade, contando com a presença do reitor da Universidade de Coimbra, na conferência de abertura, discorrendo sobre "O Papel da Universidade de Coimbra nas Relações Internacionais Brasil-Europa". Além do reitor de Coimbra, a vice-reitora de relações internacionais da referida universidade deveria tratar sobre o "Processo de Bolonha e as Novas Alternativas para a Educação Superior: Desafios e Perspectivas". A seguir estava prevista uma mesa redonda "Estratégias de Internacionalização das Universidades Brasileiras", com representantes da CAPES, ANDIFES e os reitores da UFRS e da UFBa, este último, presidente da recém-criada Associação Grupo Coimbra de Dirigentes de Universidades Brasileiras[16].

Ou seja, a expansão desejada pelo processo de Bolonha está aqui e o REUNI é a ponta de lança para sua implementação, num processo de padronização e homogeneização sem precedentes, reduzindo o ensino superior ao desenvolvimento de competências, já definidas num manual, para cada um dos cursos, de todas as instituições europeias e daqui a pouco latino-americanas, através do projeto Tuning América Latina "para la convergencia de la Educación Superior"[17] deste continente com o Europeu, mudando a estrutura e características da educação superior no país. Isso significa uma posição mais dependente, pouco criativa e bem longe de uma perspectiva de autonomia e soberania.

15. UFAL. Seminário expõe políticas de intercâmbio internacional na Educação Superior. Disponível em: http://www.ufal.edu.br/ufal/noticias/2009/06/seminario-expoe-politicas-de-intercambio-internacional-na-educacao-superior. Acesso em: 26 jun. 2009.

16. A 1ª vice-presidente é a prof. Suely Vilela, reitora da USP, o 2º vice-presidente é o prof. Clemente Juliato, reitor da PUC-PR. Os membros do Conselho Fiscal são: João Carlos Carvalho, reitor da UFAp; Ricardo Vieiralves de Castro, reitor da UERJ; Márcio Moraes, reitor da UNIMEP, tendo, como suplente, Maria Lúcia Neder, reitora da UFMT. Maiores detalhes no *site*: http://www.grupocoimbra.ufu.br/geral.php?id=3

17. O projeto Tuning define competências genéricas, bem como específicas, métodos de ensino, aprendizagem e avaliação para distintas carreiras (administração, engenharia, direito, arquitetura, medicina, educação, química, história, enfermagem etc.). Maiores detalhes ver em Tuning Europa: http://tuning.unideusto.org/tuningeu/; e Tuninga América Latina: http://tuning.unideusto.org/tuningal/

É nesse contexto, não divulgado pela mídia, que deve ser entendida a apresentação da proposta do REUNI. O REUNI só foi aprovado nas IFES sob o cerco da polícia, ou como relatou o reitor da UFBa: "Houve tumulto e violência em reuniões de conselhos universitários; reitorias foram invadidas; várias ocupações só terminaram com mandatos judiciais de reintegração de posse" (*Folha de S.Paulo*, 6/2/2008). As fortes reações não foram apenas a "ação de forças reacionárias de uma minoria do movimento estudantil", como o referido Reitor e muitos outros com espaço na mídia, que tentam reduzir e desqualificar todos que se opuserem e se opõem ao referido projeto, desde sua implantação via decreto.

10

Exames nacionais e desafios à avaliação da educação no Brasil

Maria Teresa Esteban*

Desigualdade

Esta parece ser a palavra que atravessa silenciosamente a leitura de um amplo conjunto de notícias de jornal, publicadas recentemente no Brasil, especialmente quando nos detemos no que se refere à avaliação educacional. No material analisado, destacam-se as referências a diferentes procedimentos de avaliação externa baseados em exames estandardizados aplicados a estudantes. Na esteira dos exames nacionais — ENADE (Exame Nacional de Desempenho dos Estudantes), ENEM (Exame Nacional do Ensino Médio), Prova Brasil e Provinha Brasil —, que se propõem como instrumentos para melhorar o sistema educacional brasileiro, encontramos também exames estandardizados em âmbito estadual ou municipal, nestes casos direcionados a estudantes do ensino fundamental.

* Doutora em Filosofia y Ciencias de la Educación pela Universidade de Santiago de Compostela; Professora Associada I da Faculdade de Educação e do Programa de Pós-Graduação em Educação da UFF.

Frequentemente a relação apresentada é entre avaliação e qualidade. Ou melhor, diante dos resultados insatisfatórios encontrados nas diferentes esferas educacionais, se estabelecem metas de desempenho e se aplicam exames para aferir o rendimento dos estudantes. Nessa perspectiva, a aferição do desempenho serviria para identificar os pontos frágeis do sistema, orientando a formulação de políticas públicas que favoreçam a realização das metas estipuladas. Porém, as informações decorrentes desse processo praticamente se limitam aos níveis de rendimento alcançados, a partir dos exames aplicados aos estudantes; não focalizam as relações entre políticas públicas existentes e os resultados encontrados e demonstram pouco ou nenhum impacto no estabelecimento de políticas públicas que atuem sobre os graves problemas que estão na base do que se apresenta como desempenho insuficiente dos estudantes, ou das escolas — especialmente das escolas públicas. O que se fortalece, no âmbito da avaliação, são os processos vinculados à seleção e à produção de hierarquias.

Os desempenhos insuficientes são narrados como decorrências de processos quase sempre individualizados e sem qualidade. Não se evidencia a produção dos resultados no âmbito de uma concepção excludente de qualidade, compatível com o projeto hegemônico de sociedade, no qual necessariamente se inscrevem relações de subalternização. A noção de qualidade que atravessa o processo é destituída de sua pluralidade, compondo um discurso que institui e justifica práticas que isolam o pedagógico das tensões sociais em que se tecem os diferentes processos e resultados escolares.

Os textos veiculados pela imprensa escrita expressam a redução que se opera no quadro em que os resultados insatisfatórios se produzem. É importante ressaltar que, em geral, as notícias são bastante reduzidas, com informações pontuais que contribuem pouco para uma compreensão mais aprofundada da política de avaliação em curso no país e dos debates que se estabelecem a seu respeito. Pode-se observar que a insuficiência da dinâmica social com suas profundas desigualdades é posta em segundo plano enquanto se ressalta a capacidade do exame para detectar "dificuldades de aprendizagem", mantendo a tendência, há muito denunciada[1], de se individualizar os processos sociais e fazer da *vítima* — o estudante, em especial o dos segmentos mais desfavorecidos da população — o culpado pelo seu próprio fracasso.

> Nesta prova, segundo Crispino, será possível identificar os alunos que ainda têm dificuldade de aprendizado e propor aos professores e às escolas auxílio para que essas crianças cheguem ao fim do ano em condições de serem aprovadas. (*O Globo*, 10 mar. 2009)
>
> Sandra Lopes Louzada decidiu ser voluntária na aplicação da prova em 2008. "A avaliação é importante para que os professores possam identificar possíveis problemas de aprendizado. Depois a diretora discute com os pais os resultados e a gente fica por dentro do que está acontecendo", diz. (*O Estado de S. Paulo*, 27 dez. 2008)
>
> A avaliação tem o objetivo de verificar o nível de aprendizagem dos alunos, para que professores e gestores possam melhorar o trabalho realizado em sala de aula. (*Folha de Boa Vista*, 3 mar. 2009)

A ênfase, como se nota, está na relação entre o nível de rendimento aferido, possíveis deficiências na aprendizagem e ação no âmbito da sala de aula. Melhoria na aprendizagem se refere ao alcance de determinados níveis dentro das metas estabelecidas e não à ampliação do conhecimento dos estudantes. Opta-se por manter a inversão que faz dos problemas metodológicos problemas de rendimento[2], recorrendo-se à antiga fórmula: para maior qualidade, mais exame. Não se discutem os pressupostos que constituem os processos escolares, tampouco os percursos que demarcam a relação ensino-aprendizagem, mas buscam-se procedimentos que garantam a elevação dos níveis de rendimento segundo as metas estabelecidas.

---

1. COLLARES, C. A. L.; MOYSÈS, M. A. *Preconceitos no cotidiano escolar* — ensino e medicalização. São Paulo: Cortez, 1996; PATTO, M. H. S. *A produção do fracasso escolar*. São Paulo: T. A. Queiroz, 1991.
2. Sobre as inversões operadas pelo exame, ver BARRIGA, A. D. Uma polêmica em relação ao exame. In: ESTEBAN, M. T. (org.). *Avaliação:* uma prática em busca de novos sentidos. 3. ed. Rio de Janeiro: DP&A. 2001.

A coordenadora de pesquisa e conteúdo da ONG Todos pela Educação, Alice Ribeiro, constatou que, tanto em Santa Catarina quanto no Brasil subiram os níveis de conhecimento dos alunos. Entretanto, os índices não representam o aumento suficiente para atingir a meta.

— Se continuar assim, não alcançaremos a meta. Os objetivos vão se tornando mais desafiadores, já que os que não atingiram o primeiro índice precisarão se esforçar em dobro para chegar ao segundo, e assim por diante. (*Diário Catarinense*, 2 mar. 2009)

Mesmo em alguns casos de sistemas de avaliação estaduais em que há referência à necessidade de redirecionamento dos procedimentos de ensino, de estabelecimento de ações voltadas à formação docente ou de informações sobre aspectos extraescolares que possam interferir na aprendizagem, a finalidade desses procedimentos é a busca de condições mais favoráveis para a elevação dos patamares de rendimento alcançados. Não há questionamentos sobre um sistema de avaliação constituído por exames estandardizados e sobre a uniformização curricular que ele pressupõe.

O projeto de educação articulado pela política de avaliação em curso se sustenta na pedagogia do exame[3], constituída para realizar a reprodução de universais abstratos, apresentados formalmente como saberes válidos por serem expressão da verdade, e formulada através da definição de objetivos fixos, nos quais se fragmentam os conhecimentos e se determinam caminhos rigorosos, que expressam as aprendizagens projetadas e os parâmetros para sua mensuração. A pedagogia do exame ressalta a dimensão técnica do processo ensino-aprendizagem, minimizando a escolarização como projeto sociocultural. Tais demarcações, numa sociedade plural e desigual como a nossa, ocultam a arbitrariedade de muitas escolhas no que se refere ao ensino e à aprendizagem, efetivamente constituídas como parte de lutas sociais. A transmissão/apreensão de conhecimentos e a conformação dos modos de estruturação do pensamento são fundamentais na inscrição social dos sujei-

3. BARRIGA, op. cit.

tos, portanto, não se pode desconsiderar a importância do fortalecimento da cultura do exame, que organiza a escola para nomear e hierarquizar. Os procedimentos assim instituídos buscam naturalizar o padrão que define a classificação e normalizar os sujeitos, contribuindo para o apagamento das singularidades e excluindo a diferença (epistemológica e cultural) ao impedir que seja validada pelo processo educacional.

O sistema de avaliação externa através de exames estandardizados é incorporado ao processo educacional como indutor de qualidade. O exame se configura segundo as metas estabelecidas, cria mecanismos para a mensuração do rendimento estudantil e produz dados que permitem o estabelecimento de um *ranking*. Esse modelo amplia as possibilidades de controle pelo Estado, verificando e atestando a qualidade da educação não apenas pela lógica burocrática, mas introduzindo mecanismos de mercado através da publicização dos resultados[4]. A dimensão individual da aprendizagem e da qualidade se fortalece, o que reduz, chegando muitas vezes a negar, a natureza intersubjetiva da produção do conhecimento.

A institucionalização do exame distancia o diagnóstico, necessário à formulação e análise tanto das políticas públicas quanto da prática pedagógica, dos processos efetivamente instaurados no cotidiano escolar. Assumi-lo como meio para avaliar o processo pedagógico reforça a concepção classificatória, fortemente enraizada nas práticas cotidianas, dificultando a utilização de procedimentos outros, mais efetivos no acompanhamento que sem dúvida se faz necessário em todos os momentos da escolarização. Portanto, a consolidação do exame afasta as possibilidades de compreensão e intervenção no processo de aprendizagem, pois seu foco está na elevação das médias de desempenho.[5]

---

4. A esse respeito, ver AFONSO, A. Nem tudo o que conta em educação é mensurável ou comparável. Crítica à *accountability* baseada em testes estandardizados e rankings escolares. *Revista Lusófona de Educação*, 2009, 13, p. 13-29, 2008.

5. ESTEBAN, M. T. Provinha Brasil: reeditando a velha confusão entre avaliação e exame. *Nuevamerica*, v. 118, p. 72-5, 2008; ESTEBAN, M. T. Silenciar a polissemia e invisibilizar os sujeitos: indagações ao discurso sobre a qualidade da educação. *Revista Portuguesa de Educação*, 21, 1, p. 5-31, 2008.

Tramas excludentes do conceito de qualidade

A noção de qualidade se relaciona estreitamente a rendimento, configurando um sentido positivo para a classificação que orienta a dinâmica de avaliação. A classificação se apresenta como estímulo à obtenção de melhores resultados, buscando superar a relação estabelecida, sobretudo na produção acadêmica no âmbito da avaliação educacional, entre os procedimentos classificatórios e a construção de um caminho de exclusão. Este aspecto precisa ser considerado na reflexão por não promover rupturas com a perspectiva de produção de subalternidade, explícita na avaliação classificatória. As mudanças na estrutura do discurso apoiam-se numa percepção simplificada das relações pedagógicas, apreendidas de modo fragmentário, sem conexões entre si ou com a dinâmica social.

A crescente centralização e uniformidade de parâmetros, procedimentos e processos norteadores da avaliação do sistema através da mensuração da aprendizagem dos estudantes é acompanhada de uma significativa redução do universo de conhecimentos, culturas e de formas de expressão aceito e legitimado pela escola, reforçando a reprodução apoiada na negação do que se diferencia modelo validado.

A realização de exames, o estabelecimento de *rankings* e sua publicização não se mostram suficientes para a elevação dos níveis de desempenho dos estudantes brasileiros. Tal conclusão é apresentada pelo INEP ao discutir os resultados verificados pelo SAEB[6]:

> Desde o início da série comparável[7], a média de proficiência no Brasil está abaixo do mínimo satisfatório. Isso ocorreu em todos os ciclos de avaliação (...) revelando uma queda constante nas proficiências médias.[8]

---

6. O referido relatório apresenta uma análise da série histórica dos resultados do SAEB de 1995 a 2003 para o Brasil e as grandes regiões geográficas do País.
7. Esta comparação entre resultados de anos diferentes só é possível no exame nacional aplicado a alunos do Ensino Fundamental; a metodologia utilizada nos demais exames não garante essa possibilidade.
8. INEP/MEC. *Relatório Nacional SAEB 2003*. Brasília. 2006.

E corroborada nos resultados divulgados mais recentemente pela imprensa:

> Os resultados, de acordo com o Educação para Todos, ainda mostram que a maioria dos alunos passa pela escola, porém não aprende o mínimo esperado. O levantamento alerta que, no Brasil, menos de três em cada dez alunos da 4ª série aprenderam o que é esperado para sua série em língua portuguesa. Apesar de um resultado aparentemente positivo, a avaliação atesta que, na 8ª série, apenas três em cada dez estudantes possuem os conhecimentos adequados em sua série na mesma disciplina. (*Correio Braziliense*, 18 fev. 2009)

A insuficiência desse sistema em que avaliação da aprendizagem se confunde com exame e a mensuração de desempenho é usada como instrumentos de regulação externa do sistema educacional vem sendo amplamente discutida na literatura sobre avaliação educacional:

> Quando as formas de *accountability* se sustentam fundamentalmente na aplicação de instrumentos validados científica e tecnicamente, como é o caso dos testes estandardizados, percebe-se melhor a eficácia da "técnica e ciência como ideologia" e, portanto, nenhum sistema de avaliação, prestação de contas e responsabilização (*accountability*) bem fundamentado em termos políticos, culturais, éticos, técnico-científicos e educacionais, pode esgotar-se na mera recolha e publicação de informações baseadas em testes, mesmo que estandardizados. Esta situação é ainda mais questionável quando os resultados acadêmicos dos alunos acabam por ser também um critério fundamental para a avaliação das escolas e para a avaliação dos próprios professores.[9]

Essa vertente de análise sobre os exames nacionais não é observada no que é noticiado nos jornais, não tornando públicas as críticas existentes, na esfera acadêmica, ao percurso realizado para a configuração de um sistema nacional de avaliação externa, com impacto sobre distribuição de verbas e começando a estabelecer uma relação direta com a remuneração docente.

---

9. AFONSO. Op. cit.

"O polêmico bônus na remuneração dos professores da rede básica do Estado dependerá do desempenho de 1,8 milhão de alunos em provas aplicadas hoje e amanhã. Pela primeira vez, as notas do Sistema de Avaliação de Rendimento Escolar do Estado de São Paulo (Saresp), aplicado todos os anos, envolverá retorno financeiro para os docentes das escolas que atingirem suas metas. Cada equipe escolar poderá receber o equivalente a 2,9 salários extras." (*O Estado de S.Paulo*, 27 de novembro de 2008)

O exame tem uma atuação importante no sentido de moldar as práticas, reduzindo as possibilidades de estímulo à diferença, característica da sala de aula. Assim, legitima desigualdades decorrentes das diferenças, naturaliza a subalternidade e fomenta, nos sujeitos, o desejo de normalização. Simultaneamente, afasta o estudante, sujeito que aprende, do conhecimento, que deveria ser o objeto da aprendizagem. Esse movimento enfatiza o resultado, contribuindo para distanciar os sujeitos de seus próprios processos. Tal dinâmica dificulta a produção de práticas favoráveis a um permanente processo de ampliação de conhecimentos por todos.

Não se podem descolar as propostas de uniformização das práticas e resultados escolares dos movimentos de conformação e manutenção de uma estrutura de poder colonial[10], em que se constituem processos de silenciamento de parcelas da sociedade. As diferenças são verificadas e expostas, porém, não se reconhecem muitos desses conhecimentos, tampouco se valoram positivamente os sujeitos em sua diferença. Menos ainda se discutem os processos de produção de desigualdades e suas relações com a diferença. Nessa lógica, a diferença de percursos e de resultados continua sendo interpretada como deficiência.

A avaliação se estrutura como um processo de regulação externa da dinâmica pedagógica, colaborando para a redução das possibilidades da própria escola instaurar processos de reflexão coletiva sobre seu trabalho cotidiano. A uniformização das metas a alcançar dificulta a formulação das propostas de ação pela própria escola e, por consequência, o estabelecimento

10. MIGNOLO, W. *Histórias locais/Projetos globais*. Belo Horizonte: UFMG, 2003.

de modos coletivos e democráticos de regulação do trabalho, com a finalidade de produzir práticas favoráveis ao processo aprendizagem-ensino. Simultaneamente, a produção de níveis idealizados de desempenho, desigualmente valorados, de modo que alguns devam ser alcançados e outros evitados, reforçam a dificuldade de articulação de práticas cotidianas que atuam em uma perspectiva dialógica, indispensável a um efetivo movimento aprendizagem-ensino.

A homogeneidade do padrão e a diferenciação dos resultados consolidam as bases para uma distribuição desigual dos sujeitos pelo espectro social, justificada e validada pela aferição dos diferentes níveis de desempenho. A desigualdade presente em todo o processo perde sua nitidez ao ser articulada à preocupação com a qualidade da educação, que apresenta a elevação dos níveis de desempenho escolar como estratégia para a criação de igualdade de oportunidades.

Resultados e polêmicas

Interessante observar a ampla divulgação dos dados relativos ao Índice de Desenvolvimento da Educação Básica (Ideb), ao SAEB ou aos resultados de diversos sistemas de avaliação em âmbito estadual ou municipal. Em geral, tratam dos resultados das redes públicas de ensino e ressaltam a insuficiência dos resultados alcançados. Entretanto, a polêmica se estabelece quando se divulgam resultados do ENEM e do ENADE. As reportagens apresentam o movimento de instituições privadas no sentido de impedir a publicização dos resultados pelo MEC.

> "O MEC não pode divulgar um conceito que é para consumo interno, não é para ser usado e fazer ranking. Depois dessa série de reuniões pretendemos fazer uma proposta", diz Severiano Alves (PDT-BA), presidente da Frente Parlamentar em Defesa do Ensino Privado. O grupo, formado por mais de 170 deputados e senadores, foi criado há cerca de um ano para defender os interesses da área. (...) As associações de instituições privadas de ensino superior

> tentam, através de parlamentares da Frente em Defesa do Ensino Privado, mudar a lei que criou o Sistema Nacional de Avaliação do Ensino Superior (Sinaes) para proibir a divulgação. (*Tribuna do Norte*, 7 dez. 2008)

Também há referências ao questionamento dos procedimentos de avaliação utilizados nessas modalidades de exame:

> O CPC[11] é o principal alvo das associações que representam instituições particulares, que argumentam, entre outras razões, que a divulgação de dados ainda preliminares prejudica a imagem dos cursos. O indicador sintetiza — dando pesos diferenciados a cada item — o desempenho dos alunos no Enade (exame substituto do Provão), a qualificação do corpo docente, a percepção dos alunos sobre o curso e um cálculo que tenta medir o quanto cada curso agregou ao formando considerando o perfil socioeconômico dos estudantes. (...) A principal crítica de Schwartzman ao CPC é ao fato de ele ser incompreensível, em sua opinião, para o público.
>
> "Deu bastante trabalho para entender. Ele é resultado de uma manipulação estatística que mistura vários indicadores com pesos diferentes e, depois de várias regressões e não sei quantas ponderações, chega-se a um valor. Continuo achando irresponsável, por parte do MEC, divulgar um indicador tão genérico assim." (*Folha de S.Paulo*, 6 dez. 2008)

Porém, mesmo dentre as instituições do setor privado, tal posição encontra opositores:

> Num encontro realizado neste mês em Recife, o Fórum das Entidades Representativas do Ensino Superior Particular divulgou uma carta pedindo, entre outros pontos, que o Enade não seja o item de maior peso na avaliação e rejeitando "qualquer critério que vise a ranquear as instituições de ensino superior". Essa posição, no entanto, não é consensual no setor privado. As associações que representam universidades comunitárias (privadas, mas sem fins lucrativos) divulgaram, na mesma semana da carta divulgada pelo Fórum das particulares, um outro documento que defende "os avanços realizados nas avaliações de cursos no âmbito do Sinaes (Sistema Nacional de Avaliação da Educação Superior)". (*Folha de S. Paulo*, 6 dez. 2008)

---

11. Conceito Preliminar de Curso.

> O INEP mantém a divulgação dos resultados obtidos nos referidos processos, os defendendo como transparentes e necessários à regulação externa, embora aceite a possibilidade de introduzir modificações no sistema, sem, no entanto, abrir mão da produção e socialização dos *rankings*. (*O Estado de S. Paulo*, 6 dez. 2008)

Esse debate demanda um aprofundamento no estudo sobre a relação entre a constituição de um sistema de avaliação externa através de exames estandardizados e a introdução de mecanismos de mercado, especialmente através da divulgação dos resultados. Essa questão não será desenvolvida neste trabalho, que se limita a assinalá-lo como problema relevante para o campo da avaliação educacional.

Mas não se pode deixar de observar a diferença de reação à apresentação dos *rankings* produzidos pelos procedimentos que colocam sob exame fundamentalmente as redes públicas de ensino fundamental, destacando os baixos desempenhos dos estudantes, e à publicização dos resultados dos sistemas que expõem a insuficiência da qualidade em muitas das instituições do setor privado. Embora os diferentes exames que compõem o sistema de avaliação externa da educação no Brasil sejam articulados por princípios teórico-metodológicos semelhantes, não se observa, no material analisado, questionamentos à metodologia utilizada para a avaliação do ensino fundamental, como se encontra no debate que se estabelece a respeito do ENEM e do ENADE.

Também os estudantes fazem críticas ao processo instituído na avaliação do ensino superior:

> Entre os alunos, o sistema de medição da qualidade dos cursos não é unanimidade. "Reconheço avanços em relação ao Provão, pois as questões são mais críticas e reflexivas, mas discordo do sistema, porque não há no Enade objetivo de avaliar a universidade de forma plena, incluindo pesquisa e extensão", diz Estevão Cruz, de 21 anos, aluno do 3º período de ciências sociais da Universidade Federal de Minas Gerais (UFMG). O estudante, que apenas assinou a prova sem responder a nenhuma questão, não considera correto o uso dos resultados para fazer um ranking do que seriam as melhores universidades do país. (*Estado de Minas*, 22 nov. 2008)

Os resultados obtidos e as repercussões da sua divulgação expõem o fato de que o compromisso com a elevação dos índices de desempenho (associados a sucesso escolar) não produz necessariamente uma ruptura com a produção de desigualdades escolares. A manutenção da classificação como articuladora do processo de avaliação em curso assinala a incorporação desigual dos estudantes — por seus saberes, processos, valores, desempenhos — tratando a diferença como justificativa para a negação dos sujeitos, por intermédio da desqualificação de seus conhecimentos.

O discurso hegemônico sobre a qualidade da educação se constitui nos marcos da democracia neoliberal, ofuscando as contradições presentes na defesa da escola de qualidade para todos que alimenta práticas classificatórias, articuladas aos processos de subalternização, que invisibilizam e silenciam os sujeitos. Ainda que o sistema de exame vá sendo apresentado à sociedade brasileira como projeto consensual para a produção de uma educação de qualidade, suas fraturas aparecem em diversos momentos, como na polêmica sobre a divulgação de alguns de seus resultados indicada neste artigo.

Os limites encontrados no processo que vem se realizando e a ausência de discussão ampla, que incorpore as diferentes perspectivas socioculturais, os diferentes sujeitos e os diferentes projetos de sociedade que se entrecruzam ao sistema educacional, indicam a reduzida potencialidade do exame para a configuração de processos dialógicos e reflexivos. Os exames de larga escala, estandardizados, com publicização dos resultados, não são suficientes para uma efetiva avaliação da educação brasileira e não produzem os conhecimentos necessários à democratização do acesso ao conhecimento, condição fundamental para uma educação de qualidade.

A avaliação da educação ainda é uma tarefa sobre a qual precisamos nos debruçar, apoiados em perspectivas teórico-epistemológicas diferentes das que vêm sendo utilizadas, que não rompem com os históricos processos de silenciamento, invisibilização e subalternização de amplos setores da sociedade brasileira.

11

O debate sobre as cotas e o racismo no Brasil

Marcelo Badaró Mattos*

Contextualizando a questão

A questão das políticas de ação afirmativa e, particularmente, as propostas de cotas para negros nas Universidades vêm obtendo cada vez maior destaque na pauta do debate político-educacional brasileiro e, em paralelo, na imprensa escrita. Tal debate revela muitas vezes mais do que a defesa ou a condenação de tais propostas, desvelando posições variadas a respeito do racismo, da lógica meritocrática e da própria Universidade.

Não é recente a organização de um movimento negro no Brasil, que incluiu em suas pautas, desde sempre, o combate à discriminação e à desigualdade racial[1]. A defesa de propostas de ação afirmativa passou a ser mais

* Doutor em História pela Universidade Federal Fluminense — UFF. Professor Titular de História do Brasil na mesma instituição.

1. Para uma história do movimento negro, ainda que restrita a Rio e São Paulo, ver, por exemplo, Michael George Hanchard, *Orfeu e o poder:* movimento negro no Rio e São Paulo (1945-1988). Rio de Janeiro: EdUERJ, 2001.

enfatizada nas últimas décadas do século XX e repercutiu em políticas governamentais a partir dos anos 1990.

Seria, porém, equivocado atribuir a lógica das políticas de ação afirmativa implementadas nas duas últimas décadas apenas às propostas do movimento negro organizado, em suas variadas matizes. Fosse assim e tais políticas seriam, provavelmente, significativamente distintas. Não se pode esquecer que, nos anos 1990, os governos brasileiros, particularmente no plano federal, seguiram, tanto no campo das políticas de assistência social quanto no que tange às políticas educacionais, as recomendações gerais dos organismos financeiros internacionais, particularmente do Banco Mundial[2]. Estas se pautaram, por um lado, na perspectiva de redução dos investimentos estatais em serviços públicos (e direitos sociais) definidos como universais e a focalização das políticas assistenciais nos setores mais pauperizados da população (aqueles considerados como mais miseráveis entre as dezenas de milhões de brasileiros e brasileiras que vivem abaixo da linha da miséria).

Por outro lado, no campo da educação superior, tais orientações prescreveram a priorização da expansão do setor privado, que hoje representa cerca de 80% das matrículas. Ao mesmo tempo deu-se a redução do projeto universitário público, o que pode ser facilmente avaliado pela diminuição do investimento[3]. Assim, abandonando-se a perspectiva de qualidade pautada pela indissociabilidade entre ensino, pesquisa e extensão e estimulando o encolhimento de percursos formativos, a simplificação dos cursos, bem como a hierarquização das instituições, fomentou-se um projeto geral de mera formação de força de trabalho com diploma de ensino superior nas Universidades Públicas.

No entanto, mesmo com a expansão das matrículas na última década, tanto no setor privado quanto no público, o acesso às Universidades no Bra-

2. Sobre as políticas do Banco Mundial para a educação superior na América Latina, ver Roberto Leher, Um novo senhor da educação? A política educacional do Banco Mundial para a periferia do capitalismo, *Outubro*, São Paulo, n. 3, 1999.

3. Um dado simples: entre 1995 e 2002, o orçamento do MEC caiu de 1,44% do PIB, para 1,26%.

sil ainda é muito restrito. Pouco mais de 10% de jovens em idade universitária estão efetivamente matriculados. Nas instituições privadas, a possibilidade de expansão maior das matrículas esbarra na profunda desigualdade social do país, pois os que possuem renda suficiente para arcar com as mensalidades são relativamente poucos. Nas Universidades Públicas, embora recebendo um percentual maior de estudantes com renda mais baixa, dada a barreira do vestibular e seu relativo encolhimento frente ao setor privado, o acesso acaba por ser também bastante restritivo.

E como as desigualdades sociais brasileiras interpenetram-se de outras desigualdades, particularmente as de gênero e racial, constata-se que apenas 44% dos estudantes brasileiros de nível médio são negros (enquanto no total da população estão próximos aos 50%). No ensino superior esse percentual se reduzia a 10% no início da década de 2000. Para além da pressão dos movimentos sociais, a lógica focalizada das políticas sociais e o sentido privatizante das políticas para o ensino superior se combinaram nas propostas de ações afirmativas que, a partir da gestão presidencial de Fernando Henrique Cardoso, começaram a ser implementadas ou debatidas nos três poderes do Estado brasileiro.

Tal foi o quadro em que se deu o início do debate sobre a adoção de cotas nas Universidades para estudantes afrodescendentes — combinadas a cotas para egressos da rede pública, ou não — em meados dos anos 1990. Embora o debate sobre uma legislação nacional sobre o tema se arraste desde 1999 no Congresso Nacional, iniciativas autônomas de diversas instituições públicas de ensino superior, estaduais e federais, ou de governos estaduais, começaram a ser tomadas nessa direção desde o início da década seguinte[4], atingindo hoje cerca de 70 instituições.

Apresentadas quase sempre como medidas focalizadas, cujo objetivo é atender aos setores mais pauperizados da população, as propostas governamentais de políticas afirmativas possuem um horizonte plenamente compatí-

4. Caso da Lei estadual que instituiu o sistema de cotas nas Universidades estaduais do Rio de Janeiro, em vigor desde 2001.

vel com as orientações dos organismos financeiros internacionais de restrição dos gastos públicos com ensino superior, ampliação das matrículas no setor privado e redução do sentido da formação universitária (quebrando-se o padrão de qualidade baseado na indissociabilidade entre ensino, pesquisa e extensão). Embora as primeiras iniciativas de discussão do tema tenham sido introduzidas na gestão presidencial de Fernando Henrique Cardoso, é com o governo Lula da Silva que se apresentam políticas mais concretas seguindo essa lógica.

O exemplo mais destacado de tais políticas é o Programa Universidade para Todos (ProUni) — programa de subsídio às instituições privadas de ensino superior, em que o governo federal troca isenções fiscais da ordem de centenas de milhões de reais por bolsas (poucas delas integrais) para estudantes de baixa renda em seus cursos superiores. A legislação que regulamenta o ProUni definiu cotas para negros como componente necessário do programa. De forma semelhante, embora menos impositiva, o Programa de Apoio a Planos de Reestruturação e Expansão das Universidades Federais (REUNI) introduz entre os requisitos para as instituições aderirem ao programa a adoção de algum tipo de ação afirmativa no seu mecanismo de acesso[5]. No primeiro caso, fica evidente o quanto é restrito o sentido das cotas quando associadas a uma política de subsídio público ao setor privado. No segundo, percebe-se que a resposta à demanda social concreta é formulada de forma pouco definida, mas atrelando as políticas afirmativas a uma reestruturação pautada pela redefinição dos cursos superiores na direção de seu aligeiramento[6].

---

5. Sobre as reformas educacionais em curso no Brasil, desenvolvo uma análise mais detalhada em Marcelo Badaró Mattos, Mais do mesmo: a contrarreforma do ensino superior de Lula e Tarso Genro, *Outubro*, São Paulo, n. 12, 2005. Sobre o REUNI, apresentei criticamente o programa em M. B. Mattos, Expansão ou escolão? O REUNI, uma velha/nova proposta do governo para as Universidades federais, publicado em diversos sítios, entre os quais www.fazendomedia.com.

6. Neste sentido, é importante destacar que o ProUni custa anualmente até R$2 bilhões de reais anuais aos cofres públicos, aos quais se soma outro 1 bilhão de reais para o pagamento dos créditos do FIES. Ao fim de seus primeiros três anos o programa havia gerado cerca de 380 mil vagas, sendo somente 10% delas com bolsas integrais. Em comparação, todo o orçamento destinado ao REUNI em cinco anos chegará, no máximo, a 7,2 bilhões de reais, com um objetivo de criação de cerca de 150 mil vagas nas Universidades federais, públicas e gratuitas.

Seria equivocado buscar definir um único vetor de explicação para a adoção dessas medidas. Não se trata de simples resposta direta à pressão dos movimentos sociais organizados — o movimento negro em especial — por parte dos governos, nem tampouco de simples iniciativa governamental — orientada por programas e convênios internacionais, é fato —, autônoma em relação às pressões organizadas internas. Pensando na complexidade do Estado nas sociedades contemporâneas, em que as organizações dos interesses de classe na sociedade civil atuam formulando projetos, arregimentando forças para defendê-los e procurando apresentá-los como atendendo ao interesse universal, as políticas de governo — ou do Estado em seu sentido restrito — sempre refletem disputas sociais prévias.

Por outro lado, ao analisarmos a forma como a imprensa diária trata tais disputas e políticas, incorreríamos em outro equívoco caso a apartássemos da própria arena conflituosa de organização de "vontades coletivas" em que se constitui a sociedade civil. Em outras palavras, parto da premissa de que o debate jornalístico não apenas informa sobre ou reflete de fora as propostas apresentadas na sociedade civil e as políticas formuladas e implementadas na sociedade política, mas constitui-se ele mesmo em um dos espaços fundamentais de organização de interesses e mobilização de forças para a defesa de determinados projetos de classe. É com base nessa concepção das empresas jornalísticas, como grandes empresas que possuem seus interesses no "mercado", mas especialmente como "aparelhos privados de hegemonia", que procuro entender seu posicionamento no debate em questão[7].

As cotas na imprensa, em 2008

Uma das características do debate sobre as cotas na imprensa brasileira é a simplificação das posições em torno do tema, confinando-as a dois

7. A referência aqui, é claro, é Antonio Gramsci, *Cadernos do Cárcere*, Rio de Janeiro: Civilização Brasileira, 2000. v. 3.

campos homogêneos, que se enfrentariam posicionando-se contra ou a favor. Tal caracterização unifica sob a mesma rubrica os que se contrapõem à política de cotas, definindo-os a partir das posições dos que argumentam que "não somos racistas"[8], e que as cotas introduziriam o racialismo numa sociedade que é (ou se propõe a ser) mestiça e antirracista. O que oblitera a existência, entre os que condenam a política, de analistas que efetivamente enxergam e denunciam o racismo no Brasil, como uma "realidade cultural dominante", mas argumentam que a saída para esse problema não está na adoção de políticas de ação afirmativa, fundamentalmente porque tais saídas tendem a fragmentar ao invés de unificar os interesses e organizações da população trabalhadora, obliterando os nexos socioeconômicos do racismo à brasileira[9].

Da mesma forma, os defensores das cotas são homogeneamente agrupados e predominantemente identificados como os defensores de uma "integração" do negro na sociedade capitalista brasileira contemporânea, através do acesso de uma parcela da população afrodescendente aos bancos universitários, sem questionamentos sobre o caráter focalizado das políticas em curso[10]. Assim, encobre-se a existência de argumentos pró-cotas que criticam as políticas focalizadas e defendem as ações afirmativas numa perspectiva antissistêmica, como passo importante, mas não suficiente, para garantir espaços de democratização e universalização progressiva do ensino superior público[11].

8. Este é o título do livro de Ali Kamel, *Não somos racistas:* uma reação aos que querem nos transformar numa nação bicolor, Rio de Janeiro: Record, 2006.

9. É o caso de Mário Maestri, conforme se percebe na entrevista "Cotas destroem princípios de igualdade", publicada, entre outros veículos, em *Correio da Cidadania*, 19/9/2007. Disponível em: www.correiodacidadania.com.br

10. Como exemplificam as posições do coordenador do Educafro, Frei David do Nascimento. Para um exemplo de suas posições, ver o artigo "Consciência negra e inclusão", disponível em www.mundonegro.com.br/noticias/index.php?noticiaID=455.

11. Ver, por exemplo, Valério Arcary, Porque as cotas são uma proposta mais igualitarista que equidade meritocrática, *Crítica Marxista*, São Paulo, n. 24, 2007. Em Marcelo Badaró Mattos, Cotas, raça, classe e universalismo, *Outubro*, São Paulo, n. 16, 2007.

Esta operação de simplificação do conteúdo do debate à bipolarização em torno de polos homogêneos — a favor e contra — facilita o trabalho dos órgãos de imprensa em difundirem seus posicionamentos sobre as cotas. Tais posicionamentos oscilam no interior de um espectro que vai da condenação global de todas as propostas de ação afirmativa à relativa aceitação — ou condenação menos enfática — das que se limitam a políticas focalizadas ou garantem interesses empresariais (como o subsídio às instituições privadas).

Não pretendo, com isso, simplificar de minha parte o debate e apresentar de forma absolutamente homogênea os posicionamentos dos veículos de imprensa escrita que exprimem, muitas vezes, posições em disputa, ainda que no interior do campo de interesses das classes dominantes.

O que se observa pelo fato de que diversas vezes jornais apresentem nos títulos de suas matérias, e mesmo em editoriais, uma posição favorável às políticas de cotas para acesso às instituições de ensino superior. Assim, por exemplo, o *Diário do Amazonas* destaca em título de matéria sobre pesquisa da Universidade de Brasília (UnB) que "Cotistas negros tem as melhores notas" (16 dez. 2008). No mesmo diapasão, o jornal *Gazeta do Povo* já havia saudado o mesmo estudo com o título, também favorável, "Estudantes cotistas valorizam mais a vaga na Universidade" (14 dez. 2008).

Em editoriais, alguns jornais são mais claramente incisivos na defesa das cotas. É o caso da *Tribuna do Povo* (23 nov. 2008), que afirma não terem se sustentado os argumentos dos que condenavam as ações afirmativas porque despertariam o germe do racismo, ou levariam os estudantes cotistas, mal preparados, a enfrentarem dificuldades e constrangimentos maiores nas universidades. Em tom quase militante o editorial afirma que "quando a Casa Grande falava sozinha e a senzala não votava, o Brasil tornou-se o último país livre das Américas a abolir a escravatura." E conclui defendendo que "até hoje não apareceu um só episódio ou estudo relevante capaz de desqualificar essas políticas".

O mesmo tom positivo possui o editorial da *Folha de Pernambuco* (23 nov. 2008), que avalia a aprovação pela Câmara dos Deputados, na semana anterior, de um projeto instituindo as cotas nas Universidades Federais como "uma medida justa que assegura à juventude mais pobre maior facilidade para ingressar nos cursos universitários sob a responsabilidade do Governo".

Deve-se perceber, entretanto, que tais posições favoráveis às leis e decisões universitárias que instituem as cotas são comuns em jornais de circulação local ou regional. Quando passamos aos três maiores jornais diários de circulação nacional — *O Globo*, *Folha de S.Paulo* e *O Estado de S.Paulo* — o tom é bastante diverso, sendo comum aos três a condenação das cotas, embora com argumentos ligeiramente distintos.

Isso pode ser percebido na ênfase em matérias que expõem as posições contrárias às cotas, como no caso da divulgação por *O Globo* (19 jun. 2008), em que se dá destaque a um manifesto de dirigentes de Instituições Federais de Ensino Superior, contrário ao projeto de lei de cotas em tramitação no Congresso. O manifesto invocou a autonomia universitária para condenar a proposta por impor um modelo único de ação afirmativa no acesso às instituições federais, argumentando que:

> "O projeto de Lei n. 73/1999, caso aprovado, terá um efeito deletério sobre o conjunto das IES (Instituições de ensino superior). Usar o mesmo critério de seleção em todas as IES públicas do país desmotivaria o rico debate sobre acesso e ação afirmativa que tem levado a soluções inovadoras e eficazes. Mais que isso, assuntos dessa natureza precisam ser discutidos, decididos e validados internamente.

Este posicionamento contrário às cotas por parte dos maiores jornais de circulação nacional fica mais evidente quando observamos os artigos de opinião de seus representantes e os seus editoriais. Em relação aos articulistas, o "campeão" das posições anticotas é sem dúvida nenhuma o diretor executivo de jornalismo da Rede Globo de Televisão, Ali Kamel, que entre defesas da política externa estadunidense no Oriente Médio, denúncias de livros didáticos de História com inspiração teórica marxista e críticas pela direita ao governo, notabilizou-se na coluna que publica desde 2003 em *O Globo* por combater cotidianamente todas as propostas relacionadas às cotas na Universidade. Seus argumentos minimizam o racismo no Brasil, exaltam a "democracia racial" brasileira e condenam as cotas como introdutoras do racismo entre nós.

No artigo "Cotas", publicado em *O Globo*, na edição de 27/5/2008, por exemplo, Kamel comenta dados divulgados pela Universidade Estadual do Rio de Janeiro (UERJ) que mostram um número de inscritos para vagas de cotas raciais menor do que o número de vagas oferecidas. Sua conclusão é de que os negros não chegam à Universidade pública porque o ensino público é uma tragédia. Isto significa, segundo seu raciocínio, que o problema está na pobreza, não no racismo. Segundo o diretor executivo da Rede Globo: "neste país, negro, pardo, branco ou amarelo, todos têm livre acesso às escolas públicas. Em outras palavras, não é o racismo que impede os negros de se formarem no ensino médio e, formados, de passarem no vestibular, mesmo tendo a vida facilitada por cotas". É interessante que o raciocínio de Kamel omita que apesar desta escola pública de livre acesso, o percentual de negros analfabetos no Brasil é o dobro do registrado entre brancos, ou que a escolaridade média dos negros seja dois anos inferior à dos brancos, segundo os dados do Instituto Brasileiro de Geografia e Estatísticas (IBGE). Mas, esse não é o ponto central de seu artigo.

A questão central para Kamel é afirmar a existência de uma harmonia (neste caso racial) na sociedade brasileira, pautada pela miscigenação, que estaria sendo quebrada quando os defensores das cotas, estes sim racialistas, introduzem uma falsa polarização na sociedade brasileira. Em suas palavras, só não vê que nosso problema de acesso à Universidade é relativo exclusivamente à pobreza quem não quer:

> E quem não quer ver são os racialistas, aqueles que querem transformar a nossa sociedade miscigenada numa nação racialmente dividida a fórceps entre negros e brancos. Em vez de analisarem os números e admitirem que é a pobreza, muito mais do que o racismo, a responsável pela falta de acesso de negros às universidades, preferem escrever manifestos em que repetem os mesmos falsos argumentos estatísticos de sempre. (...) A sanha racialista é de tal ordem que o Ipea chega a divulgar com

pompa e orgulho que, este ano, os negros serão maioria entre os brasileiros. Nada contra, se fosse verdade. Não é. O que os dados do IBGE mostram inequivocamente é que o Brasil caminha para ser a maior nação mestiça do mundo. É isto o que temos de comemorar, é a prova mais evidente de que, no Brasil, não existem grupos estanques, todos se misturam. É a nossa novidade diante do mundo, contra a qual lutam os racialistas.

Para avançar na análise dos posicionamentos das maiores empresas jornalísticas sobre o tema é necessário tomar em conta sua abordagem nas situações em que as cotas foram mais intensamente debatidas. Em 2008, dois momentos motivaram um número maior de matérias nos órgãos de imprensa sobre a questão. O primeiro deles, ao redor do 13 de maio, quando dois manifestos — um contra outro a favor — sobre a questão das cotas foram encaminhados ao Supremo Tribunal Federal por professores universitários, líderes de movimentos sociais e artistas. Um segundo momento deu-se em torno do dia 20 de novembro, quando a Câmara dos Deputados aprovou com emendas (portanto, exigindo nova apreciação pelo Senado) o projeto encaminhado pelo Senado instituindo as cotas nas Instituições Federais de Ensino Superior e Tecnológico. Não à toa as datas-chave do debate sobre o racismo no Brasil — a que comemora a lei que aboliu a escravidão e o dia nacional da consciência negra, com referência à ação da Princesa Isabel e à figura de Zumbi dos Palmares, respectivamente — foram os momentos em que mais se discutiu o tema. São, por isso mesmo, dois momentos privilegiados para analisarmos as posições expressas pelos grandes jornais de circulação nacional em relação ao debate das cotas.

Os manifestos contrário e favorável às cotas foram destaque na imprensa no mês de maio de 2008. Em 14 de maio a *Folha de S.Paulo* publicou os dois manifestos e um posicionamento editorial sobre o tema. O primeiro manifesto, intitulado "Cidadãos antirracistas contra as leis raciais", sintomaticamente datado de 21 de abril, foi entregue ao Supremo Tribunal Federal (STF) no dia 30 do mesmo mês, com a assinatura inicial de 113 "cidadãos", entre os quais professores universitários que tem se destacado em posicionamentos públicos radicalmente contrários às ações afirmativas baseadas em adoção de cotas, como Yvonne Maggie, Demétrio Magnoli, Peter Fry, Marcos Chor, Gilberto Velho e Manolo Florentino. A eles se juntaram muitos outros docentes, além de alguns nomes da área musical, como Caetano Veloso e Nelson Motta; da literatura, como Lia Luft e Ferreira Goulart, e da cena teatral, como Gerald Thomas e Moacyr Góes. Algumas poucas lideranças do movimento negro e do movimento sindical também constavam da lista.

O manifesto dos "113 cidadãos" foi escrito com a intenção de apoiar duas ações de inconstitucionalidade levadas ao STF, pelos proprietários de instituições educacionais privadas, contra a regulamentação das cotas no ProUni e a Lei de Cotas das universidades estaduais do Rio de Janeiro. Seus principais argumentos giravam em torno da definição das políticas de cotas como "leis raciais", que instauram a racialização na vida social do país. Associando as políticas de cotas à reafirmação do racismo científico do século XIX, os signatários defendem que tais políticas são em si instrumentos de instauração do racismo, pois segundo eles, "o racismo contamina profundamente as sociedades quando a lei sinaliza às pessoas que elas pertencem a determinado grupo racial — e que seus direitos são afetados por esse critério de pertinência de raça".

O documento não nega a existência do racismo no Brasil, mas depois de listar ações institucionais com forte conteúdo racista — como as incursões policiais em favelas e áreas periféricas — contraditoriamente afirma que o racismo é "acuado", "envergonhado", no país. E valoriza positivamente seu caráter "subterrâneo", como "algo de muito positivo na identidade nacional brasileira, não uma prova de nosso fracasso histórico". Exaltando a mestiçagem como característica positiva de nossa "identidade nacional", o manifesto dos "113 cidadãos" afirma:

> Depois da abolição, no lugar da regra da "gota de sangue única", a nação brasileira elaborou uma identidade amparada na ideia antirracista de mestiçagem e produziu leis que criminalizam o racismo. Há sete décadas, a República não conhece movimentos racistas organizados ou expressões significativas de ódio racial.

Tal "identidade nacional mestiça" seria, segundo os signatários do manifesto, a base da diferença entre o Brasil e países como os Estados Unidos, que construíram políticas raciais discriminatórias baseadas em critérios de sangue e abortaram o sonho da integração racial, invocado através de uma citação de Martin Luther King, quando instalaram políticas de cotas. Lá como aqui as cotas gerariam como único resultado a discriminação favorável a estudantes de classe média definidos como negros. Os problemas da educação brasileira decorrem, seguindo ainda os argumentos do texto, de uma desigualdade social que permaneceria intocada pelas propostas em tela.

Na sua conclusão, o manifesto dos "113 cidadãos" contrapõe as propostas de cotas à "utopia da igualdade":

> Leis raciais não ameaçam uma elite branca, conforme esbravejam os racialistas, mas passam uma fronteira brutal no meio da maioria absoluta dos brasileiros. Essa linha divisória atravessaria as salas de aula das escolas públicas, os ônibus que conduzem as pessoas ao trabalho, as ruas e as casas dos bairros pobres. Neste início de terceiro milênio, um Estado racializado estaria dizendo aos cidadãos que a utopia da igualdade fracassou — e que, no seu lugar, o máximo que podemos almejar é uma trégua sempre provisória entre nações separadas pelo precipício intransponível das identidades raciais.

O "Manifesto em Defesa da Justiça e Constitucionalidade das Cotas" foi datado de 13 de maio e reuniu inicialmente 740 assinaturas, entre as quais muitas lideranças do movimento negro, centenas de professores e estudantes universitários, uma série de figuras públicas. Sua versão integral possuía 25 páginas, distribuídas entre argumentos em defesa das cotas, análise do racismo brasileiro e, principalmente, refutações às teses do manifesto dos "113 cidadãos".

O documento se baseou em uma defesa não apenas do princípio da aplicação de uma política de cotas, mas na valorização positiva das políticas em curso no país, como o ProUni e a Lei de Cotas do Rio de Janeiro, como instauradoras de "um processo concreto de luta pela igualdade após um século inteiro de exclusão dos negros do ensino superior, e não mais na controversa ideologia do mito de uma 'democracia racial' que, de fato, nunca tivemos".

Os signatários do "Manifesto em defesa" das cotas historiaram a luta do movimento negro por políticas desta natureza desde 1946 e avaliaram como um sucesso o resultado das políticas efetivamente implantadas no país desde o início da década de 2000. Num balanço quantitativo que somava as cotas nas instituições públicas ao ProUni, o documento assinala que "as cotas nas universidades públicas e o ProUni em apenas cinco anos serão capazes de colocar quase meio milhão de estudantes negros que ingressarão no mercado ou na pós-graduação, levando consigo a esperança pessoal e familiar, num acontecimento de proporções monumentais, sem paralelo qualquer na história da sociedade brasileira".

Em relação ao manifesto dos "113 cidadãos", o documento questiona a representatividade de seus signatários, particularmente pela inexistência de estudantes entre eles e pela predominância de professores universitários brancos, representantes do "poder acadêmico". Sobre seus argumentos, rebate-os um a um e recusa enfaticamente a tentativa de associar os defensores de cotas a qualquer crença científica na existência de raças, ou a promotores de um racismo de novo tipo:

> E para que insistir em negar aquilo que ninguém afirma? A quem estão atacando realmente? Não a nós, certamente, porque os defensores das cotas jamais falamos em raça no sentido biológico do termo. Somos nós, que defendemos políticas públicas para a comunidade negra, que enfatizamos ser o racismo brasileiro o resultado histórico de uma discriminação dos brancos contra as pessoas de fenótipo africano. Foi essa representação social negativa que influenciou a exclusão dos negros do ensino superior, daí a necessidade de políticas compensatórias para as pessoas que são vítimas dessa mesma representação.

Na sua parte final, o documento sintetiza seu esforço de apresentar argumentos em defesa das políticas de cotas existentes e refutações aos argumentos dos "113 cidadãos", e conclui:

> Acreditamos ter apresentado argumentos sólidos em favor da justiça e da constitucionalidade das políticas reparatórias de inclusão atualmente em curso. Mostramos igualmente a fragilidade e a imprecisão dos argumentos da pequena elite acadêmica branca que ainda reage a um processo histórico de proporções grandiosas. Sobre os 113 reacionários ao ProUni e às cotas, queremos enfatizar o seguinte: nada têm a propor a não ser adiar para um futuro incerto — quem sabe para daqui a 120 anos — a possibilidade de uma igualdade de oportunidades entre negros, brancos e indígenas no Brasil. Literalmente, o caminho por eles apontado é um caminho regressivo. Seu horizonte é o 13 de maio de 1888: a promessa vazia e fria de uma igualdade que não existia e que não se cumpriu após 120 anos.

Acredito que o destaque conferido pelos jornais aos manifestos corresponde a todo o seu esforço por simplificar o debate em torno de duas posições homogêneas: uma que condena as cotas em nome de uma identidade nacional integradora e de princípios republicanos de universalidade e igualdade; contra outra que apoia as políticas de governo — como o ProUni— e defende as cotas como principal remédio contra as desigualdades raciais brasileiras. Na polarização ficam de fora posições como as dos que defendem as cotas, mas condenam o subsídio ao setor privado que embala o ProUni, ou daqueles que criticam as cotas, mas não respaldam qualquer valorização de uma suposta "identidade nacional mestiça".

De qualquer forma, diante do debate polarizado, as posições oficiais dos jornais de maior circulação nacional são claramente favoráveis aos que condenam às cotas. Mais ainda, sendo coerente com os pressupostos que expus anteriormente, acredito que estas empresas jornalísticas são alguns dos principais espaços de formulação e construção de consensos em torno das posições anticotas, não apenas pela questão em si, mas principalmente pela necessidade de afirmar a harmonia social (e racial) como característica real ou potencialmente dominante na sociedade brasileira[12].

12. Por isso, não me parece fortuito que um dos principais formuladores de argumentos anticotas seja justamente o já comentado Ali Kamel, diretor executivo de jornalismo da Rede Globo de Televisão. Os argumentos de Kamel são repetidos por diversos professores universitários que sistematicamen-

Podemos observar a sintonia fina entre o manifesto dos "113 cidadãos" e o jornal de maior circulação no país através da posição editorial da *Folha de S.Paulo*, expressa no mesmo dia 14 de maio em que publicou os manifestos. Nela, o jornal assume a existência da discriminação racial no Brasil. Citando pesquisas que demonstram o lugar subalterno dos negros no mercado de trabalho, a *Folha* afirma que "A sociedade brasileira, apesar da propaganda em torno da democracia racial, conserva-se discriminadora. Embora seja difícil provar em juízo casos de racismo contra um indivíduo em particular, a divisão emerge clara das estatísticas."

No entanto, o jornal afirma-se contrário às cotas para afrodescendentes e propõe ações afirmativas direcionadas para os estudantes das escolas públicas em geral, concordando com os argumentos dos "113 cidadãos" em defesa do abstrato princípio republicano da igualdade — definida nos termos restritos da cidadania civil como "igualdade perante a lei". Concorda também com a ideia de que as propostas de cotas geram dificuldades na definição de quem é negro e tomam as exceções de Universidades que ao invés de recorrerem à autoidentificação criaram comissões para atestar o estatuto racial dos candidatos, como argumento contra todas as políticas de cotas.

O mais interessante, porém, é perceber que o jornal apresenta como saída a discriminação positiva dos egressos das escolas públicas nos exames vestibulares, mas afirma taxativamente a lógica do "mérito" ao condenar cotas, mesmo para esses estudantes da rede pública, e defender o sistema de "bônus" nas notas, implantado na Universidade de São Paulo (USP). Nas palavras do jornal:

> É possível, entretanto, evitar essas armadilhas teóricas e práticas sem renunciar a medidas antirracistas. Um dos efeitos do racismo é que os grupos discriminados acabam perenizando-se nos estratos de baixa renda. Uma política que

te se manifestam contra as cotas, assim como ele se apropria das análises destes para difundir suas posições. Tudo isso fica evidente na forma como Kamel e seus aliados da "academia" trocam colaborações como prefácios e orelhas em seus livros.

> favoreça pessoas mais pobres automaticamente contemplará negros, índios e outras minorias sem o risco de racializar as relações sociais. Uma maneira eficaz e mais isonômica de selecionar essa população é beneficiar vestibulandos oriundos da escola pública, sem distinção de cor. Já para preservar o acesso por mérito, o melhor é deixar de lado o sistema de cotas, que opera com números predeterminados de vagas a serem preenchidas. Em vez disso, o mais indicado é conceder um bônus na nota do vestibular aos estudantes beneficiados pela ação afirmativa.

São os argumentos meritocráticos, base primeira e, como se vê, última, de defesa dos vestibulares, o ponto comum entre as posições sustentadas pelos jornais de circulação nacional. No debate que se seguiu à votação do projeto de lei de cotas para as instituições federais na Câmara, em 20 de novembro, essa situação tornou-se ainda mais evidente, com a condenação dos grandes jornais à aprovação da proposta, não apenas pelas emendas que o projeto recebeu na casa serem tímidas, mas pelo próprio predomínio da lógica das cotas ter sido mantido pelos deputados.

O Estado de S.Paulo, em editorial publicado em 22 de novembro de 2008, com o título "O trágico sistema de cotas", diferentemente da *Folha*, não é tão explícito em afirmar o racismo no Brasil, embora reconheça que 2/3 dos brasileiros mais pobres são negros. Porém, sua argumentação coincide com a do "concorrente" (e do manifesto dos "113 cidadãos") na condenação às cotas por instaurarem uma discriminação racial de novo tipo. Segundo *O Estado de S.Paulo:*

> o esquema é tóxico por separar os brasileiros por raças: em nome da reparação de um passado atroz, erige-se a etnia como credencial de acesso a uma hipotética via expressa para o progresso. Isso se chama discriminação racial — às avessas, mas discriminação do mesmo modo.

Interessante observar que a discriminação condenada é a "às avessas", ou seja, a que privilegia os negros, calando-se em relação à discriminação real, contra os negros, que é, no entanto, implicitamente admitida quando se diz que existe uma outra, definida justamente como "às avessas".

Afirmando que dada a péssima qualidade do sistema público de ensino os potenciais cotistas seriam "despreparados", a conclusão do editorial, tal como o da *Folha*, meses antes, aponta como solução a proposta executada pela USP de bônus para os candidatos ao vestibular que cursaram o ensino público, pois, segundo *O Estado de S.Paulo*, em sua defesa da lógica do mérito:

> É certo que a busca da igualdade de oportunidades, a pedra de toque das sociedades decentes, pressupõe o nivelamento do terreno da competição. Quando se dá a um estudante a garantia de ascensão por ele pertencer a uma "raça", aumenta-se o desnível. Quando se lhe dá um estímulo para avançar por ele pertencer à maioria indiferenciada, em desvantagem em relação aos que podem pagar para aprender, está-se aplainando o terreno social. Essa a distinção irredutível entre a solução falsa e fácil das cotas e os programas de ação afirmativa. É o caso do sistema de pontuação acrescida pelo qual os vestibulandos da USP vindos do ensino médio público ganham um bônus de 3% nas suas notas. A compensação é um incentivo ao esforço individual. Premia o mérito e não separa os universitários pela cor da pele ou origem étnica.

Examinando, enfim, os argumentos do jornal carioca de maior circulação nacional, *O Globo*, percebemos a confluência com as posições manifestadas pela *Folha* e pelo *Estado de S.Paulo*, apesar da posição do jornal carioca excluir qualquer menção à existência do racismo no Brasil, que não o introduzido pelos defensores das cotas. Mais explícito na defesa da lógica meritocrática, o editorial "Futuro cobrará", de 15 de dezembro de 2008, demonstra como *O Globo* se define nesse debate:

> A visão ideológica racialista, travestida de algo moderno e democrático, chegou a Brasília no comboio político-partidário que elegeu Lula presidente da República. Incrustada na máquina pública, com ramificações no Congresso, esse *lobby* passou a trabalhar para incluir em lei a proposta de relegar o mérito a segundo plano no preenchimento de vagas nas universidades públicas.

Condenando o "racialismo" dos que defendem as cotas, o jornal afirma uma outra categoria racial, "brancos", e os defende do suposto racismo "às avessas". Neste sentido explicita ainda mais que *O Estado de S.Paulo* sua posição de condenação a qualquer tipo de discriminação positiva a favor de negros — racismo contra brancos —, mas de omissão diante do racismo de brancos contra negros. Assim, o editorial exorta o Senado a "rever o apoio a uma política educacional que discrimina o jovem branco de baixa renda. Vítima de um ensino de má qualidade, como todo aluno de escola pública, ele não contará com o "bônus racial" para entrar na Universidade. E nessa condição encontram-se milhões de meninos e meninas".

Apostando no mesmo argumento de que a solução é a melhoria da escola pública, *O Globo* não defende o modelo da USP (que, afinal, não é "sua" Universidade, como o é para os jornais paulistanos), nem nenhuma outra alteração no modelo do vestibular tradicional. Porém, é mais enfático em qualificar os potenciais cotistas como despreparados e, pior, como futuros profissionais desempregados pela má qualidade de sua formação:

> Com esse *apartheid* às avessas, inocula-se o vírus do conflito racial nas escolas, e não é atacado o ponto mais frágil da educação brasileira: sua qualidade. Melhorada, ela beneficiará todos, independentemente da cor da pele, como estabelece a Constituição. E o futuro não cobrará do país o alto preço que representará ter levas de profissionais diplomados, porém sem espaço no mercado de trabalho por causa da má formação acadêmica. O diploma na parede será apenas decorativo.

Dois dias depois, sob o título "Ação racialista", o jornal carioca voltaria a publicar editorial exortando o Senado a rejeitar em bloco o projeto que institui as cotas nas instituições federais. (*O Globo*, 17 de dezembro de 2008). Nele são reforçados os argumentos em defesa "do branco discriminado" e a qualificação dos potenciais cotistas como despreparados, enfatizando-se que a quebra do critério de mérito resultará na queda da qualidade da formação universitária:

> Caso o Senado se curve às pressões e aprove a lei, a sociedade será obrigada a arcar com o alto preço de passar a contar com gerações de profissionais mal adestrados, por causa da imposição do projeto racialista. A ação afirmativa ideal seria melhorar o mais rapidamente possível a qualidade do ensino pú-

blico, para beneficiar todos os alunos, independentemente de renda e cor. O mais fácil, porém, é lotar faculdades de cotistas, mesmo que com isso o próprio nível do ensino superior tenha de cair para evitar a evasão de estudantes despreparados.

De cotas e racismo

Conforme destaquei no início deste texto, penso ser simplista a visão que polariza o debate sobre as cotas em torno de duas únicas posições — contra e a favor — homogeneizando os argumentos e análises dos que participam do debate. É fato que os posicionamentos públicos dos que se manifestam sobre tal questão chave para a política educacional atual acabam por favorecer tal polarização ao se manifestarem contrária ou favoravelmente às políticas e projetos de governo. Porém, o que procurei mostrar é que tal polarização simplista é útil aos interesses defendidos pelos grandes jornais de circulação nacional em sua condenação das cotas e valorização dos critérios meritocráticos de acesso à Universidade.

Considero que seria ingênuo imaginar que a imprensa brasileira apenas reflete e noticia o debate dos educadores, burocratas ministeriais e legisladores sobre o tema. Seu papel é muito maior. Trata-se de um dos principais espaços de formulação e difusão de propostas destinadas a construir consensos em torno de pontos de vista de classe. Assim, os professores universitários anticotas e os editoriais e colunistas dos principais jornais compartilham argumentos cuja origem está nesta troca, não sendo nunca de mão única — como se a "academia" teorizasse e os jornais simplesmente se apropriassem dessas elaborações para difundi-las.

E quando afirmo que veiculam interesses de classe penso numa dupla dimensão desses interesses. De um lado, a dimensão econômico-corporativa, já que tais jornais são parte de grandes grupos empresariais, com ramificações importantes na área educacional e ligação, direta ou não, com instituições privadas de ensino superior. Nesta dimensão, o subsídio estatal é sempre demandado como forma de garantia do lucro nas "fábricas de diplomas". Porém, qualquer tentativa de atrelar tal subsídio a regras definidas em lei sobre a quem deve ser dirigido são repudiadas pelo setor privado.

Mas, há uma segunda dimensão de classe, mais ampla e importante. Trata-se da dimensão propriamente política. Nesse campo, as classes dominantes brasileiras sempre se esforçaram para difundir a imagem de um país baseado na harmonia entre as classes e as raças. A importante superação do racialismo cientificista pelo pensamento social brasileiro no pós-1930 se fez acompanhar por uma dominância da teoria da "democracia racial", pautada pela ideologia da mestiçagem. No momento em que lutas sociais significativas começaram a derrubar essa mitologia, demonstrando a persistência do racismo entre nós (e desse ponto de vista é patético que se celebre o "racismo subterrâneo", pois ele é racismo, e nessa seara não há "menos pior"), a resposta dos governos foi a de tentar conter tais demandas no âmbito de políticas focalizadas, de eficácia limitada. Mas, mesmo essas políticas parecem ir além dos limites permitidos por setores expressivos das classes dominantes brasileiras, que através de seus veículos de imprensa acusam de racistas aos que combatem o racismo e negam (ou suavizam) a realidade da discriminação racial no país.

Pode-se dizer que a origem do racismo no Brasil esteve na escravidão africana. Mas, parar aí é escamotear a realidade de que a perpetuação das desigualdades raciais no Brasil foi fruto de estratégias deliberadas da dominação de classes em nosso país. Estratégias destinadas a ampliar a diferenciação no interior da classe trabalhadora, de forma a criar segmentos mais explorados entre os explorados, o que é de todo funcional à lógica da economia capitalista. Mas também formuladas, socialmente e ao longo da história, como instrumentais a um controle repressivo sobre os trabalhadores que se alimenta e alimenta o racismo no dia a dia das favelas e periferias em que ser negro é sinônimo, para os agentes policiais do Estado, de potencial criminoso. Negar o racismo, ou tratá-lo como resíduo escravista superável pela "modernização" do país, como em última análise pretendem os defensores da "meritocracia" dos grandes jornais de circulação nacional, é mais um componente de seu esforço para fazer valer, e ao mesmo tempo procurar velar, a dominação de classes que representam.

Afinal, se "todo camburão tem um pouco de navio negreiro", toda grande empresa jornalística é comandada por "senhores da notícia". E se o racismo reporta-se à escravidão, isso se deve em grande parte ao fato de que a origem de nossa classe dominante seja a classe senhorial escravista. E esse vínculo com o passado eles não parecem querer quebrar.

12

A educação do campo:

perspectivas e limites

Eliete Ávila Wolff*

1. Introdução

O presente texto tem como objetivo abordar a relação entre movimentos sociais e políticas públicas, no que se refere à educação do campo, assinalando algumas de suas perspectivas e limites. Para tanto, caracterizo a educação do campo enquanto parte de um projeto histórico e político de transformação, para em seguida situá-la em sua relação atual com as políticas públicas. Ainda que brevemente, me detenho na formação do educador do campo, que se poderá constituir como um espaço de luta se possibilitar, de fato, a ampliação do debate, próprio da educação do campo. Isso somente poderá ocorrer na medida em que o campo e os movimentos sociais estiverem presentes na

* Doutora em Educação pela Universidade Federal do Rio Grande do Sul (UFRGS); mestre em Psicologia Social pela Universidade Nacional Autônoma do México (UNAM); psicóloga pela Universidade Federal de Santa Catarina (UFSC).

constituição e condução da formação e na medida em que haja inserção social da proposta educacional.

Chamamos educação do campo aquela área de conhecimento que é produto das lutas no interior da sociedade brasileira e resultado da articulação entre os Movimentos Sociais do Campo, professores e estudantes, tanto das universidades quanto das escolas públicas. Sua origem está situada nas profundas desigualdades do país e é, dessa forma, resultado do acúmulo de práticas pedagógicas e da produção teórica sobre a educação popular, mas, sobretudo, da histórica luta por terra e trabalho. Não é possível pensar a educação do campo sem compreender as bases sobre as quais ela se constituiu, pois, procedendo assim, corre-se o risco de voltar a tratar o campo a partir do urbano e a partir dos interesses dos latifundiários ou industriais, como tem sido desde o início da invasão europeia das Américas, há mais de cinco séculos.

Nesse contexto, a proposição de uma nova escola — a escola do campo — é resultado também de um projeto alternativo de nação e desenvolvimento. Um projeto defendido pelos movimentos sociais e populares fundamentado em cinco princípios: soberania, solidariedade, desenvolvimento, sustentabilidade e democracia popular (Kolling et al., 1999)[1]. Um projeto que se baseia no entendimento de que o antagonismo entre capital e trabalho e entre campo e cidade, que marca o desenvolvimento capitalista, pode ser superado mediante mudanças estruturais. A realização desse projeto depende do grau de democratização do Estado brasileiro e supõe a participação popular nas decisões que definem os rumos do país e da gestão pública. Depende da inserção social de educadores e da consciência de que a efetivação de um projeto político-pedagógico ocorre no contexto da resistência histórica dos trabalhadores rurais ao projeto de modernização capitalista, que se fortaleceu nos últimos anos a partir do apoio sistemático do Estado ao agronegócio e ao latifúndio.

---

1. KOLLING, Edgar et al. Projeto popular e escolas do campo. In: BENJAMIN, César; CALDART, Roseli Salete (orgs.). *Por uma educação básica do campo*. Livro 1. Brasília: UNB, 1999.

2. Trabalho, educação do campo e movimentos sociais

Constituída a partir dos antagonismos próprios das contradições de classe no campo (Caldart, 2000)[2], a educação do campo estabelece uma incompatibilidade de origem com a agricultura capitalista, na medida em que um projeto urbano-industrial de educação não pode se compatibilizar com a vida e os povos do campo, se estes desejam organizar a sua existência em torno do trabalho camponês.

No mesmo sentido, ao descrever as formas de exploração do trabalhador do campo, Martins (1982)[3] assinala a existência de particularidades do âmbito rural, ou seja, os lavradores, os posseiros e arrendatários, os colonos, os parceiros, os pequenos proprietários que vivenciam uma realidade distinta à dos operários, pois sua experiência com a penetração das relações capitalistas é inversa à dos trabalhadores da cidade. Os trabalhadores no campo são expulsos da terra e, na cidade, eles são mantidos no trabalho sob intenso grau de exploração. O trabalhador da cidade é explorado, o do campo, expropriado. Segundo o autor, a mercadoria do operário é a sua força de trabalho, a mercadoria do lavrador é o produto do seu trabalho. É através do mercado que a mercadoria perde a sua individualidade, que ela se socializa. O agricultor comparece perante a sociedade, perante o mercado, sozinho, dono das coisas que produziu, quando muito junto com sua família.

Torna-se, assim, cada vez mais evidente que o desafio teórico que acompanha a história da educação do campo, entendida como uma tarefa dos movimentos sociais, é o de produzir e consolidar, dentro de um projeto de desenvolvimento contra-hegemônico para o país, teorias, concepções, conceitos e ideias que orientam uma interpretação e a tomada de posição diante da realidade que se constitui pela relação entre campo e educação

2. Texto não publicado, produzido a partir da exposição "A construção da identidade da Educação do campo", desenvolvida no Seminário de Educação do Campo, no ITERRA, em 2000.
3. MARTINS, José de Souza. *Expropriação e violência:* a questão política no campo. São Paulo: Hucitec, 1982.

(Caldart, 2004)[4]. O desafio teórico é, também, um desafio político e requer uma forte organização social para garantir a sobrevivência deste projeto. No entanto, a inserção política e o potencial transformador dos movimentos sociais que tratam das questões econômicas e da Reforma Agrária confrontam, conforme Wood (2003), os limites da democracia liberal que deixa essencialmente intacta a exploração capitalista (Wood, 2003, p. 233), aceitando de forma tímida, mas, enfim, aceitando apenas aqueles movimentos que são *universais* (pela paz e ambientais) ou aqueles cujas identidades afetam apenas bens *extraeconômicos* (como gênero, raça e ecologia). A autora demonstra como o capitalismo convive com certos tipos de movimentos sociais e com outros não. A opressão exercida pelo Estado contra os movimentos sociais do campo (e contra o MST em específico) revela que esses movimentos tocam a questão econômica e política, denuncia o fracasso do projeto liberal na América Latina para as classes populares e estabelece até onde as ações políticas são toleradas.

Mesmo diante de tais limites, Fernandes e Molina (2004, p. 60)[5] afirmam que, nos últimos vinte anos, a história das lutas pela terra e pela Reforma Agrária "promoveu mudanças importantes no campo brasileiro, modificando a paisagem, construindo um jeito próprio de fazer e de pensar este território", prática que podemos denominar de "especialização e territorialização da luta pela terra"[6], propõem. O território ocupado pelo camponês é distinto do

---

4. CALDART, Roseli Salete. Elementos para a construção do projeto político e pedagógico da educação do campo. In: MOLINA, Mônica Castagna; JESUS, Sônia Meire Santos Azevedo de (orgs). *Por uma educação do campo*. Contribuições para a construção de um projeto de educação do campo. Brasília: *ANCA*, n. 5, 2004, p. 13-52. (Coleção Por uma educação do campo.)

5. FERNANDES, Bernardo Mançano; MOLINA, Mônica Castagna. O campo da educação do campo. In: MOLINA, Mônica Castagna; JESUS, Sônia Meire Santos Azevedo de (orgs.). Por uma educação do campo. Contribuições para a construção de um projeto de educação do campo. Brasília: *ANCA*, n. 5, 2004, p. 53-89. (Coleção Por uma educação do campo.)

6. O ponto de partida para uma reflexão sobre o território é o espaço. O espaço é a materialização da existência humana (Lefebvre, 1991, apud Fernandes, 2008). A amplitude dessa significação exige muita atenção de nossa parte, para não reduzirmos o espaço a um fragmento (FERNANDES, Bernardo Mançano. *Entrando nos territórios do Território*. São Paulo: Unesp, 2008. Disponível em: http://www4.fct.unesp.br/nera/artigodomes/marco2008.pdf. Acesso: 20 jul. 2009.

território ocupado pelo agronegócio, afirma Fernandes (2008)[7], e configura uma totalidade, dentro de um território maior.

Ao longo de quase duas décadas, os trabalhadores sem terra ou do campo realizaram mais de duas mil ocupações por aproximadamente 300 mil famílias, atualmente assentadas, alcançando 7 milhões de hectares. Porém, apesar dessa conquista, não é possível afirmar que a concentração da propriedade rural está diminuindo, pois as metas do governo federal para assentamentos são bastante modestas e o apoio estatal à agricultura voltada para a exportação não somente amplia a fronteira agrícola e os respectivos crimes ecológicos como reforça, necessariamente, o latifúndio. Segundo Vendramini (2004, p. 154)[8], o Plano Nacional de Reforma Agrária (PNRA)[9] do governo Lula (2003-2006) propôs timidamente o assentamento de 450 mil famílias. Não obstante, milhões de famílias ainda vivem no campo e em suas proximidades, impondo-se uma atenção para a questão, caso contrário, os conflitos que envolvem os sem-terra não deixarão de existir. A estratégia de sobrevivência de amplos contingentes sociais, baseada na ocupação de terras, é para Gentili (1998)[10] a base da força dos movimentos sociais. Trata-se da inserção política e do potencial transformador daqueles movimentos[11] que questionam a "democracia liberal", incapaz de humanizar o campo, oferecendo-lhes "oportunidades" dentro da ordem estabelecida, ironicamente, meta máxima do governo federal[12].

---

7. Ibid.
8. VENDRAMINI, Célia. A escola diante do multifacetado espaço rural. *Perspectiva*, Florianópolis, v. 22, n. 1, p. 145-65, jan.-jun. 2004.
9. BRASIL. Ministério do Desenvolvimento Agrário/Incra. *II Plano Nacional de Reforma Agrária:* Paz, produção e qualidade de vida no meio rural. 2004. Disponível em: http://www.mda.gov.br/arquivos/PNRA_2004.
10. GENTILI, Pablo. *A falsificação do consenso:* simulacro e imposição da reforma educacional do neoliberalismo. Petrópolis: Vozes, 1998.
11. Diferenciado-se de outros movimentos sociais que deixam "essencialmente intacta a exploração capitalista", como os movimentos *universais* (pela paz e ambientais, por exemplo) ou cujas identidades afetam apenas bens *extraeconômicos* (como gênero, raça e ecologia), mais aceitos nos limites do capitalismo (WOOD, Ellen Meiksins. *Democracia contra capitalismo*: a renovação do materialismo histórico. São Paulo: Boitempo, 2003).
12. "Equalizar as oportunidades educacionais é o nosso desafio e aí a questão do campo emerge com uma força desconcertante", avaliou o Ministro Fernando Haddad em cerimônia de criação da CONEC (*Diário de Cuiabá*, 10/4/2008).

Apesar de já existir um corpo teórico, em grande medida aceito consensualmente, observa-se que não há apenas uma forma de compreensão e análise sobre a educação do campo[13], havendo abordagens que inclusive podem discordar entre si, adotando distintos fundamentos. Certos conceitos, como o de emancipação, como exemplifica Vendramini (2008)[14], nem sempre são adotados da mesma maneira[15]. Muitas pesquisas ainda são centradas na educação e os seus sujeitos; na educação e o espaço vivido; na temporalidade; na educação como relação entre ciência e saberes; na relação sujeito e objeto. Tais aspectos ou noções se aproximam — diz a autora — de uma concepção pós-moderna, a qual desencadeia práticas relativistas, subjetivistas, pragmáticas e imediatistas, não conseguindo alcançar os reais problemas da Educação e do campo, afastando-se da centralidade da categoria trabalho que estabelece uma inegável relação com a educação.

A significativa e pioneira experiência educativa promovida pelo Movimento dos Trabalhadores Rurais Sem-Terra — MST estabeleceu muitos dos fundamentos do debate nos últimos vinte anos. A marca da intencionalidade pedagógica dos movimentos sociais do campo, quando tomadas nessa perspectiva, além de questionar o modelo atual de educação vigente, estabelece um debate pedagógico com diversas fontes teóricas, procurando estabelecer sua própria interpretação da realidade. No entanto, segundo Caldart (2000, p. 52)[16]

> Isto não quer dizer que o MST tenha inventado uma nova pedagogia, mas ao tentar produzir uma educação do jeito do Movimento, os sem terra acabaram criando um

13. Pesquisadores como Bernardo Mançano, Mônica Molina, Sônia Meire Azevedo, Célia Vendramini, Celi Taffarel, Marlene Ribeiro, Carlos Antônio Bonamigo, Sônia Beltrame, Maria Antônia de Souza, Isabel Antunes, dentre outros.
14. VENDRAMINI, Célia. A Educação do campo na perspectiva do materialismo histórico dialético. Conferência proferida no II Encontro Nacional de Pesquisa em Educação do Campo. Brasília, de 6 a 8 de agosto de 2008.
15. A emancipação não é compreendida no sentido marxista de superação da alienação, numa perspectiva revolucionária, afirma Vendramini (2008).
16. CALDART, Roseli Salete. *Pedagogia do Movimento Sem Terra*: escola é mais do que escola. Petrópolis: Vozes, 2000.

novo jeito de lidar com as matrizes pedagógicas ou com as pedagogias já construídas ao longo da história da humanidade. Em vez de assumir se "filiar" a uma delas, o MST tenta pôr todas elas em movimento, e deixa que a própria situação educativa específica se encarregue de mostrar quais precisam ser mais enfatizadas, num momento ou no outro.

Dessa forma, aquilo que o Movimento chama de "matrizes pedagógicas" parte prioritariamente da experiência, ou seja, da própria luta social e da organização coletiva, da cooperação[17], da Pedagogia da Terra e da experiência de alternância[18], do trabalho, da produção, que são mediados pela cultura, pela história, nas quais se inserem as teorias.

O Instituto Técnico de Capacitação e Pesquisa da Reforma Agrária — ITERRA, por exemplo, desenvolve, no Rio Grande do Sul, um Método Pedagógico, aplicado também à experiência de formação de educadores(as). No Instituto de Educação Josué de Castro — IEJC, Veranópolis/RS, pratica-se um método através do qual se busca uma relação integrada entre trabalho e educação, entre o indivíduo e o coletivo, entre a teoria e a prática. Essa experiência, quase um laboratório, em que os educandos(as) se envolvem com a escola e se organizam através de grupos de trabalho, assumindo responsabilidades sobre o seu funcionamento, nutre muitas outras experiências que, em suas comunidades, buscam desenvolver uma escola democrática, participante e transformadora da realidade.

17. A pedagogia da cooperação deve ser uma pedagogia experimental, ligada ao trabalho cooperado e ao movimento, "é permitir que a ajuda mútua e a ação cooperada perpassem as atividades da Escola" (CERIOLI, 2005, p. 182). CERIOLI, Paulo Ricardo. Pedagogia da Cooperação. In: MOVIMENTO DOS TRABALHADORES RURAIS SEM TERRA. *Caderno de Educação*, n. 13, Edição especial, 2005. p.181-3.

18. A alternância, anteriormente chamada "pedagogia da alternância", é entendida hoje não como uma pedagogia, mas como um jeito de funcionamento da escola, um "detalhe" (CERIOLI, 2005, p. 181). Consiste em que um tempo o educando passa, integralmente, na escola e é chamado tempo escola; no outro, ele passa na comunidade, ou seja, tempo comunidade. Em ambos os tempos o educando realiza tarefas escolares. No tempo escola há o tempo para estudo, para trabalho, para lazer etc. Em princípio, porém, não existe igualdade entre essa alternância e a alternância praticada nas Casas Familiares Rurais — CFR, vinculadas à Confederação dos Trabalhadores da Agricultura e, no Rio Grande do Sul, à Federação dos Trabalhadores da Agricultura — FETAG/RS.

Como afirma Lima (2004, p. 11)[19], os cursos de Pedagogia da Terra, realizados a partir de 2002 no ITERRA, além de possibilitar a participação de vários movimentos sociais, mostrou que, no processo de construção de uma escola diferente, não basta a simples troca de conteúdo das disciplinas e/ou a alteração da metodologia na sala de aula. A organização do trabalho pedagógico na escola e as relações sociais que este gera são tão importantes como o conteúdo e a didática.

Conforme o Método Pedagógico (2004), existem algumas matrizes teóricas que se articulam para fundamentar a práxis educacional do IEJC. Todas elas, em conjunto, formam os fundamentos da proposta. São elas:

1. **Educação Popular** (Freire) — Entendida como Educação do Popular ou Pedagogia do Oprimido, que se reconhece como tal, assume um *compromisso de classe.*
2. **Formação Político-ideológica** (Makarenko/ Plekanov/ Marx) — Compreendida como a *formação política [...] para o socialismo*, a partir de uma concepção de história e do papel dos trabalhadores nesta história como contribuidores na transformação da sociedade.
3. **Trabalho/Economia** (Pistrak/Makarenko/Marx) — Compreende o *trabalho como a atividade* específica do ser humano, orientada para a transformação da natureza. O homem, auxiliado por instrumentos de trabalho, para que assim possa satisfazer as suas necessidades, mas, que ao transformar a natureza, transforma a si mesmo, a sua atitude frente aos outros seres humanos e frente a si mesmo. Mudam suas ideias e sua possibilidade de conhecer e transformar a realidade. *Pelo trabalho nos reproduzimos como sujeitos sociais e culturais [...].*
4. **Coletividade** (Makarenko) — Aposta na *coletividade*, por causa das suas condições múltiplas de *interação*, [...] o ser humano que vive em uma sociedade marcada pelo individualismo [...].

19. LIMA, Matilde de Oliveira de Araújo. *A formação dos educadores e educadoras no cotidiano do Instituto de Educação Josué de Castro*. 2004. 72 f. Monografia (Graduação em Pedagogia da Terra). Instituto Técnico de Capacitação e Pesquisa da Reforma Agrária, Universidade Estadual do Rio Grande do Sul, Veranópolis.

5. **Capacitação** (Santos de Morais) — Inclui diferentes métodos de formação e aposta na necessidade do exercício prático (*aprender fazendo*), com base no primado do objeto (numa situação que requeira este aprendizado), como alavanca para a construção das competência que precisamos aprender para intervir com pertinência na realidade (saber-fazer).
6. **Pedagogia do Movimento** (Caldart) — Implica a compreensão: do Movimento Social Popular (MSP) como lugar de formação dos sujeitos sociais, [...] (ITERRA, 2004, p. 17-18, grifos meus)[20].

Os Movimentos Sociais do Campo reivindicavam, inicialmente, uma formação específica para os educadores(as) que compreenda a realidade do campo, dirigindo seus esforços à busca de um modelo pedagógico próprio para os movimentos sociais. Com o tempo, o avanço do processo educativo permitiu constatar que não há um modelo próprio, mas muitas teorias e modelos que podem ser apropriados para a educação do campo. Há uma "tradição pedagógica e um cúmulo de conhecimentos sobre a arte de educar que precisa ser recuperado e trabalhado desde esta intencionalidade educativa da Educação do Campo" (Caldart, 2004, p. 35)[21]. Portanto, é preciso resgatar essa decisiva tradição e experiência histórica em que o processo de educação aprofunda a humanização das relações sociais, diferentemente da formação presentes no âmbito rural[22].

No IEJC o trabalho é concebido como princípio educativo e formativo do ser humano. Este trabalho se referencia na organização da vida do campo, de onde vêm e para onde vão os educadores(as) formados na dinâmica do

---

20. INSTITUTO TÉCNICO DE CAPACITAÇÃO E PESQUISA DA REFORMA AGRÁRIA. Método Pedagógico. *Cadernos do ITERRA*, Veranópolis, ano IV, n.. 9, dez. 2004.

21. CALDART. Op. cit., 2004.

22. No final do século XX, no entanto, o aumento do desemprego e o empobrecimento da população geram correspondentes crises educacionais. A função da escola se esvazia diante da falta de trabalho. Se para os trabalhadores urbanos a educação transformou-se em preparação para uma mera adaptação aos processos produtivos, de comércio e de serviços, para os trabalhadores rurais a educação quase não foi pensada. Quando o foi, encobria os objetivos de formação de uma força de trabalho para as fábricas ou de implantação de uma agricultura mecanizada, como nos revela o trabalho de Gritti (2003).

próprio curso, que se insere na Escola[23]. Por essa razão, é de tal importância uma educação voltada para o acesso à terra e à Reforma Agrária, e não uma educação para o trabalho industrial urbano, como vem sendo feito até hoje.

Na exata medida em que para os trabalhadores urbanos a educação transformou-se em preparação para uma mera adaptação aos processos produtivos, de comércio e de serviços, para os trabalhadores rurais a educação quase não foi pensada. Quando o foi, encobria os objetivos de formação de uma força de trabalho para as fábricas ou de implantação de uma agricultura mecanizada, como nos revela o trabalho de Gritti (2003)[24].

Para a educação do campo a dimensão continental do Brasil implica abordar diferentes realidades e métodos. Por essa razão, os integrantes dos coletivos de educação dos movimentos sociais do campo afirmam que não existe uma proposta de escola acabada para o campo. Existe, em consequência, a escola viva, que se mantém ligada aos movimentos e é, ao mesmo tempo, uma exigência e necessidade histórica dos povos do campo que adquire legitimidade na ação de resistência ao esvaziamento da própria sobrevivência de seu povo. Os fundamentos que orientam a constituição da educação do campo atravessam muitas realidades educativas e voltam a ser repensadas nos espaços de formação, realimentando a riqueza de possibilidades ante a pobreza das condições materiais e humanas.

Sendo a escola a principal fonte de acesso ao conhecimento produzido pela humanidade, pode também tornar-se, como acreditava Makarenko (1986)[25], polo disseminador de cultura e fonte de autoconhecimento, formação e transformação do caráter. Do mesmo modo, pode possibilitar a invenção do amanhã no hoje, como pretendia Pistrak (2000)[26], se houver na escola o exercício da democracia, gerador de mentes criativas, capazes de autogestão e autodeterminação.

---

23. A Escola funciona em regime de alternância que será explicado adiante, com três turmas por vez, em períodos de aproximadamente sessenta dias.
24. GRITTI, Silvana Maria. *Educação rural e capitalismo*. Passo Fundo: UPF, 2003.
25. MAKARENKO, Anton Seminovitch. *Poemas pedagógicos*. São Paulo: Brasiliense, 1986. v. 2.
26. PISTRAK, M. M. *Fundamentos da escola do trabalho*. São Paulo: Brasiliense, 1981.

3. A formação do educador do campo

A formação de educadores do campo, estruturada inicialmente como uma proposta dos Movimentos Sociais do Campo, alcançou uma presença significativa no cenário nacional, através da "Pedagogia da Terra" que uniu "concepções do humanismo histórico, da filosofia da práxis, da pedagogia do oprimido às experiências de educação socialista e Educação Popular" (Caldart, 2002, p. 92)[27]. Esta pedagogia foi dirigida à formação de educadores do campo, objetivando o aprimoramento da leitura e compreensão da realidade na perspectiva da transformação dentro e fora da escola. (ITERRA, 2005)[28].

A Pedagogia da Terra, desenvolvida pelo PRONERA e realizada através da extensão universitária[29] com turmas especiais, visa contribuir para o desenvolvimento de um projeto popular (Benjamin, 2000)[30] através da educação do campo. Procura diferenciar-se em conteúdo e forma dos programas de pedagogia já desenvolvidos nas universidades do país, por dirigir-se a um grupo específico, com características e demandas específicas (Caldart, 2004)[31].

A constituição de turmas especiais, criadas para atender os educadores do campo, inclui uma "forma diferenciada de organização curricular (geralmente em etapas alternadas) e também de vestibular; condições dignas de estudo e de moradia [...], adequações na base curricular do curso de Pedagogia já existente na Universidade em vista de demandas de conhecimentos relacionados à educação do campo, geralmente não consideradas nestes cur-

27. CALDART, Roseli Salete. Pedagogia da Terra, formação da identidade e identidade da formação. In: *Cadernos do ITERRA*: Pedagogia da Terra. Veranópolis, ano II, n. 6, p. 77-98, dez. 2002.

28. INSTITUTO TÉCNICO DE CAPACITAÇÃO E PESQUISA DA REFORMA AGRÁRIA. Memória da Turma José Martí. Veranópolis: ITERRA, 2005.

29. O PRONERA promoveu cursos de História, Pedagogia das Águas, Letras, Pedagogia da Terra, Normal Superior, Ciências Agrárias, Pedagogia, Arte, Matemática, Geografia, especialização em Educação do Campo, Direito e outros.

30. BENJAMIM, César. Um projeto popular para o Brasil. In: BENJAMIN, César; CALDART, Roseli Salete (orgs.). *Projeto popular e escolas do campo*. Por uma educação básica do campo. *ANCA*, Brasília-DF, n. 3, p. 15-37, 2000. (Coleção Por uma educação básica do campo.)

31. Entrevista com Roseli Caldart, agosto de 2004.

rículos" (Caldart, 2002, p. 81)[32]. No entanto, diante de dificuldades político-burocráticas, o início da realização dos cursos do PRONERA exigiu, em não poucos casos, a mobilização dos Movimentos Sociais, com acampamentos no interior das universidades conveniadas, reafirmando para si e para os outros algo essencial:

> Avaliamos que era possível aproveitar o que a Universidade tem a nos ensinar e que é preciso fazer o nosso caminho político dentro dela sem esquecer nunca de que, acima de qualquer coisa, somos Sem-Terra (ITERRA, 2002, p. 16)[33].

A identidade em torno à Pedagogia da Terra foi, e continua sendo, uma importante condição para a sobrevivência e conquista de espaços políticos, pois é uma fonte de unidade e força para acessar e permanecer na universidade. No mesmo sentido, representam uma alternativa à crescente mercantilização da vida universitária cujo projeto educacional está crescentemente orientado por padrões de competitividade, individualismo e isolamento social. A Pedagogia da Terra e outros cursos, ligados à formação para profissionais que atuam na perspectiva de um campo diversificado em trabalho, cultura e vida, apontam para a coletividade e interação humana, em vez do isolamento; para a tomada persistente de iniciativas, em vez da passividade; para a esperança, em vez do cinismo, como afirma Benjamin (2000)[34].

O desafio teórico que acompanha a história da educação do campo, entendida como uma tarefa dos Movimentos Sociais, é o de produzir e consolidar, dentro de um projeto de desenvolvimento contra-hegemônico para o país, teorias, concepções, conceitos e as ideias que orientem uma interpre-

32. CALDART. Op. cit. 2002.

33. INSTITUTO TÉCNICO DE CAPACITAÇÃO E PESQUISA DA REFORMA AGRÁRIA. Pedagogia da Terra. *Cadernos do ITERRA*, Veranópolis, n. 6, 2002.

34. BENJAMIM, César. Um projeto popular para o Brasil. In: BENJAMIN, César; CALDART, Roseli Salete (orgs.). *Projeto popular e escolas do campo.* Por uma educação básica do campo. *ANCA*, Brasília-DF, n. 3, p. 15-37, 2000. (Coleção Por uma Educação Básica do Campo.)

tação e uma tomada de posição diante da realidade que se constitui pela relação entre campo e educação (Caldart, 2004)[35].

Neste contexto, a educação do campo desafia tanto as tendências econômicas desenvolvimentistas, como as tendências pedagógicas individualistas. A formação está voltada para o trabalho cooperativo e para práticas sustentáveis. A resistência ao agronegócio reside, justamente, na resistência ao desmantelamento dos meios de sobrevivência dos agricultores e dos produtores organizados em cooperativas das mais diferentes atividades[36].

Os fundamentos filosóficos e pedagógicos que sustentam a educação do campo buscam a coerência entre a prática e o sentido estratégico do trabalho coletivo e estabelecem fundamentos para o funcionamento da escola, além de delimitar teórica e metodologicamente os conteúdos a serem desenvolvidos. A prática pedagógica apoia-se fortemente em Freire (1998, p. 56)[37] para quem o ato de ensinar exige rigorosidade metódica, muita pesquisa, respeito aos saberes dos educandos, criticidade, estética e ética, além da identidade entre palavra e exemplo. Exige risco, aceitação do novo, rejeição a qualquer forma de discriminação, reflexão crítica sobre a prática e o reconhecimento e assunção da identidade cultural. Exige distanciar-se do vivido para pensá-lo, buscar as ligações entre as tramas do cotidiano, elaborar uma interpretação da realidade; estes foram os passos seguidos por Freire, que resultaram na visão de mundo por ele elaborada. Um conceito básico em sua obra é o do *ser humano produtor da sua realidade*, constituindo sua humanidade na relação com o outro, no diálogo com o outro. Isso só é possível se este sujeito histórico reconhece a sua condição de oprimido e a necessidade de superar essa condição.

35. CALDART, R. S. Op. cit. 2004.

36. Benjamin (2000, p. 27) descreve as duas décadas, de 1980 e 1990, como décadas que nada acrescentaram para a população brasileira. Afirma que "as elites pedem que comemoremos a segunda década perdida, o crescimento zero em 1999, um desemprego de 20%, um "ajuste fiscal" construído com o corte dos salários e dos serviços essenciais, uma enxurrada de capital estrangeiro que vem aqui para ganhar juros de agiota ou comprar um país barato".

37. FREIRE, Paulo. *Pedagogia da autonomia*. Rio de Janeiro: Paz e Terra, 1998.

Como aponta Campos (2003, p. 190)[38], em sua pesquisa sobre letramento em crianças de um assentamento da reforma agrária, a influência do projeto Sem-Terra no meio rural brasileiro vai além das possíveis re-significações que poderiam estar em andamento no contexto escolar, na medida em que não se esgota nesse ambiente, mas abrange práticas formativas e organizacionais que revelam o caráter ideológico, situado e emancipatório de um projeto com características típicas de sociedades revolucionárias, que trabalharam prioritariamente na expansão, antes de tudo, do horizonte cultural de suas classes populares.

Em sua pesquisa, Campos (2003, p. 191)[39] observa um conflito presente na escola do campo, entre dois projetos opostos, nos quais o papel dos educadores/as dos Movimentos Sociais têm sido relevantes. Aponta, por isso, a necessidade de que se continue formando educadores/as comprometidos com processos críticos de educação.

4. A educação do campo e as políticas públicas

No campo existe uma população de cerca de 30 milhões de brasileiros[40] que necessitam de escola e trabalho. Durante muitos anos pequenas parcelas tiveram acesso à educação por iniciativas dos Movimentos Sociais, além das precárias políticas educacionais compensatórias, que ofereciam atendimento de 1ª a 4ª série.

No entanto, milhares de famílias reivindicam escola, sendo esta uma das condições para que seus filhos possam permanecer no campo. A expan-

38. CAMPOS, Samuel Pereira. *Práticas de letramento no meio rural brasileiro:* a influência do movimento sem terra em escola pública de assentamento de reforma agrária. 2003. Tese (Doutorado em Linguística Aplicada) — Instituto de Estudos da Linguagem, UNICAMP, Campinas, 2003.
39. Ibid.
40. Atualmente, dos 5.507 municípios brasileiros, 4.089 possuem menos de 20.000 habitantes, ou seja, 74,2% ou 3/4 do total dos municípios brasileiros podem ser considerados como de características rurais, abrigando uma população de 31.845.211 (trinta e um milhões, oitocentos e quarenta e cinco mil, duzentos e onze habitantes), correspondendo a 18,77 % da população total. Fonte: IBGE, 2000.

são da educação do campo requer um esforço significativo para arrancar dos órgãos públicos não somente o atendimento a necessidades elementares, como afirma Vieira (2001)[41], mas também a implementação de uma proposta educacional diferenciada a uma população muito maior. Esta tarefa enfrenta muitos obstáculos, tais como a própria lógica que atravessa os interesses das elites nacionais, que é a de manter a existência de dois tipos de educação: aquela encontrada nas escolas particulares, dirigida aos filhos das elites, e outra que é dirigida às classes populares, que não se propõe a preparar seus integrantes para serem dirigentes do país, grandes profissionais e promissores cientistas.

Ao tratarmos da educação pública, encontramos uma realidade educacional, em grande parte do país, no âmbito da indigência. Porém, ao observarmos a educação do campo, todos os índices decaem abruptamente[42]. Este cenário tem sido tratado com políticas públicas e programas educacionais que enfrentam precariamente a gravidade da realidade do campo.

A educação *rural* e suas políticas educacionais, a desqualificação e a desvalorização da vida e dos povos do campo, assim como a supervalorização da vida urbana, contribuíram para justificar e fortalecer o grande fosso entre campo e cidade criado pelo desenvolvimento capitalista. Gritti (2003)[43] analisa o papel desempenhado pelas escolas primárias rurais, pelos clubes agrícolas e pela formação de professores para a educação rural, na penetração e consolidação do modelo de agricultura imposto pelo capitalismo para o campo brasileiro.

---

41. VIEIRA, Luis. Movimentos sociais e governo popular: os desafios dos movimentos sociais frente à ocupação dos espaços político-institucionais. In: VIEIRA, Luis et al. (orgs.). *Cadernos de debate*. Movimentos sociais e Estado: limites e possibilidades, Porto Alegre, n. 2, p. 7-41, 2001.

42. Em abril de 2008 foi criada a Comissão Nacional de Educação do Campo — CONRC, com 19 representantes de movimentos sociais e sindicais do campo, de entidades de educação e dos Ministérios da Educação (MEC) e do Desenvolvimento Social, cuja principal função é assessorar o MEC na formulação de políticas de educação no campo. Durante a cerimônia, Haddad reconheceu a enorme distância que existe entre a educação nos centros urbanos e nas áreas rurais e ressaltou que o índice de analfabetismo no campo é quatro vezes maior (*Diário de Cuiabá*, 10 abr. 2008).

43. GRITTI. Op. cit. 2003.

No capitalismo a educação identifica-se com a preparação para o trabalho urbano, enquanto emprego assalariado, ignorando, em grande medida, o amplo universo da educação enquanto formação humana *omnilateral*. A exploração e o domínio que o capital estabelece sobre o trabalho reproduzem e intensificam as desigualdades sociais, servindo-se da ideologia para escamotear o seu caráter de classe, tornando-se capaz de explicar as desigualdades atribuindo-as a opções, esforços, méritos ou aptidões individuais (Kuenzer, 2002)[44]. Da mesma forma, fortes preconceitos contra o habitante do campo ignoram sua condição de vida e se justificavam sob a desqualificação econômica e moral. Segundo Heller (2004, p. 54), a burguesia é a classe que produz mais preconceitos em relação a todas as outras classes sociais conhecidas até hoje, devido a seus esforços ideológicos de universalizar sua ideologia. No caso da educação do campo, soma-se a isto a forte resistência para implantação de políticas educacionais capazes de formar valorizando os povos locais e de possibilitar a análise sobre o desenvolvimento, estimulando o estudo sobre as diversas formas de vida que aí subsistem.

A relação entre os Movimentos Sociais e o Estado liberal tem sido, por esta, entre outras razões, no mínimo tensa, pois na mesma medida em que o Estado acelera o processo de desenvolvimento capitalista, molda também a educação do campo e estabelece seus limites e suas potencialidades. Apesar da persistência dessa contradição, essa relação sofreu modificações a partir do momento em que alguns partidos de esquerda, na década de 1990 em diante, particularmente o Partido dos Trabalhadores, assumiram a direção de estados, municípios e, posteriormente, o Governo Federal.

Os Movimentos Sociais, nascidos como resultado da crise de legitimidade do Estado liberal ou burguês de direito, como afirma Vieira (2001), e como alternativa ao desmantelamento das entidades representativas dos

---

44. Kuenzer (2002) se apoia no conceito de princípio educativo de Gramsci e mostra que o regime de acumulação flexível, ao aprofundar as diferenças de classe, aprofunda também a dualidade estrutural da educação como expressão da polarização das competências (KUENZER, Acácia Zeneida. Exclusão includente e inclusão excludente: a nova forma de dualidade estrutural que objetiva as novas relações entre educação e trabalho. In: LOMBARDI, José Claudinei; SAVIANI, Dermeval; SANFELICE, José Luís. *Capitalismo, trabalho e educação*. São Paulo: Autores Associados, 2002. p. 77-96).

trabalhadores, como sindicatos e partidos políticos, foram também afetados por este processo de mudança na configuração dos governos. No Brasil, a canalização das lutas através dos partidos políticos levou — diz Vieira — à ocupação da administração pública, iniciando-se um conjunto de experiências de gestões com vistas ao compromisso com a transparência no uso do recurso público, e à democratização de instâncias decisórias quanto à sua aplicação, tais como o Orçamento Participativo e a participação em conselhos municipais de saúde, transporte, assistência social etc. Este novo contexto teve como marca a busca da eliminação de práticas de apropriação do "Público" pelos interesses privados. Tais processos reforçaram a educação pública enquanto um direito social e a fortaleceram em diversos lugares do país. Porém, para além de mudanças localizadas, seus avanços esbarraram em obstáculos estruturais e na falta de determinação política.

A educação do campo, por sua vez, derivada da luta pela Reforma Agrária, procurou influenciar na formulação de políticas públicas e conquistar espaços dentro das administrações, abrindo caminho para uma proposta educacional que se diferenciasse da, ainda vigente, educação rural.

Os coletivos organizados no campo abriram caminho nas políticas públicas, representando distintas formas de produção, trabalho, cultura singulares e especificidades na forma de organizar a vida, opostos ao processo de destruição das forças produtivas do campo e ao modelo hegemônico de desenvolvimento excludente, responsável pela exploração indiscriminada dos recursos naturais, pobreza, miséria, violência e expropriação dos camponeses.

Após longo processo de lutas e conquistas, a educação do campo conta, hoje, com respaldo legal para exigir um tratamento diferenciado e específico. No artigo 28 da Lei n. 9.394/96 — LDB, ficou estabelecido o direito aos povos do campo a um sistema de ensino adequado à sua diversidade sociocultural.

O aprofundamento da experiência e uma crescente unidade entre os Movimentos Sociais do Campo através da Via Campesina[45] implicaram

45. A Via Campesina é uma articulação de organizações camponesas e indígenas. Está organizada em mais de 80 países em todo o mundo. Discute a situação dos camponeses e das camponesas, as formas de luta, a resistência ao modelo capitalista e um projeto alternativo de agricultura e de so-

mudanças significativas na defesa da educação do campo motivadas pelas necessidades de responder às demandas das comunidades. Com base nos avanços produzidos pelo MST, os diversos Movimentos Sociais, para atender às famílias organizadas no campo, incorporaram a tarefa de pensar a educação e fortaleceram a dimensão da luta por políticas públicas para o campo.

Assim, após mais de três décadas de educação popular, fora dos sistemas educacionais formais, a luta dos trabalhadores no campo tem estruturado novos caminhos, inclusive institucionais. Nestes caminhos estão presentes constantes perguntas, tais como: o que ensinar no campo? Como e quem deve ensinar no campo? Para a educação do campo estas questões são respondidas principalmente através das fontes teórico-metodológicas, presentes nas diversas experiências de educação popular e nas análises críticas de caráter científico. Neste acúmulo de experiências político-pedagógicas há um esforço coletivo em ordenar elementos para uma formação integral, humanística e, sobretudo, que almeje a transformação da realidade do campo.

A experiência educacional dos Movimentos Sociais, organizada e sistematizada, foi reconhecida a partir das conferências realizadas pela Articulação "Por uma Educação do Campo", nos anos de 1998 e 2004. A partir da *Primeira Conferência Nacional Por uma Educação Básica do Campo*, realizada em Luziânia (GO), em 1998, o conceito de educação do campo foi consolidado. Esse encontro defendeu o direito dos povos do campo às políticas públicas de educação com respeito às especificidades, em contraposição às políticas compensatórias da educação rural, e o associou à produção da vida, do conhecimento e da cultura do campo, apontando ações específicas para a escola e para a formação de professores.

Posteriormente esses avanços foram incorporados pelo Estado nas Diretrizes Operacionais para a Educação Básica nas Escolas do Campo[46], con-

ciedade. No Brasil a Via Campesina é formada pelo MST, MAB, MMC, CPT (Comissão Pastoral da Terra), PJR e FEAB (Federação dos Estudantes de Agronomia do Brasil), (ITERRA, 2005, p. 11).

46. CNE. Resolução CNE/CEB 1/2002. *Diário Oficial da União*, Brasília, 9 de abril de 2002. Seção 1, p. 32. MEC/CEB/CNE. Diretrizes operacionais para a educação básica nas escolas do campo. Resolução n. 1, 2002.

quista dos movimentos sociais, universidades, ONGs, entre outros grupos organizados, onde se reconhece o saber e a memória, incorporando-os na rede de ciência e tecnologia disponível na sociedade, em defesa de projetos que associem as soluções exigidas por essas questões à qualidade social da vida coletiva no país (art. 2º, parágrafo único, MEC/CNE, 2002).

Posteriormente, a *II Conferência Nacional Por uma Educação do Campo*, ocorrida em agosto de 2004, em Luziânia/GO, ampliou os espaços de atuação da educação do campo, sinalizando a consolidação de um projeto histórico de educação, conduzido e organizado pelos sujeitos sociais do campo. Foi fortalecida a luta pela democratização do acesso à terra e à educação escolar, como direito de todos e dever do Estado.

Signatário da II Conferência, o Ministério da Educação criou, em 2004, a Coordenação-Geral de Educação do Campo, com a responsabilidade de elaborar e conduzir uma Política Pública Nacional de Educação do Campo; institucionalizou o GPT — Grupo Permanente de Trabalho da Educação do Campo[47] e incentivou a criação de comitês/fóruns[48] e coordenações municipais e estaduais de educação do campo. Tais seminários, cujo principal objetivo foi o de divulgar as novas diretrizes, teve o papel de abrir caminhos estaduais e municipais para o debate sobre a educação do campo.

Diante da demanda, nos estados, de professores capacitados para lidar com as escolas do campo, a Coordenação Geral de Educação do Campo/Secad/MEC, somando-se às atuais medidas para enfrentar as debilidades da

47. Mediante Portaria Ministerial nº. 1.258 de 2007, o GPT do Campo se transforma na Comissão Nacional de Educação do Campo.

48. Entre 2004 e 2005 foram realizados 25 Seminários Estaduais de Educação do Campo incentivados e apoiados pela SECAD/MEC. Seu principal objetivo foi a divulgação das Diretrizes Operacionais para a Educação Básica nas Escolas do Campo. Participaram deste momento histórico representantes dos sistemas municipais e estaduais, do MEC e universidades. Ao final de cada seminário foram firmados compromissos por meio das "Cartas dos Estados", entre esses, a indicação da criação de Comitês de Educação do Campo e de Coordenações de Educação do Campo nas Secretarias Estaduais de Educação. Um dos principais objetivos dos Comitês é discutir a realidade (os problemas, soluções, experiências e especificidades) e propor alternativas para a educação do campo, no sentido de promover a construção de uma política pública de educação do campo pautada nas Diretrizes Operacionais para Educação Básica nas Escolas do Campo (MEC, 2008).

escola pública nacional que dão ênfase à formação dos educadores/as (Serrão, 2004, p. 2)[49], assume para si a tarefa de fomentar e apoiá-las. Para a educação do campo, a formação de educadores/as é vital, pois a falta de professores graduados é um de seus mais graves limites.

Conforme analisa Ribeiro (2002)[50], grande número de professoras *rurais* que trabalham com as séries iniciais do ensino fundamental ainda não possuem sequer a formação para o magistério em nível médio para ensinar. Os cursos destinados à formação de professores para as escolas rurais, baseados na LDBEN n. 4.024/61, exigiam apenas o curso primário como pré-requisito para a formação de regentes de ensino em curso correspondente ao antigo ginasial. Ademais, os professores assim formados só poderiam lecionar na zona rural[51]. Enquanto isso, as escolas normais, em nível secundário, que preparavam professores para as escolas urbanas, exigiam como base o curso ginasial, pós-primário, para ingresso. Segundo a autora, fica clara, então, a diferença de tratamento e de qualificação entre a escola rural e a escola urbana.

Diante desse quadro que persiste, os Movimentos Sociais do Campo reivindicam, inicialmente, uma formação específica para os educadores/as, que compreenda a realidade do campo, dirigindo seus esforços à busca de um modelo pedagógico próprio para os Movimentos Sociais. Com o tempo, o avanço do processo educativo permitiu constatar que não há um modelo próprio, mas muitas teorias e modelos que podem ser apropriados para a educação do campo. Há uma "tradição pedagógica e um cúmulo de conhecimentos sobre a arte

49. SERRÃO, Maria Isabel Batista. *Estudantes de pedagogia e a "atividade de aprendizagem" do ensino em formação.* 2004. Tese (Doutorado em Educação) — Faculdade de Educação, Universidade de São Paulo, 2004.

50. RIBEIRO. Op. cit. 2002.

51. Segundo o Censo/2006, existem 380.965 funções docentes atuando nas escolas rurais, das quais 204.915 (53,8%) atuam nos anos iniciais do ensino fundamental, 110.154 (28,9%) nos anos finais e 16.580 (4,3%), no ensino médio. Dados de 2007 apontam que, do total de 1.882.961 professores que atuam na Educação Básica, 1.507.096 trabalham exclusivamente na rede pública de ensino urbana e 284.487 atuam nas escolas rurais. Destes últimos, 7.850 possuem apenas Ensino Fundamental como formação. Fonte: MEC/Inep/Deed. (Atentar para a diferença entre o indicador *função docente* e o indicador *professor: um professor pode realizar mais do que uma função docente.*)

de educar que precisa ser recuperado e trabalhado desde esta intencionalidade educativa da Educação do Campo" (Caldart, 2004, p. 35)[52].

Portanto, a fim de consolidar essa intencionalidade educativa, é preciso resgatar toda esta tradição e experiência histórica em que o processo de educação aprofunda a humanização das relações sociais, diferenciando-se da tradicional formação presente no âmbito rural[53]. Somente assim é possível identificar os melhores caminhos sobre os quais poderá formular e potencializar a formação de educadores/as do campo, influenciar em políticas educacionais, programas específicos e transformar a dinâmica pedagógica da escola.

As ambiciosas reformulações na cultura educacional brasileira almejadas pelos Movimentos Sociais do Campo se materializam na reflexão teórica sobre a concepção do que é a educação constituída ao longo dos últimos 30 anos. É formulada a partir dos esforços, no âmbito da educação popular, e em consonância com as formas de trabalho do campo[54], assumindo, como dissemos anteriormente, perfis diferenciados.

---

52. CALDART, Roseli Salete. Elementos para a construção do projeto político e pedagógico da educação do campo. In: MOLINA; JESUS. Op. cit. 2004, p. 13-52.

53. No final do século XX, no entanto, o aumento do desemprego e o empobrecimento da população geram correspondentes crises educacionais. A função da escola se esvazia diante da falta de trabalho. Se para os trabalhadores urbanos a educação transformou-se em preparação para uma mera adaptação aos processos produtivos, de comércio e de serviços, para os trabalhadores rurais a educação quase não foi pensada. Quando o foi, encobria os objetivos de formação de uma força de trabalho para as fábricas ou de implantação de uma agricultura mecanizada, como nos revela o trabalho de Gritti (2003).

54. Na Educação do Campo, o trabalho é concebido como princípio educativo e formativo do ser humano. Por esta razão, é de tal importância uma educação voltada para o acesso à terra e à Reforma Agrária, e não uma educação para o trabalho industrial urbano, como vem sendo feito até hoje pois, mesmo nas cidades, os empregos assalariados estão bastante escassos. O trabalho, entendido da forma originária, formador do ser de maneira integral, foi sendo gradativamente destruído pelo capitalismo, despojando o trabalhador de domínio sobre o trabalho. No campo ainda restam relações em que o produtor domina a maior parte de seu trabalho. Mesmo assim, ele é afetado pelas condições adversas, resultantes do capitalismo que penetra em todas as relações sociais e na produção do conhecimento (WOLFF, Eliete Ávila. *Fundamentos psicossociais da formação de educadores do campo*, 2007. Tese de Doutorado. Universidade Federal do Rio Grande do Sul — UFRGS).

Um dos projetos desenvolvidos pela Coordenação Geral de Educação do Campo, na Secad/MEC, é o *Programa de Apoio à Formação Superior e Licenciatura em Educação do Campo* — PROCAMPO[55]. Dentre outras experiências de Educação do Campo[56], o PROCAMPO se propõe criar cursos regulares dentro das universidades, através do incentivo à abertura de cursos de Licenciatura em Educação do Campo, para professores de 5ª a 8ª série e ensino médio. Esses cursos têm como objetivo a reversão da tendência de abandono do campo devido à falta de escolas que atendam essa faixa educacional.

No terreno institucional, quatro universidades propuseram projetos para realizarem a experiência piloto do curso de Licenciatura em Educação do Campo. Os Projetos Políticos Pedagógicos das quatro contêm distintas perspectivas teóricas para a formação de professores em exercício e educadores/as que atuam em atividades educativas fora das escolas, no campo.

Entre elas é possível observar a ênfase na educação como uma prática social integrada no processo cultural amplo, constituidora da existência e experiência humana (UFSE, 2007)[57], apontando para a compreensão historicamente situada do conhecimento sistematizado. O PPP entende a

---

55. O *Programa de Apoio à Formação Superior e Licenciatura em Educação do Campo* — PROCAMPO é uma iniciativa deste Ministério, por intermédio da SESu, Secad e FNDE, em cumprimento às suas atribuições de responder pela formulação de políticas específicas e afirmativas de valorização da diversidade e combate a desvantagens educacionais históricas sofridas pelas populações rurais. O PROCAMPO apoiará projetos de cursos de licenciatura específicos em educação do campo que integrem ensino, pesquisa e extensão e promovam a valorização da educação do campo e o estudo dos temas relevantes concernentes às diferentes populações do campo, em consonância às suas realidades históricas e socioculturais. Os projetos apoiados deverão contemplar alternativas de organização escolar e pedagógica, contribuindo para a expansão da oferta com qualidade da educação básica nas comunidades rurais e para a superação das desvantagens educacionais revelada pelos diferentes indicadores referentes a essas populações (Edital, 2009).

56. Pedagogia da Terra (Pastoral da Juventude Rural-PJR; Movimento de Atingidos por Barragens — MAB; Movimento dos Trabalhadores Desempregados-MTD; Movimento dos Pequenos Agricultores; Movimentos dos Trabalhadores Rurais Sem-Terra-MST); Pedagogia da Alternância (CEFFAS-MEPES — MPAREDE).

57. UFSE, Projeto pedagógico do curso Licenciatura em Educação do Campo, Centro de Educação e Ciências Humanas — CED, 2007.

Pedagogia como uma práxis[58] que integra, articula e transversaliza conhecimentos e processos de outros campos científicos que contribuem para a produção de novas epistemologias a partir do seu objeto, que é a sua prática educativa. Outra universidade (UnB, 2007, p. 17)[59] tem como fundamento teórico-conceitual o paradigma da complexidade, que busca a criação de alternativas epistemológicas para os impasses provenientes da extrema especialização do conhecimento, consequência do avanço técnico e teórico do paradigma cartesiano. A formação humana em educação do campo fundamenta-se também na concepção de que o campo é território de produção de vida, de produção de novas relações sociais, de novas relações entre os homens e a natureza, de novas relações entre o rural e o urbano, buscando um desenvolvimento sustentável.

A proposta pedagógica da UFMG (2007)[60], por sua vez, enfatiza que, não sendo a educação um processo neutro, ela contém um projeto de escola, que, no caso, deve incorporar o acúmulo dos inúmeros Movimentos Sociais do Campo, que, em suas propostas, já trazem uma concepção de educação e de escola, em que os processos de ensinar e de aprender não estão desvinculados dos processos de viver e de produzir. A proposta alerta ainda que as escolas do campo demandam educadores/as compromissados. Finalmente, a quarta proposta busca a superação do antagonismo campo/cidade, indica que a educação do campo assume sua particularidade, que é o vínculo com sujeitos sociais concretos, e com um recorte específico de classe, mas sem deixar de considerar a dimensão da universalidade: antes (durante e depois) de tudo ela é educação, formação integral de seres humanos, em diálogo com a realidade particular dos camponeses, população trabalhadora do campo (UFBA, 2007)[61].

58. Grifos nossos.

59. UnB, Licenciatura em Educação do Campo — Projeto Político-Pedagógico do Curso, Centro Transdisciplinar de Educação do Campo e Desenvolvimento Rural, Parceria, Instituto Técnico de Capacitação e Pesquisa da Reforma Agrária, 2007.

60. UFMG. Licenciatura em Educação do Campo — LeCAMPO, UFMG, Faculdade de Educação, 2007.

61. UFBA. Curso de licenciatura em Educação do Campo — Projeto pedagógico do curso Licenciatura em Educação do Campo. Centro de Educação e Ciências Humanas — CED, 2007.

O caráter adaptativo, presente na LDB/96, garante, na oferta da educação básica para a população rural, que os sistemas de ensino poderão promover as adequações necessárias às peculiaridades da vida rural e de cada região, especialmente em relação aos *conteúdos curriculares e metodologias apropriadas às reais necessidades e interesses dos alunos da zona rural; à organização escolar própria incluindo a adequação do calendário escolar às fases do ciclo agrícola e às condições climáticas; e a adequação à natureza do trabalho na zona rural.* Dessa forma, currículo e aprendizagem deverão estar relacionados ao trabalho e à diversidade do campo em todos seus aspectos: sociais, culturais, políticos, econômicos, de gênero, geração e etnia.

A Lei de Diretrizes e Bases da Educação Nacional de 1996 (Lei n. 9.394/96 — LDBEN), a partir da legislação complementar através das Resoluções ns. 1 e 2 do Conselho Nacional de Educação, impulsionou reformulações curriculares em todo o país. Doll e Krahe (2004)[62] afirmam que, apesar de os processos legislativos terem considerado pouco as preocupações da comunidade científica e dos educadores, a necessidade de adaptação às normas e regulamentações representou também uma chance de incluir nas reformas obrigatórias mudanças que atendessem a algumas das demandas recorrentes sobre a formação de professores.

Exigir educação de qualidade para trabalhador do campo pode constituir apenas uma demanda de inclusão social, de participação na sociedade capitalista, permanecendo a mesma sujeita ao controle do Estado. Atualmente, quando o poder do Estado diminuiu a sua responsabilidade em termos da oferta de uma educação pública de qualidade, ainda assim não abriu mão dos mecanismos de controle a ela associados, como demonstra Gritti (2003)[63].

A LDBEN n. 9.394/96 responde às necessidades de novas formas de reprodução do capital diante da crise econômica mundial, adaptando-se à

62. DOLL, J.; KRAHE, E. D. *A elaboração de um currículo para a formação de professores da Educação Básica:* o caso da UFRGS. 2004. Mímeo.

63. GRITTI. Op. cit., p. 43-5.

"Conferência Mundial de Educação para Todos"[64]. O economista Chesnais (2003)[65] chama o processo de mundialização, em vez de globalização, que termina por impor outro ritmo à dinâmica da acumulação de capital. Esta é a origem do chamado ajuste neoliberal, que requer a redução de gastos públicos (Estado mínimo), para financiamento do setor privado (mercado regulador). Esta mudança se faz às custas da sociedade e do Estado, passando para a iniciativa privada o patrimônio público (privatizações). O resultado é o aumento das desigualdades sociais e a transformação do sistema educacional em mercado educacional. A realização de projetos educacionais do Governo de Luiz Inácio Lula da Silva (2002-2006) não representou uma mudança radical na situação da educação do campo devido ao fato de que, segundo Vieira (2001, p. 37), a hegemonia atual é do Estado moderno liberal ou burguês de direito, associado ao modo de produção capitalista.

Para a quase totalidade da população rural a escola é praticamente a única oportunidade de acesso ao conhecimento para o desenvolvimento profissional e para a formação humana integral. Por essa razão, sendo uma teoria pedagógica — diz Arroyo (1998, p. 141)[66] —, um campo comum no qual atuam todas as outras ciências que exercem algum tipo de intervenção na escola, como Sociologia, Filosofia, Antropologia, Psicologia, Letras, História, a educação do campo deve também buscar sua fonte de reflexão nas contribuições dessas ciências. Para esse autor, cada uma dessas áreas tem desenvolvido suas próprias teorias e procura aplicá-las à educação, sem, contudo, estabelecer com as outras uma referência pedagógica comum. Não há — afirma Arroyo — uma teoria pedagógica que crie esse campo comum.

> Aceitar um encontro marcado nesse campo comum supõe derrubar algumas cercas que isolam as áreas de pesquisa e reflexão e reconhecer que todos trabalhamos uma terra

64. Em 1990 o Brasil participou da Conferência Mundial de Educação para Todos, em Jomtien, na Tailândia, convocada pela Unesco, Unicef, PNUD e Banco Mundial (LDBEN n. 9.394/96).
65. CHESNAIS, Franciois. *Mundialização do capital*. São Paulo: Xamã, 2003.
66. ARROYO, Miguel. Trabalho — Educação e teoria pedagógica. In: FRIGOTTO, Gaudêncio (org.). *Educação e crise do trabalho:* perspectivas de final de século. Petrópolis: Vozes, 1998.

> comum, cultivamos o mesmo campo social e cultural, o campo da formação humana. Toda educação não é humanização? A teoria pedagógica não se insere na grande teoria da humanização? As relações entre trabalho-educação, por exemplo, não encontram seu sentido quando referidas aos processos de humanização? (Arroyo, 1998, p. 141).

A riqueza do desafio da educação do campo e seu acúmulo histórico já sistematizado poderão representar, para a educação como um todo, a abertura de novos caminhos em direção à democratização da escola e da sociedade brasileira. A universalização da educação do campo depende da influência dos Movimentos Sociais na gestão das políticas públicas. Como destaca Souza (2008)[67], em sua análise sobre as pesquisas realizadas em educação do campo e as políticas públicas, a luta de classes não é ignorada nos debates sobre educação e Movimentos Sociais do Campo, no entanto, os movimentos buscam potencializar os espaços de influência e diálogo pois, sem participação, não se constrói educação. Essa perspectiva supõe estratégias de diálogo e consolidação de programas, políticas e projetos, apoiados pela ocupação de terras e da escola.

5. Comentário final

A universalização da educação do campo enfrenta, assim, os conflitos inerentes à ampliação de uma proposta educacional, que nas mãos dos governos pode muito bem ser descaracterizada. Em cada região do país ocorrem distintas relações entre Movimentos Sociais, Estado e educação do campo. As universidades têm, aos poucos, assumido a tarefa de formação, o que significa uma grande responsabilidade, diante de todo esse cenário.

O entendimento de que a educação do campo têm especificidades, não pode se apresentar, portanto, como uma posição contrária a um projeto po-

67. SOUZA, M. A. A pesquisa em educação e movimentos sociais do campo. In: 31ª REUNIÃO ANUAL DA ANPEd, 2008, Caxambu. *Anais*. Constituição Brasileira, Direitos Humanos e Educação. Caxambu: Associação Nacional de Pós-Graduação e Pesquisa em Educação, 2008. v. 1. p. 1-17.

lítico popular para o país, nem como uma contradição em relação à necessária universalização da educação de qualidade e gratuita para todos.

Vemos que tanto a escola do campo quanto a urbana enfrentam graves limitações e dilemas educacionais. A escola vivencia o mundo ideológico, fragmentado, instrumental, utilitário e que prepara o homem para um suposto trabalho que, na verdade, em sua forma legal, como emprego assalariado e protegido por direitos trabalhistas, tornou-se um privilégio e não um direito. No campo, a escola tradicionalmente direcionada para a tecnificação/industrialização do campo ou para a urbanização industrial, não fugiu a essa orientação. Para propor uma nova escola — a escola do campo — tem sido necessário associá-la a um outro projeto de nação e de desenvolvimento, que se traduz, também, em um outro projeto para a sociedade, em especial, para o campo, defendido pelos Movimentos Sociais do Campo. Torná-las objeto da consciência é parte da tarefa de formação de educadores/as do campo. Superá-las é parte do projeto histórico de resistência dos trabalhadores do campo e de toda a sociedade.

13

Políticas linguísticas como políticas públicas

Gilvan Müller de Oliveira*

As políticas públicas de um país têm diferentes repercussões nos veículos que lhes conferem visibilidade.[1]

Há as políticas públicas que o governo tem interesse em publicizar, porque são signos de competência, trabalho, articulação e, frequentemente, rendem votos ao governante. Há as políticas públicas que são mais ou menos secretas ou confidenciais, como é o caso de muitos aspectos da política externa ou da política militar. Há, finalmente, um terceiro tipo de política pública, de pouca visibilidade, mas cuja invisibilidade não é derivada de uma intenção do Estado ou do governo.

* Doutor em Linguística pela Universidade Estadual de Campinas — UNICAMP). Professor do Departamento de Língua e Literatura Vernácula (DLLV) da Universidade Federal de Santa Catarina — UFSC.

1. Agradeço a Cléo-Vilson Altenhofen. Escrevemos juntos o artigo: "O *in vitro* e o *in vivo* na política da diversidade linguística do Brasil: inserção e exclusão do plurilinguismo na educação e na sociedade" (no prelo), cuja segunda parte subsidiou este texto.

É o caso das políticas linguísticas. Se definirmos política linguística como o faz Louis-Jean Calvet[2] (2007) consideraremos que se trata das "grandes decisões referentes às relações entre as línguas e a sociedade": em que língua o Estado funcionará e se relacionará com os cidadãos, em que língua(s) a educação e os serviços culturais serão oferecidos, que variedade de língua será usada, se as outras línguas faladas pelos cidadãos serão reprimidas, reconhecidas ou promovidas.

O sintagma "política linguística" é inseparável de outro, o conceito de "planificação ou planejamento linguístico", que se refere justamente ao percurso para a implementação das políticas, sua transformação em realidade. Assim, entre a vontade de que os cidadãos usem uma língua e os passos concretos para que uma população inteira a maneje existem elementos de planejamento: ações concretas, sistêmicas, financiamento e orçamento, formação de quadros, entre outros.

No entanto, dificilmente as políticas linguísticas adquirem a visibilidade que questões tão centrais como a da língua que usamos colocam. Isso se deve, acreditamos, basicamente a dois fatores.

Em primeiro lugar à naturalização das questões linguísticas: vivemos dentro de uma língua, nem sentimos propriamente sua presença, ela é o como o ar que respiramos — só percebemos o ar quando ele nos falta. Sentimos o preconceito racial ou de gênero, lutamos contra ele, mas a maioria não sente uma discriminação tão efetiva como pouco tematizada, a discriminação decorrente do preconceito linguístico, um dos únicos preconceitos absolutamente livres, não legislado, da nossa sociedade neste início de século.

Em segundo lugar, as políticas linguísticas aparecem diluídas dentro de políticas culturais, educacionais, políticas de inclusão ou de exclusão, não aparecem em estado "puro", embora estejam necessariamente presentes na maioria das políticas educacionais e culturais.

Finalmente, não são vistas como "políticas": aparecem como decisões técnicas, "científicas", aparentemente tomadas pelos linguistas, e não como

2. CALVET, Louis-Jean. *As políticas linguísticas*. São Paulo: Parábola Editorial/IPOL, 2007. [1996]

decisões entre possibilidades diferentes. As relações de poder destas decisões são apagadas, como se não houvesse outras possibilidades. Daí sua fácil manipulação pelos nacionalismos e por outras correntes de pensamento, e a baixa resistência por parte daqueles que as sofrem, exceto nos casos em que se configura uma contrapolitização, em que a língua se torna ela mesma o *politicum*.

Como é sabido, o Estado é o principal articulador das políticas linguísticas, sempre em interação mais ou menos fluida/amistosa/conflituosa com outras instâncias organizadas de poder. Por isso, o Estado é o grande crivo e o local onde os conflitos se amplificam e as batalhas se travam. Do ponto de vista do Estado, então, podemos classificar as políticas linguísticas, numa primeira instância, em *políticas linguísticas internas* (PLI) e em *políticas linguísticas externas* (PLEx). Na presente análise, nos deteremos especificamente nas PLI em andamento no Brasil no ano de 2009, em especial nas de reconhecimento do plurilinguismo.

É preciso comentar que desde a promulgação da Constituição Federal de 1988 o Brasil inaugurou uma fase nova da sua história no que tange aos direitos culturais e linguísticos, acompanhando o que ocorreu em quase todos os países do mundo. Vivemos hoje um momento privilegiado para as políticas da diversidade, como não tivemos outro na conformação do país.

Essa "virada" político-linguística[3] foi forçada pelas comunidades de falantes das 220 línguas brasileiras, incluindo-se aqui a comunidade majoritária falante de português, que começou a não mais aceitar o papel "colonizado" que o Brasil ainda desempenha no campo da lusofonia. De igual ou maior importância, talvez, tenham sido os movimentos de reconhecimento da diversidade linguística e cultural por parte das Organizações Internacionais de que o Brasil é membro, como a Organização das Nações Unidas para a Educação, a Ciência e a Cultura (UNESCO), a Organização dos Estados Ibero-

3. OLIVEIRA, Gilvan Müller de. A "virada político-linguística" e a relevância social da linguística e dos linguistas. In: CORREA, Djane Antonucci. *A relevância social da linguística*. Linguagem, teoria e ensino. São Paulo/Ponta Grossa: Parábola/Editora da UEPG, 2008.

-americanos (OEI) e a União Latina (UL), entre outros, porque aí se criou um consenso muito mais amplo que serviu de caixa de amplificação para a luta das comunidades linguísticas brasileiras. Esta nova perspectiva histórica tem se concretizado em ações nos e pelos vários âmbitos do Estado, com potencial de modificar substancialmente, a médio prazo, a imagem que o país faz de si mesmo, conferindo cara e estatutos definidos aos cidadãos que "são brasileiros em outras línguas".

Nesse contexto, percebem-se mais claramente tanto as limitações ideológicas de muitos funcionários de Estado para esta nova situação, de súbito confrontados com novas demandas que não conseguem processar ou aceitar, como as limitações técnicas para a implementação de políticas da diversidade num país que sempre se concentrou na produção da homogeneidade, incluindo-se aqui o seu sistema universitário: há falta de quadros capacitados em quase todas as frentes das novas políticas linguísticas, em especial no desconhecimento técnico para a implementação de ensino bi ou plurilíngue (com todos os componentes que isso implica).

Neste sentido, é sintomática a inexistência de programas de educação bilíngue em contextos de bilinguismo societal envolvendo línguas de imigração como língua materna, justamente contextos em que se justificaria plenamente uma política de educação bi ou trilíngue diferenciada, sendo inclusive uma exigência do contexto, se aplicássemos todos os pressupostos possíveis apontados pela (pesquisa) linguística e educacional. Tais programas infelizmente, no entanto, vêm sendo restritos a modelos de escolas bilíngues de prestígio e escolas indígenas, cada qual com suas especificidades.

A seguir, elencamos um quadro parcial de ações brasileiras no campo das políticas linguísticas internas (PLI), relevantes na discussão sobre o plurilinguismo brasileiro neste início de século. Entenda-se por "políticas linguísticas internas" aquelas que atuam sobre as línguas faladas em território sob a gestão do Estado, em geral sobre o repertório linguístico disponível, suas definições, funções e lugares sociais. Isso atinge a língua "majoritária", que no nosso caso coincide com a língua "oficial" do país, as muitas línguas chamadas "minoritárias" ou "minorizadas", como as línguas indígenas, de imigração, de sinais, afro-brasileiras e as línguas "estrangeiras" ensinadas no sistema escolar do país, e portanto também do âmbito das PLI, ainda que em forte interface com as relações de força do "marché aux langues"[4], o mercado internacional de línguas, devidamente filtrado pelos interesses da política externa do país.

Estas PLI podem ser apresentadas como uma sucessão de olhares ou atenções, por parte do Estado, a setores, segmentos, etnias específicas da sociedade e suas línguas. Apresentamos agora, nesta ordem, e sem pretensão de exaustividade, as PLI que incidem sobre o português, sobre as línguas brasileiras minorizadas/minoritárias e sobre as línguas estrangeiras.

Políticas Linguísticas Internas (PLI) em relação ao *português*

Dois projetos diferentes marcaram respectivamente o final do século XX e o início do século XXI nas políticas da língua portuguesa, o Projeto de Lei dos Estrangeirismos do Deputado Aldo Rebelo e o Acordo Ortográfico da Língua Portuguesa.

O Projeto de Lei dos Estrangeirismos ou Lei Aldo Rebelo (Projeto de Lei n. 1.676, de 1999) e o Projeto de Lei n. 272/09/Paraná, de autoria do Poder Executivo através da Mensagem n. 037/09.

Uma das manifestações que normalmente acompanham políticas monolingualizadoras é o mito da pureza linguística. Skutnabb-Kangas (1988) refere-se às manifestações dessa natureza com o termo genérico *linguicism*. Recentemente, no Brasil, dois projetos de lei antiestrangeirismos, um em nível federal e outro em nível estadual (RS), que tentavam conter a invasão do inglês no português. O fato de terem partido de dois deputados de parti-

4. CALVET, Louis-Jean. *Le marchés aux langues*. Paris: Plon, 2002.

do comunista revela um pouco da conotação ideológica que o assunto evoca. Tais projetos, onde se previa inclusive sanções rígidas para quem usasse os assim chamados estrangeirismos, desencadeou uma ampla discussão e trouxe à tona concepções linguísticas que nada mais, nada menos, comprovam que língua não é apenas um código articulado para a comunicação, mas também símbolo de identidade dos falantes, com funções específicas, seja de expressão do conhecimento, seja de expressão da afetividade e dos valores sociais. Ora, o purismo linguístico como o purismo de raças é nada mais que uma distorção preconceituosa. Como já dizia Hugo Schuchardt, não existem línguas isentas de empréstimos. Por exemplo, uma das línguas mais "misturadas", isto é, com léxico de diferentes origens que conhecemos é o próprio inglês. Não é possível desvincular a língua do significado social e particular que assume para cada indivíduo.

A apresentação deste projeto de lei, em 1999, contou com o momento de comemoração dos 500 anos de descobrimento do Brasil para tentar relançar o ideário nacionalista que foi comum no século XX, servindo de pano de fundo para as políticas lusitanizantes e de repressão às demais línguas brasileiras. A "virada" porém já tinha acontecido, e o projeto foi recebido de maneira fria ou francamente negativa, suscitando reações contrárias em todo o país e moderado apoio de alguns setores.

Aldo Rebelo inspirou-se no modelo da Lei Toubon, da França, que em duas versões, a de 1975 e a de 1994, tentou explorar o medo à "desfiguração" da língua através da "invasão de palavras do inglês". Trabalhou com a ideia de "ameaça", e portanto apresentou-se como arauto da construção da "defesa" da língua portuguesa contra seus invasores. Seu fracasso político mostrou que era, já naquele momento, extemporânea, e marca, para as políticas linguísticas brasileiras, o fim do século XX. A perspectiva do projeto Aldo Rebelo já não fazia sentido no século XXI.

Uma das virtudes do projeto Aldo Rebelo, que finalmente foi arquivado depois de passar por profundas modificações no Senado da República, através de que se transformou, na verdade, em outro projeto, foi a de colocar a discussão das políticas do português em pauta de uma maneira forte, e através dela diversos setores da sociedade envolveram-se com estas discussões pela primeira vez.

Prova, no entanto, da permanência dos pressupostos do Projeto Aldo Rebelo foi a aprovação, em primeira instância, no Paraná, de Projeto de Lei para proibir palavras estrangeiras em propagandas sem tradução, votação esta ocorrida em 13 de julho de 2009. O governador Roberto Requião, que encaminhou a proposta, disse na justificativa que "o governo do Paraná apresenta a medida, tendo por objetivo maior o reconhecimento e a valorização da língua pátria".

Segundo ele, o projeto tem como base o inciso I do artigo 1º da Constituição Federal, que apresenta a soberania como um dos fundamentos da República Federativa do Brasil, além do artigo 13 que estabelece o português como língua oficial. Pelo projeto, as traduções devem ter o mesmo tamanho que as palavras expostas em outro idioma na propaganda. O descumprimento implicará multa de R$ 5 mil, que pode ser dobrada em caso de reincidências.

A frequência de tentativas de legislação como estas, contra todas as evidências apresentadas pelos linguistas em vários âmbitos, como, por exemplo, a própria impossibilidade de distinguir o que são palavras estrangeiras do que não são, mostra a perspectiva de ameaça à identidade e à nação que os estrangeirismos suscitam em variados membros do poder legislativo, em amplo espectro partidário.

O Acordo Ortográfico do português

O século XXI vai trazer, não sem problemas e polêmicas, a unificação ortográfica da língua portuguesa, rompida em 1911, quando Portugal promoveu uma reforma ortográfica unilateral, não reconhecida pelo Brasil, os dois que eram então os dois únicos países de língua portuguesa. A dupla grafia tinha/tem várias consequências, mas a mais notável dela é a de impedir a circulação de determinados bens culturais escritos, como os livros didáticos, entre outros, criando "reservas de mercado". Tem também uma forte conotação identitária e nacionalista, esgrimida por aqueles que querem manter a ortografia como está.

A unificação veio através da longa história do Acordo Ortográfico de 1990, que entrou em vigor, no Brasil, em 1º de janeiro de 2009 e em Portugal poucos meses depois, ou seja, quase 20 anos depois da sua assinatura. O acordo foi assinado em 1990 por todos os países de língua portuguesa, menos por Timor Leste, ainda sob domínio indonésio (mas que entra no Acordo, como em todas as demais deliberações da CPLP — a Comunidade dos Países de Língua Portuguesa — por um ato especial posterior).

Nesse ínterim, foram firmados dois protocolos modificativos. O primeiro tornou sem sentido a data de 1994 como entrada em vigor do Acordo, prevista no documento original, adiando a solução do problema. A data estipulada tinha chegado sem que os parlamentos de todos os países tivessem podido considerar a matéria (vários países ainda estavam em guerra civil, como era o caso de Angola).

O segundo protocolo modificativo incorporou uma decisão importante da CPLP, a de que já não seria necessário o consenso entre todos os países para qualquer decisão, mas apenas a concordância de três dos oito países para que uma medida entrasse em vigor (nesses mesmos três países), tornando mais célere os processos da comunidade. Foi a assinatura deste protocolo por São Tomé e Príncipe, em novembro de 2007, que permitiu que o Acordo se concretizasse neste país mais Cabo Verde e Brasil, que já tinham firmado o protocolo. Portugal, diante disso, acaba reagindo e firmando também, possibilitando a adesão política que faltava para o definitivo sucesso político do instrumento de unificação.

Como se passaram quase 20 anos entre a assinatura do Acordo e sua implementação, ficou a impressão, para muitos, de que ele teria sido feito sem nenhuma participação popular, que, de fato, foi muito pequena. Isso gerou reações contrárias ao Acordo, sobretudo em Portugal, onde determinados grupos começaram a argumentar que seu país estava cedendo a uma "perspectiva brasileira" e que se estava perdendo a identidade linguística de Portugal.

Porém a forma positiva como o governo de Portugal finalmente tratou a questão, já entrado o ano 2008, permitiu que ele fosse encaminhado, abrindo caminho aos outros países da Comunidade, que preferiam esperar o movimento de Portugal para também manifestar-se.

A importância do acordo ortográfico não está nas letras e nos acentos que caem. Está na nova configuração de gestão — internacionalizada — da língua portuguesa que emerge com ele e que a coloca como língua da CPLP, conforme as palavras do presidente português na Cúpula dos Chefes de Estado desta organização internacional, no que ficou conhecido como "a Cimeira da Língua", ocorrida em Lisboa em julho de 2008.

A Academia Brasileira de Letras e a Academia de Ciências de Lisboa, até então aparatos nomeados pelos Estados para negociarem acordos deste tipo, já não conseguem abarcar os sentidos da nova gestão da língua portuguesa que se inaugura, e novos aparelhos de gestão vão tomando forma, entre eles o Instituto Internacional da Língua Portuguesa — IILP, com sede na cidade da Praia, capital de Cabo Verde, que apesar de ter sido criado em 1989, antes da CPLP mesma, que é de 1996, dá seus primeiros e tímidos passos como gestor internacional da língua.

O acordo abre um novo momento nas relações entre os países de língua portuguesa, e novos potenciais de cooperação entre países tão assimétricos e ainda divididos pelo conflito Brasil-Portugal, que ora colaboram e ora competem pela hegemonia dentro do bloco. Como mexe com identidades e fronteiras, acaba sendo de importância grande para repleitear as relações entre esses países, e pode ser considerado um fato de importância transcendente para os países de língua oficial portuguesa.

PLI em relação às línguas brasileiras minoritárias/ minorizadas

1. *Status* das línguas indígenas na Constituição e a Educação Escolar Indígena

Um dos primeiros movimentos do Estado em direção ao plurilinguismo e a uma perspectiva mais moderna de direitos linguísticos ocorreu com a

Constituição Federal de 1988 que reconheceu, pela primeira vez, aos povos indígenas, direitos linguísticos e culturais (Arts. 210 e 230) que iriam se desdobrar na criação de uma modalidade de ensino pautada pela interculturalidade, uso das línguas maternas e participação comunitária. Como resultado tem-se hoje cerca de 174 mil alunos indígenas em escolas bilíngues e/ou multilíngues, ancorado na Lei de Diretrizes e Bases da Educação Nacional (LDB) e no Plano Nacional de Educação, com regulamentação do campo pela Resolução 03, do Conselho Nacional de Educação. No entanto, conforme Relatório do Grupo de Trabalho da Diversidade Linguística do Brasil (GTDL, 13/12/2007, p. 5), criado pelo IPHAN para fazer propostas à demanda de reconhecimento das línguas brasileiras como patrimônio cultural imaterial do Brasil,

> a mesma Constituição, que reconheceu direitos linguísticos aos indígenas, deixou de fora outras comunidades linguísticas brasileiras, como os surdos e os descendentes de africanos e de imigrantes, que somente muito mais tarde conseguiram se organizar para a percepção dos seus direitos linguísticos.

Apesar disso, a ancoragem, na Constituição Federal, dos direitos educacionais indígenas, foi a grande porta de entrada para que outros grupos, menos amparados pelas resoluções internacionais, possam hoje também apresentar suas reivindicações. Além disso, apesar de todas as deficiências da educação escolar indígena no que tange a modelos de escolas bilíngues, formação de quadros para a promoção (manutenção, revitalização etc.) das línguas, sistematização de saberes próprios nas línguas indígenas etc. foi também a educação escolar indígena o grande laboratório, que pela primeira vez na história brasileira gerou conhecimentos nesta área, tão avessa à construção da nação monolíngue e monocultural que foi a tônica das políticas educacionais neste país. Isto tem acontecido nos cursos de formação de professores indígenas, que começaram no início dos anos de 1990 formando em nível médio, e que hoje começam a poder se concentrar na formação docente indígena em nível superior.

2. Cooficialização de línguas no âmbito municipal

Como nova forma de gestão do plurilinguismo, e a partir da percepção de que o reconhecimento dos direitos linguísticos somente dentro das terras indígenas ainda era insuficiente para garantir a presença das línguas indígenas no Brasil, desenvolveu-se a possibilidade, também pela primeira vez na história do Brasil independente, de cooficializar línguas em nível municipal. Cooficializar uma língua significa que o município passa a ser oficialmente bilíngue, e que seus cidadãos podem construir suas vidas em duas línguas — a língua oficial da União, o português, mas também a língua cooficial da comunidade.

O pioneiro foi o município de São Gabriel da Cachoeira, no Alto Rio Negro, onde a lei municipal n.145/2002 cooficializou as línguas Nheengatu, Tukano e Baniwa. A lei estipula que, no prazo de até cinco anos, os órgãos públicos sediados no município de São Gabriel da Cachoeira e a iniciativa privada deverão ter funcionários aptos a atender os seus cidadãos em português, Nheengatu, Tukano e Baniwa. O município deverá dispor de tradutores oficiais, e as leis e documentos do poder público deverão ter versões nessas três línguas além do português. Também as mídias, inclusive a televisiva, deverão contemplar a nova política de plurilinguismo. Os concursos públicos, por conseguinte.

Na região do município de São Gabriel da Cachoeira são faladas 25 línguas pertencentes a 4 troncos linguísticos diferentes: Tukano Oriental, Aruak, Maku, Tupi e Românico. O Nheengatu, língua geral de base Tupi, foi introduzido pelos missionários e é falado pelos povos Baré, Werekena e algumas comunidades Baniwa. O direito das escolas indígenas lecionarem a língua de sua comunidade está garantido em toda a legislação sobre educação indígena. O objetivo da nova lei é garantir o direito dos cidadãos indígenas habitantes nesse município entenderem e se fazerem entender quando em diálogo com os poderes públicos.

Uma medida como esta está de acordo com o espírito da Constituição Federal e reflete uma tendência mundial, como pode ser exemplificado pela oficialização do guarani, no Paraguai e no Mercosul, assim como também recentemente na Província de Misiones, Argentina, e como as recentes oficializações do quechua e do aymara na Bolívia, e do ashuar e do quichua no Equador. Por esta tendência, criam-se condições jurídicas para a garantia dos direitos linguísticos ancorando estes direitos a certos territórios.

Não só as línguas indígenas podem percorrer o caminho da cooficialização, mas também as línguas de imigração, como mostra o processo de cooficialização do pomerano no município de Santa Maria de Jetibá, no Espírito Santo, votado pela Câmara de Vereadores em 23 de junho de 2009 e sancionado pelo prefeito municipal na cerimônia de comemoração dos 150 anos de imigração pomerana no estado, ocorrida no palácio do governo em Vitória em 26 do mesmo mês.

O pomerano é uma língua germânica, antigamente falada nas margens do Báltico, e hoje usada em comunidades do Espírito Santo, Rondônia, Minas Gerais, Santa Catarina e Rio Grande do Sul. Presente no nosso país desde 1858 — há 150 anos, portanto — tem hoje, no Brasil, um universo de aproximadamente 120 mil falantes. Como as línguas de imigração carecem de qualquer legislação para seu reconhecimento em nível federal e estadual, é ainda maior o impacto e a utilidade de uma política linguística municipal clara e propositiva.

3. Inventário Nacional da Diversidade Linguística do Brasil

A Comissão de Educação da Câmara dos Deputados aprovou em 10/8/2005 o requerimento n. 199/05, do deputado Carlos Abicalil (PT-MT), que propunha a criação do "Livro de Registro de Línguas", no âmbito do Programa Nacional do Patrimônio Imaterial, sob a responsabilidade do Instituto do Patrimônio Histórico e Artístico Nacional (IPHAN). Para Abicalil o "Livro de Registro de Línguas" complementaria os demais existentes (saberes, celebrações, formas de expressão e lugares) na preservação do patrimônio imaterial brasileiro. Abicalil argumentava que era urgente uma ação do Estado neste sentido e considera que com a medida "estaremos reconhecendo a efetiva contribuição dos diferentes grupos étnicos na construção da identidade nacional"[5].

Esta ação encaminhou o Seminário de Criação do Livro de Registro das Línguas, em março de 2006, em que falantes de seis línguas brasileiras (nheengatu, guarani-mbya, gira da tabatinga, hunsrüsckisch, talian e libras) vieram à Câmara dos Deputados dar seu depoimento de como é "ser brasileiro em outra língua que não o português". O Seminário encaminhou a criação do Grupo de Trabalho da Diversidade Linguística (GTDL) formado por representantes dos Ministérios da Educação, Cultura, Ciência e Tecnologia, Orçamento e Gestão, Justiça, além da Comissão de Educação e Cultura da Câmara de Deputados, a UNESCO e o IPOL.

O GTDL, após um ano e meio de trabalho, concebeu e fez aprovar, na Câmara dos Deputados, um relatório de atividades que continha uma política patrimonial para as línguas brasileiras, expressa na sistemática do Inventário Nacional da Diversidade Linguística (INDL), criada por decreto presidencial que se encontra em tramitação na Casa Civil.

Nesse ínterim, aprovaram-se nove projetos, financiados pelo Ministério da Cultura e pelo Ministério da Justiça, à guisa de projetos-piloto, que permitirão ao Estado brasileiro conceber parâmetro para o inventário de todas as línguas brasileiras, que receberão, após este estudo, certificado como *referência cultural brasileira*, passando a fazer jus a medidas de salvaguarda. O Inventário Nacional da Diversidade Linguística é o primeiro instrumento jurídico que reconhece todas as categorias de línguas: indígenas, de imigração, de sinais, afro-brasileiras, crioulas, além das variedades do português falado no país, assumindo assim que brasileiros de diversas línguas e origens contribuíram na construção do país. Portanto, é um instrumento importante na construção de uma nova visão de Brasil, a de um país plurilíngue e pluricultural.

Não poderíamos deixar de citar, neste contexto, a regulamentação do uso da Língua Brasileira de Sinais (LIBRAS), através da Lei n. 10.436, de

5. Disponível em: http://www.ipol.org.br/. Acesso em 20 set. 2005.

20/4/2002, e regulamentada pelo Decreto n. 5.626, de 22/12/2005. Trata-se de um dos maiores sucessos brasileiros, em termos de políticas linguísticas, pois gerou, a partir da mobilização da comunidade surda, o reconhecimento de que Libras é uma língua, e não uma "linguagem", gerou o reconhecimento de direitos linguísticos da comunidade e, indiretamente, o reconhecimento de que há uma cultura surda, e portanto há um potencial instalado para que os surdos deixem de ser vistos, por parte do Estado e de outros setores da sociedade, pela ótica da deficiência, passando a ocupar o lugar que lhes é devido no contexto do pluriculturalismo e do plurilinguismo brasileiro. O Curso de Licenciatura Libras-Português, instaurado em várias universidades brasileiras sob a coordenação da Universidade Federal de Santa Catarina (UFSC) é um marco institucional na construção destas novas relações a que este artigo faz referência.

PLI em relação às línguas estrangeiras

Evidentemente também as línguas estrangeiras ensinadas no sistema escolar de um país pertencem ao campo das PLI. A legislação atual sobre o assunto, que torna obrigatório o ensino de pelo menos uma língua estrangeira moderna a partir da 5ª série também nasce da LDB. O Art. 26, § 5, da Lei de Diretrizes e Bases da Educação Nacional (LDB) n. 9.394, de 20/12/1996, dispõe sobre o ensino de língua estrangeira nas seguintes:

> **Art. 26.** Os currículos do ensino fundamental e médio devem ter uma base nacional comum, a ser complementada, em cada sistema de ensino e estabelecimento escolar, por **uma parte diversificada, exigida pelas características regionais e locais da sociedade, da cultura, da economia e da clientela.** [Grifo nosso]
>
> § 1º Os currículos a que se refere o *caput* devem abranger, obrigatoriamente, o estudo da língua portuguesa e da matemática, o conhecimento do mundo físico e natural e da realidade social e política, especialmente do Brasil. (...)
>
> § 4º O ensino da História do Brasil levará em conta as contribuições das diferentes culturas e etnias para a formação do povo brasileiro, especialmente das matrizes indígena, africana e europeia. [Grifo nosso]

§ 5º Na parte diversificada do currículo será incluído, obrigatoriamente, a partir da quinta série, o ensino de pelo menos uma língua estrangeira moderna, cuja escolha ficará a cargo da comunidade escolar, dentro das possibilidades da instituição. [Grifo nosso]

Não definindo de antemão qual língua estrangeira seria ensinada nacionalmente, mas transferindo a responsabilidade para os sistemas gestores da educação, a saber, estados e municípios, esta legislação permitiu a mudança de perspectivas instauradas desde o Acordo MEC-USAID[6], durante o governo militar, pela qual o inglês se tornou a única língua estrangeira *de facto* no sistema educacional brasileiro, e abriu caminho para dois fatos novos na política de línguas estrangeiras.

Em primeiro lugar legitimou a presença de outras línguas estrangeiras no sistema educacional brasileiro, em especial daquelas que timidamente foram introduzidas, em alguns estados, como Santa Catarina, nos anos 1980, como um produto da redemocratização do país, e que pretendiam ser sensíveis às populações locais que supostamente as falavam (o alemão, o italiano, o japonês).

Em segundo lugar, e num sentido contrário, acabou recolocando nas mãos do governo federal, por conta da Lei n. 11.161, de 5/8/2005 a decisão de introdução da oferta obrigatória do espanhol no ensino médio brasileiro por parte dos sistemas de ensino, neste caso os estados, refletindo um movimento maior da política externa do Brasil em direção à América hispânica.

No primeiro caso, pretendeu-se, equivocadamente, atender à demandas culturais dos cidadãos descendentes de alemães, italianos, japoneses e em menor escala, poloneses e ucranianos, simplesmente introduzindo aulas da norma

6. Os MEC-USAID foram uma série de acordos produzidos, nos anos 1960, entre o Ministério da Educação brasileiro (MEC) e a *United States Agency for International Development* (USAID). Visavam estabelecer convênios de assistência técnica e cooperação financeira à educação brasileira. Entre junho de 1964 e janeiro de 1968, período de maior intensidade nos acordos, foram firmados 12, abrangendo desde a educação primária (atual ensino fundamental) ao ensino superior. O último dos acordos firmados foi no ano de 1976. Ver: http://www.histedbr.fae.unicamp.br/navegando/glossario/verb_c_mec-usaid%20.htm

europeia (ou, no caso, japonesa) atual destas línguas no horário livre para esta rubrica, mantendo assim a perspectiva de que as línguas destes grupos de cidadãos são "estrangeiras", conforme a nomenclatura amplamente utilizada no tempo do Estado Novo para deslegitimar sua presença em território brasileiro.

Evidentemente isto não atendeu às demandas dos cidadãos descendentes de imigrantes no Brasil, porque, em primeiro lugar, especialmente no caso dos alemães e italianos, sua língua não é a norma europeia atual destas línguas. Há várias línguas germânicas faladas como línguas brasileiras e que não são o alemão padrão (Hochdeutsch), como o Hunsrückisch e o Pomerano, embora sejam genericamente chamadas de "alemão". O mesmo ocorre com variedades brasileiras de línguas itálicas, como o vêneto, chamado hoje no Brasil, crescentemente, de *talian*. Em vários casos, a presença do alemão e do italiano como "línguas estrangeiras", reinstituídas desde os anos 1980, em escolas que não se tornaram nem bilíngues nem interculturais, regrediu, esgotando-se no próprio insucesso pedagógico resultante do equívoco sociopolítico linguístico de confundir as línguas efetivamente faladas nas comunidades brasileiras com as normas europeias ou asiáticas sob as quais estas línguas, policamente, vivem.

No segundo caso, o Estado Nacional retoma uma questão nacional, que é de política externa: dada uma orientação geral do país, pela primeira vez na sua história[7], de integrar-se fortemente, econômica e política com os países

7. Um outro momento de inclinação para a América Latina, mas em outro quadro ideológico e geopolítico, ocorreu na época da Operação Pan-Americana, concebida pelo presidente Juscelino Kubitschek.

> A ideia nasceu quando o vice-presidente americano Richard Nixon, em visita a países da América Latina, em 1958, foi recebido em toda parte com protestos contra a política de seu país para o continente. Em contato com o presidente Dwight Eisenhower, JK buscou um novo relacionamento entre os países das Américas, sob a forma de um programa multilateral de desenvolvimento econômico. As conversações puseram-se em marcha, mas empacaram quando a política americana adotou o combate ao comunismo como principal eixo de ação, a partir da opção da Revolução Cubana pelo socialismo. (Disponível em: http://www.projetomemoria.art.br/JK/biografia/3_operacao.html)

Ainda que naquela política a presença dos Estados Unidos fosse determinante, dado o caráter pan-americano, houve então a primeira tentativa de implementação do ensino do espanhol como língua

vizinhos, o que se configura institucionalmente através do Mercado Comum do Sul (Mercosul), criado pelo Tratado de Assunção (1991) e mais recentemente pela União das Nações Sul-americanas (Unasul), criada pela Declaração de Cuzco (2004), o governo federal promulga uma lei para que a língua de nove de nossos países confinantes seja fortemente presente no sistema educacional, embora prioritariamente somente no ensino médio, dada a prerrogativa de estados e municípios de formularem suas próprias políticas linguísticas.

A lei n. 11.161, de 5/8/2005, em seu artigo 1°, diz o seguinte:

> Art. 1° O ensino da língua espanhola, de oferta obrigatória pela escola e de matrícula facultativa para o aluno, será implantado, gradativamente, nos currículos plenos do ensino médio.
>
> § 1° O processo de implantação deverá estar concluído no prazo de cinco anos, a partir da implantação desta Lei.
>
> § 2° É facultada a inclusão da língua espanhola nos currículos plenos do ensino fundamental de 5ª a 8ª séries.

Com esta sinalização forte por parte do governo federal e com o crescimento dos intercâmbios econômicos, culturais e pessoais dentro do Mercosul, o crescimento do ensino do espanhol tem sido constante, e sua nova posição no sistema educacional brasileiro permitiu, como produto interessante, que a Argentina, em regime de reciprocidade, aprovasse a Lei nacional n° 26.468, de 17 de dezembro de 2008, que estabelece a política de obrigatoriedade de oferta do português na escola secundária de todo o país e também na escola primária das províncias na fronteira brasileira.

Com estas leis inicia-se a fase de implementação, que se estenderá no Brasil até 2010 e na Argentina até 2016. No entanto, nota-se uma extrema morosidade na implementeção da lei por parte dos estados brasileiros, resultantes em parte da oposição das próprias secretarias de educação, algumas

---

estrangeira em todo o Brasil, no espírito do Operação, mas a proposta não foi aprovada no Congresso Nacional.

das quais veem a medida como uma inadequada interferência do governo federal na autonomia federativa e outras que continuam apostando na ideia do inglês como única língua estrangeira, dado que os aparelhos de Estado continuam dominados sobretudo por professores de inglês, como herança dos acordos Mec-Usaid e pela inércia dos sistemas. Para além disso, há os problemas operacionais comuns nestas guinadas de direção, dentre os quais destaca-se a falta de professores habilitados para a docência em espanhol língua estrangeira.

O Projeto Escolas Interculturais Bilíngues de Fronteira (PEIBF)

No contexto da globalização, comportamentos do tipo "fale português, você está no Brasil", ou "para ser brasileiro é preciso falar português"[8] se tornam incompatíveis. Não havendo mais fronteiras linguísticas estanques, o uso exclusivo da "língua nacional" torna-se fator de exclusão, digamos, da Aldeia Global, semelhante ao que na ideologia do monolinguismo representa o uso de línguas minoritárias diferentes da língua oficial.

Contudo, ainda hoje, no Brasil, quando se fala em *educação bilíngue*, a suposta ameaça ao lugar exclusivo da língua oficial, o português, parece implicar uma questão de "segurança nacional", pois segundo o Art. 32, § 3º, da Lei de Diretrizes e Bases da Educação Nacional (LDB), o "ensino fundamental regular será ministrado em língua portuguesa", instrumento este que especifica o artigo 13° da Constituição Federal, que reza que a língua portuguesa é a língua oficial do Brasil. É interessante notar, no entanto, com Oliveira[9] (2004, p. 35), que este artigo trata "Dos símbolos nacionais". Ou

8. ALTENHOFEN, Cléo V. Política linguística, mitos e concepções linguísticas em áreas bilíngues de imigrantes (alemães) no Brasil. *Revista Internacional de Linguística Iberoamericana (RILI)*, Frankfurt a.M., n. 1(3), p. 83-93, 2004.

9. OLIVEIRA, Gilvan Müller de. Política linguística, política historiográfica: epistemologia e escrita da(s) história(s) da língua(s) a propósito da língua portuguesa no Brasil Meridional (1754-1830). 2004. Tese de Doutorado. Campinas: Universidade Estadual de Campinas, Instituto de Estudos da Linguagem.

melhor, onde se define a Língua Portuguesa como língua oficial, define-se *também* qual é a bandeira, qual é o hino e qual é o brasão de armas da Nação, objetos que têm, para o Estado, a mesma função, isto é, são homogêneos quanto ao seu papel.

Nessa perspectiva, cabe perguntar como são vistas as línguas estrangeiras na cultura brasileira. Está aí um tema para amplo debate entre as diferentes instâncias envolvidas, entre as quais associações de professores de línguas estrangeiras, centros de línguas e demais entidades ligadas à educação de modo geral, um debate que, aliás, instaurou-se fortemente, entre outros, no I Fórum Internacional da Diversidade Linguística, realizado em Porto Alegre em julho de 2007.

Um lugar privilegiado para a geração destes novos valores linguísticos, que põe em xeque atitudes de equivalência entre monolinguismo na língua oficial e nacionalidade, e que, além disso, reafirma a política brasileira de integração com a América do Sul e Latina, é o Projeto Escolas Interculturais Bilíngues de Fronteira, nascido inicialmente no quadro bilateral Argentina-Brasil e oriundo da chamada "Carta de Calafate", acordo assinado pelos presidentes Kirchner e Lula em 2004. Posteriormente, em 2007, o PEIBF passou a integrar o Plano Operativo do Mercosul e adquiriu mandato para estender-se a todas as fronteiras do Brasil com os países do Mercosul.

Este projeto estabeleceu a criação de uma rede de escolas públicas ao longo das fronteiras entre o Brasil e demais países, atuando nas chamadas cidades-gêmeas, isto é, nos núcleos urbanos binacionais, com funcionamento bilíngue espanhol-português e perspectiva intercultural, voltadas à formação da nova cidadania ampliada do Mercosul.

Hoje o PEIBF integra 21 escolas públicas de ensino fundamental na Argentina, Brasil, Paraguai, Venezuela e Uruguai, com um público de aproximadamente nove mil alunos. Iniciado em 2005 na fronteira Brasil-Argentina e tendo uma expansão ano a ano, chegou hoje até a 5ª série, mostrando já seus primeiros resultados efetivos. Uma das dinâmicas mais interessantes e produtivas do projeto é o chamado "cruze", isto é, o fato de que as professoras argentinas (por exemplo) cruzam a fronteira e ensinam em espanhol para as crianças brasileiras, enquanto as professoras brasileiras fazem o mesmo e ensinam em português para as crianças argentinas, a partir de um plano de trabalho compartilhado entre as duas escolas, e de uma perspectiva de ensino através de projetos de aprendizagem que reformula as dinâmicas de produção curricular em prática nos países envolvidos.

Neste projeto o Ministério da Educação e as escolas envolvidas foram assessorados pelo Instituto de Investigação e Desenvolvimento em Política Linguística (IPOL), e desenvolveram-se perspectivas educacionais novas nos países participantes, com potencial de transferência para novos contextos geopolíticos, adequados aos novos tempos, e estabelecendo as bases societárias para uma ampla reforma jurídica, que permita a perspectiva de educação bilíngue para além da escola indígena, como hoje previsto por lei, e para além das escolas bilíngues de elite, garantidas através de autorizações especiais, em geral, dos Conselhos Estaduais de Educação. Nesta perspectiva apresentada, a legislação terá que se adequar para que o oferecimento de educação bilíngue pública à cidadania brasileira possa contemplar as demandas sociais no campo das línguas brasileiras e também no campo das línguas estrangeiras.

Conclusão

Muitas políticas linguísticas foram definidas por decretos dos Estados. Outras se impuseram pela força política e econômica, como no caso da hegemonia do inglês; outras ainda pelo prestígio social e intelectual, como o francês e outras línguas. Esse significado muda conforme as circunstâncias históricas e as prioridades dos falantes/aprendizes.

Estas atuações mostram a importância do contexto histórico-social em que as línguas se inserem e lembram que uma educação de qualidade não se orienta meramente por critérios numéricos e mercadológicos e que a construção do conhecimento e do modelo de sociedade pautado em uma democracia cultural passa pela diversidade e aprendizagem de línguas. Políticas linguísticas afinadas com essa premissa, como ficou evidente nos exemplos analisados, tem muito a contribuir nesse sentido. Em resumo, ficou evidenciado para isso:

a) a importância da participação dos falantes na gestão de suas línguas;
b) o reconhecimento da pluralidade e da interdisciplinaridade como princípios de uma educação de qualidade e de uma democracia cultural;
c) a necessidade de ações de conscientização linguística para orientar as decisões dos falantes;
d) a relevância de incluir a discussão da educação linguística e plurilíngue no modelo de escola e de sociedade que se deseja.

Configura-se a necessidade, em suma, de uma reforma linguística do país que permita uma reação coletiva positiva frente às novas demandas da globalização e da inclusão cultural e linguística. Essa reforma linguística passa pela organização das demandas dos falantes, através das suas representações, e do seu contato com o legislativo, onde estas demandas se transformam em indicação de ação, pela capacitação dos órgãos de Estado diretamente envolvidos com a planificação linguística, como Ministério de Cultura, de Educação, de Ciência e Tecnologia, secretarias estaduais e municipais, as escolas e a mídia. Para que o envolvimento da comunidade de linguistas do país possa ser positiva neste processo, é preciso uma reorientação das linhas de pesquisa das pós-graduações das universidades brasileiras, de modo que uma nova geração de linguistas possa trabalhar mais de acordo com as demandas da cidadania no século XXI.

PARTE III

O tempo presente da educação escolar

14

Gestão da educação:
análise hemerográfica da agenda brasileira

Erni J. Seibel*

Introdução

Neste trabalho vamos analisar um conjunto de questões que remetem à temática da gestão da educação e que constituíram os principais itens da agenda da imprensa brasileira, principalmente no ano de 2008. Buscamos classificar as temáticas que mais intensamente foram objeto de atenção; assim mesmo temas importantes do ponto de vista acadêmico tiveram pouca visibilidade na imprensa e, por isso, não serão tratados neste trabalho[1].

Mesmo tendo investigado matérias e editoriais de jornais do país inteiro, vamos nos deter mais expressivamente nos jornais de grande circulação nacional, em que os conteúdos das matérias apresentaram caráter mais investigativo e analítico do que informativo.

* Doutor em Ciência Política pela Freie Universität Berlin. Professor do Departamento de Sociologia e Ciência Política da Universidade Federal de Santa Catarina — UFSC.

1. Podemos citar: cotas raciais, ensino superior, educação infantil, rede privada de ensino, entre outros.

A pesquisa hemerográfica constitui nos tempos atuais uma fonte de dados e informações. Destacamos principalmente o acesso aos bancos de dados informatizados dos grandes jornais e que permitem um avanço expressivo desta técnica de pesquisa, principalmente se compararmos com os tempos do acesso físico ao jornal. O avanço tem dimensão espacial e temporal, pois é possível investigarmos temáticas, desde a fundação dos jornais, ao mesmo tempo acessar em curta fração de tempo jornais do mundo inteiro. Mesmo considerando fatores de limitação ideológica, é inegável que jornais conferem visibilidade pública a fatos e fenômenos. Este processo pode provocar uma transformação no *status* e no interesse público dos mesmos[2], condição fundamental para tornarem-se objeto de políticas públicas.

Gestão da educação

Orientando-nos neste trabalho na perspectiva das políticas públicas, viabilidades, formatos e avaliações, entendemos que é necessário explicitar algumas premissas sobre a gestão da educação. Primeiramente, o campo institucional da educação apresenta características que o distingue de outros campos institucionais das políticas públicas, como saúde, meio ambiente, segurança pública etc. Esta distinção poderia ter recortes nos campos tecnológico, cultural, ético, político etc., porém não é aqui objeto de nossa atenção. Mesmo assim, queremos destacar o caráter secular e tradicional da função pública da educação, com instituições fortemente normatizadas, assim como tendências ao conservadorismo. Uma segunda característica é a dimensão massiva desta função. Ela implica a circunscrição de grandes contingentes humanos, sejam alunos, professores, famílias, funcionários etc. Isto significa considerar que esta função apresenta um grau diferenciado de complexidades

2. OFFE, Claus. *Capitalismo desorganizado*. Transformações contemporâneas do trabalho e da política. São Paulo: Brasiliense, 1989.

organizacionais e, consequentemente, a necessidade de gestões de formato burocrático (carreira, profissionalismo, entre outros). Dado o caráter público da função educação, práticas desburocratizadas ou de caráter mais informal só são possíveis em circuitos bastante restritos. Neste eixo pode estar o dilema da autonomia da escola.

Em relação à primeira característica acima referida destaco o caráter patrimonialista da cultura político-administrativa brasileira[3]. Esta herança histórica, cristalizada nas relações sociais e políticas da sociedade brasileira, ainda orienta fortemente os rumos e desdobramentos das políticas públicas. A dádiva, o favor e o clientelismo são suas marcas mais vulgares. A prevalência do mundo privado sobre a esfera pública, a afirmação da autoridade personalista sobre a institucional e a fidelidade pessoal como qualidade profissional estão entre as concepções que regem o cotidiano deste universo político, social e organizacional. Estas características culturais das nossas instituições permeiam a gestão das políticas públicas educacionais, assim como em outras áreas, decodificando e subsumindo as propostas públicas ao seu universo compreensivo e empírico. Isto pode ser percebido desde o espaço da sala de aula, no âmbito das relações internas à escola, no conceito de autonomia da escola, na representação da autoridade do diretor ou diretora da escola, nas relações da comunidade escolar com os gestores das secretarias municipais e vice-versa até o plano mais amplo no nível de secretarias e ministérios. Esta condição cultural atua na contramão de um processo de democratização das relações organizacionais, pois a mesma impera fortemente no campo do mundo privado, seja no nível dos sujeitos dominantes, seja no nível dos dominados. Em outras palavras, reforça uma relação estrutural que é a relação da servidão. Esta herança política transforma-se na matriz cognitiva das relações organizacionais, esterilizando propostas de democratização — leia-se — a publicização das instituições. Assim, as várias dimensões do

3. SEIBEL, Erni J. Debilidade institucional e políticas não públicas. In: FERREIRA, Alceu Conceição; ALVIM, Valdir (orgs.). *A trama da privatização*. Florianópolis: Insular, 2001. p. 91-104.
SEIBEL, Erni J.; OLIVEIRA, Heloisa M. J. Clientelismo e Seletividade: desafios às políticas públicas. *Revista de Ciências Humanas*, Florianópolis, UFSC, v. 39, p. 135-45, 2006.

mundo da gestão educacional devem ser refletidas à luz desta questão, desde a concepção de autonomia da unidade escolar até a formulação centralizada das políticas públicas, sob pena de se investir esforços no fracasso.

No segundo aspecto queremos refletir sobre uma condição da unidade escolar como organização. Trabalhamos com o pressuposto de que as unidades escolares são organizações cada vez mais complexas em função de uma conjunção de fatores. A concentração urbana induz à construção de unidades educacionais cada vez maiores, tanto em função de demandas como em função da relação custo/benefício. Ora, unidades cada vez maiores implicam o redimensionamento dos fatores cotidianos que lhes são próprios ou característicos. Somente para enumerar alguns: fatores de ordem disciplinar; corpo de professores; aplicação do Projeto Político Pedagógico (PPP); relações com a comunidade, especialmente os pais, todas as questões de ordem administrativa, além das influências do seu entorno. Pesquisas[4] revelam perfis diferenciados de escolas e sua influencia sobre o desempenho dos alunos[5]. Pelo menos três perfis são mais nítidos (condição rural/urbano; número de turmas e/ou alunos; localização centro/periferia). Esta diferenciação implica fixá-las como unidades portadoras de complexidade organizacional diferenciada, demandantes de condições adequadas de gestão. Com isso, a formação de recursos humanos para geri-las — desde as funções de diretor ou diretora, equipes pedagógicas e administrativas — deve ser objeto de políticas públicas mais contundentes. As grandes unidades educativas não podem ser geridas sob a mesma ótica das pequenas escolas, onde as relações pessoais e informais são mais compatíveis para ordenar as adversidades cotidianas. Assim, a profissionalização da gestão da unidade escolar torna-se um imperativo para enfrentar os desafios da educação e a viabilização de políticas públicas.

No âmbito dos gestores de políticas públicas a limitação maior é a falta de percepção sistêmica da educação. Uma expressão deste aspecto é a exces-

---

4. MELLO E SOUZA, Alberto de. Determinantes da aprendizagem em escolas municipais. *Ensaio: avaliação e políticas públicas em educação*, v. 13, n. 49, p. 413-34, 2005.
5. Núcleo Interdisciplinar em Políticas Públicas (NIPP), Universidade Federal de Santa Catarina. *Relatório de Pesquisa Ensino Fundamental/SME/PMF*, Florianópolis, 2009.

siva atomização da unidade educativa, como se a mesma tivesse peculiaridades absolutamente diversas de outras unidades. Esta questão ainda carece de muita reflexão, pois a condição de escola autônoma produz ainda muitos equívocos. É necessário imprimir uma fronteira entre estes e as duas condições da instituição escolar. Em outras palavras, é preciso identificar o que é uma escola autônoma e o que é uma escola atomizada.

Namo de Mello[6] destaca que a autonomia implica um processo de aprendizagem de equipe e, em condições institucionais mínimas, como a existência de uma colegialidade, formas de elegibilidade de diretor ou diretora, assim como a presença de um corpo de professores organicamente articulados constituindo um "espírito de corpo". Para alunos, escola respeita opiniões, mas não considera problema pessoal[7]. Para Mello e Souza[8] a autonomia, vista pelo prisma dos professores, afeta positivamente a relação ensino-aprendizagem. A autonomia implica a participação dos professores no processo decisório em assuntos de natureza pedagógica (escolha do livro didático, planejamento curricular, definições sobre provas e deveres de casa etc.) e nos assuntos de gestão de pessoal (seleção e afastamento de professores e funcionários etc.). Um grupo motivado transforma o PPP da escola em documento vivo, orgânico, implantando uma prática participativa e desenvolvendo uma "cultura escolar"[9]. Neste sentido, a eleição de diretor ou diretora é fundamental, pois afirma uma liderança no cargo, ao mesmo tempo em que a existência da liderança garante a coesão do corpo de professores e funcionários em torno dos projetos da escola (*O Globo*, 1º mar. 2008).

No entanto, vários fatores atuam na contramão da autonomia e levam à atomização da escola. Talvez as questões de carreira sejam as que mais

---

6. MELLO, Guiomar N. de. Políticas públicas de educação. *Estudos Avanzados*, n. 1, BBE (Educação para a Cidadania). São Paulo: Universidade de São Paulo (USP), 1991. 46 p. (Educação para a cidadania); Políticas públicas de educação. Estudos Avanzados, v. 5, n. 13, São Paulo: Universidade de São Paulo (USP), dez. 1991.
7. *Folha de S.Paulo*, 4 de fevereiro de 2005.
8. MELLO E SOUZA, Alberto de. Op. cit., 2005.
9. SILVA, Joyce Mary Adam de Paula e. (2001) Cultura escolar, autoridade, hierarquia e participação: alguns elementos para reflexão. *Cad. Pesquisa* [online], n. 112, p. 125-35. Acesso: 6 jul. 2009.

afetam esta questão e comprometem o espírito de corpo da escola, pois produzem rupturas cotidianas, sejam nas relações de trabalho, sejam nas relações de solidariedade, induzindo em casos mais extremos ao viciamento egoístico e o descompromisso com o grupo e com a escola (*O Estado de S.Paulo*, 18 jul. e 29 nov. 2008). Neste quadro a função da liderança perde sentido, e as ações de gestão se reduzem a uma prática regimental e mandonista. A consequência é o viciamento do ordenamento político-administrativo que impinge ao gestor uma condição de "dono da escola" e a ele são creditados sucessos e fracassos[10]. Aliás, este tem sido um parâmetro utilizado, no senso comum, para explicar os resultados das avaliações institucionais. Portanto, a qualificação para o cargo estará muito mais expressa nas qualidades particulares do candidato ao cargo do que no grau de seu profissionalismo. Com isso, o processo decisório sobre as atividades de gestão administrativa e pedagógica acabam por sobrecarregar e reduzir-se a um pequeno grupo que, em muitas circunstâncias, tendem a formar núcleos oligárquicos, imprimindo à escola estilos personalistas de gestão, em outras palavras, particularizando a gestão da mesma[11]. A possibilidade de tornar-se um microfeudo atomiza a escola como princípio e fim de si mesma, como se incorporasse na sua dimensão todas as condições para exercer com competência e eficiência as suas atribuições. Ora, as unidades educativas não dispõem de condições para tal, pois dependem de recursos externos. Ao mesmo tempo, as pressões sociais sobre as escolas, como a violência, por exemplo, implicam ações que não podem ser restritas ao discernimento e capacidades do corpo gestor da escola e, sim, de políticas públicas em um nível mais amplo e estruturado.

10. "Nela travam-se lutas pelo poder e se fazem relações de poder de forma clara e, às vezes, impositiva." CASTRO, Magali de. Um estudo das relações de poder na escola pública de ensino fundamental à luz de Weber e Bourdieu: do poder formal, impessoal e simbólico ao poder explícito. *Revista da Faculdade de Educação*, v. 24, n. 1, p. 9-22, 1998.

11. Em um estudo sobre as escolas portuguesas Carvalho (2000) denomina este aspecto de "matrizes micropolíticas", destacando fenômenos ligados à disputa ao redor de interesses ideológicos e materiais.

A terceira questão nos conduz à reflexão sobre a politização dos sujeitos institucionais no campo das políticas públicas, mais particularmente sobre o grau de corporativismo que a permeia. Esta questão é apontada como possibilidade de fracasso/avanço nas políticas públicas. O dilema corporativo pode tornar-se fator de ingovernabilidade, seja por parte dos dirigentes governamentais, seja por parte dos sujeitos corporativos (*O Estado de S. Paulo*, 29 mar. 2008). A situação de ingovernabilidade implica um processo de paralisação dos processos decisórios afetando consequentemente os efeitos das políticas públicas. Não cabe aqui refletir teoricamente sobre a questão corporativa, uma questão já clássica nas instituições públicas. No entanto, dentro de um contexto democrático, cabe o esforço teórico e político para a produção de consensos[12]. A gestão por consensos transcende a lógica burocrática da coerção regimental e implica a afirmação de uma cultura político-administrativa de novo formato, e de valores ainda pouco desenvolvidos no cenário institucional brasileiro, mas já ensaiados nas formas participativas de gestão.

A consideração do caráter social que permeia o universo educacional significa incorporar, na melhor das hipóteses, não separar a realidade social da realidade educacional no plano da gestão, invocando aqui a tese clássica de Bourdieu[13] sobre a determinação do papel da família no desenvolvimento educacional da criança, considerando o amalgamento das patologias sociais com o universo educacional. Se sociologicamente estes fatos são evidentes, pouco são considerados nos processos decisórios cotidianos do mundo escolar. Coloca-se aqui o dilema sobre os limites da instituição escola e suas atribuições, como sua (in)capacidade e dos professores em incorporarem

12. "Em função dessa dinâmica das políticas educacionais, que requerem períodos longos para produzir resultados, é indispensável, como se afirmou, garantir sua estabilidade e continuidade. Isso demanda que essas políticas reflitam níveis possíveis de consenso entre os diversos atores — dirigentes sindicatos de professores, setores sociais diretamente interessados como os pais, empresários, trabalhadores, parlamentares, meios formadores de opinião. Encontrar fórmulas de chegar a esse consenso num regime democrático é, talvez, o maior desafio, mas também a principal condição de sustentação política para as políticas educacionais." (NAMO DE MELLO. Op. cit., 1991, p. 26).

13. BOURDIEU, Pierre. *O poder simbólico*. Rio de Janeiro: Bertrand Brasil, 1992.

como atribuições suas a atenção às condições sociais das crianças e suas famílias. As formas mais dramáticas de desigualdades sociais se revelam nitidamente na escola e nos resultados de avaliação de desempenho (*O Estado de S.Paulo*, 12 maio 2008; *Jornal do Brasil*,15 dez. 2008)[14]. Este é um fator de caráter estrutural e não pode ser tratado somente no nível da própria escola, devendo, pois, ser objeto de políticas públicas em outros níveis federativos. Dois aspectos vêm sendo debatidos e expressam esta questão. O primeiro trata do turno integral, e o segundo da aproximação do universo escolar com programas de proteção social. Em síntese, é necessário afirmar uma concepção sistêmica do mundo educacional, não somente no nível das macropolíticas ministeriais, mas no âmbito dos gestores de outros níveis, como o municipal, na possibilidade da organização de ações intersetoriais.

Avaliação institucional

No início da década de 1990 Namo de Mello[15] definia como caótico o padrão de gestão educacional no Brasil e destacava os dilemas das políticas públicas educacionais de então. Entre elas o centralismo e a verticalização que debilitavam as unidades escolares; a expansão quantitativa não acompanhada de uma reorganização institucional da escola; centralização na decisão sobre currículos, programas, estatutos e carreiras do magistério, jornadas de trabalho, materiais de ensino/aprendizagem; concepção assistencialista da função da escola e do processo pedagógico, gerando demandas por especialistas de diversas naturezas; sistemas frágeis de avaliação de resultados e de informações confiáveis; dualização de funções entre as redes estadual e municipal.

Passadas quase duas décadas, muitas destas questões avançaram e outras ficaram estacionadas. Na análise do BRASIL/IPEA[16] a política educacional

14. *Folha de S.Paulo*, 21 de dezembro de 2002.
15. MELLO, Guiomar N. de. Op. cit., 1991, p. 8-9.
16. BRASIL. Instituto de Pesquisas Econômicas e Aplicadas. *Políticas sociais* — Acompanhamento e análise. 16 nov. 2008. 128p.

implementada pela atual gestão ministerial contempla o reconhecimento do caráter sistêmico da educação, assim como funções de oferta e regulação deste bem público. O Plano de Desenvolvimento da Educação (PDE) é expressão desta política pública. O BRASIL/IPEA também diagnostica que o sistema educacional apresenta limitações de acesso à educação infantil, bem como baixa efetividade no ensino fundamental, evidenciada pela elevada distorção idade-série e pelos incipientes índices desse nível de ensino. Outro estudo do BRASIL/IPEA[17] aponta a baixa efetividade político-administrativa, e sugere um choque de investimentos públicos do Ministério de Educação e Cultura (MEC), e avalia que a pulverização das iniciativas em ações de pequeno alcance inviabiliza o retorno tanto social quanto econômico dos investimentos no setor educacional. Sugere ainda um papel mais ativo na coordenação desse nível de ensino, cobrando de forma mais incisiva daquelas instâncias federativas que não revelam empenho em melhorar os níveis de educação (*O Estado de S.Paulo*, 14 e 24 de março de 2008; *Jornal do Brasil*, 6 de julho de 2008)[18].

Assim como mecanismos de gestão que surgiram em décadas anteriores dos escaninhos da tecnocracia e foram politicamente discutidos, reordenados e apropriados por vários segmentos da sociedade civil — refiro-me aqui ao planejamento e orçamento participativos —, o exercício da avaliação de políticas públicas, mais do que uma função administrativa, deve ser expressão do olhar da sociedade sobre governos. A avaliação de políticas públicas é, no momento, o ponto mais relevante no momento neste campo de pesquisa e conhecimento. Faria[19], ao mesmo tempo em que destaca o caráter incipiente da pesquisa e da prática da avaliação no Brasil, alerta para o seu reducionismo tecnicista e gerencialista. Em contrapartida, o autor sugere uma ênfase no caráter político da avaliação como instrumento de gestão de políticas públicas.

---

17. BRASIL. Instituto de Pesquisas Econômicas e Aplicadas. (IPEA). *Políticas sociais* — acompanhamento e análise. 15 mar. 2008. 118 p.
18. *O Estado de S.Paulo*, 16 de março, 17 de julho e 29 de novembro de 2007; *Folha de S.Paulo*, 24 de março de 1999.
19. FARIA, Carlos Aurélio Pimenta de. A política da avaliação de políticas públicas. *Revista Brasileira de Ciências Sociais*, v. 20, n. 59, p. 97-110, 2005.

Esta função pública não deve se restringir ao ato do julgamento individual ou da condenação de governantes, mas sim produzir argumentos para o empoderamento e potencialização das razões dos sujeitos sociais e institucionais que interagem nos campos de embates públicos, seja nos grandes fóruns, seja no debate cotidiano, onde os desdobramentos da gestão pública são objeto de diálogo, disputas e lutas. A introdução da avaliação das políticas educacionais é um imperativo inquestionável[20]. Questionáveis, porém, devem ser as metodologias, ponto central de debates entre os atores institucionais e eixo primordial na produção de consensos, necessários para a viabilização de ações públicas educacionais (*O Estado de S.Paulo*, 5 e 25 de outubro de 2008)[21].

Avaliar os resultados do esforço público, da responsabilidade dos agentes e gestores institucionais, assim como produzir saberes que se tornam argumentos na busca de consensos entre os pares em disputa, devem ser os objetivos dos sistemas de avaliação institucional. A ausência de uma cultura de avaliação, aliada a um histórico recente de avaliação gerencialista, caracterizada por medidas de promoção *versus* punição dentro das instituições brasileiras, criou uma forte reação dos segmentos corporativos nos meios educacionais ao exercício de avaliação institucional. As divergências e os questionamentos são muitos. O rastro neoliberal e a alusão ao modelo escolar inglês introduziram o estigma de que os resultados da avaliação produzam *rankings* e, consequentemente, comparação de resultados entre escolas, provocando um polêmico senso de competição (*O Estado de S.Paulo*, 30 de junho de 2008; *O Globo*, 21 de junho de 2008).[22] A probabilidade é que o foco dos resultados recaia sobre diretores e diretoras, responsabilizando-os pelos resultados das avaliações. É inegável que um processo de avaliação produza responsabilizações e que dirigentes venham a ser cobrados (*O Estado de S.Paulo*, 22 de abril e 23 novembro de 2008; *Jornal do Brasil*,

20. "A avaliação de escolas vem ganhando um novo papel: o de subsidiar as discussões sobre políticas educacionais que objetivam reformar as escolas." (MELLO E SOUZA. op. cit., 2005, p. 2).

21. *O Estado de S.Paulo*, 9 de outubro de 2007; *Folha de S.Paulo*, 24 de junho de 2004.

22. *O Estado de S.Paulo*, 17 de junho de 2004; *Folha de S.Paulo*, 20 de dezembro de 2006.

24 abril de 2008). Julgar faz parte do cotidiano da sociedade. Famílias e comunidades sempre avaliam e julgam escolas, diretores e professores. Pais sempre se questionam sobre qual a melhor escola para seus filhos. Para que o senso comum não seja o fator preponderante de discernimento, deve-se qualificar o processo de avaliação para que seus resultados produzam informações e efeitos positivos.

Também ao professor (*O Estado de S.Paulo*, 22 abril e 12 de maio de 2008)[23] é imputada uma grande carga de responsabilidades pela qualidade de ensino (*O Estado de S.Paulo*, 29 de novembro de 2008). Neste sentido, as práticas de avaliação de professores são experiências que ainda devem ser mais bem debatidas, pois não raro seus resultados invocam as formas de responsabilização, punição e bonificações (*Folha de S.Paulo*, 6, 10 e 12 de março de 2008; *O Estado de S.Paulo*, 27 de junho e 15 de agosto de 2008; *O Globo*, 2 de novembro de 2008)[24] para combater entre outras questões a rotatividade dos professores, má-formação (*O Estado de S.Paulo*, 14 e 31 de março de 2008)[25] e a responsabilização dos alunos pelo seu próprio fracasso[26].

A preocupação sobre os fatores que afetam o desempenho e a aprendizagem tem sido a tônica das avaliações, porém ainda são limitadas sobre os fatores que realmente influenciam o que expressa a necessidade de mais pesquisas (*O Globo*, 1 de maio de 2008; *O Estado de S.Paulo*, 12 de maio de 2008)[27]. Identificar os atributos escolares que possam ser alvo de políticas

---

23. *Folha de S.Paulo*, 4 de abril de 2007; *O Estado de S.Paulo*, 4 de novembro de 2003.

24. *O Estado de S.Paulo*, 13 de dezembro de 2001; *Folha de S.Paulo*, 25 de julho de 2007.

25. *Correio Brasiliense*, 27 de agosto de 2007; *O Estado de S.Paulo*, 16 de abril de 2004; *O Globo*, 31 de agosto de 2007; *Folha de S.Paulo*, 21 de janeiro de 1999; *O Estado de S.Paulo*, 06 de outubro de 2007; *O Estado de S.Paulo*, 12 de novembro de 2003; *O Estado de S.Paulo*, 23 de maio de 2002; *O Estado de S.Paulo*, 28 de maio de 2004; *Jornal do Brasil*, 17 de junho de 2007.

26. "A formação superior de professores e diretores não favorece melhores resultados dos alunos, o que coloca em questão a natureza dessa formação." (MELLO E SOUZA, 2005, p. 1).

27. Sobre o sistema de avaliação educacional no Chile, ver: Sebastián Donoso Diaz e Gustavo Hawes Barrios. Eficiencia escolar y diferencias socioeconómicas: a propósito de los resultados de las pruebas de medición de la calidad de la educación en Chile. In: *Educação e Pesquisa*, São Paulo, v. 28, n. 2, p. 25-39, jul./dez. 2002.

educacionais voltadas à melhoria do desempenho escolar. Os resultados das avaliações invocam, de imediato, considerações sobre o sistema de organização pedagógica, quais sejam: os níveis de repetência, a jornada escolar, o modelo de progressão continuada e a distorção idade-série dos alunos. Pesquisas indicam um elo entre a repetência e a evasão escolar e mostram que as políticas de progressão continuada não exercem impacto negativo sobre o desempenho escolar dos alunos (*Jornal do Brasil*, 6 de outubro de 2008; *Folha de S.Paulo*, 13 de junho de 2008; *Gazeta do Povo*, 21 de abril de 2008).

Outros fatores, tais como a ausência e rotatividade de professores ao longo do ano letivo, a experiência dos professores, o acesso à internet, segurança na escola, de higiene, repetência, renda familiar e composição da família, constituem objeto de agenda nas políticas públicas para o ensino fundamental.

Implementar escolas em tempo integral é outra questão fortemente debatida na imprensa. É a saída apontada por especialistas para a redução do alto índice de evasão, e que produziriam efeitos sobre a distorção idade-série dos alunos no ensino fundamental[28]. O grande desafio é garantir que o aluno permaneça mais tempo na escola durante a jornada diária. Isto implica tornar a escola pública um espaço atraente. O debate sugere: criar um currículo único; investir na formação dos professores; criar estímulos para a carreira dos mesmos, como promoção por mérito[29]. A estratégia é uma mudança de gestão, de comportamento do professor, do aluno e das próprias famílias, pois a escola integral exige condições estruturais para que seja uma experiência com êxito (*O Globo*, 6 e 7 de fevereiro, 14 de março, 3 de maio, 6 e 17 de dezembro de 2008; *Folha de Campinas*, 6 de agosto de 1998).

A temática da infraestrutura das escolas foi outro aspecto fortemente referido nas matérias jornalísticas. A pergunta inescapável é se a infraestrutura escolar mesmo compreendida *latu sensu* — incluindo bibliotecas, material pedagógico e formação docente — tem impacto sobre o aprendizado[30].

28. *O Estado de S.Paulo*, 29 de agosto de 2003.

29. *Folha de S.Paulo*, 24 de setembro de 2006.

30. *Valor Econômico*, 26 de abril de 2007.

Luz elétrica, água (encanada ou não), sanitário dentro ou fora da escola, biblioteca, laboratório de ciências, quadra esportiva, computadores (*O Estado de S.Paulo*, 13 de fevereiro de 2008), informática com uso pedagógico, bem como cuidados com a arquitetura das escolas[31]. Segundo Sátyro e Sergei[32], os insumos escolares têm importância no desempenho educacional, principalmente no caso de escolas com maior precariedade das condições infraestruturais. No entanto, a simples existência de instalações pedagógicas não garante o seu uso adequado pela escola[33]. A intermediação pedagógica no acesso aos recursos de aprendizagem, por parte dos professores e especialistas, principalmente sala de informática e biblioteca, tem forte correlação com o desempenho dos alunos[34]. No ensino médio as matérias apontam o debate em torno do caráter técnico/humanista do currículo das escolas técnicas, o financiamento do ensino médio e a ampliação da rede, incluindo o sistema S — Sistema Nacional de Aprendizagem Industrial (SENAI), Serviço Social da Indústria (SESI), Serviço Nacional de Aprendizagem Comercial (SENAC), Serviço Social do Comercio (SESC).

A definição do currículo mais adequado para o ensino médio sempre foi uma das principais dificuldades enfrentadas pelas autoridades educacionais O problema da alteração do currículo é que o MEC pode ser apenas indutor. São as redes de ensino, estaduais e municipais, que têm o poder de definir suas disciplinas. O MEC não pretende impor um padrão nacional remetendo esta questão ao Conselho Nacional de Educação. Na perspectiva a ação mais volumosa do governo no Ensino Médio vem sendo a ampliação e investimentos em escolas técnicas pelo país, criando novas 150 escolas da segunda fase do plano de expansão da rede, a meta é chegar a 2010 com 354 escolas técnicas e 500 mil vagas (*Gazeta do Povo*, 13 de maio de 2008).

---

31. *Folha de S.Paulo*, 24 de setembro de 2006.

32. SÁTYRO, Natalia; SOARES, Sergei. Impacto da infraestrutura escolar na distorção idade-série das escolas brasileiras do ensino fundamental 1998-2005. *Textos para Discussão*. 1338 — IPEA. Rio de Janeiro. Maio/2008, 28 p.

33. MELO E SOUZA. Op. cit., 2005

34. NIPP, 2009.

Por um lado há os que indicam que o currículo do ensino médio deveria preparar os alunos para o mercado de trabalho, especialmente para cargos de nível técnico (*O Estado de S.Paulo*, 8 de junho de 2008), por outro, os que defendem que o ensino médio deveria prepará-los para o vestibular, e um terceiro argumento sugere uma formação mais humanista e cidadã (*Diário Catarinense*, 22 de dezembro de 2008)[35]. O caráter defasado do currículo, que não atenderia nenhuma destas perspectivas, tem sido responsabilizado pela evasão e déficit de aproveitamento[36]. Também o nível de desempenho demonstra que uma parcela significativa dos alunos teve desempenho muito aquém do desejado. No nível do ensino médio são fortes as críticas vindas de setores empresariais e ONGs que sugerem maior atenção do Estado sobre este nível de ensino (*O Estado de S.Paulo*, 21 de março, 12 de maio, 8 de junho, 16 e 21 de junho, 17 de dezembro de 2008; *Folha de S.Paulo*, 26 de março de 2008)[37].

A principal resposta governamental foi um projeto de lei que propõe a reformulação da distribuição de recursos no chamado Sistema S. A proposta, polêmica e alvo de discussões acirradas, sugere a criação de um fundo nacional para o ensino técnico e impõe um mecanismo de competição entre as unidades regionais pela verba (*O Estado de S.Paulo*, 20 de abril e 10 de maio de 2008; *Folha de S.Paulo*, 17 de maio de 2008). Como desde os anos 1940 estas entidades têm autonomia para decidir seus objetivos e prioridades, os seus dirigentes acusam o governo de tentar "estatizá-lo". Por outro, autoridades e representantes de ONGs vinculadas à Educação apontam que o Sistema opera com verba compulsória, portanto pública, mesmo que não governamental; tem baixo grau de transparência e forte seletividade nas suas ações, restringindo a qualificação de trabalhadores a algumas categorias. Segundo o ministro, "*O projeto do governo é corajoso porque finalmente mexe numa caixa-preta.*" (*Folha de S.Paulo*, 17 de maio de 2008).

35. *Monitor Mercantil*, 25 de outubro de 2007

36. *Folha de S.Paulo*, 15 de setembro de 2004.

37. *Folha de S.Paulo*, 12 dezembro de 2004; *O Estado de S.Paulo*, 27 de dezembro de 2007.

Considerações finais

A temática da gestão da educação como objeto de atenção da opinião pública revela uma seletividade na agenda da imprensa que, como já afirmamos, é perpassada por vieses ideológicos e expressa um universo de interesses. Mesmo assim, esta imprensa revelou-se atenta às ações governamentais e identificou os principais eixos das políticas públicas como o ensino fundamental, ensino médio e a avaliações de desempenho. Além das ações governamentais de avaliação, pesquisas sobre educação foram bastante referidas nos conteúdos das matérias. Podemos afirmar que são imensos os desafios para que se possa avançar nos projetos propostos. Implicam, porém, aprofundar estudos sobre os fatores que operam sobre a qualidade do ensino, assim como um salto qualitativo na cultura político-administrativa dos sujeitos sociais e institucionais que atuam no universo educacional.

A afirmação do paradigma sistêmico pode revelar os caminhos para o desenvolvimento de novos formatos institucionais, mesmo assim, não sem produzir incoerências e contradições. Talvez a mais intensa delas resida no fato de que, no universo da educação, devam conviver paradigmas fortemente opostos, como por um lado a autonomia da escola *versus* a burocratização (no sentido weberiano) do sistema escolar. Não se trata aqui de sugerir opções por modelos, mas de reconhecer que são realidades concretas. Os esforços das avaliações institucionais poderão produzir saberes, para além do senso comum, e contribuir para a produção de consensos para que desafios da educação possam ter superados.

CORTEZ EDITORA

15

Condição do trabalho docente: uma análise a partir das demandas dos trabalhadores

Dalila Andrade Oliveira*
Ada Ávila Assunção**

Introdução

O presente capítulo discorre sobre as condições do trabalho docente, tendo como referência problemas concernentes a este tema noticiados pelas fontes jornalísticas *on-line* durante o ano de 2008. O objetivo é discutir o conceito de condições de trabalho, a partir de dada referência analítica: os fundamentos buscados na obra de Marx, que informam as discussões sobre processo de trabalho, atribuindo uma atualização no que se refere às mudanças mais recentes no mercado de trabalho, nas relações de emprego, tanto quanto no processo de trabalho.

* Doutora em Educação pela Universidade de São Paulo — USP. Professora do Programa de Pós-graduação em Educação da Faculdade de Educação da Universidade Federal de Minas Gerais — UFMG.

** Doutora em Ergonomia pela École Pratique Des Hautes Études. Professora do Programa de Pós-graduação em Saúde Pública da Universidade Federal de Minas Gerais — UFMG.

Nessa direção, busca-se proceder a uma releitura crítica das notícias encontradas e selecionadas ao longo do levantamento realizado, procurando oferecer tratamento analítico às questões que emergem no conjunto das matérias e que dizem respeito diretamente às condições de trabalho docente.

O capítulo se estrutura nos seguintes tópicos: o primeiro é dedicado à definição do conceito de condição de trabalho em geral e especificamente condições de trabalho docente; no segundo tópico, descreve-se a metodologia de análise dos dados — o tratamento das notícias previamente selecionadas — e, por fim, apresentam-se os resultados que constituem a discussão das notícias a partir das referências analíticas adotadas.

Condições de trabalho e condições de trabalho docente

A noção de condições de trabalho, em geral, designa o conjunto de recursos que possibilitam a realização do trabalho, envolvendo as instalações físicas, os materiais e insumos disponíveis, os equipamentos e meios de realização das atividades e outros tipos de apoio necessários, dependendo da natureza da produção. Contudo, as condições de trabalho não se restringem ao plano do posto ou local de trabalho ou à realização em si do processo de trabalho, ou seja, o processo que transforma insumos e matérias-primas em produtos, mas diz respeito também às relações de emprego.

De maneira mais clara, as condições de trabalho se referem a um conjunto que inclui relações, as quais dizem respeito ao processo de trabalho e às condições de emprego (formas de contratação, remuneração, carreira e estabilidade). As condições de emprego poderiam ser abordadas de forma complexa relacionando-se à inserção social dos trabalhadores, a exemplo do que propõem alguns autores[1], como "condição salarial". A relevância em se discutir o tema está baseada no conhecimento dos efeitos das condições em que os trabalhadores

1. AGLIETTA, M. *Régulación y crisis del capitalismo*. Mexico: Siglo Veintiuno Editores, 1979; e CASTEL, R. *As metamorfoses da questão social:* uma crônica da questão social. Petrópolis: Vozes, 1999.

exercem suas atividades sobre eles próprios e sobre os resultados almejados[2], ou seja, a exposição aos riscos de adoecimento e os níveis de segurança nos ambientes ocupacionais influenciam diretamente a vida dos sujeitos.

Nos escritos de Marx, observa-se que o conceito de condições de trabalho está intimamente vinculado às condições de vida dos trabalhadores. Suas análises sobre as leis inglesas do século XIX demonstram que a melhoria nas condições de trabalho (delimitação de jornada e aumento salarial) está relacionada à melhoria de vida dos operários, enfatizando, contudo, que assegurar melhores condições de trabalho é uma luta contínua e que, para tanto, os trabalhadores não poderão ceder ao movimento de acumulação do capitalismo sem resistir continuamente. Para Marx:

> Ao mesmo tempo, e ainda abstraindo totalmente a escravização geral que o sistema do salariado implica, a classe operária não deve exagerar a seus próprios olhos o resultado final destas lutas diárias. Não deve esquecer-se de que luta contra os efeitos, mas não contra as causas desses efeitos; que logra conter o movimento descendente, mas não fazê-lo mudar de direção; que aplica paliativos, mas não cura a enfermidade. Não deve, portanto, deixar-se absorver exclusivamente por essas inevitáveis lutas de guerrilhas, provocadas continuamente pelos abusos incessantes do capital ou pelas flutuações do mercado. A classe operária deve saber que o sistema atual, mesmo contidas as misérias que lhe impõe, engendra simultaneamente as condições materiais e as formas sociais necessárias para uma reconstrução econômica da sociedade. Em vez do lema conservador de: "Um salário justo por uma jornada de trabalho justa!", deverá inscrever na sua bandeira esta divisa revolucionária: "Abolição do sistema de trabalho assalariado!"[3]

Sob esse prisma, as circunstâncias de realização de determinado trabalho são definidas e "reconhecidas" (ou negadas) como condições de trabalho

---

2. ASSUNÇÃO, A. A. Condições de trabalho e saúde dos trabalhadores da saúde. In: MINAYO, C.; HUETS, J. M. M. *O campo da saúde do trabalhador no Brasil*. Rio de Janeiro: Editora FIOCRUZ. [No prelo].
3. Cf. www.vermelho.org.br/img/obras/salário_lucro.doc (acesso em: 21 jun. 2009). Informe pronunciado por Marx nos dias 20 e 27 de junho de 1865, nas sessões do Conselho Geral da Associação Internacional dos Trabalhadores. Publicado pela primeira vez em folheto à parte, em Londres (1898), com o título de *Valor, Preço e Lucro*. Publica-se de acordo com a edição soviética de 1950, em inglês, cujo texto é o da edição inglesa de 1893, cotejado com as anotações manuscritas de Marx.

em um determinado contexto histórico-social. Por isso, as condições de trabalho não são dadas *a priori*, estão abertas a novos critérios e não são inerentes aos processos de trabalho, por serem marcadas pela sua historicidade[4].

Por tais razões a análise sobre as condições de trabalho devem se situar no tempo e no espaço, ouse já, no contexto histórico-social e econômico que as engendram. Assim, discutir as condições de trabalho em geral e as condições de trabalho docente na atualidade implica considerar que as mesmas são resultados de uma dada organização social definida em suas bases econômicas pelo modo de produção capitalista. Considera-se desta maneira que as condições de trabalho são derivadas da forma determinada que assume a organização do trabalho no capitalismo. Sendo assim, as condições de trabalho não se restringem ao conjunto de meios necessários à realização de uma atividade, mas contempla relações específicas de exploração, já que o processo de trabalho no capitalismo é o meio pelo qual matérias-primas e insumos são transformados em produtos, constituindo-se, ao mesmo tempo, em processo de produção de valor. É justamente por essa dupla função que o processo de trabalho é considerado o *lócus* da exploração capitalista, portanto, relação fundamental do mesmo.

Segundo Aglietta[5], principal expoente da Escola Francesa da Regulação (EFR)[6], é demonstrando como se transforma o processo de trabalho numa instância de luta pela mais-valia que é possível realizar a tarefa essencial de passar do abstrato ao concreto na teoria da acumulação. Essa tarefa consiste em demonstrar que a transformação do processo de trabalho cria relações internas, na produção, que adaptam a cooperação das forças de trabalho à dominação da relação salarial. Assim, a produção se estabelece como uma

---

4. GOLLAC, M.; VOLKOFF, S. *Conditions de travail*. Paris: La Découverte, 2000.
5. AGLIETTA, M. Op.cit.
6. Corrente teórica bastante expressiva, que veio a ser conhecida como Escola Francesa da Regulação — EFR, que identificava a crise do capitalismo como crise do fordismo. Ver: WOOD, S. O modelo japonês em debate: pós-fordismo ou japonização do fordismo. *RBCS*, São Paulo, ano 6, n. 17, out. 1991.

estrutura em movimento, um conjunto orgânico de relações sociais, cuja evolução é a condição da relação salarial[7].

Para o autor, estudar um modo de produção é colocar a descoberto quais são as relações determinantes que se reproduzem nas e pelas transformações sociais, verificar as formas sob as quais se realizam e discutir as causas pelas quais essa reprodução se vê acompanhada de rupturas em diferentes pontos do sistema social. Por isso, considera-se que falar sobre a regulação de um modo de produção é tentar expressar, mediante leis gerais, como se reproduz a estrutura determinante de uma sociedade.

As condições de trabalho, em termos analíticos, incluem dois polos: a) condições de emprego, que se referem à natureza da relação entre o empregador (ou a empresa) e o empregado; b) condições objetivas, em que o processo de trabalho é realizado, designando, portanto, as pressões e os constrangimentos presentes no ambiente físico e organizacional em que as tarefas são desenvolvidas[8].

No mundo contemporâneo, a força de trabalho encontra-se distribuída desigualmente quanto às características contratuais do emprego. Os trabalhadores sem contrato de trabalho padrão estão sujeitos a longas jornadas, a menos acesso à informação sobre a exposição aos riscos ambientais e ao desamparo diante dos afastamentos por adoecimento, entre outras situações[9].

As circunstâncias em que os processos de trabalho são desenvolvidos não se constituem, na maioria das vezes, em objeto de debate e permanecem invisíveis para a gestão dos sistemas. O reconhecimento de determinadas circunstâncias como sendo condições de trabalho tem relação direta com o enfrentamento das forças sociais contraditórias que norteiam os processos produtivos, incluída a produção de serviços nas escolas.

---

7. AGLIETTA, M. Op. cit.
8. ASSUNÇÃO, A. A. Op. cit.
9. EUROPEAN AGENCY FOR SAFETY AND HEALTH AT WORK. *New forms of contractual relationships and the implications for occupational safety and health.* Luxembourg: Office for Official Publications of the European Communities, 2002.

As ideias aqui apresentadas pretendem servir de base para a pesquisa documental, cujos resultados permitem contribuir para melhor identificar o quadro nacional no tocante à proteção do emprego e do trabalho docente no Brasil.

Metodologia

Trata-se de pesquisa documental que analisou o conteúdo de 15 notícias publicadas em veículos *on-line* da imprensa brasileira. A sistemática utilizada para processamento e análise das informações coletadas nas reportagens seguiu a sequência definida pelo método de "Análise de Conteúdo"[10].

1. Pré-análise: leitura flutuante das matérias, com classificação manual e ordenação prévia de enunciados;
2. Constituição e exploração de um *corpus* de leitura intertextual: edição de enunciados considerados significativos, de acordo com a pertinência e representatividade dos temas que nortearam a constituição de cada categoria constitutiva do *corpus*.

Assim, constituído o *corpus*, procedeu-se à elaboração das categorias e dos temas, conforme orienta Maroy[11], para, na sequência, classificar os eventos trazidos pelos noticiários. A análise permitiu identificar nas matérias selecionadas externamente os conteúdos relacionados às condições salariais e às condições de trabalho e se deu num processo de vaivém. Assim, o estudo das notícias passou por um processo em espiral, por meio do qual o material foi trabalhado várias vezes durante a análise, com as diversas fases se sucedendo. Essa estratégia permitiu a construção de uma grade de categorias analíticas finais, as quais foram novamente examinadas até a elaboração das considerações finais.

10. BARDIN. L. *Análise de conteúdo*. Lisboa: Edições 70, 1995.

11. MAROY, C. A análise qualitativa de entrevistas. In: ALBARELLO, L. et al. *Práticas e métodos de investigação em ciências sociais*. Lisboa: Gradiva, 1997. p. 117-56.

Análise das notícias veiculadas na imprensa *on-line*

A análise do conteúdo dos problemas tratados nas notícias escritas e publicadas on-line em 2008 permitiu identificar a presença cotidiana de questões relacionadas às condições de trabalho dos professores dos dois níveis do sistema educativo do país, com maior predominância de casos relativos aos docentes das redes públicas de educação básica. As frequentes denúncias das condições precárias das escolas e das carreiras e remuneração docente e as demandas por melhores salários são sempre destaque, motivadas, entre outras, pela aprovação da Lei 11.738, de 16 de julho de 2008, que instituiu o piso salarial profissional nacional para os profissionais do magistério público da educação básica.

O não-cumprimento da referida lei, bem como as ações de Estados e municípios, no sentido de comprovar sua inconstitucionalidade e barrar a garantia de um terço do tempo de trabalho remunerado para atividades fora da sala de aula, tem sido matéria frequente na imprensa nacional. Somam-se ainda os fatores que têm atuado sobre as condições do trabalho docente no sentido de intensificá-las, como exemplo as exigências crescentes de mais dedicação e compromisso para com a aprendizagem dos alunos, traduzindo-se em sobrecarga de trabalho; as precárias instalações e condições objetivas das escolas e dos meios de trabalho; o aumento do número de alunos; e as condições instáveis de contratação, ainda presentes em significativo número nas redes públicas estaduais e municipais de muitos estados brasileiros.

Foram publicadas seis notícias em dois jornais de circulação nacional (*O Globo* e *Folha de S.Paulo*) e oito estão nos marcos dos estados: *Folha de Boa Vista*, em Boa Vista (Roraima), *O Liberal*, em Belém (Pará), *O Estado de S.Paulo*, em São Paulo.

O Quadro 1 apresenta a síntese das matérias, de acordo com o jornal e a cidade referência do evento noticiado. Veem-se as categorias e os temas correlatos segundo a leitura flutuante e a análise do conteúdo do *corpus* constituído.

QUADRO 1

Descrição dos temas e subtemas de acordo com a matéria analisada

	Local do evento foco/ Jornal	**Categorias**	**Temas**
1	Rio de Janeiro *O Globo*	Greve	Critérios e garantia de dedicação exclusiva Progressão na carreira Perdas salariais
2	Rio de Janeiro *O Globo*	Greve	Critérios e garantia de dedicação exclusiva Progressão na carreira Perdas salariais
3	Rio de Janeiro *O Globo*	Greve	Critérios e garantia de dedicação exclusiva Progressão na carreira Perdas salariais
4	São Paulo *O Estado de S.Paulo*	Qualidade do ensino	Relação entre a estabilidade do diretor e práticas nas escolas
5	Pará *O Liberal*	Formação de professores	Vagas para licenciatura destinadas a professores
6	Boa Vista *Folha de Boa Vista*	Greve	Reposição de aulas
7	*Folha de S.Paulo*	Greve	Critérios de transferência, de escolha de classes e reajuste salarial
8	*Folha de S.Paulo*	Greve	Critérios de transferência, de escolha de classes e reajuste salarial
9	Boa Vista *Folha de Boa Vista*	Salários	
10	Belém *O Liberal*	Segurança nas escolas	Invasão dos prédios por refugiados da polícia
11	Boa Vista *Folha de Boa Vista*	Greve	Pagamento de progressões, respeito ao princípio da isonomia, salários
12	Londres *Folha de S.Paulo*	Greve	Britânicos em greve depois de 20 anos
13	Londres *Cinform*	Greve	Britânicos em greve depois de 20 anos
14	Maceió *Gazeta de Alagoas*	Greve	Reposição de aulas

Evocando o quadro referencial que distingue condições salariais e condições de trabalho, a Figura 1 deixa transparecer maior frequência de matéria que trata de aspectos ligados às condições de emprego, sendo eles: greve, qualidade de ensino e formação de professores. Apenas dois artigos examinam situações que poderiam ser entendidas como condições de trabalho (condições materiais das escolas e segurança do ambiente).

Tomando o Quadro 1, vê-se que somente a categoria "greve" esteve presente em 10 (71%) artigos. Entre elas, chama a atenção à notícia em dois diferentes jornais que divulgaram a greve de professores na Inglaterra, com destaque para os 20 anos de ausência de enfrentamentos da referida categoria naquele país.

Condições materiais nas escolas, segurança, formação, qualidade de ensino e salários foram os temas orientadores de quatro matérias.

FIGURA 1

Esquema ilustrativo das principais categorias e temas

Greve
dedicação exclusiva
progressão na carreira
perdas salariais
transferência, escolha de classes e reajuste salarial
pagamento de progressões, respeito ao princípio da isonomia
salários
britânicos em greve depois de 20 anos

Qualidade do ensino
diretor e práticas nas escolas

Segurança
invasão dos prédios por refugiados da policia

Formação de professores
Vagas para licenciatura destinadas a professores

Condições materiais
acesso à internet de banda larga, laboratórios

Constata-se que os temas de salário e carreira são os mais presentes nas reivindicações dos trabalhadores docentes que estiveram em greve em diferentes instituições brasileiras, em distintos estados: Goiás, Roraima, Minas Gerais, São Paulo e Rio de Janeiro, no período contemplado pelo levantamento realizado junto à imprensa nacional. A maioria dos casos de conflito docente que resultaram em greves por dias seguidos ou em paralisações estratégicas teve como predominância a defesa de reajuste salarial.

A reivindicação por dedicação exclusiva, uma demanda significativa no que se refere às condições de trabalho dos docentes em educação básica no Brasil, aparece em um caso específico, na paralisação dos professores do Colégio Aplicação da Universidade do Estado do Rio de Janeiro (CAP/UERJ).

Se no âmbito do processo de trabalho a flexibilidade passa a ser um imperativo, uma vez que o engessamento e rigidez dos modelos taylor-fordista já não são condizentes com as novas formas de produção e consumo, no contexto do emprego o mesmo termo passa a sugerir, em muitos casos, a desregulamentação do mercado de trabalho, resultando em formas mais instáveis de contratação. Apresentada muitas vezes como condição para a ampliação ou permanência de postos de trabalho, a desregulamentação das relações de emprego tem se tornado prática frequente na realidade brasileira e em muitos países do mundo, compondo um cenário bastante instável para os trabalhadores assalariados.

A flexibilidade se estende para as relações de emprego à medida que passa a ser entendida como a possibilidade de contratar trabalhadores sem os ônus advindos da legislação "protetiva" do trabalho. Como afirma Paiva (2000)[12], flexibilidade e precarização são conceitos contemporâneos que estão ligados à retração dos direitos e da proteção social dos trabalhadores, tendendo a se consolidar ante a perda de força política do trabalho frente ao capital.

---

12. PAIVA, V. Qualificação, crise do trabalho assalariado e exclusão social. In: GENTILI, P.; FRIGOTTO, G. (Orgs.). *A cidadania negada*: políticas de exclusão na educação e no trabalho. Buenos Aires: CLACSO, 2000.

A notícia da paralisação de professores em São Paulo evidencia confrontos diante de contratos temporários, conforme se vê:

> A paralisação dos professores estaduais teve início em 16 de junho. As principais reivindicações eram um reajuste salarial de 35% e a revogação do Decreto 53.037, de 28 de maio, que tem dois pontos principais. O primeiro deles limita a possibilidade de transferências de docentes. O segundo impõe uma prova para classificar a ordem dos professores temporários na escolha de classes, até então estabelecida por experiência (*Folha de S.Paulo*, 8 jul. 2008).

Observa-se que a paralisação referida na reportagem acima se justifica basicamente em torno de três exigências por parte dos trabalhadores: reajuste salarial; a possibilidade de transferência de docentes e a exigência imposta pela Secretaria de avaliação classificatória como critério meritocrático de distribuição dos professores temporários. São questões que se referem diretamente às condições de emprego: salário, carreira e estabilidade.

Quanto ao tema greve, recorrente nas notícias analisadas, suscita-se o debate sobre a autonomia dos trabalhadores docentes. Ressalta-se que a tentativa de assimilar elementos de autonomia dos trabalhadores no processo de trabalho talvez possa ser considerada a principal característica dos modelos de organização do trabalho desenvolvidos mais recentemente, sobretudo a partir da segunda metade do século XX, e que atuam diretamente sobre as condições de trabalho. Tais modelos inicialmente desenvolvidos no interior das empresas acabaram por chegar às escolas no bojo das reformas ocorridas nas últimas duas décadas. Observa-se em tais modelos grande preocupação em aumentar a participação dos trabalhadores nos processos de planejamento e execução das atividades, tornando a divisão do trabalho mais flexível. É o que se pode constatar nas escolas básicas no Brasil a partir da aprovação da Lei de Diretrizes e Bases da Educação Nacional (LBD) nº. 9.394/96, ao estabelecer, nos seus artigos 12, 13 e 14, atribuições aos docentes e aos estabelecimentos que interferem diretamente na organização do trabalho na escola e, consequentemente, nas condições em que o mesmo é realizado.

Pela observação das matérias recolhidas durante o ano de 2008, constata-se que a imprensa focalizou também as pressões dos pais dos alunos em situações de paralisações das atividades escolares, como se vê no exemplo do CAP/UERJ:

> No último dia 17, um grupo de pais de alunos do CAP-Uerj chegou a estudar a possibilidade de entrar com um mandado de segurança contra a Universidade, por esta não tomar atitudes para punir os professores grevistas, como o corte no ponto. De acordo com os pais, o CAp foi a única instituição da Uerj que teve suas atividades totalmente suspensas (*O Globo*, 1 dez. 2008).

As pressões da comunidade, seja por parte dos pais de alunos ou dos grêmios estudantis e outras entidades afins, são de grande relevância nas repercussões de conflitos docentes em escolas públicas, já que a forma em que muitas vezes os docentes esperam atingir o Estado (seu empregador) com greves e paralisações é por meio do desgaste na sua relação com a sociedade. Em importantes momentos da história de organização dos trabalhadores da educação no Brasil a solidariedade da comunidade escolar e mais precisamente dos movimentos de pais de alunos foram significativas na luta por melhores condições de trabalho e de emprego para os docentes, resultando ao mesmo tempo em melhoria da educação pública no país.

As condições de trabalho, sejam aquelas pertinentes ao processo de trabalho, sejam as que dizem respeito à condição de emprego, são objeto de constantes conflitos na sociedade capitalista. A julgar pelos extratos dos noticiários, as escolas não escapam a essa realidade.

Para muitos pais, ensinar seria uma atuação "etérea", o que nos leva a interrogar tal causa: não se reconhece a necessidade imperiosa de sua base material? Essa pergunta, embora bastante provocativa, parece explicar por que não é automático o apoio da comunidade quando o tema se refere aos enfrentamentos agudos visando reverter situações precárias. Vê-se em uma das matérias o seguinte argumento de um pai:

> [...] a Universidade precisa de reformas urgentes e considera legítimas as reivindicações por melhores condições de trabalho, mas não aceita que os alunos

> paguem os custos da manifestação. "Nenhuma reivindicação justifica a crueldade que está sendo feita com essas crianças" (*O Globo*, 17 nov. 2008).

No entanto, há posicionamentos díspares, pois ao tempo em que um grupo de pais pensa em entrar com um mandato de segurança, uma mãe é tocada pelos eventos. Nos seus dizeres:

> [...] ela garante que a greve é necessária para que a qualidade do ensino da instituição seja mantida: — Claro que não gosto de ver meu filho em casa, sem aula, mas a nossa causa é muito maior e mais importante. Até porque as aulas serão repostas, sem prejuízo do conteúdo. Eu prefiro a greve agora ao esvaziamento de docentes da Uerj. Afinal, ninguém estuda aqui ou no CAp pela beleza dos prédios, e sim pelo ensino de qualidade — defende ela, que é professora de literatura no colégio (*O Globo*, 17 nov. 2008).

Os conflitos divulgados não são isentos das circunstâncias que os engendram, ao contrário, refletem relações sociais. Como afirmam Boudon e Bourricaud[13], os conflitos são onipresentes na vida social e assumem formas extremamente variadas, podendo ser distinguidos por sua natureza e objetivos.

Os representantes de duas entidades estudantis de Roraima (União Roraimense dos Estudantes e União dos Estudantes Secundaristas) declaram que, apesar de reconhecerem a legitimidade do movimento, são contra a greve dos professores. Ainda é curioso observar que as organizações dos alunos enfrentam o movimento grevista, mas trazem ao debate os confrontos de lógica. Para as entidades estudantis de Roraima:

> [...] os culpados pelo problema na educação hoje não são os professores nem as entidades estudantis, e sim o governo do Estado de Roraima, que não foi justo ao possibilitar um aumento de 74% para a categoria de engenheiros do estado, enquanto que para a maior parte dos demais servidores do estado só foram concedidos 10% de aumento (*Folha de Boa Vista*, 9 jun. 2008).

---

13. BOUDON, R.; BOURRICAUD, F. *Dicionário crítico de Sociologia*. São Paulo: Ática, 1993.

As reformas educacionais estão acompanhadas de mecanismos de controle e avaliação das escolas, em geral, e dos alunos e docentes, em particular. Buscam-se indicadores de desempenho para os quais são instituídos avaliações e testes padronizados. Em uma das matérias divulga-se a associação positiva encontrada entre a estabilidade dos diretores nas escolas e a aprendizagem dos alunos:

> Cruzamento de dados inéditos feito pela Secretaria Estadual da Educação de São Paulo mostra que a experiência e a menor rotatividade dos profissionais são os indicadores que mais influenciam positivamente na aprendizagem dos estudantes (*O Estado de S.Paulo*, 23 out. 2008).

Mais uma vez retorna a oscilação entre reconhecer e não reconhecer o peso das condições de trabalho sobre o processo ensino-aprendizagem. Para o representante do sindicato dos diretores, está claro que:

> Quanto mais tempo o diretor ficar na escola, maior será a integração dele com o corpo docente e a comunidade. Por isso, é importante que queira ficar no local [...] Não adianta impor essa permanência. O profissional precisa de incentivos, principalmente para ficar nas escolas mais violentas e distantes, as que mais precisam (*O Estado de S.Paulo*, 23 out. 2008).

O Secretário de Educação em Roraima, ao declarar os seus projetos para as escolas, faz notar, por contraste, a situação atual, uma vez que as escolas estariam desprovidas dos materiais e dispositivos que ele pretende instalar no futuro. Veja-se:

> Estamos trabalhando em reformas para que as escolas tenham melhor estrutura; alunos e professores em pouco tempo vão ter acesso à internet de banda larga, laboratórios de informática, laboratórios para outras modalidades de aprendizado. Vamos implantar a TV Pendrive e outras ferramentas importantes que vão permitir ao professor diversificar, inovar na complementação do conteúdo pedagógico (*Folha de Boa Vista*, 9 jun. 2008).

Nos projetos educacionais, o ensino é considerado dependente da *expertise* pedagógica e das competências individuais e de relacionamento. Projetos arquitetônicos específicos, incremento de material pedagógico e distribuição de microfones raramente são destino certo de financiamentos, no entanto, se constituiriam em elementos fundamentais para o ensino-aprendizagem, como se denota no extrato da matéria reproduzida.

Segundo Candau[14], a baixa qualidade em termos de infraestrutura, por exemplo, e a depredação do prédio e das instalações da escola estariam associadas ao baixo prazer estético e ao sentimento de desvalorização que poderiam explicar os efeitos indesejados marcados tanto nas notícias que compõem o *corpus* deste texto quanto na literatura específica. Salas de aula lotadas e em precárias condições somadas à falta de segurança dentro e fora da escola são estressores contínuos que podem gerar estressores episódicos, como as ameaças de agressão pessoal[15].

No inquérito realizado nas escolas da rede municipal de ensino de Belo Horizonte, os professores que reconheceram como insuficiente o número de computadores disponíveis para os alunos apresentaram mais prevalência de relatos compatíveis com risco de transtornos mentais[16]. A falta ou escassez de recursos materiais e as condições adversas no ambiente de trabalho incidem diretamente sobre a ação docente, sendo considerados fatores geradores de tensões negativas em sua prática cotidiana[17]. A carência de recursos observada torna-se contraditória às diretrizes do sistema educacional que promovem uma renovação metodológica sem, ao mesmo tempo, suprir os professores dos recursos necessários para atendê-las[18].

A formação docente aparece como demanda dos trabalhadores docentes, porém, vinculada às possibilidades de melhoria na carreira, assim como à

---

14. CANDAU, V. M.; LUCINDA, M. C.; NASCIMENTO, M. G. *Escola e violência*. 2.ed. Rio de Janeiro: DP&A, 2001.
15. SCHONFELD, I. S. Stress in 1st-Year Women Teachers: the Context of Social Support and Coping. *Genetic, Social, and General Psychology Monographs*, v. 127, n. 2, p. 133-68, 2001.
16. GASPARINI, S. M.; BARRETO, S. M.; ASSUNÇÃO, A. A. Prevalência de transtornos mentais comuns entre professores da rede municipal de ensino de Belo Horizonte. *Cadernos de Saúde Pública*, Rio de Janeiro, v. 22, n. 12, p. 2679-91, 2006.
17. FIGUEROA, N. L. et al. Um instrumento para avaliação de estressores psicossociais no contexto de emprego. *Psicologia, Reflexão & Crítica*, v. 14, p. 653-99, 2001.
18. ESTEVE, J. M. *O mal-estar docente:* a sala de aula e a saúde dos professores. Bauru: Edusc, 1999.

qualidade da educação, que está sempre articulada à melhoria das condições de trabalho e remuneração dos docentes. Vê-se, entre as notícias, o seguinte trecho:

> A Universidade Federal do Pará (UFPA) abrirá 380 novas vagas a partir do próximo ano, sendo apenas 50 em Belém. A maioria será para a licenciatura, uma resposta à carência de formação de professores para a rede básica de ensino. Mas o impacto será pequeno diante do déficit de 125 mil profissionais, o que exige das Secretarias de Educação ações bem mais amplas e rápidas [...]. O balanço aponta 125 mil professores atuando sem licenciatura. Aproximadamente 15 mil ensinam Português sem que, antes, tenham passado pela Universidade para melhorar a prática pedagógica que será aplicada em sala de aula (*O Liberal*, 19 ago. 2008).

Para a UNESCO[19], a escola pode ser um ambiente pouco atraente e hostil, desencorajando a frequência e a participação positiva. Segundo o relatório da agência, as situações das escolas podem contribuir para a violência em dois planos: a) reproduzir os padrões de violência do seu entorno (como se verá na notícia comentada a seguir); b) ativar a violência no seu próprio ambiente. No caso do fato noticiado em "*O Liberal*", a localização em si da escola expõe os docentes e alunos às situações de violência e de insegurança, conforme se depreende da notícia, cujo extrato está reproduzido a seguir:

> Três adolescentes fugiram na manhã de ontem do Centro Educativo Crescer e Viver [...] e causaram pânico em funcionários da escola estadual Paulino de Brito, localizada na travessa Humaitá, próximo da avenida Almirante Barroso, onde funciona o centro que atende a jovens infratores. Não havia alunos no local por causa da greve dos professores [...]. Enquanto a polícia vasculhava o telhado, cinco funcionários administrativos da escola se escondiam na sala da direção com medo de serem pegos como reféns, entre eles orientadores educacionais e secretários. "Não tem condições trabalhar assim. Em um minuto eles já estavam em cima da escola e só ouvimos os tiros. Sábado passado

19. UNESCO. The United Nations Educational, Scientific and Cultural Organization. *Expert Meeting "Stopping Violence in Schools: What Works?". Report.* Paris: 27-29 June 2007.

houve outra fuga. Estamos com muito medo e nunca pensei que fosse trabalhar com total insegurança. Estamos vendo todo o tempo isso" — desabafou Maria das Graças Costa, diretora do Paulino de Brito (*O Liberal*, 3 jun. 2008).

Considerações finais

Com os processos de reestruturação produtiva vividos nas últimas décadas, observam-se mudanças significativas nas condições de trabalho em sua dupla dimensão — condições de emprego ou salariais e condições de trabalho.

Sob esse prisma, o conflito em torno das condições de trabalho no meio educacional apresenta certa particularidade, pois ele não pode ser analisado no amplo espectro das relações entre capital e trabalho sem se levar em conta a relativa autonomia do trabalho docente, a especificidade do trabalho pedagógico e os fins últimos da educação. Somente considerando tais aspectos é que se pode compreender por que em muitos casos as formas de luta e resistência dos trabalhadores docentes, ao mesmo tempo em que apresentam reivindicações de melhores condições de trabalho e remuneração, expressam interesses sociais mais amplos, tais como educação de qualidade para todos e a construção de uma sociedade mais justa e democrática. A realidade desigual que o Brasil vive, sustentada pela injusta distribuição de riquezas, resulta em diferenças regionais, sobretudo entre os seus 5.564 municípios, refletindo diretamente nas escolas públicas. Tais desigualdades se traduzem em condições de trabalho mais precárias justamente na fase mais elementar da Educação Básica, sendo ainda aquela que maior contingente congrega, sob termos assegurado na Constituição Federal da República de 1988, que o Ensino Fundamental e a Educação Infantil são prioridades do município.

Condições de trabalho e condições salariais são denominações distintas, mas se referem a um único e dinâmico e contraditório processo. Nessa premissa, destacam-se as imbricações, nem sempre declaradas tampouco investigadas, entre um polo e outro. Sabe-se que, no plano do trabalho, há efeitos agudos gerados na dinâmica das novas formas de empregos e de contratos.

Entre eles, destaca-se a tendência de os trabalhadores sob regime precário estarem expostos a piores condições de trabalho[20]. Nesse quadro de precarização estrutural do trabalho, a flexibilização da legislação social do trabalho aumenta ainda mais os mecanismos de intensificação do trabalho e de seus efeitos sobre a saúde, os quais mereceriam análises mais detalhadas.[21]

Sabe-se que os trabalhadores buscam sentido naquilo que fazem. O sentido tem a ver com a utilidade social de seus investimentos laborais e com a garantia de ocasiões para aprender e se desenvolver no trabalho[22].

Assim, o trabalho docente pode ser visto, desde uma primeira aproximação, como sendo repleto de sentido porque seu objeto é construção de caminhos humanos. É lúcido esperar que seja fonte de satisfação. Mas, o quadro não é animador: docentes insatisfeitos e... grevistas.

A qualidade da educação depende também da maneira pela qual o sistema encara as necessidades e a subjetividade dos trabalhadores no exercício de suas tarefas. As notícias divulgadas na imprensa *on-line* indicam a necessidade de políticas para resgatar o valor do trabalho e proteger os protagonistas dos sistemas educacionais.

---

20. DAUBAS-LETOURNEUX, V.; THÉBAUD-MONY, A. *Work organization and health at work in the European Union. European Foundation for the Improvement of Living and Working Conditions.* Luxembourg: Office for Official Publications of the European Communities, 2003, 98 p.

21. ANTUNES, R. Dimensões da precarização estrutural do trabalho. In: FRANCO, T.; DRUCK, G. *A perda da razão social do trabalho*: terceirização e precarização. São Paulo: Boitempo, 2007. p. 13-22.

22. MORIN, E. *Sens du travail, santé mentale et engagement organisationnel.* Institut de Recherche Robert-Sauvé em Santé et em Sécurité du Travail. Rapport R-543. Québec: IRRSS, 2008.

16

Alfabetização
– ainda o desafio da escola brasileira

Regina Leite Garcia*

Repetir uma história
é nossa profissão
e nossa forma de luta
Repetir, repetir, repetir
Arrancando do nosso ceticismo
novas crenças
E do nosso cansaço
novas forças

Millôr Fernandes — da *Antígona*, de Sófocles

Enquanto algumas sociedades resolveram o problema da universalização do acesso à leitura e à escrita, o Brasil persiste na produção do analfabetismo. Apesar de vez por outra os governos se mobilizarem para Campanhas

* Doutora em Educação pela UFRJ. Professora do Programa de Pós-Graduação (Mestrado e Doutorado) em Educação da Universidade Federal Fluminense.

de Alfabetização, as estatísticas revelam o fracasso das tentativas, sendo mantidos renitentes índices de analfabetismo, o que, numa sociedade letrada, se constitui como uma das mais cruéis formas de exclusão social, pois o destino dos analfabetos é o subemprego ou o desemprego, num mundo de altas tecnologias e de extrema competitividade. Hoje, no Brasil, as indústrias de ponta estão obrigadas a importar mão de obra altamente qualificada conforme as exigências do mercado enquanto as filas de desempregados crescem sem expectativa de melhora da situação.

Vejamos algumas das últimas estatísticas referentes a esse problema, divulgadas na imprensa brasileira em 2008.

Segundo as estatísticas oficiais, há no Brasil hoje 29,9 milhões de pessoas com mais de 15 anos que cursaram menos de quatro anos a escola. Se sabemos que a maioria das escolas públicas brasileiras de ensino fundamental oferecem apenas 4 horas de permanência diária na escola, nenhuma surpresa que oriundos dessas escolas não consigam compreender o que leem, quando chegam a "ler", nem saibam escrever o que pensam e gostariam de comunicar.

Algumas vezes, a arte fala melhor do que os números. Que denúncia mais contundente do que o filme de Walter Salles, *Central do Brasil*, em que a "professora" Fernanda Montenegro coloca um banquinho e uma mesinha na estação Central do Brasil e cobra para escrever cartas para quem, não sabendo escrever, deseja ou necessita se comunicar com quem está longe. Este é o destino dos analfabetos — ter de muitas vezes compartilhar os seus segredos por não saber escrever.

Sem ter certeza se é a arte que imita a vida ou a vida que imita a arte, trago uma história vivida por mim, quando ministrava um curso para professores e professoras alfabetizadores da periferia de Belém do Pará. Num determinado momento do curso eu defendia que o analfabeto só se alfabetiza se tiver um forte desejo de aprender a ler e escrever, um forte motivo que o leva a retornar à escola, ou pela primeira vez procurá-la. Naquele momento, uma das professoras, muito emocionada, se levantou e nos relatou:

> Eu era uma moçona bonita, mas analfabeta. Muitos rapazes queriam me namorar, mas eu estava interessada num só. Um dia ele me mandou um bilhete e eu tive que pedir pra minha amiga ler e responder por mim. Morri de vergonha. E só hoje, agora, nessa aula, eu compreendi porque só fui me alfabetizar aos 19 anos. Foi o meu desejo que me fez aprender a ler e escrever.

E não é assim sempre? Será que uma criança aprende quando não vê qualquer sentido no que a professora tenta lhe ensinar?

> Vovó viu a uva.
> A ave voa.

Ou o que ainda consegue ser pior — será que uma criança entenderá que aquilo que a professora lhe apresenta dizendo que é uma vogal, o a, e a manda cobrir os pontinhos que desenham um a, vai levá-la a aprender a escrever e ler?

É lamentável que precise de tantas voltas para chegar ao que só será aprendido se o aprendente encontrar sentido no que lhe tentam ensinar.

E, por esse caminho tortuoso, os índices de analfabetismo vão crescendo. A criança entra na escola já fora da idade considerada ideal e obrigada por lei — até pouco tempo 7 anos, agora 6 anos — e vai acumulando os fracassos a cada final de ano e, quando chega aos quinze anos, tendo ficado menos de quatro anos na escola sem aprender a ler e escrever, cai na malha fina dos *analfabetos funcionais*. Pelo menos assim são classificados pelo IBGE e pelo Ministério da Educação os alunos de mais de 15 anos que permaneceram menos de quatro anos na escola. A eles a profecia autorrealizável de se verem condenados a funções subalternas e a engrossar os altos e crescentes índices de desemprego e/ou subemprego resultantes da crise por que passa o mundo hoje.

Outros, ainda que tenham continuado a escolaridade para além dos quatro anos, vão se arrastando ou sendo empurrados pelas séries ou anos seguintes. São os "*iletrados escolarizados*" que, a cada ano, retornam à escola com a esperança de "*esta vez, quem sabe, aprendo a ler e escrever*". Eles engrossam o total de 2,4 milhões de crianças não alfabetizadas, representando 87,2%, ou seja, 7,4% dos jovens entre 7 a 14 anos não sabem ler e escrever (*O Estado de S.Paulo*, 27 set. 2008). Seu destino, andar pelas ruas das grandes cidades, vendendo nos sinais ou pedindo esmola, ou ainda, cheirando cola, pois num país em que a infância e a juventude são abandonadas ao seu próprio destino, que saída se lhes oferece?

Para os que mal e mal foram continuando uma escolaridade que lhes dá a ilusão de estarem avançando, se limitando a juntar letras, sílabas, palavras, embora delas não captem o sentido, rabiscam, mas não são entendidos no que pretendem escrever, vão se tornando motivo de reclamação de tantos professores à medida que avançam na escolaridade sem avançar nos conhecimentos adquiridos.

É frequente ouvir de professores e professoras de diferentes disciplinas a queixa de que não podem dar o programa de sua disciplina para alunos e alunas que não conseguem ler e escrever. Para eles e elas, a responsabilidade da alfabetização é apenas da professora da classe de alfabetização. Daí a segunda série ser considerada o paraíso da professora descomprometida, com os desinteressantes e repetitivos exercícios de "separe as sílabas das palavras", "dê o plural", "escreva o feminino de", "faça três frases com a palavra"..., e mais o tempo ocupado com a correção dos deveres de casa e de passar no quadro de giz os deveres a serem feitos em casa. E ainda tem o tempo gasto com a fila para entrar na sala e a forma para ir embora... e, como por milagre, acabou o tempo de aula.

Não ocorre aos professores reclamadores da pobre professora da classe de alfabetização que ela é parte de um processo, mas não a única responsável pelo domínio da linguagem escrita. Se tivessem lido atentamente Paulo Freire, teriam compreendido que o processo de alfabetização começa muito antes de qualquer criança entrar na escola, se vive numa sociedade letrada como a brasileira, cercada de escrita por todo lado, nas ruas, nos *out-doors*, nas bancas de jornais, nos supermercados, na televisão, e até nas *lan houses*, acompanha a todos por toda a escolaridade, melhor dizendo, pela vida afora. Se assim compreendessem como se dá o processo de alfabetização, saberiam que ao dar aula de Geografia, por exemplo, estarão dando continuidade ao processo de alfabetização com os conteúdos específicos da Geografia que, obviamente, no Brasil são ensinados na Língua Portuguesa. E os seus alunos estariam dando continuidade ao seu processo de alfabetização, se alfabetizando no sentido estrito de leitura da palavra e no sentido amplo de ampliação e aprofundamento de suas leituras de mundo.

E não é esta a função da escola — partir do que o/a aluno/a já sabe e ajudá-lo/la a aprofundar e ampliar ao máximo o conhecimento que a cada dia o/a aluno/a traz para a escola? Estimular ao máximo a curiosidade com a qual todo ser humano nasce? Não deixar morrer a curiosidade dos/as alunos/as por aprender o que ainda não sabem? Ser capaz de criar novos desejos em seus alunos e alunas? Haverá legado maior do que uma escola que desperta o prazer de aprender? O prazer da descoberta? O prazer de vencer os desafios que a vida nos coloca?

No entanto, segundo a Pesquisa Nacional por Amostra de Domicílios (PNAD), realizada em 2006, há 14 milhões de analfabetos no Brasil. E, se as políticas educacionais continuarem no mesmo ritmo, as previsões são de que o analfabetismo só será erradicado daqui a duas décadas (*Folha da Boa Vista*, 24 de janeiro de 2008). Esses dados, que são globais, se explicam regionalmente de modo assustador: no Nordeste o índice de analfabetismo chega a 20%, enquanto no Sul não passa de 5,4% (*Gazeta do Povo*, 15 de outubro de 2008). No Sul maravilha é comum o oriundo do Nordeste ser chamado pejorativamente de *Paraíba*, ao que Pablo González Casanova denominaria *colonialismo interno*. E se compararmos os índices de analfabetismo da população rural — 23% — e da população das cidades — 4,4% — (*Gazeta do Povo*, 15, de outubro de 2008), melhor compreenderemos os mapas dos resultados das eleições, da distribuição da riqueza e da concentração de renda, e como se dá o processo de manutenção do *status quo* numa sociedade que hoje se jacta de estar entre os BRICs, Brasil, Rússia, Índia e China, os países considerados emergentes num mundo que enfrenta uma crise global e que alguns comentaristas consideram que anunciam uma nova organização do mundo.

Além do apresentado acima, há que se analisar a situação da população negra, ainda que alguns defendam não haver racismo no Brasil. Se compararmos os índices de analfabetismo entre negros e brancos, o índice de analfabetismo entre os afro-descendentes é quase o dobro do índice entre os brancos (*O Liberal*, 10 de setembro de 2009).

E ainda há campanhas contra políticas de ação afirmativa, como se não houvesse uma dívida histórico-social coletiva com quem veio trazido/a acorrentado/a em navios negreiros como escravo/a, sem o direito de frequentar uma escola onde pudesse, pelo menos, aprender a ler, escrever e contar. Aberta continua até hoje a ferida colonial resultante das chibatadas que cortavam a carne e a alma de seus antepassados, cujo sofrimento passa de geração para geração.

Há momentos em que se abre a ferida de uma forma pungente, como durante a visita ao Brasil de Joyce King, intelectual militante do movimento negro norte-americano que, numa reunião da ANPEd[1], num auditório cheio de mulheres afro-brasileiras, mandou tocar *Sometimes I feel like a motherless child* (às vezes eu me sinto como uma criança sem mãe) e, sem que ninguém chamasse, aquelas mulheres foram se levantando lentamente e muito emocionadas se aproximando da mesa em que Joyce se encontrava, como se procurassem aconchego. Até que uma das jovens em lágrimas disse: *Só hoje eu compreendi porque tantas vezes eu sinto uma tristeza que me dói profundamente. A minha dor é a revivência de tantas dores que meus ancestrais sofreram.*

Aquela dor coletiva que vinha dos tempos da escravidão não podia deixar de provocar uma culpa coletiva nos descendentes dos que aos negros escravizaram. No entanto, tantos jornalistas e pesquisadores hoje se opõem a que a escola brasileira se abra efetivamente para os afro-descendentes que, subalternizados historicamente, continuam subalternizados na escola que

1. Associação Nacional de Pós-Graduação e Pesquisa em Educação.

continua a se negar a garantir-lhes o direito de se alfabetizarem para dizer a sua própria palavra libertadora. A justificativa para a oposição às cotas para negros vem pautada pelo argumento de que, se assim for feito, haverá uma queda na qualidade das universidades públicas, já que, segundo os críticos, os estudantes negros não seriam capazes de acompanhar os cursos e acabariam abandonando a universidade. Ledo engano. As últimas pesquisas indicam que, após cinco anos de vigência das cotas na Universidade Federal do Rio de Janeiro e na Universidade Federal da Bahia, os alunos e alunas cotistas têm apresentado um desempenho médio semelhante ao atingido pelos alunos e alunas ditos brancos e com menor índice de evasão. E, se formos aos dados de desempenho dos alunos e alunas afro-descendentes beneficiados pelo ProUni, talvez alguns se surpreendam com o resultado, pois os alunos bolsistas afro-descendentes ficaram acima da média dos alunos não bolsistas nas provas do Provão.

Há que produzir muita ignorância para que tudo continue como sempre foi. Há que culpabilizar a vítima de uma sociedade injusta, pelo seu próprio fracasso. Há que subalternizar para que o/a subalternizado/a aceite o lugar de subalterno/a como natural.

Será que interessa a quem detém o poder que a população se alfabetize?

Vamos à História para melhor compreender o que foi acontecendo pelo mundo até chegar a nós — Brasil em pleno século XXI.

O que a História nos conta

Quando, nos idos de 1980, eu elaborava a minha tese de doutorado, a qual denominei *Alfabetização das crianças das classes populares — ainda um desafio*, encontrei uma referência a uma situação que se apresentou nos debates na Academia de Rouen, na França, em 1746, portanto antes da revolução. Alguém, talvez mais cínico do que seus pares, os provocava com a pergunta: "*Será vantajoso ou perigoso para o Estado ter camponeses que saibam ler e escrever?*"

Lá houve consenso em não ser conveniente para os que detinham o poder que os camponeses aprendessem a ler e escrever. *Et pour cause*, diriam em uníssono.

Acontece que os camponeses também começaram a pensar sobre a sua situação de serem explorados e subalternizados. A pensar e a se organizar até que, em 1789, fizeram uma das mais importantes revoluções de que se tem notícia.

Se a rainha, ao receber a notícia de que faltava pão para os pobres, respondia indiferente que então lhes dessem brioches, aqueles pobres queriam muito mais do que pão. Queriam mudar o mundo. E o mudaram.

Com as mudanças, veio a afirmação da educação como um direito do cidadão, categoria nascente com a também nascente ideologia burguesa. Todo cidadão passava a ter direito à escolaridade, valor que se mantém até nossos dias em todas as sociedades que se pretendem modernas, ainda que tantas vezes não passem além do discurso. O que nesse momento nos interessa é que, com a Revolução Francesa, veio a valorização da escola, chegando à obrigatoriedade da escolarização, da qual a nossa escola é filha — a escola moderna.

Entre tanto o que aprendemos com a Revolução Francesa, ouso dizer que talvez a afirmação de Gramsci de que *todos os homens são intelectuais* venha de sua reflexão sobre as lutas pela libertação, onde se inclui, sem dúvida, a Revolução Francesa.

O que aqui nos interessa é lembrarmos que todas as vezes que um movimento revolucionário ganha expressão ou conquista o poder, ao contrário do que concluíram os acadêmicos de Rouen em França nos idos de 1746, compreendem e lutam para que toda a população se alfabetize.

Se se pretende mudar o mundo, há que educar toda a população para que esteja capacitada a mudar o mundo. À escola caberia o papel de educar um novo homem e uma nova mulher para criar um novo mundo.

Se voltarmos dois séculos atrás na História, iremos encontrar em 1520, com Lutero e a Reforma, em sua luta contra a Igreja Católica, o primeiro movimento de que se tem notícia de alfabetização de grandes massas. Era preciso alfabetizar toda a população para que todos pudessem ler a Bíblia. E em 1520, Lutero pressiona a nobreza alemã para que fossem criadas e mantidas escolas para alfabetizar o povo.

E, ainda no século XIV, no tempo de Henrique III da Inglaterra, Wycliffe não só denunciava os usos e abusos da Igreja Católica como traduziu a Bíblia para o inglês, num contramovimento ao poder até então exercido pela Igreja na Europa.

Foi, portanto, por motivos religiosos que foi instituído o acesso às escolas de ler e escrever no que hoje denominamos mundo anglo-saxão. Ao lutar pela democratização da leitura da Bíblia, Lutero eliminava a intermediação com Deus, criando uma religião mais acessível a todos. Mas, além desse aspecto, outro houve que influiu igualmente para a socialização da leitura e da escrita. As avançadas relações mercantis exigiam a formação de quadros de administradores e clerks, capazes de fazer contratos de exportação, importação, seguros, empréstimos que o comércio exigia. E o papel da leitura e da escrita se amplia, transformando-se de instrumento de divinização de quem detinha o poder religioso em instrumento de socialização do conhecimento. Assim, a valorização da alfabetização, tão forte na Reforma, também está presente na ideologia que acompanha a emergência do capitalismo.

A Inglaterra, por exemplo, em sua fase mercantil que precedeu a revolução industrial, precisou instrumentalizar os funcionários indispensáveis para o progresso industrial. Era preciso preparar grandes massas de escribas para atender à explosão do comércio, com a inclusão de Ásia, África e América, como mercados fornecedores de matérias-primas e consumidores de produtos manufaturados.

Além disso, com o avanço da revolução industrial, tornava-se necessário alfabetizar os que iriam lidar com as máquinas da indústria nascente. Como lidar com máquinas, naquele tempo consideradas sofisticadas, trabalhadores incapazes de ler as normas para o seu uso?

Segundo alguns autores, naquele momento em que o ler e o escrever se tornavam indispensáveis para a revolução em curso, era necessário simplificar a língua inglesa para torná-la mais fácil para a compreensão e uso dos homens comuns.

Até Cromwel, a língua inglesa era tão flexionada quanto o alemão. Porém, dada a nova conjuntura, com indispensáveis novos usuários da linguagem escrita, alguns autores sinalizam que a língua inglesa foi sendo simplificada — os plurais foram sendo homogeneizados, os verbos não mais flexionados e os possessivos passaram a ser menos utilizados, tornando a língua mais fácil de ser aprendida e usada por homens simples até então analfabetos, mas peças-chave para a revolução industrial em curso.

Por razões diferentes, mas igualmente importantes, o Estado vai assumindo mais e mais a responsabilidade pela educação do povo, num processo de emancipação dos Estados Nacionais e de instalação da ordem burguesa.

E, também por motivos diferentes, liberais e socialistas valorizavam a escola e por ela lutavam. Tanto uns como outros propunham uma escola pública, gratuita, laica e obrigatória.

A burguesia emergente visava à homogeneização cultural e à preparação de mão de obra qualificada, e a classe trabalhadora pretendia o acesso ao saber dominante como parte da sua luta emancipatória. E dessa aproximação por razões diferentes resulta que, da passagem do século XIX para o século XX, as grandes massas europeias passam a ter direito à escola elementar. Podemos inclusive afirmar que, entre as grandes conquistas do século XX, está o acesso da classe trabalhadora à educação escolar.

Há que se ressaltar que todas as revoluções modernas vieram acompanhadas de campanhas nacionais de alfabetização. Exemplo mais próximo será Cuba que, logo após a revolução, priorizou a luta contra o analfabetismo, reduzindo de cerca de um milhão de analfabetos até a revolução, a zero analfabeto, logo após a revolução, tendo conseguido em 1972 manter 96,4% das crianças de 6 a 12 anos escolarizadas, generalizando a escolaridade de dez anos.

A mesma preocupação teve a Rússia que, após a sua revolução, mobilizou a *intelligentsia* para formular um projeto educacional que pudesse formar um novo homem para construir uma nova sociedade. Aqueles e aquelas intelectuais ainda fazem parte da bibliografia dos melhores cursos de História da Educação.

Na América Latina, quando a Nicarágua pretendeu fazer a sua revolução, intelectuais de toda a América Latina e muitos europeus e norte-americanos foram dar a sua contribuição na luta pela alfabetização da população.

E dessas minhas idas e vindas no tempo, há que se destacar o acontecido no que se tornou os Estados Unidos da América que, por desde o início ter se constituído como sociedade burguesa, sempre teve preocupação com a educação. Em cada pequena comunidade havia escola, com a finalidade de alfabetizar toda a população, bem como e talvez, sobretudo, de passar através da escola os valores julgados corretos. Já em 1647, em Massachussets, a lei Old Deluder determinava que cada *town*, cada pequena vila, deveria criar e manter escolas, sob pena de multa de 5 libras, e, em 1872, por decisão da Corte Suprema do Estado de Michigan, foi declarado legal o imposto votado pela comunidade local para manter escolas secundárias.

A preocupação com a escola de boa qualidade está presente em toda a história norte-americana, como a reação da sociedade quando a então União Soviética conseguiu enviar um homem à Lua. *A Nation in Risk*, como foi denominado aquele momento, mobilizou os mais importantes cientistas do país a fim de pensar o que fazer, diante de uma situação que a todos parecia ter algo a ver com a escola. Assim também o discurso de posse do presidente Barack Obama deu grande ênfase à importância da escola, conclamando a população a melhorar a escola, indispensável para uma sociedade que, ao votar, sinalizava para a mudança.

E no Brasil, o que foi acontecendo em nossa triste história educacional que, embora envergonhe nossos governantes em suas viagens oficiais, quando têm de enfrentar as críticas pela endêmica incapacidade de universalizar a leitura e a escrita, ao retornar, algo como uma nuvem espessa os faz esquecer. E continua tudo como dantes no quartel de Abrantes... *a culpa é de*... pois há que se apontar um ou uma culpado/a, em geral, a pobre professora alfabetizadora, *que não sabe ensinar*, ou a criança pobre *que tem dificuldade para aprender*.

Muito retornarei a essa triste história de produção do analfabetismo no Brasil, pois repetir é minha profissão, numa luta em que me parece haver pouco empenho, para além dos discursos de campanha ou de viagem, da parte dos que, tendo poder, poderiam usá-lo para mudar a nossa sociedade.

O que explicaria, senão a vontade política, que a Venezuela, em 2003, ajudada por Cuba, que já havia realizado o seu próprio processo de alfabetização de toda a população após a sua revolução, tenha mobilizado toda a população num processo de alfabetização, com o mote *Sim, eu posso* e, em 2005, tenha sido declarada pela UNESCO como *território livre do analfabetismo*? E, desde 2006, os governos de Cuba e da Venezuela, a partir dos resultados alcançados, estão colaborando com Nicarágua e Bolívia. Países com renda muito inferior à do Brasil, Bolívia e Equador apresentam desempenho melhor, a Bolívia com a taxa de analfabetismo de apenas 9,7% e o Equador, de 7,4%. Pelas projeções da UNESCO, apenas países muito pobres apresentam índices de analfabetismo piores que os do Brasil, como Haiti, com 37,9%, e Guatemala, com 26,8%.

Na história educacional brasileira, nunca houve forte pressão econômica, religiosa ou ideológica que levasse à universalização da leitura e da escrita. A difusão do ensino elementar público só se deu, como esforço sistemático, no final do século XIX. Pelo caráter elitista da população, sua expansão foi lenta, ainda que a Primeira Constituição do Império já preconizasse a implantação da instrução pública. Ao analfabeto foi vedado até 1985 o direito de voto, e as sucessivas campanhas de alfabetização das décadas de 1920, 1940, 1950 e 1960, que pretendiam incorporar as massas no processo político, não realizaram a pretendida instrumentalização mínima para o exercício da cidadania. E já nos primeiros anos do século XXI a UNESCO estima que 1,9% de quem deveria estar alfabetizado e não está é brasileiro.

Como se pode constatar pelos resultados, às leis brasileiras não correspondeu uma ação efetiva do Estado que pudesse atualizar o anunciado pela lei.

Enquanto no Brasil vivemos historicamente a contradição entre os propósitos proclamados e os resultados atingidos, já no início do século XX, para só ficarmos na América Latina, a Argentina tinha toda a sua população alfabetizada.

O impasse vivido no Brasil prolonga-se através de nossa história. Num modelo de desenvolvimento que se caracteriza pela mão de obra barata e que a cada aumento do salário mínimo provoca uma grita dos que detêm o poder por o considerarem absurdamente alto, cumpre importante papel manter a massa de trabalhadores analfabetas ou analfabetos funcionais ou iletrados escolarizados, ou mesmo aqueles que passam pela escola e vão passando de uma série para a série seguinte, sem terem encontrado na escola condições para dominar a linguagem escrita — decifram mas não leem, rabiscam mas não escrevem, de pouco valendo não mais aparecerem nos índices de analfabetismo, pois de pouco lhes vale decifrar sílabas e palavras soltas, sem lhes captar o sentido, ou rabiscar palavras e frases indecifráveis para quem tenta ler a sua "escrita". Assim como a cada incipiente aumento do salário mínimo, o protesto de quem deverá pagar a conta, quando, pela primeira vez em nossa História, em 2008, um governo propôs um piso salarial nacional para as professoras que têm a responsabilidade de preparar cada nova geração para o exercício da cidadania, protestos de governadores e prefeitos que diziam não terem condições financeiras de assumir o "*ônus desta despesa*". Eles não sabem ou fingem não saber que pagar bem, ou pelo menos, um pouco melhor uma professora, não é ônus mas bônus — é estar investindo no futuro de nossa sociedade.

Se compararmos a reação de governadores e prefeitos à proposta de piso salarial nacional para o magistério de ensino fundamental do Brasil à reação dos mesmos governadores e prefeitos ao anúncio do Brasil como possível sede do próximo campeonato mundial de futebol é absolutamente bizarro. A gritaria do "*não temos verbas para isso*" é abafada pela gritaria mais forte de que "*nós podemos assumir a responsabilidade de ser uma das cidades que sediarão o campeonato*".

E assim vai ficando mais claro o que significa no Brasil o refrão da prioridade por educação.

Talvez não seja prioridade para os que detêm as riquezas produzidas pelo povo e o poder neste país, mas as manifestações do povo nos mostram que para as classes populares há uma profunda consciência da importância da escola. Haja vistas as filas a cada início de ano, no momento da matrícula, quando nas portas das escolas públicas lutam por uma vaga. E não lutam apenas pela vaga. Lutam pelo direito de seus filhos e filhas serem matriculados na classe da professora que eles sabem que, ao final do ano letivo, terão todas as crianças seus alunos recebendo o seu primeiro livro, prêmio por terem aprendido a ler e escrever.

É sempre oportuno retornar à fala de Ciço, personagem trazido por Carlos Rodrigues Brandão, ao falar de escola, pois afinal, como dito acima, repetir, repetir, repetir é nossa profissão:

Tem uma escola que vira o destino do homem, não virá?
Ele entra ali com um destino e sai com outro.
Quem fez? Estudo, foi estudo regular; um saber completo...
Mas eu vou dizer uma coisa pro senhor:
Pra quem é como esse povo da roça,
o estudo da escola é de pouca valia
porque o estudo é pouco
e não serve pra fazer da gente um melhor...

O que se pode dizer sobre a fala do Ciço, a não ser aprender com ele?

O Ciço sabe, como sabem os pais e mães das crianças que vivem nas periferias urbanas, na roça, nas reservas indígenas, nas favelas das grandes cidades, predominantemente afrodescendentes, filhas de trabalhadores, sempre pobres, tantas vezes subempregados ou desempregados.

Uma coisa é certa. Se quisermos mudar o mundo, conforme o mote do Fórum Social Mundial, há que nos engajarmos na luta pelo direito à escola — uma escola que não atenda apenas aos interesses dos poderosos, que nem sempre são os mais justos, generosos e democráticos, mas uma escola engajada na luta por uma sociedade mais justa, mais equânime, mais democrática, sempre numa perspectiva emancipatória. Ou, melhor dizendo, parodiando Rui Barbosa :

> *Tratar com desigualdade a iguais, ou a desiguais com igualdade, seria desigualdade flagrante, e não igualdade real.*

Este me parece o desafio da escola — atuar com os desiguais, pois o que caracteriza uma sala de aula é a heterogeneidade, onde diferentes lógicas, diferentes saberes, diferentes histórias, diferentes desejos, diferentes possibilidades se encontram e, quando se trabalha numa perspectiva de atingimento de uma igualdade real, vão se estabelecendo estimulantes diálogos interculturais. Por diálogos interculturais quero me referir à construção de relações entre grupos, como também entre práticas, lógicas e diferentes saberes, como acontece numa sala de aula em que alunos, alunas e professoras se põem em permanente diálogo no processo de alfabetização. Ao fazê-lo, as relações de poder vão sendo transformadas, rompendo-se o histórico processo de naturalização das assimetrias culturais, que poderíamos considerar violência simbólica, fortemente presentes nas relações entre professoras e alunos, em que um dos sujeitos, a professora, está no papel cristalizado de quem sabe, ou tantas vezes, que tudo sabe, e os alunos e alunas no papel de quem não sabe, ou tantas vezes, que nada sabe, a quem cabe apenas aprender.

Em nossa pesquisa o que temos observado é que mais uma vez a Arte nos ensina. Pois quando o poeta afirma que *mestre é quem de repente aprende*, em nossa prática pesquisadora temos constatado que, no processo ensino-aprendizagem, quando a professora bem ensina, vai aprendendo ao ensinar. Aprende quando o seu modo de ensinar produziu bons resultados, tanto que as crianças aprenderam. A professora aprende com a reação das crianças ao método por ela utilizado, que produziu bons resultados. Em contrapartida, quando a professora ensina, mas o resultado de seu ensinar não atinge o pretendido, pois a criança não aprendeu, a reação da criança ao ensinar da professora lhe ensina que o seu modo de ensinar não teve sucesso, tanto que a criança não aprendeu.

No processo ensino-aprendizagem, ao se perceber aprendendo com os sinais que as crianças lhe dão, seja perguntando o que ainda não aprenderam, seja revelando, nas atividades propostas pela professora, terem aprendido, rompe-se por um momento a assimetria cultural, melhor dito, a onipotência da professora que havia aprendido em seu curso de formação de professores que o bom método dá conta de tudo ensinar a todos. Será que haveria um método capaz de ensinar tudo a todos, ela começa a se perguntar. Ao se questionar, a professora se abre para aprender com as reações das crianças ao seu ensinar. Aprendem todos e todas, crianças e professora, estabelecendo-se um rico diálogo intercultural, em que os saberes e não saberes de cada sujeito, colocados em movimento, criam novos saberes sobre o melhor ensinar e o melhor aprender. Neste processo desafiador, prática-teoria-prática recuperam a unidade original.

Para finalizar, a minha defesa da importância da escola, importância potencial que só se atualiza com uma forte vontade política coletiva. Nem o otimismo ingênuo que acredita que a escola sozinha seja determinante para transformações sociais, nem o ceticismo paralisador que leva certos professores e professoras a esperar uma "revolução", sem sequer analisar a conjuntura, para começar a trabalhar a sério, ou que com um detestável cinismo afirmam que para o que ganham, fazem muito. Que a escola cumpra o seu destino histórico, tantas vezes desviado, formando homens e mulheres conscientes de seus destinos possíveis de homens e mulheres livres, capazes de lutar para melhorar o seu mundo e de respeitar outros mundos, ainda que diferentes.

17

Cultura letrada e formação do sujeito

José Sérgio Carvalho*

Há algumas décadas os sistemas escolares brasileiros têm sido objeto de uma série de avaliações sistemáticas que visam mensurar dados relativos ao desempenho das escolas e à aprendizagem de seus alunos. Se há cinco ou seis décadas os profissionais da educação lamentavam a ausência de informações confiáveis acerca da escolarização e de seus resultados, hoje somos assolados por uma miríade de dados, comparações, classificações, estatísticas e metas. Essa preocupação quase obsessiva com a mensuração dos resultados educacionais ultrapassou o âmbito restrito dos profissionais da educação e tornou-se assunto recorrente na mídia impressa e televisiva.

A ampla difusão dos resultados de avaliações sistêmicas, como as do Sistema de Avaliação Básica (Saeb) e da Prova Brasil, pode ter efeitos políticos potencialmente interessantes, caso logre mobilizar setores da opinião pública em torno da melhoria da qualidade do ensino. No entanto, pode

* Doutor em Filosofia da Educação pela Universidade de São Paulo — USP; professor de Filosofia da Educação da Faculdade de Educação da USP.

também ter alguns efeitos perversos, na medida em que tende a banalizar temas de alta complexidade e grande relevância pública. Não é raro que a publicação na mídia de resultados relativos ao desempenho de alunos e escolas em testes de rendimento escolar, especialmente no que diz respeito à leitura e a escrita, seja desprovida de qualquer tipo de exercício reflexivo que busque atribuir à informação algum sentido.

Tudo se passa como se a informação, as estatísticas e as comparações desvelassem, a partir de sua mera enunciação, o significado político e social do complexo quadro da educação do qual pretendem ser uma representação confiável. Em matéria publicada em 23 de março de 2008, o jornal *O Estado de S. Paulo* informou que 71% dos alunos do ensino fundamental ficaram abaixo da "média ideal" na prova de Língua Portuguesa de 2005. Se nos ativermos exclusivamente às escolas públicas, esse número sobe ligeiramente: 75%.

A "média ideal", ainda segundo a matéria publicada, estaria entre 200 e 210 pontos, de acordo com a escala apresentada pelo Instituto Nacional de Estudos e Pesquisas Educacionais Anísio Teixeira (INEP). Ela implicaria o domínio de cinco pontos básicos, que vão da localização de informações até a identificação de elementos como tempo, espaço e personagens que, em síntese, indicariam o êxito nos estágios iniciais do processo de letramento nas quatro primeiras séries do ensino fundamental.

Não se trata, vale frisar, de um resultado isolado a indicar uma deficiência pontual. Tanto as avaliações sistêmicas como as experiências cotidianas dos professores apontam para uma insatisfação igualmente grande em relação à capacidade de leitura, intelecção, interpretação e produção de textos noutros segmentos da educação básica e mesmo no ensino superior.

É verdade que a simples enunciação de dados como os da pesquisa supracitada já suscita uma série de questões metodológicas e empíricas acerca da fidedignidade dos instrumentos ou da confiabilidade dos procedimentos de sua aplicação. Elas não serão, contudo, objeto de nossa atenção, dado que exigiriam análise técnica e pesquisas empíricas que fugiriam à natureza e às possibilidades desta reflexão.

O que se tenciona fazer neste artigo é pensar acerca de dois fenômenos distintos, mas interligados, e que raramente vem à tona ao se discutir as dificuldades que temos enfrentado no esforço de letramento dos alunos da escola básica. O primeiro é a constatação de uma crise da "cultura letrada" que parece ser uma das marcas do mundo contemporâneo; o segundo, a insistência em tentar superá-la pela difusão de tecnologias e materiais didáticos de apoio ao docente, como se o problema se resumisse à ausência de uma competência técnica ou de um "saber-fazer" e não implicasse, como parece ser o caso, uma transformação cultural radical.

Iniciemos com o segundo desses pontos, novamente a partir de uma matéria jornalística, publicada pelo *Correio Braziliense*, em 22 de janeiro de 2009: cerca de 700 mil alunos da educação básica cursam séries incompatíveis com a idade. A ligação entre a reprovação, a defasagem idade/série e as dificuldades nos domínios da leitura e da escrita, detectadas nas avaliações, é evidente. O que nos interessa ressaltar é o fundamento da política pública que visa superar as dificuldades encontradas nesse âmbito e que foi assim descrita:

> O MEC oferece aos municípios três opções de **tecnologias educacionais**. Elas foram pré-qualificadas e compõem o Guia de Tecnologias Educacionais. [...] As **tecnologias educacionais** são como **projetos pedagógicos** que possuem estratégias e metodologias específicas para fazer com que o aluno recupere o conteúdo atrasado e avance para a série correta. Elas trazem instruções desde a gestão educacional até como avaliar o processo de aprendizagem.[1]

A pressuposição de que as dificuldades ligadas à necessidade de letramento e de iniciação na cultura letrada possam ser resolvidas ou significativamente atenuadas recorrendo-se a tecnologias e materiais didáticos a serem difundidos entre os professores é bastante generalizada e não se resume às iniciativas referidas na reportagem em questão. Basta lembrar, por exemplo, a adoção crescente de sistemas de ensino apostilado na rede pública. É, pois,

1. Os negritos são do autor.

uma crença amplamente difundida a de que as dificuldades que temos encontrado são de natureza técnico-didática e que podem, com novos recursos nesse âmbito, ser adequadamente solucionadas.

É evidente que no aprendizado da leitura e da escrita há uma dimensão propriamente técnica[2], que corresponde ao desenvolvimento no aluno de certas capacidades ou competências que, por sua vez, resultarão na aquisição de um "saber-fazer". Ora, a assimilação dessa prática e mesmo sua relativa automatização exige um exercício contínuo e, nesse sentido, poderia se beneficiar do desenvolvimento de materiais e tecnologias ou estratégias didáticas eficazes. Não obstante, reduzir a iniciação na cultura letrada ao domínio de técnicas eficazes é passar ao largo do *sentido educativo* do letramento, de seu papel formativo na constituição de um *sujeito*.

É interessante notar que não se trata de um fenômeno peculiar à sociedade brasileira na qual a expansão da escolaridade básica é relativamente recente, embora essa peculiaridade possa a ele atribuir uma feição ainda mais radical. Claude Lefort, ao comentar a preocupação do Ministério da Educação francês com o estudo e a renovação dos métodos de ensino da leitura, ressaltou que

> Não seria tanto de métodos que se deveria falar, mas sim dos princípios que os guiam [...] A própria ideia de leitura e de sua função na constituição do Sujeito é que deveria estar no centro do debate. [...] o essencial é que a leitura decai quando tratada como uma simples técnica; quando não se deixa mais reconhecer como um momento privilegiado no advento do sujeito, de sua relação consigo e com os outros, na constituição de sua imagem e na apropriação de uma dimensão da Lei, em resumo, quando deixa de figurar como uma experiência simbólica.[3]

2. O termo "técnica" é claramente polissêmico e sujeito a inúmeras disputas teóricas, a maior parte delas com notáveis implicações valorativas. Aqui o empregamos numa acepção comum e corrente de "um conjunto de procedimentos de uma arte ou ciência", tal como assinala Caldas Aulete. Se fôssemos optar por uma concepção mais restrita e específica, ela se aproximaria da doutrina estoica que concebia a *technè "hábito criador de um caminho ou processo".*
3. LEFORT, Claude. Formação e autoridade: a educação humanista. In: *Desafios da escrita política*. São Paulo: Discurso Editorial, 1999.

Tratar a leitura como uma *experiência simbólica* significa ultrapassar a dimensão técnica de sua aprendizagem como uma competência para passar a pensá-la em seu potencial *formativo*. É claro que toda experiência simbólica de valor formativo decorre de algum tipo de aprendizagem, mas não é qualquer tipo de aprendizagem que se constituirá numa experiência formativa. A noção de "aprendizagem" indica simplesmente que alguém veio a saber algo que não sabia: uma informação, um conceito ou uma capacidade, como a técnica de acentuar as palavras corretamente. Mas não implica que esse "algo novo" aprendido nos transformou em um novo "alguém".

Uma aprendizagem só se constitui em *experiência simbólica e formativa* na medida em que opera transformações na constituição daquele que aprende. É como se o conceito de *formação* indicasse a *forma* pela qual nossas aprendizagens e experiências nos constituem como um ser singular no mundo, isto é, como um sujeito.

Nem tudo o que aprendemos — ou vivemos — deixa em nós traços que nos formam como sujeitos. As notícias dos telejornais, o trânsito de todas as manhãs, as informações sobre o uso de um novo aparelho, uma técnica para não errar mais a crase: tudo isso pode ser vivido ou aprendido sem deixar traços, sem, portanto, nos *afetar*. Uma experiência torna-se formativa por seu caráter *afetivo*; um livro que lemos, um filme a que assistimos ou uma bronca que levamos nos afeta e, assim, nos transforma. Trata-se, pois, de um *encontro* entre um evento, um objeto da cultura e um sujeito que, ao se aproximar de algo que lhe era exterior, caminha em direção à constituição de sua própria vida interior[4].

Por ter esse caráter de *encontro constitutivo*, os resultados de uma experiência formativa são sempre imprevisíveis e incontroláveis; ficando, neste sentido, necessariamente à margem das avaliações sistêmicas. É relativamente simples testar se alguém possui ou não uma informação, se domina uma

4. Acerca do conceito de formação, veja Jorge Larrosa, *Pedagogia profana*. Belo Horizonte: Autêntica, 2000, e, acerca do conceito de experiência: G. Agamben. *Infância e história*. Belo Horizonte: UFMG, 2005.

técnica específica. Embora mais complexo, é perfeitamente possível mensurar o grau em que alguém desenvolveu uma competência a partir da utilização de certos instrumentos padronizáveis. Mas seria possível mensurar, por exemplo, em que sentido e com qual intensidade a apreciação de uma obra da arte teve um papel formativo em alguém.

Claro que, *a posteriori*, podemos estimar o impacto de uma experiência em nossa formação, mas essa estimativa aproxima-se muito mais de um julgamento pessoal do que de uma medida padronizável. Esse conflito potencial entre um recorrente desejo de controle por parte da ação pedagógica — do qual a avaliação sistemática é exemplar — e o caráter formativo da leitura foi claramente exposto por Antonio Candido, para quem os educadores, a um só tempo, preconizam e temem o impacto da experiência literária:

> De fato, há conflito entre a ideia convencional de uma literatura que eleva e edifica (segundo os padrões oficiais) e a sua poderosa força indiscriminada de iniciação na vida, com uma variada complexidade nem sempre desejada pelos educadores. Ela não **corrompe** nem **edifica**, portanto; mas trazendo livremente em si o que chamamos o bem e o que chamamos o mal, humaniza em sentido profundo, porque faz viver. [5]

Embora exemplar no campo da literatura, o caráter potencialmente formativo da leitura é extensivo a todo amplo espectro do que temos, até aqui, designado sumariamente como "cultura letrada". O surgimento desta — assim como a iniciação escolar em seu universo simbólico — não coincide com o desenvolvimento das técnicas da escrita, embora delas não possa prescindir. Sua emergência e consolidação como fenômeno histórico e social implicou profundas transformações nos meios de comunicação social e interpessoal. Sociedades, como a egípcia, que desenvolveram um sistema de escrita, mas o mantiveram como privilégio de uma casta, não podem, em sentido estrito, ser identificadas com a cultura letrada. Nelas, a escrita pôde servir como registro, mas não teve impacto social, simbólico ou espiritual significativo.

---

5. CANDIDO, Antonio. O direito à literatura. In: Carvalho, J. S. (org.). *Educação, cidadania e direitos humanos*. Petrópolis: Vozes, 2004. p. 139.

Para Eric Havelock o desenvolvimento do alfabeto grego e a difusão pública da escrita que a ele se seguiu foram responsáveis por uma transformação cultural radical que resultou naquilo que ele designará, numa feliz e sintética expressão, como a constituição de uma *mente alfabética*. Nesse sentido, a "cultura letrada" não representa a simples atualização de uma potencialidade intelectual, nem o mero desenvolvimento de uma técnica que simplesmente prolonga a capacidade humana de comunicação oral:

> O alfabeto converteu a língua grega falada num artefato, deste modo separando-a do locutor e tornando-a uma "linguagem", isto é, um objeto disponível para inspeção, reflexão e análise. [...] Um artefato visível passou a ser preservado sem recurso à memória. Podia ser recomposto, reordenado, repensado a fim de produzir formas de declaração e tipos de enunciação antes indisponíveis. Se fosse possível designar o novo discurso por uma palavra nova, o termo seria "conceitual". A fala iletrada favorecera o discurso descritivo da ação; a pós-letrada alterou o equilíbrio em favor da reflexão. A sintaxe do grego começou a adaptar-se a uma possibilidade crescente de enunciar proposições, em lugar de descrever eventos. Esse foi o traço fundamental do legado do alfabeto à cultura pós-alfabética.[6]

Assim, para além de uma técnica capaz de resolver certos problemas práticos imediatos, o desenvolvimento da escrita alfabética e sua disseminação social geraram uma nova forma de cultura entre os gregos. Citemos, a título de exemplo, as transformações que se operaram nas noções de *lei* e *justiça* a partir da formação de uma sociedade letrada. O que até então era da ordem da *práxis*, dos hábitos sociais e da memória coletiva, passou a ser objeto de uma codificação em princípios verbalizáveis que podiam prever até mesmo as condições de sua aplicação. Os saberes memorizáveis em atos e rimas que exigiam a presença coletiva e simultânea tornaram-se progressivamente passíveis de substituição pela leitura isolada e analítica de um indivíduo.

Nesse sentido herdamos, com as possibilidades técnicas da escrita alfabética que migrou primeiramente para o latim e depois para uma infinidade

6. HAVELOCK, Eric. *A revolução da escrita na Grécia e suas consequências culturais*. São Paulo: Unesp, 1996. p. 16.

de línguas nacionais, um certo modo de pensar e de se exprimir, um tipo específico de linguagem conceitual que acabará por marcar fortemente o desenvolvimento do pensamento europeu (por mais vaga que possa soar essa expressão!) e as culturas por ele diretamente influenciadas. E foi, em grande medida, a partir da retomada dessa herança — a cultura letrada — que se formaram os ideais humanistas de educação no renascimento e os modernos sistemas nacionais de ensino.

Assim, a escola moderna constituiu-se como a principal instituição responsável por preservar e renovar a tradição da cultura letrada, cujo aprendizado inclui, mas ultrapassa o domínio técnico das regras e procedimentos da escrita:

> Aprender a ler é a aprender a aceitar as regras de uma complexa tradição lógica e retórica que exige que avaliemos o caráter das orações com cautela e rigor e, claro, que modifiquemos os significados continuamente à medida que novos elementos se desdobram em sequência.[7]

É nesse sentido preciso que se pode afirmar que a difusão desse tipo de conhecimento não se isola da própria formação do *Sujeito*. Ser iniciado na cultura letrada representa, mais do que a aquisição de um saber-fazer, a constituição de um tipo específico de relacionamento com o saber e com as instituições que o encarnam e difundem; uma forma de relação consigo mesmo e com os outros. Representa ainda a possibilidade de um diálogo incessante com as obras dessa cultura, com seu legado histórico, de forma que aquele que nela se inicia crie laços de pertencimento a um legado cultural que lhe confere identidade pessoal com práticas, valores e princípios de um mundo público.

Ora, mais do que a eventual obsolescência ou ineficácia de métodos, tecnologias e recursos didáticos, o que se encontra em crise é esse ideal formativo, cujo valor tem sido recorrentemente posto em questão. Uma crise que não se origina nas instituições escolares, mas que a elas afeta diretamente. Os fatores que a condicionam são complexos e variados; incluem desde a dissolução das fronteiras entre as esferas pública e privada até o predomínio da linguagem

---

7. POSTAMAN, Neil. *O desaparecimento da infância.* Rio de Janeiro: Graphia, 1998. p. 91

imagética sobre a conceitual. Este último, por sua vez, implica o aumento de poder de outras instituições ou organizações sociais — notadamente da mídia eletrônica — no estabelecimento de valores éticos, estéticos e políticos.

Essa perda da legitimidade social da cultura letrada — e por extensão da escola — tem sido objeto de inúmeros estudos e pesquisas acadêmicas, como as realizadas por F. Dubet[8], em *Le déclin de l´instituition*. Mas a encontramos de forma talvez ainda mais clara e pungente numa obra literária, escrita por um professor francês e recentemente adaptada para o cinema. Em *Entre os muros da escola* (França, 2008), François — um professor de língua e literatura francesa na escola básica — leciona a um grupo de jovens da periferia de Paris, em sua grande maioria, imigrantes ou filhos de imigrantes.

Conflitos de diversas ordens — étnicos, de classe, intergeracionais — surgem nesse contexto. A despeito dos esforços do professor, seu ideal de cultura não parece ter legitimidade nem fazer sentido para seus alunos. A incapacidade de se estabelecer vínculos de pertencimento destes com a escola — e por decorrência com a cultura e os valores que a animam — torna-se patente.

Professor e alunos vivem um constante embate entre o uso e reconhecimento da norma culta e as variantes linguísticas de que se servem os alunos, sempre impregnadas de gírias e expressões estranhas à cultura escolar. Em tese, falam a mesma língua, mas permanecem isolados em seus universos linguísticos, religiosos, étnicos, estéticos (cada um encerrado em suas próprias "paredes", como sugere o título em francês: *Entre les murs*), sem lograr transformar a convivência escolar em um encontro formativo.

A câmera trabalha sempre com planos parciais, segmentados e rápidos, como a indicar a inexistência de uma perspectiva ampla e compreensiva em torno da qual se organizem experiências simbólicas compartilhadas. Somente na cena final, e de forma reveladora, há uma tomada ampla e em perspectiva da sala de aula como um todo. Mas o que se vê é um espaço vazio de significado: carteiras sem alunos, mesa sem professor, quadro sem lição. Uma

8. DUBET, Francois. *Le déclin de l´instituition*. Paris: Seuil, 2002.

sala de aula sem "alma" a denunciar o esvaziamento do significado político e cultural da escola.

Em face de um quadro como esse não é surpreendente que concepções ligadas a um raso pragmatismo econômico passem a dar o tom dos discursos pedagógicos e das políticas públicas de educação. Nessa perspectiva o processo de letramento não é concebido como a iniciação no universo da cultura letrada, mas como o desenvolvimento de uma competência técnica a ser fomentada pela aplicação de tecnologias e mensurada por testes padronizáveis.

Opera-se, assim, a substituição do *sentido* formativo da iniciação na cultura letrada pelo *valor* de mercado do domínio em competências da leitura e escrita. O que seria a iniciação em legado cultural público potencialmente formador de sujeitos passa a ser concebido como a transmissão de um *capital cultural privado*, cujo *valor* pode ser aferido a partir de seu impacto noutras dimensões da existência, em geral ligadas à produção ou ao consumo de novas mercadorias[9].

Sucede, então, com o ideal de formação do sujeito letrado, aquilo que Hannah Arendt afirmava ser característico da relação da sociedade moderna com os *objetos culturais*, mais especificamente com as obras de arte, que deixam de ser objetos de culto, dotados de um sentido público, para serem concebidos como objetos portadores de um *valor* de distinção. E, assim, transformam-se num

> meio circulante mediante o qual se compra uma posição mais elevada na sociedade ou se adquire uma "autoestima" mais elevada. Nesse processo, os valores culturais passam a ser tratados como outros valores quaisquer, a ser aquilo que os valores sempre foram, **valores de troca**, e, ao passar de mão em mão, se desgastam como moedas velhas.[10]

Ou seja, eles perdem a faculdade que originariamente lhes era peculiar: formar Sujeitos.

9. A esse respeito, veja-se José Sérgio Carvalho. O declínio do sentido público da educação. *Revista Brasileira de Estudos Pedagógicos*. Brasília, v. 89, n. 223, p. 411-24, set./dez. 2008.

10. Cf. ARENDT, Hannah. *Entre o passado e o futuro*. São Paulo: Perspectiva, 1978.

18

Meios eletrônicos na educação:

esperanças, perigos, preocupações

Francisco José da Silveira Lobo Neto*

O Estado de S.Paulo, no dia 7 de julho de 2008[1], repercutiu, para nós brasileiros, sob o título "Tecnologia muda cara de salas de aula dos Estados Unidos", a notícia veiculada pela Agência Reuters, a partir de Boston:

> De cursos online a laptops fáceis de usar por crianças e professores virtuais, a tecnologia está se expandindo nas salas de aula dos Estados Unidos, reduzindo a necessidade de livros didáticos, cadernos, papel e, em certos casos, das escolas em si.
>
> Pergunte a Jemella Chambers, de 11 anos. Ela é um dos 650 alunos que recebem laptops Apple todos os dias, em uma escola financiada pelo Estado em Boston. Sentada na segunda fileira de sua classe, ela faz sua lição de matemática em um software educativo animado que compara a um videogame.
>
> "É confortável", diz Chambers sobre o software FASTT Math, da Scholastic, que permite que ela e outros alunos compitam para determinar quem tem os

---

* Doutor em Educação pela Universidade Federal Fluminence — UFF. Pesquisador do Núcleo de Estudos Documentação e Dados sobre Trabalho e Educação da Faculdade de Educação da UFF.

1. Também disponível em: http://www.estadao.com.br/tecnologia/not_tec201960,0.htm

> melhores resultados na resolução de equações matemáticas. "Isso me faz aprender melhor. É como um jogo", diz.

Especialistas em educação dizem que a escola em que ela está matriculada, a Lilla G. Frederick Pilot Middle School, em Boston, oferece um vislumbre do futuro. A escola não usa livros didáticos. Os alunos recebem *laptops* ao chegar à escola e os devolvem no final das aulas. Professores e alunos mantêm *blogs*. Dirigentes e pais conversam por meio de *software* de mensagens instantâneas. As lições e trabalhos são entregues por meio de caixas de correio eletrônico no *site* da escola.

A experiência da escola foi iniciada há dois anos, ao custo de cerca de US$ 2 milhões, mas o ano passado foi o primeiro em que todos os alunos de 7ª e 8ª séries puderam contar com *laptops*. Os trabalhos escolares são realizadas por meio de aplicativos gratuitos como o Google Docs, do Google, ou o iMovie, da Apple, e em *software* educativo especial como o FASTT Math.

"Por que comprar um livro quando podemos comprar um computador? Os livros didáticos muitas vezes estão obsoletos antes mesmo de chegar à gráfica", disse Debra Socia, a diretora da escola, que fica em Dorchester, um bairro difícil de Boston, conhecido pela criminalidade e pela baixa qualidade escolar. Mas a escola faz uma concessão ao passado: uma biblioteca repleta de romances.

Nem esta é a primeira notícia de 2008 — e nem será a última —, que veicula a questão relacionada à presença dos meios eletrônicos na escola e, mais amplamente, na educação. Muitas vezes, os jornais e periódicos tratam desta relação com o foco bastante mais restrito dirigido para programas educacionais e cursos oferecidos a distância. Mais frequentemente ainda, os meios eletrônicos são mencionados sob a denominação de "tecnologias da informação e da comunicação". Neste caso, quase sempre a expressão se faz preceder pelos adjetivos "novas", "atuais", "modernas" (*O Estado de S.Paulo*, 29 de outubro de 2008; *O Liberal*, 17 de novembro de 2008).

Ao transcrever acima, na íntegra, o texto veiculado pelo *O Estado de S.Paulo*, quer-se também apontar para uma observável tendência de mencionar, no noticiário, fatos e sucessos dos países mais desenvolvidos, especialmente dos Estados Unidos da América do Norte.

No Brasil, segundo noticiava a revista *IstoÉ*, em julho de 2008[2], o Ministério da Educação, desde maio, passou a implementar o "Programa Banda Larga na Escola", cuja meta é "instalar a nova tecnologia em 56,7 mil escolas públicas do País, atendendo cerca de 40 milhões de alunos" até 2010. A notícia esclarecia que o Programa surgira a partir de uma negociação da Casa Civil da Presidência da República com as operadoras concessionárias dos serviços de telecomunicações, desde 1997, cuja contrapartida era instalar Postos de Serviços de Telecomunicações[3] e que se comprometeram a, em seu lugar, prover 15 pontos de acesso à internet em 56.700 escolas públicas. Além disso, o projeto do MEC prevê cursos de informática para 130 mil professores, capacitando-os para orientar os alunos no uso da rede virtual.

O país vivia uma significativa aceleração do acesso à internet. Em dezembro de 2008, o número de usuários residenciais atingia um total de quase 25 milhões (crescimento de cerca de 15% relativo ao final de 2007) e mais de 90% das empresas estavam ligadas à rede [4]. Com forte sotaque anglo-americano, as expressões "e-" ganham espaço nos textos técnicos e de divulgação. O "e-business", o "e-book", o "e-government" no campo econômico/empresarial/governamental, precedem os bem-sucedidos "e-learning" e "e-teaching" na área educacional. E, cada vez mais, o "e-learning" e o "e-teaching" passam a explicitar-se no campo do "e-business": o ensino e a aprendizagem eletrônicos representam — cada vez mais — um braço do negócio eletrônico.

Logo no início do ano, ainda no período das férias escolares e do planejamento gerencial das instituições, encontra-se uma sintomática informação veiculada pela *Folha de S.Paulo de* 28 de janeiro: "Grupos apostam em aquisições e cursos a distância". João Carlos Di Gênio, da Universidade Paulista

2. Cfr. Revista *IstoÉ*, edição 2017, 2 jul. 2008. Disponível em http://www.terra.com.br/istoe/edicoes/2017/artigo94049-1.htm
3. Cfr. Lei nº. 9.472, de 16 de junho de 1997, e Decretos nº. 2.592/1998 e nº. 4.769/2003.
4. Disponível em: http://www.tobeguarany.com/internet_no_brasil.php

(UNIP), que comenta os interesses estrangeiros em parcerias, explica que a presença do grupo em quase todos os estados "dá suporte para investir na educação a distância". A matéria informa ainda que, em outubro de 2007, o grupo Anhanguera de São Paulo (Anhanguera Educacional Participações S.A.) comprou a Universidade para o Desenvolvimento do Estado e Região do Pantanal (Uniderp) já autorizada para cursos a distância. Também é referido o COC de Ribeirão Preto (criado como "cursinho" pré-vestibular de medicina em 1963, hoje é um sistema complexo abrangendo todos os níveis de ensino) cujo diretor-superintendente, Nilson Curti, afirma: "Estamos em sete capitais e já iniciamos a prospecção para adquirir pequenas instituições para nossa expansão do ensino a distância".

Prosseguindo, a reportagem oferece um resumo sobre as vantagens econômicas dos cursos a distância permitindo, "após forte investimento inicial, oferta de muitas vagas com baixo custo, pois não é preciso manter muitas salas, por exemplo... algumas instituições poderão oferecer cursos a R$ 50. Mas, para isso, terão de massificar o ensino, oferecendo o mesmo 'pacote' para diversas regiões do país"[5].

Finalmente, a notícia da *Folha de S.Paulo* oferece um resumo do que seja a educação a distância: "uma opção para quem não tem horário fixo para assistir às aulas ou não mora onde o curso é oferecido... o aluno recebe um roteiro de estudos, que inclui o uso de material impresso e programas *on-line*... ao professor (chamado de tutor) cabe o papel de orientar e tirar dúvidas... os alunos podem debater o conteúdo com os colegas e o tutor em salas de bate-papo ou nos polos. A legislação não prevê uma carga específica para atividades presenciais. Exige apenas que o aluno compareça à unidade para avaliações ou para estágios e atividades de laboratório. Para oferecer esses cursos, é

5. A maneira como vem sendo desenvolvida a educação a distância no ensino superior brasileiro vem preocupando os pesquisadores. Cfr. por exemplo: ESTEVES, Antonia Petrowa; OLIVEIRA, Gabriella Dias de. *Educação à distância: experiências universitárias*. Rio de Janeiro: UERJ/Centro de Tecnologia Educacional, 2001; LIMA, Kátia Regina de S. Educação a distância na reformulação da educação superior brasileira. In: NEVES, Lúcia Maria W.; SIQUEIRA, Angela C. de (orgs.). *Educação superior:* uma reforma em processo. São Paulo: Xamã, 2006. p. 147-77.

preciso autorização do MEC. A maioria hoje se concentra em licenciatura, pedagogia e administração" (*Folha de S.Paulo*, 28 de janeiro de 2008)[6].

Esta matéria demonstra que a questão do uso dos meios eletrônicos em processos educativos seja fortemente vinculada à educação a distância (*Folha de S.Paulo*, 4 de outubro e 11 de junho de 2008).[7]

A proposta educacional e os meios

O tema da utilização das tecnologias da informação e comunicação nos processos educativos — e, entre estes, os denominados como educação a distância — é abordado, em geral, utilizando como argumento a "inevitável modernização": a) as possibilidades de abertura e ampliação de oportunidades de acesso a uma educação de qualidade, como resposta adequada às exigências de mais e melhor formação em uma modernidade globalizada e competitiva; b) a consistência das atuais tecnologias de informação e comunicação como potencializadoras da interatividade, superando problemas e dificuldades colocados pela falta de disponibilidade de tempo de candidatos a cursos de diferentes níveis e modalidades, pela exiguidade de espaços e carência quantitativa e qualitativa de agentes educacionais para seu atendimento; c) o valor das tecnologias de informação e comunicação como mediação eficaz de renovação e mudança de paradigmas pedagógicos.

---

6. Diante desta definição mínima cabe lembrar a presença significativa de trabalhos sobre o assunto, como, por exemplo: BELLONI, Maria Luiza. *Educação a distância*. Campinas: Autores Associados, 1999; idem. Ensaio sobre a educação a distância no Brasil. In: *Educação & Sociedade*, Campinas: CEDES, XXIII, 78, abr. 2002. Disponível em http://www.scielo.br/scielo.php?script=sci_arttext&pid=S0101-73302002000200008&lng=pt&nrm=iso; FORMIGA, Marcos; LITTO, Fredric (orgs.). *Educação a distância*: o estado da arte. São Paulo: Prentice-Hall/ABED, 2008; PRETTI, Oreste. *Educação a distância*: ressignificando práticas. Brasília: LiberLivro, 2005; SILVA, Marco (org.). *Educação on-line*. Legislação atualizada. 2. ed. São Paulo: Loyola, 2006; ZUIN, Antonio A. S. Educação a distância ou educação distante? O Programa Universidade Aberta do Brasil, o tutor e o professor virtual. *Educ. Soc.*, v. 27, n. 96, p. 935-54, 2006. ISSN 0101-7330. Disponível *on-line*: http://www.scielo.br/scielo.php?script=sci_arttext&pid=S0101-73302006000300014&lng=pt&nrm=iso.

7. Cfr. Portal G1, 22 abr. 2008. Cfr. também KENSKI, Vani Moreira. *Tecnologias e ensino presencial e a distância*. São Paulo: Papirus, 2003.

Todas estas questões — e muitas outras — foram e são as preocupações, desde sempre presentes aos educadores que, formando parte de equipes, desde a imprensa até a Internet, ousaram propor e realizar processos educativos com os meios que o engenho humano foi criando para aperfeiçoar a comunicação das informações. Distinguiam-se, porque quase nunca buscaram na falácia modernizadora seu argumento, preferindo desenvolver suas ações como prática social comprometida com a interação intencionada, esta, sim, característica fundamental e irrenunciável de qualquer processo educativo, mesmo na desprezada "educação presencial da velha sala de aula".

O registro dessa trajetória em muito se perdeu no constante desprezo pela memória histórica, quase nunca vista como experiência humana de encaminhamento de solução de problemas, vivência de sucessos e fracassos como elementos fundamentais na construção de uma aprendizagem significativa, quando evidenciados na seriedade do empenho avaliativo.

Na contramão dessa tendência perdulária, a Associação Brasileira de Tecnologia Educacional — ABT, criada em 1971 como *Associação Brasileira de Teleducação*, destacou-se como ponto de referência, onde educadores e instituições documentaram seu agir e seu refletir, suas divergências e convergências, seja em seus Seminários Nacionais, seja nos números de sua revista[8]. E, a partir de 1992, o GT 16 "Educação e Comunicação" da Associação Nacional de Pesquisadores em Educação (ANPEd) vem sistematizando importantes trabalhos de pesquisa e experimentação no campo das tecnologias de informação e comunicação.

A análise do atual quadro não pode deixar de ter presente uma caminhada do passado. Na metade e final da década de 1960 e no início da década de 1970, viveu-se o clima de exaltação (algumas vezes preocupada) ante as novíssimas possibilidades abertas pela Ciência e Tecnologia para um desenvolvimento ilimitado e... solidário.

8. O número 157/158 da revista *Tecnologia Educacional*, correspondente a 2002, mas publicado em junho de 2003, é exemplo concreto disso. Cfr. também LOBO NETO, Francisco J. S. *Educação a distância:* referências e trajetórias. Brasília/Rio de Janeiro: Plano/ABT, 2001.

No campo da comunicação, já se concretizara o milagre da multiplicação e extensão do som pela radiodifusão, superando o deslumbramento com a multiplicação da palavra escrita pela imprensa. Mas, logo, foi superado pela difusão integrada das imagens e sons. Os equipamentos viabilizadores destas tecnologias, em desenfreada corrida, venciam os desafios de tempo e espaço. Tudo (as informações, as ideias, o verdadeiro, o falso, o ilusório, o real, o virtual, o fato e as versões do fato) passou a ser cada vez mais presente e vizinho para um número cada vez maior de pessoas.

Educadores e cidadãos, vendo as potencialidades dos novos meios de comunicação de massa — que muitos preferiam chamar de "comunicação social" — procuraram capacitar-se para dominar a linguagem radiofônica e televisiva, para construir uma pedagogia dos meios, uma didática adequada às especificidades da veiculação de sons e imagens.

Mas é com uma nova geração de tecnologias, revolucionando desde os suportes até os processos de registro e veiculação de palavras, de sons, de imagens que a informação digitalizada rompe barreiras e recria o tempo e o espaço. Encontrando novos modos de ir e vir, em um processo de interação mediada, de comunicação em rede e em tempo real, os educadores veem-se desafiados a repensar a educação — e, nela, a educação a distância — sem abandonar uma rigorosa atitude crítica, mas também sem deixar-se paralisar pelo receio e timidez de ousar.

As propostas educativas comprometidas com a incorporação dos meios eletrônicos passam a assumir a responsabilidade de ser educação, de realizar-se, quando for o caso, na superação dos limites da distância e, mais ainda, de caracterizarem-se como intencionalmente abertas. Isto é, rompem com conceitos firmemente estabelecidos e desenvolvem-se na busca de soluções diferentes diante, por exemplo, da rigidez no cumprimento de pré-requisitos, da intocabilidade da seriação progressiva.

Especificamente, quando se trata da educação a distância, não se pode mais deixar de considerar que é a mesma educação de que sempre se tratou e que sempre deve ser concebida como direito preliminar de cidadania, dever prioritário do Estado Democrático, política pública básica e obrigatória para ação de qualquer nível de governo, conteúdo e forma do exercício profissional de educadores.

É preciso ter muita clareza sobre as condições do uso de meios eletrônicos como alternativa de democratização do ensino. As questões educacionais não se resolvem pela simples aplicação técnica e tecnocrática de um sofisticado sistema de comunicação, num processo de "modernização cosmética". Não nos serve — como a ninguém serve — qualquer tipo de educação a distância. A razão é simples e objetiva: não nos serve — como a ninguém serve — um tipo qualquer de educação.

Sob o ponto de vista social, a educação com uso de tecnologias interativas de informação e comunicação — como qualquer educação — não apenas deve pretender ser, mas precisa concretamente realizar-se como uma prática social significativa e consequente em relação aos princípios filosóficos de um projeto que se possa denominar pedagógico: a busca da autonomia, o respeito à liberdade e à razão, o compromisso de convívio social humanamente qualificado.

Caso contrário não passará de uma falácia que esconde sua nulidade na proclamação de puras e insignificantes quantidades. Como em qualquer forma de educação, as quantidades valem — e muito! — desde que, e somente quando, expressem qualidade.

O critério fundamental de reconhecimento da qualidade de qualquer processo educativo é sua referência nas necessidades humanas, social e historicamente definidas. Não é o mercado das "novas" tecnologias que dita os parâmetros de identificação qualitativa. Estes vão encontrar-se na concretude das necessidades e aspirações das pessoas, que se realizam enquanto relacionadas com outras pessoas na construção do espaço pedagógico da sociedade.

Talvez se deva insistir: não são os meios — as tecnologias — que qualificam a proposta pedagógica, mas é a proposta educacional que qualifica os meios, as tecnologias.

Meios e mediadores

Frequentemente, as matérias que tratam do uso de meios eletrônicos na educação mencionam a capacitação dos professores como ação já prevista nos projetos ou apresentada como fundamental para o êxito das propostas[9]. Uma capacitação que vem acompanhada de providências para facilitar o acesso, também do professor, às tecnologias de informação e comunicação[10]. A questão dessa capacitação necessita ser aprofundada.

Cada vez mais, o trabalho de professores se torna mais exigente, porque demanda, cada vez mais, melhores e diferenciados desempenhos e papéis[11]. No exercício quotidiano do magistério, diante de uma turma de alunos, o professor trabalha com seus alunos, filhas e filhos de homens e mulheres, que mantêm diferentes graus e maneiras de relacionamento afetivo com núcleos familiares também diferenciados; que moram em determinados lugares, caracterizados desta ou de outra maneira; que podem ou não podem isso ou aquilo, por razões culturais, sociais, econômicas; que formam grupos que se frequentam na conversação e convívio com diferentes interesses, desejos, gostos, hábitos; que se identificam com individual identidade, mas também com traços identitários comuns a diferenciados grupos (inclusive na expressão nas diferentes linguagens, no domínio de significados e símbolos...)

Não se duvida que levar em conta, concretamente, esta realidade plural seria a maneira mais *adequada* de exercer a ação docente. Mas... também a mais exigente, complicada, trabalhosa. Pode-se até afirmar que esta é — porque preocupada em abranger a realidade, toda a realidade — a única maneira *prática, objetiva* de desenvolver um magistério consistente.

O fato de ter presente o máximo de totalidade do real não implica deixar de enfrentar as questões em sua particularidade. Assim, mantendo uma permanente "abertura" para o todo, o professor deve tratar dos meios educativos. Desde os nossos livros didáticos e o acervo de publicações até os programas

9. Cfr., por exemplo, a matéria publicada na revista *IstoÉ* sobre o "Programa Banda Larga na Escola".

10. Um bom exemplo são as matérias sobre facilidades de aquisição de computadores, como a publicada pela Agência Estado, em 19/7/2008, informando sobre o Programa Computador Portátil para o Professor.

11. O fato de nossas condições de trabalho não corresponderem a esta exigência não nos exime dela, mas cria uma nova exigência: a luta de reivindicação por condições adequadas.

digitais (*softwares*) educativos, inclusive as conexões em redes e na rede das redes, a Internet.

Muitas vezes as propostas de capacitação de professores caem na armadilha de "ganhar" tempo e de ser "práticas e objetivas", esquecendo um aspecto fundamental: um processo histórico-cultural construiu e constrói meios de interação humana-social, através de comunicação de mensagens, significadas em sons e imagens (um texto escrito e impresso é conjunto de imagens de letras e palavras que se combinam para significar). Este processo, socialmente realizado na história, é que está na base do livro didático, do programa educativo de rádio e televisão, do vídeo ou filme educativo, do *software* educativo[12].

É impossível falar de meios educativos sem considerar que os meios de comunicação há muito (desde sempre!) se preocupam em informar e formar opiniões, informar e entreter, transmitir e divertir, repetir e inculcar. Para capacitar-se em relação aos meios educativos — sejam ou não eletrônicos, sejam ou não "novos" — é preciso ter presente que a comunicação se vale de tecnologia e esta é aplicação de ciência, de conhecimentos de diferentes áreas que se combinam (a interdisciplinaridade, a transversalidade...) para tornar mais consequente, consistente, eficiente a emissão e a recepção da mensagem.

Quando o professor se debruça sobre esses processos, está conhecendo melhor si mesmo, seus estudantes que, como ele, são pessoas em relação com o outro e com o mundo que, mesmo se tornando mais próximo, se tornou mais complexo como objeto de nossa análise. Nada mais arriscado do que a renúncia ao melhor entendimento do que está presente. Tão presente que passa sem ser percebido.

No dia a dia da prática docente, têm estado presentes os livros didáticos, os programas educativos de rádio/TV/computador, os vídeos e CD-ROM. Mesmo que se faça força para ignorar, está presente a rede de informações,

12. Sobre este tema é útil lembrar textos nem tão recentes como: Educação inovadora na sociedade da informação. ANPEd, 23ª Reunião Anual, Caxambu, MG, 2000. Disponível em: http://www.anped.org.br/outr9.doc. Acesso em julho de 2002.

disponível em tempo real, de forma digital. Mas não basta que aí estejam. Sua presença precisa ser qualificada educacionalmente em decorrência de uma escolha de profissionais da educação, diretamente responsáveis pelo processo pedagógico, ao qual esses meios irão servir.

Isto implica uma análise concreta de sua adequação aos nossos propósitos educacionais. Por mais experiente e competente que seja o autor, para além da qualidade mesma do meio, é preciso nele encontrar um apoio válido ao trabalho docente. Os estudantes, que se estão educando, precisam de um material de apoio capaz de facilitar o projeto que, juntos, educadores e educandos estão desenvolvendo.

Não basta capacitar para o uso dos meios, com um aligeirado treinamento. As diferenças mencionadas, em sua complexidade, precisam ser respeitadas na concretude de uma proposta pedagógica. Quando um sistema de comunicação de massa — mesmo trabalhando as diferenças — passa uma leitura padrão da realidade, criando linguagem/linguagens de novos significados e significantes, pode estar veiculando mensagens de tendência unificada e unificadora.

É muito importante — até imprescindível — aos professores a leitura de livros e textos de bons autores, a atenção a programas de televisão e a vídeos, a pesquisa permanente dos melhores meios didáticos, porque é assim que se formam e atualizam permanentemente sua formação. Mas não é suficiente, uma vez escolhido o meio educativo, segui-lo. Os professores não podem esquecer que eles são atores de um processo de interação, em uma prática social que se reconhece cultural: a educação. Eles são, profissionalmente, mediadores entre o conhecimento cientificamente produzido e os que precisam aprender; entre os comportamentos e atitudes socialmente valorizados e os que precisam adquiri-los para ter acesso à vida social, à cidadania. Mas, mais do que isso e melhor do que isso, esta mediação implica verdadeira autoria do processo educativo[13].

13. Cfr. LOBO NETO, Francisco José da Silveira. Professor: autor da mediação pedagógica. In: SALGUEIRO, Paulo Fábio. *Um outro olhar sobre educação pública* (Conferência Estadual de Educação Pública do Rio de Janeiro). Rio de Janeiro: Secretaria de Estado de Educação, 2002.

No exercício de sua responsabilidade de mediador, o professor pode e deve usar meios já produzidos por outros e que ele julgue importantes, adequados, úteis à mediação pedagógica. Neste caso, ele estará, criteriosamente e com objetivo de melhoria, trazendo os autores dos materiais que seleciona como coautores no processo educativo, pelo qual ele é responsável.

Nada impede também que, no exercício de sua responsabilidade como mediador, o professor utilize os produtos dos meios de comunicação, gerados sem ou na contramão das intenções educacionais, trabalhando com seus alunos a chamada "leitura crítica dos meios", criando neste espaço de realidade humana e social o espaço pedagógico dos que se educam pela análise crítica dos fatos e feitos do cotidiano.

O que importa é que o professor seja autor responsável pela análise criteriosa que leva à escolha, pelo uso adequado, e — sempre que for necessário — pela produção mesma dos meios educacionais, sem abrir mão de sua responsabilidade de educador, que professa a mediação pedagógica.

Considerações e encaminhamentos

A matéria sobre o uso dos meios eletrônicos em processos educativos, veiculada na imprensa, pela organização dos textos, apresenta uma significativa dependência de fontes institucionais (*press releases*) tanto públicas quanto privadas. Cabe mencionar especialmente uma presença frequente, por exemplo, da seção "Notícias" do Portal do Ministério da Educação.

Por outro lado, as matérias publicadas em veículos de menor porte e regionais encontram quase sempre sua fonte nas Agências e na grande imprensa. Embora o tema educação tenha uma cobertura mais ampla em artigos assinados por dirigentes institucionais ou educadores/pesquisadores, o assunto específico relacionado à utilização dos meios eletrônicos nos processos educativos não tem o mesmo tratamento.

De certa forma, os meios de comunicação transmitem informações sobre a questão sem maior preocupação em promover um debate que estimule a participação da sociedade nas decisões relacionadas com a expansão de uso adequado das denominadas tecnologias interativas de informação e comunicação.

É importante reconhecer o esforço dos órgãos de imprensa em inserir nas matérias opinião de especialistas, educadores e estudantes relacionados a projetos educativos com uso de meios eletrônicos. Mas essas inserções não significam análises críticas, geralmente contribuindo para reforçar uma tendência de aceitação e valorização dos programas/projetos abordados.

A indicação que resulta da análise do material publicado em 2008 é um insistente convite a traduzir para a sociedade os resultados de pesquisas avaliativas dos programas de incorporação das tecnologias interativas aos processos educativos.

A produção de conhecimento que pode ser partilhado não se restringe aos textos acadêmicos, mas está significativamente presente nos relatórios institucionais de acompanhamento e avaliação de equipes das próprias instituições responsáveis pelos projetos.

Comunicadores e educadores/pesquisadores podem e devem desenvolver um esforço para levar ao cidadão e à sociedade como um todo os elementos que permitam debater os investimentos de recursos públicos numa educação de qualidade.

De nada valem os encastelamentos em posições de aceitação entusiástica ou rejeição raivosa das tecnologias que vem trazendo mudanças ao paradigma de comunicação.

A educação é prática social e, portanto, não pode prescindir da interação via comunicação qualificada. E esta qualificação da especificidade da comunicação sempre passou pelos meios de comunicação que o engenho humano vem desenvolvendo.

É no inegociável objetivo de humanização das ações de formação humana que a questão dos meios pode e deve ser abordada. E deve sê-lo no coletivo, na ampliação da participação cidadã, com base na responsabilidade social de educadores e comunicadores de facilitar o acesso da população às informações que fundamentem um necessário debate cuja repercussão é a qualidade da educação.

19

Violências e escola:
violências nas escolas

Flávia Schilling*

O tema: o retrato de uma dispersão

Assistimos, nos últimos anos, à explosão dos conteúdos que preenchem o termo "violência". Os debates sobre o que é violento, o que é "violência" e as consequentes formas de punição/reparação do dano refletem a complexidade e historicidade do conceito em suas múltiplas dimensões. Vê-se que essas diversas definições mudam segundo a perspectiva de quem fala, o tipo de sociedade e momento histórico vivido, detectando-se sua aparição em diferentes lugares e vinculando-se a distintas esferas de conflitos.

Há, desta forma, atualmente, uma expansão das práticas que serão consideradas violentas indo além da compreensão da violência como sinônimo da violência da criminalidade, mesmo esta continuando a ser um eixo central das políticas públicas de segurança e justiça.

* Doutora em Sociologia pela Faculdade de Filosofia, Letras e Ciências Humanas (FFLCH) da Universidade de São Paulo — USP. Professora da Faculdade de Educação da USP.

Marilena Chaui define:

> Violência é um ato de brutalidade, sevícia e abuso físico ou psíquico contra alguém e caracteriza relações intersubjetivas e sociais definidas pela opressão e intimidação, pelo medo e pelo terror. A violência se opõe à ética porque trata seres racionais e sensíveis, dotados de linguagem e de liberdade, como se fossem coisas, isto é, irracionais, insensíveis, mudos, inertes ou passivos.[1]

Esta definição incorpora como violência, indo além da violência física, a violência psíquica contra alguém. Muitas legislações internacionais (especialmente as que tratam da violência contra a mulher) consideram também a dimensão da violência patrimonial, sendo exemplificada pelo desvio, destruição ou retenção de bens comuns ou importantes, independentemente de seu valor monetário, para a pessoa. Ações que humilham, envergonham, discriminam, são consideradas condutas violentas. O *bullyng* é amplamente discutido nas escolas. A definição em questão, além da violência interpessoal ou intersubjetiva, incorpora a violência social. Supõe uma dimensão estrutural da violência, própria da sociedade. Podemos, portanto, falar da violência da ameaça do/ou o desemprego, da violência da fome e da miséria, das várias faces da exclusão. Incorpora a dimensão das várias violências institucionais: da escola, da fábrica, dos escritórios, enfim, das situações onde há a sujeição dos corpos, a transformação de seres racionais e sensíveis em coisas. Propõe que existe violência quando tratamos sujeitos — seres livres, dotados da palavra, racionais e sensíveis — como coisas.

> Violência significa: 1) tudo o que age usando a força para ir contra a natureza de algum ser (é desnaturar); 2) todo ato de força contra a espontaneidade, a vontade e a liberdade de alguém (é coagir, constranger, torturar, brutalizar); 3) todo ato de violação da natureza de alguém ou de alguma coisa valorizada positivamente por uma sociedade

1. CHAUI, Marilena. *Explicações para a violência impedem que a violência real se torne compreensível*. São Paulo, *Folha de S.Paulo*, Domingo, 14 mar. 1999, p. 1. Disponível em: http://www.cefetsp.br/edu/eso/comportamento/violenciachaui.html

(é violar); 4) todo ato de transgressão contra o que alguém ou uma sociedade define como justo e como um direito.[2]

É possível, atualmente, seguindo essa definição que propõe pensar como um ato violento o que transgride algo que a sociedade define como um direito, construir a ideia de que a corrupção é um crime violento, pois provoca injustiça, dano e lesão para uma coletividade. Crime definido tradicionalmente como sendo "sem violência", pois implicaria um acordo livre entre as partes envolvidas na troca corrupta, começa a ser visto como gerador de consequências devastadoras. O conjunto heterogêneo de práticas geralmente definido pelo desvio (o roubo) do patrimônio público, beneficiando grupos com poder econômico em troca de decisões de quem tem poder administrativo ou político, lesa a todos. Esta discussão aparece nos discursos nacionais e internacionais também por conta da estreita e necessária relação entre o crime organizado e a corrupção. Não há crime organizado sem corrupção e é possível tratar a corrupção como uma das formas específicas do crime organizado.

Discute-se a relação mídia-violência, refletindo e alimentando comportamentos violentos. A violência brutal da discriminação é um conteúdo central do termo. Trata-se da discriminação por condição étnica, social, sexual, etária, regional, religiosa e por aparência física, vivida no cotidiano, encontrando sua expressão mais aguda nos crimes do ódio e da intolerância.

Detecta-se, nos últimos anos, no Brasil, a desnaturalização da violência de gênero e a constatação, por parte dos formuladores de políticas públicas, de sua dimensão. Vemos que "em briga de marido e mulher também se mete a colher"[3], que a surra não educa. Há campanhas de denúncia e construção de políticas de prevenção e tratamento da violência sexual, física, emocional que afeta aqueles em situação de menos poder: crianças, mulheres, portadores de

2. CHAUI, M., op. cit., p. 1.

3. SAFFIOTI, H. "Já se mete a colher em briga de marido e mulher". A violência disseminada. São Paulo em Perspectiva. *Revista da Fundação SEADE*, São Paulo, v. 13, n. 4, out.-dez. 1999.

necessidades especiais, idosos. Há novos crimes: assédio moral, assédio sexual. O crime de pedofilia está no centro das atenções.

Emerge, com vigor, a percepção da violência estrutural, sistêmica, cujo maior indicador é o desemprego, assimilado, nas falas de suas vítimas, à agressão física, como sendo um "soco no estômago", provocando o adoecimento pela dor. A pobreza e a fome não são mais vistas com resignação: sempre houve pobres e sempre haverá? Considera-se a necessidade de padrões de vida dignos conforme os direitos humanos. A violência ambiental é detectada. Práticas tradicionais como a queimada e o desmatamento são colocadas em questão e criminalizadas, assim como a poluição urbana e industrial.

Nesta explosão conceitual, convivemos com as guerras do nosso século, com o terrorismo. A dimensão da violência do Estado está presente. A essa expansão dos conteúdos do termo violência não escapam as instituições: escolas, prisões, "reformatórios", polícia. Violência esperada e prevista em algumas destas instituições. Inesperada na escola, tradicionalmente vista como um lugar protetor.

Listagem de possibilidades que nos fazem pensar em *violências*, afetando diferentes dimensões da nossa vida social: a familiar, a institucional, a econômica, a política, a cultural, a ambiental. São violências diversas que ocorrem em lugares diversos que envolvem atores diferentes e que, portanto, exigem intervenções e tratamentos diferenciados [4].

Há organizações, grupos, setores que se mobilizam em torno deste debate. Na desnaturalização da violência de gênero, vemos a presença fundamental dos movimentos feministas, das organizações de defesa de direitos das mulheres. O mesmo acontece com os demais setores: há lutas sociais que provocam, entre outros efeitos, o reconhecimento da violência mais ampla

4. BUORO, A.; SCHILLING, F.; SINGER, H.; SOARES, M. *Violência urbana:* dilemas e desafios. São Paulo: Atual/Saraiva, 1999.

SCHILLING, F. *Sociedade da insegurança e violência na escola*. São Paulo: Moderna, 2004.

ZALUAR, A. "Um debate disperso: violência e crime no Brasil da redemocratização". Violência e Mal-estar na sociedade. São Paulo em Perspectiva. *Revista da Fundação SEADE*, São Paulo, v. 13, n. 3, jul.-set 1999.

que nos cerca. Se a resposta pública dominante em muitos países (inclusive no Brasil) é a da criminalização progressiva e contínua das condutas e a expansão das prisões, identificamos, neste ponto, um dos confrontos desta emergência. Como resolver os conflitos? Todos terão a mesma resposta penal?

Este registro permite detectar, nesta emergência da violência como "questão social" central, a violência contemporânea sendo pensada como **violências.** São violências que dialogam entre si, se entrecruzam formando desenhos peculiares, a exigir tratamentos e formas de prevenção diferenciadas, questionando as abordagens essencialmente policiais, prisionais — e funcionais — de segurança pública. Apontando para a existência de espaços de confrontos, para a luta pela determinação do que será considerado insuportável e intolerável (crime) para o que comporá o conteúdo de uma vida digna e justa em comum, sobre como queremos ser governados e governar.

A violência nas escolas

É esse o contexto que, nos últimos 20 anos, emoldura a questão da violência no ambiente escolar, fenômeno simultâneo ao início da realização de uma das maiores conquistas do país, a universalização do acesso ao ensino. Esta universalização do direito à educação traz uma resposta para uma das perguntas chave da educação: quem pode ser educado? A resposta atual é: todos e todas. Imediatamente pareceria que no Brasil — país avesso à ideia de igualdade — começam a pairar dúvidas sobre essa resposta universalizante: será que realmente todos e todas são "educáveis"? A década de 1980 é marcada pelas pesquisas que tratam do fracasso escolar, da evasão escolar, das depredações e ataques às escolas, situações que poderiam ser pensadas como sintomas das dificuldades das políticas de inclusão escolar, de conquista de uma educação escolar universal.

Porém, além da pergunta sobre "quem pode ser educado", que obtém respostas diversas no decorrer das últimas décadas, há outra que seria sintetizada assim: "como se deve educar?" A esta se une mais uma pergunta que poderia ser assim formulada: "para que fins educar?". Sobre a segunda e terceira questões, a história da educação escolar nos apresenta um debate recorrente sobre se o mais "conveniente" ou "desejável" são "cabeças feitas ou cabeças cheias". Esta é uma questão peculiar à nossa formação cultural brasileira que diz respeito aos fins da educação, conforme a excelente descrição de Patto[5]:

> (...) no discurso oficial, uma das concepções mais pregnantes da função social da escola, ao longo da história do pensamento educacional brasileiro, é explícita ou implicitamente, a da prevenção da criminalidade, o que praticamente anula a escola como instituição que tem o dever de garantir o direito de todos ao letramento e ao saber.[6]

Subjaz, sob essa concepção histórica no Brasil da função da escola, que persiste e deve ser criticada, tanto a ideia de que a educação para "todo(a)s", ou das massas, deve ser principalmente uma tarefa de moralização (de contenção), como uma certa justificativa para a existência de escolas para as elites, que ensinarão. Frases recorrentes em diversas pesquisas sobre os fins da educação revelam que até hoje se mantém operante a crença de "mais escolas menos prisões", que a educação escolar é um sinônimo de um lugar de proteção para as crianças para afastá-las das ruas, vistas como lugares de perigo. Haveria, assim, uma oposição necessária entre violência e escola.

Assim, nessa compreensão largamente aceita, escola (educação) e violência são termos que se repelem, pois a escola deveria ser o lugar de afastamento da possibilidade de violência. Nela, a violência social não entraria. Daí a indignação, a repercussão e o desassossego que cercam as situações reconhecidas como compondo a violência no ambiente escolar. Daí a demanda por ações que possam dar conta dos acontecimentos violentos nas escolas.

Há nessa concepção a ideia de que a escola é um lugar do encontro feliz entre as gerações. Impossível não citar um escrito de Antonio Cândido citado por Bento Prado Jr.

---

5. PATTO, M. H. S. "Escolas cheias, cadeias vazias". Nota sobre as raízes ideológicas do pensamento educacional brasileiro. *Estudos Avançados*, São Paulo, v. 21, n. 61, p. 243-66, set./dez. 2007.
6. PATTO, op. cit., p. 234.

> A partir do século XVIII as ideologias do progresso forjaram a imagem de um homem perfectível ao infinito graças à faculdade redentora do saber. Era como se a mancha do pecado original pudesse ser lavada e o paraíso, em vez de ter existido no passado, passasse a ser uma certeza gloriosa do futuro. O século XIX se embalou na ilusão de que quando a instrução fosse geral acabariam os "males da sociedade", — como se ela pudesse substituir as reformas essenciais na estrutura econômica e social que, estas sim, são requisito para se tentar a melhoria da sociedade e, portanto, dos homens.[7]

A instituição escolar, por si só, ao realizar a possibilidade da instrução, seria a instituição que corrigiria os males da sociedade, seria a construtora da democracia. A escola seria o lugar do consenso, do encontro, da proteção, da promessa de um futuro melhor. Nessa visão idealizada da instituição não há lugar para conflitos. Essa é uma primeira visão que dificulta o tratamento da violência no ambiente escolar e que sugere a necessidade de pensar os conflitos que são próprios da instituição: entre saberes especializados, entre saberes locais e saberes globais, entre gerações. Conflitos que, quando não encontram expressão, podem redundar em violência.

Há, assim, um contexto para a emergência da violência nas escolas que parece relacionar-se às respostas possíveis a estas questões sobre quem pode ser educado, como educar e para que fins. A universalização do ensino no Brasil não acontece com as reformas essenciais na estrutura econômica e social reclamadas por A. Cândido. Temos, assim, uma universalização do acesso que não garantiu a qualidade da permanência dos estudantes nas escolas, que não conseguiu encontrar boas respostas às questões do como educar e para que fins? Para moralizar? Conter? Proteger? Divertir? Ensinar?

---

7. PRADO Jr., B. A educação depois de 1968, ou cem anos de ilusão. *Alguns Ensaios. Filosofia, Literatura, Psicanálise*. São Paulo: Max Limonade, 1985. p. 97.
O texto continua assim: "Há meio século nós ainda decorávamos no curso primário um poema de Valentim Magalhães, onde um velho criminoso empedernido, olhando pelas grades de sua prisão, vê saírem crianças alegres de uma escola em frente e murmura: 'Eu nunca soube ler'. Chama-se 'Os dois edifícios' e exprimia de maneira exemplar a utopia educacional que vai da Revolução Francesa até a Primeira Grande Guerra, e mesmo um pouco mais tarde."

Quão distantes estamos da compreensão da escola como uma instituição que tem o dever de garantir o direito de todos ao saber, ou seja, da educação como um direito humano.

A violência nas escolas segundo a imprensa

A discussão acima desenhada contextualiza a leitura que faremos do material publicado na imprensa nacional que nos foi apresentado para subsidiar nossa reflexão.

Apresentaremos, inicialmente, algumas primeiras observações sobre o material. Das 141 notícias apresentadas[8], 40% tratam de casos de violência exógena à escola: insegurança e crimes no entorno das instituições; roubos e depredações efetuados por quadrilhas/gangues contra escolas. Esses casos são os que mais obtiveram a atenção da mídia, mostrando uma das dimensões da violência que afeta a instituição escolar. Em segundo lugar temos que (pode-se supor que como uma decorrência lógica deste primeiro grupo de notícias) 22% das matérias tratam da questão da segurança nas escolas: cogita-se a importância e necessidade de câmaras, detectores de metais, vigilância do entorno, iluminação. As brigas entre alunos são objeto de 20% das matérias: nestas notícias encontram-se agressões físicas com ou sem armas, envolvendo meninos ou meninas e notícias de dois homicídios. Encontramos, também, que 12% das matérias tratam da violência/agressão de alunos contra professores. Continuando, 12% nos trazem denúncias ou debates sobre o *bullying* e o trote nas escolas. Outras notícias nos informam sobre: falta de merenda escolar; agressão de pais de alunos contra professores/coordenadora; assédio sexual ou agressão de professor contra aluno. Há poucos relatos sobre drogas nas escolas. Há um destaque a ser feito: encontramos matérias

8. Estas 141 notícias não correspondem a 141 casos de violência. Há várias matérias que repercutem um determinado caso de violência, de forma repetida e reiterada. Como o que interessa é exatamente a repercussão na mídia da temática da violência nas escolas, optou-se por ver não caso e sim quantidade de notícias, ou seja, o interesse despertado pelo caso.

divulgando a existência de círculos restaurativos em algumas escolas de São Paulo, como uma experiência pioneira de resolução de conflitos.

Uma primeira observação sobre o conjunto encontrado: reflete, claramente, a expansão do conteúdo do termo "violência". Há uma lista que geralmente pode ser feita quando se discute o que é a violência no ambiente escolar: depredações, roubos, furtos, agressões, violência moral (*bullying*), violência sexual, discriminação. Os relatos dão conta da existência de violência entre os adultos, dos adultos contra as crianças/jovens, das crianças/jovens entre si, dos jovens contra os adultos.

Analisaremos brevemente os diversos tipos de violência que mais despertaram o interesse da imprensa e que parecem compor um quadro que não apresenta grande variação nos últimos vinte anos.

Violência externa/violência contra a escola

Desde os anos 1980, momento de um grande crescimento das cidades e instalação de prédios escolares nos novos bairros, há notícias de roubos e depredações nas escolas. Sposito, no artigo "Um breve balanço da pesquisa sobre violência escolar no Brasil", situa da seguinte forma esse aparecimento:

> É no quadro de uma ampla demanda de segurança por parte dos moradores das periferias dos centros urbanos que o fenômeno da violência nos estabelecimentos escolares torna-se visível e passa a acompanhar a rotina do sistema de ensino público no Brasil, desde o início dos anos 80.[9]

Há uma violência contra a escola, que, aparentemente, não é vista como um bem comum, como um bem público a ser preservado. As hipóteses trabalhadas nas pesquisas sobre as causas dos ataques giraram em torno de que

9. SPOSITO, M. "Um breve balanço da pesquisa sobre violência escolar no Brasil. *Educação e Pesquisa*, São Paulo: FEUSP, v. 27, n. 1, jan./jun. 2001, p. 90.

essas práticas aconteceriam por serem essas escolas excludentes, seriam respostas de ex-alunos à violência do ambiente escolar.

O que aparece no momento atual é mais complexo: há dois tipos de violência exógena à escola afetando a vida escolar claramente descritas nas notícias. Um grupo dessas notícias diz respeito à insegurança gerada pela violência da criminalidade no território onde se situa a escola. O outro grupo diz respeito a invasões com fins de roubo de equipamentos e depredações de materiais escolares. São, assim, duas questões.

As respostas a estas ações por parte do poder público e dos dirigentes das escolas são de duas ordens, que se sucederam ao longo destes vinte anos: trata-se do incremento da segurança física dos locais, o cercamento com muros e grades das escolas e a criação de sistemas de vigilância. Começamos a ver, nas cidades, escolas hostis e hostilizadas, que dialogam com a arquitetura urbana dominante, com suas guaritas, cercas eletrificadas, muros enormes. A partir dos anos 1980, convivemos com a cidade murada. Há, também, ações que tentam enfatizar a permanência dos alunos e combater a evasão — expulsão escolar. Há experiências precursoras de escolas que tiveram uma gestão democrática e aberta que mostraram a reversão do quadro de depredação e ataque ao prédio escolar. Encontramos, assim, uma série de experiências de abertura das escolas, de tentativa de aproximação da comunidade escolar com o seu entorno. São tentativas e respostas diferentes que apontam para os caminhos de construção de políticas públicas para lidar com a violência no ambiente escolar. Nos dois tipos básicos de resposta às violências vividas (cercamento e incremento da segurança e abertura das escolas) está em debate o que é escola, que escola queremos, quem serão nossos parceiros na construção da escola.

Clamor por segurança

Como já adiantamos, o clamor por segurança é o segundo maior grupo de matérias encontradas no levantamento de notícias da imprensa que analisamos. No primeiro bloco de violências externas à escola que criam um ambiente de insegurança, as propostas reiteram a necessidade de policiamento no entorno das escolas, melhoria das condições urbanas e recomendações de segurança (andar em grupos, evitar determinados caminhos etc.). No segundo, as recomendações são de um maior fechamento das escolas e vigilância constante.

O debate gira em torno dos limites de tais ações. As propostas de maior êxito tentam combinar uma postura de compromisso da escola com seu entorno, sua abertura para jovens e adultos moradores da vizinhança, o diálogo com as lideranças locais, o estabelecimento de redes de parcerias que acompanham ações necessárias e válidas para toda a população de policiamento comunitário, melhoria das condições urbanas do bairro, entre as quais, a da segurança. São, assim, soluções combinadas e integradas as que podem garantir uma maior segurança para o trabalho nas escolas.

Esta situação está relacionada ao fato de que a escola é parceira na transformação da situação dos bairros onde vive, mas ela pouco pode fazer se não há outras políticas públicas que promovam mais justiça e igualdade.

Violência/brigas entre alunos

Retomando o levantamento realizado por Sposito[10], nos anos 1990, há uma série de estudos sobre jovens e a violência mais geral. Estas pesquisas são provocadas pelos dados da presença de jovens nos fatos de homicídio (tanto como as principais vítimas como principais agressores), pela visibilidade crescente das gangues juvenis, e pelo crescimento do crime organizado em torno do tráfico de drogas.

Registram-se, já na década passada, três tipos de situações: a manutenção das depredações, furtos ou roubos do patrimônio da escola; o incremen-

10. SPOSITO. Op. cit., p. 94.

to das agressões físicas entre os alunos[11] e casos de agressões de alunos contra professores:

> Embora os resultados sejam bastante fragmentários, é possível considerar que os anos 1990 apontam mudanças no padrão da violência observada nas escolas públicas, atingindo não só os atos de vandalismo, que continuam a ocorrer, mas as práticas de agressões interpessoais, sobretudo entre o público estudantil. Dentre estas últimas, as agressões verbais e ameaças são as mais frequentes.

São as brigas — entre alunos e alunas — que agora chamam mais profundamente a atenção dos educadores. Relacionam-se, por vezes, com a existência de gangues e tribos ou grupos de jovens que se identificam com um determinado "estilo". Nas notícias apresentadas aparecem rivalidades de jovens moradores de bairros vizinhos, que se expressam em brigas dentro da escola. Ultimamente há pesquisas que mostram a posição das meninas nessas brigas internas: estariam as meninas "piores" que os meninos?[12] As notícias encontradas tratam de agressões graves entre alunos, com o uso de armas. Seriam, propriamente falando, uma expressão da violência exógena à escola, que se realiza dentro dela, mas que deriva de situações externas. Teríamos assim, nas notícias, dentro da violência externa ou exógena, um grupo de casos de violência ligado à criminalidade local, um grupo de casos de roubos ou depredações da escola e outro, ligado a disputas ou conflitos externos que se materializam no ambiente escolar.

---

11. Podemos problematizar se há realmente "incremento", aumento das ocorrências, ou se nosso olhar está mais sensível — amedrontado. Esta problematização é pertinente para outras notícias sobre índices de criminalidade. Há situações em que não é possível afirmar que há ou houve aumento de crimes ou se o que ocorreu foi um aumento do número de notificações. Esta pergunta é especialmente válida para crimes como furtos e roubos. É notória a existência de uma subnotificação, inclusive por desconfiança da população em relação à polícia, ou à percepção da inutilidade (perda de tempo) em fazer um Boletim de Ocorrência, dada a ausência de experiências de que possa ocorrer a reparação do dano sofrido.
12. NEVES, P. *As meninas de agora estão piores do que os meninos:* gênero, conflito e violência na escola. 2008. Dissertação de Mestrado. Faculdade de Educação, Universidade de São Paulo (USP).

De qualquer forma, pareceria que algumas escolas já não apresentam um limite efetivo que marque sua diferença com o entorno, não há uma preservação ou diferenciação entre o campo do privado e o do público: a escola aparece como um espaço poroso, permeável à violência local: "*a violência observada na escola retraduz parte do ambiente externo em que as unidades operam, particularmente em localidades dominadas pelo crime organizado*"[13]. O bloco de notícias que estamos analisando nos mostra como estes fatos (aparentemente tão distintos) se relacionam entre si: novamente se trata de saber que escola queremos, como nos relacionamos com o território onde se implantou a escola, com quem dialogaremos na tentativa de construir uma escola igualitária e justa, que consiga enfrentar o desafio de educar a todos e todas.

Bullying, *trotes, humilhações, discriminações*

Um novo tipo de práticas que comporia a violência no ambiente escolar foi condensado no termo em inglês "*bullying*", significando aquela agressão contínua de um ou mais alunos contra outro/outra, que se expressa na forma de intimidação, ameaça, agressão, humilhação. As práticas de violência moral, como preferem alguns pesquisadores, não são novidade: quem não teve um apelido (geralmente jocoso ou depreciativo?), foi alvo de colegas (até de professores)? A diferença estaria em sua virulência atual, sua continuidade e constância, ocasionando danos. Várias matérias falam sobre os trotes nas universidades, a campanha contra os trotes violentos: formas de inclusão dos novos alunos, que tradicionalmente incluíam jogos ou ações que humilham. Se o *bullying* tem chamado a atenção da imprensa, são reiterados os relatos de discriminação nas escolas: sexismo, racismo, homofobia, intolerância com o/a diferente. Esta é uma das violências que está nas escolas, que entra nas escolas. Como o que observamos das brigas entre os alunos, o *bullying*, a discriminação também é um tipo de violência que circula socialmente e que

13. SPOSITO. Op. cit., p. 96.

entra nas escolas, quando estas não desenvolvem ações específicas de crítica e controle. Novamente se coloca a questão: o que queremos e deixaremos entrar na escola, o que recusaremos? Quais serão as práticas educativas que permitirão que se critique a reprodução desta forma de violência?

Violência contra o professor

Entra-se, aqui, em um ponto chave do debate. Se até então lidamos com a violência exógena, externa (em suas várias faces) à escola, a violência de alunos contra professores é um dos aspectos chave de algumas questões que, pode-se supor, envolvem diretamente a instituição escolar e suas perguntas essenciais: quem pode ser educado, como educar, para que fins educar? Aqui seria preciso parar um pouco e pensar sobre o lugar ocupado pela instituição escolar na atualidade. Fala-se em crise das escolas, desinstitucionalização, crise da autoridade do adulto (pais e professores)... É possível educar na pós-modernidade? Quem quer ser professor? Essa é uma discussão muito importante para a compreensão da situação das escolas atuais. Há questões estruturais que envolvem a escola: salários, regime de trabalho dos professores, a sua condição ou não de efetivo, condições materiais de trabalho. Há questões que dizem respeito às promessas da escola: para que futuro educamos? A adesão do aluno à disciplina e à forma escolar lhe darão "um lugar ao sol"? Haverá emprego para esses jovens escolarizados em escolas precárias? Para que serve a escola?

Utilizaremos, para auxiliar nesta discussão, algumas contribuições de Bourdieu, Dubet/Martuccelli e Leão[14]. As duas teses centrais de Pierre

14. BOURDIEU, P. A escola conservadora: as desigualdades frente à escola e à cultura. In: NOGUEIRA, M. A.; CATANIA (orgs.). *Escritos de educação*. Petrópolis: Vozes, 2003.

DUBET, F.; MARTUCCELLI, D. A socialização e a formação escolar. *Lua Nova: Revista de Cultura e Política*, n. 40/41, p. 241-66, jul./dez. 1997.

LEÃO, G. Experiências da desigualdade: os sentidos da escolarização elaborados por jovens pobres. *Educação e Pesquisa*, v. 32, n. 1, p. 31-48, jan./abr. 2006.

Bourdieu são: a) os alunos não são indivíduos abstratos que competem em condições igualitárias, mas atores socialmente construídos que trazem uma bagagem social e cultural diferenciada e mais ou menos rentável no mercado escolar; b) a escola não é uma instituição neutra e representa os gostos, crenças, posturas e valores de grupos.

Suas funções centrais, segundo Dubet/Martuccelli, são as de integração (socializando os mais novos para serem membros de uma determinada sociedade), distribuição (pelos vários segmentos de um mercado) e subjetivação (criando identidades que se ligam à cultura escolar e aos papéis sociais), que adquirem formatos específicos de acordo com as diferentes sociedades e tempos históricos.

As funções de integração, distribuição e subjetivação não ocorrem, portanto, sem conflitos. Como acontece a integração? Quais são as formas da distribuição e da subjetivação? Quais são as formas, valores, atributos, procedimentos em disputa? Dependendo dessas formas, valores, atributos e procedimentos (estratégias), há diferentes percepções da utilidade dos estudos, de identificação com o ambiente e a cultura cultural e interesse intelectual (a paixão e o interesse despertados na relação educativa). Ainda segundo Dubet/Martuccelli, dependendo dos resultados (sempre precários e instáveis) desta equação, as pessoas se socializam e subjetivam na escola (quando há percepção da utilidade, identificação com o ambiente e interesse intelectual), paralelamente à escola (quando não há algum destes elementos) e contra a escola (quando há ausência da percepção da utilidade não há identidade com a forma ou a cultura escolar e nenhum interesse ou paixão intelectual). Quando ocorre o processo de socialização e subjetivação contra a escola, a violência aparece.

Em pesquisa recentemente realizada, Leão[15] aponta os sentidos da escolarização elaborados por jovens pobres do Ensino Médio de Belo Horizonte, participantes de projeto social. As queixas em relação ao ambiente escolar mostravam que aqueles jovens se socializavam apenas parcialmente em relação

15. LEÃO. Op. cit.

ao ambiente e à forma escolar, para muitos, incompreensível. Foram apontados os seguintes problemas, que permeavam esta fraca adesão à escola, mesmo com os jovens reconhecendo sua importância para um futuro melhor: a progressão automática, que, tal como foi implantada, derivou em uma atitude de "tanto faz" ou numa "lei do menor esforço" em relação ao conteúdo escolar; a rotatividade dos professores, impedindo estabelecer relações, conhecer as "regras", compartilhar um projeto comum[16]; condições físicas precárias das escolas, criando um ambiente "pobre" para uma educação "pobre" para os "pobres"; ausência de normas e regras claras ou regras e normas vistas como abusivas e arbitrárias. Estes são alguns problemas apontados que levavam ao sentimento de estudarem em uma escola desvalorizada. Este sentimento invadia o cotidiano dos alunos, fazendo com que questionassem, inclusive, a utilidade do diploma conquistado, tanto para o ingresso no mercado de trabalho como para a continuidade dos estudos (função de distribuição):

> Havia a ideia de que o certificado não correspondia a um nível real de aprendizagem, que não resultava do mérito e do esforço do aluno, mas de uma concessão da escola que acabava por torná-lo sem valor para o próprio estudante.[17]

Percebiam que, ao frequentarem aquelas escolas, teriam, naquelas condições, grandes obstáculos para o sucesso, pouca possibilidade de mobilidade social. Ao mesmo tempo, a pesquisa mostra que a escola ainda é um espaço significativo, importante contra a violência do bairro e a mesmice do lar, fundamental espaço de convivência e sociabilidade: a única instituição que permite que se sonhe com uma vida melhor.

Estas são algumas questões que contextualizam a difícil tarefa de pensar as escolas e a violência que lá emerge, resultando de conflitos variados que

---

16. Chamamos a atenção para a correspondência entre a atitude de fraca adesão por parte dos alunos e a fraca adesão, também, por parte de alguns professores, em relação à ação docente: adoecimento, faltas, pouco preparo das aulas, traduzindo situações organizacionais e estruturais que se expressam no desprestígio da profissão, nos baixos salários, acúmulo de aulas, excesso de alunos e instabilidade, no caso dos professores precários.

17. LEÃO. Op. cit., p. 42.

não encontram outra possibilidade de expressão. A violência contra o professor pode traduzir esse mal-estar da escola, quando não é possível formular um projeto de que escola queremos, com quem educaremos, para que fins. São perguntas que exigem respostas, pois não mais as encontramos prontas ou feitas. São perguntas a serem respondidas pela equipe escolar, em conjunto com os alunos e pais. Como educamos nos tempos atuais?

A violência por parte do aluno contra o professor pode ser complementada com as notícias de agressões de pais de alunos contra professores e coordenadores. Essas agressões repercutem as questões gerais que estamos discutindo sobre o lugar que a escola ocupa, quais são as suas promessas (de uma vida melhor), qual é o lugar possível da autoridade do professor. Novamente vê-se que, quando há um projeto claro, com regras claras e construídas coletivamente, um trabalho de diálogo constante, é possível intervir e lidar com os conflitos sem deixar que eles apareçam sob formas violentas.

Uma certa conclusão: *notícia de uma experiência alternativa, o círculo restaurativo*

Considerando que a escola não está isolada do mundo, que está em uma localidade, que é um lugar de conflitos, que conflito não é sinônimo de violência, que é uma instituição que, coletivamente, pode encontrar respostas aos dilemas atuais, é possível barrar a entrada da violência nas escolas, construir uma instituição aberta ao diálogo. É com base nessa certeza que algumas escolas estão ensaiando os círculos restaurativos, que tentam encontrar alternativas às soluções penais e policiais. Se os círculos funcionam em função de um fato acontecido de violência, é possível pensar que algumas das práticas restaurativas são úteis para a dinâmica da escola em geral.

Basicamente é a possibilidade — novamente — de discutir o que aconteceu, explicitar o que se viveu para estabelecer novas conexões: teóricas, entre saberes, entre práticas, entre grupos de adultos, entre grupos de alunos, com setores externos. O que cada um pode fazer e que lhe compete fazer?

Qual será o lugar do estudante, do professor, da direção, dos pais, do Estado? O que compete a cada um? A partir da explicitação de nossas funções, é possível propor acordos e formular algumas promessas. É possível ter um projeto, determinar prioridades, pontos de partida e de chegada, determinando quem pode fazer, o que pode fazer, quando e com quem.

Essas conexões são possíveis, a partir da descoberta da potência da instituição, da determinação — coletiva e democrática — do seu eixo de mudança e trabalho.

E assim, ao tratar os conflitos inerentes à educação em uma instituição escolar, evitar a violência.

20

Educação e direitos humanos

Silene de Moraes Freire*

Introdução

Neste estudo procuramos analisar a forma como jornais *on-line*[1] abordaram o tema da educação, bem como outras diferentes questões relacionadas a essa temática que expressam os limites e possibilidades da garantia do direito à educação como parte fundamental dos direitos humanos. Assim sendo, partimos da premissa, já mencionada em estudos anteriores[2], que na atualidade não é possível entender a produção de sentidos e significados, que

* Doutora em Sociologia pelo Instituto de Filosofia e Ciências Humanas — IFFCH da Universidade de São Paulo —USP. Professora Adjunta da Graduação e Pós-Graduação (mestrado e doutorado) da Faculdade de Serviço Social da Universidade do Estado do Rio de Janeiro —UERJ.

1. As quantificações e análises dos dados do Banco de Dados do *Anuário educativo brasileiro*: visão retrospectiva, que são apresentadas neste estudo, contaram com a colaboração da Bolsista de Apoio Técnico do PROEALC: Talita Freire Moreira Anacleto e da aluna do Curso de Doutorado do PPG da FSS da UERJ: Andréia de Souza de Carvalho. Devido aos limites de formatação do trabalho, aqui estão sendo apresentadas apenas partes das análises realizadas.
2. A esse respeito ver: FREIRE, Silene de M. e CARVALHO, Andréia de S. de. Midiatização da violência: os labirintos da construção do consenso. *Revista Eletrônica Textos & Contextos*, v. 7, n. 1, jan./jun. 2008.

reproduzem os esquemas de dominação, sem compreender a mediação dos meios de comunicação na interpretação da realidade falando "pelos" e "para" os indivíduos[3].

No prefácio ao seu *A era dos extremos*, Eric Hobsbawm[4] afirma que nenhuma história das transformações econômicas, sociais e políticas do século XX (o que consideramos ainda mais válido para o presente século) poderia ser escrita sem a imprensa diária. A mídia representa para nós pesquisadores o arquivo por excelência. O registro diários dos fatos, cada vez mais rico e abundante, fornece informações preciosas sobre os valores, as ideologias, a percepção dos temas e problemas sociais, o funcionamento das instituições e as práticas sociais. Entretanto, a mídia enquanto arquivo relevante não é isenta de problemas. Estes precisam ser encarados quando se tem expressões daquela como fonte de produção de dados.

Faz parte da vida da grande maioria da população brasileira o amplo acesso à mídia[5] (ou o meio) que veicula/transmite informações sob a forma de romances, novelas, contos, notícias, músicas, debates, danças, jogos, espetáculos. Não é por falta das informações divulgadas pela mídia, ao contrário, é pelo excesso delas que assistimos a uma espécie de paz imposta pelo silenciar da política, pela aparência vazia dos consensos que se revelam incapazes de construir e recuperar os direitos de uma cidadania que, reinventando a si própria pela discordância e pela sua própria recriação, possa reinventar novos caminhos da construção democrática.

3. A respeito ver: GUATTARI, F. e ROLNIK, S. *Micropolítica:* cartografias do desejo. Petrópolis: Vozes, 1985.
4. HOBSBAWN, Eric. *A era dos extremos*. O breve século XX. São Paulo: Companhia das Letras, 1995.
5. Como registrou Marilena Chaui: "em latim, 'meio' se diz medium e, no plural, 'meios' se diz media. Os primeiros teóricos dos meios de comunicação empregaram a palavra latina media. Como eram teóricos de língua inglesa, diziam mass media, isto é, os meios de massa. A pronúncia, em inglês, do latim media é 'mídia'. Quando os teóricos de língua inglesa dizem 'the media', estão dizendo 'os meios'. Por apropriação da terminologia desses teóricos no Brasil, a palavra 'mídia' passou a ser empregada como se fosse uma palavra feminina no singular — 'a mídia'". A esse respeito ver: CHAUI, Marilena. *Simulacro e poder*. Uma análise da mídia. São Paulo: Editora Fundação Perseu Abramo, 2006. p. 35.

À medida que organiza as visões dos múltiplos fluxos dos acontecimentos, **a mídia constrói consensos (in)visíveis através da produção de subjetivações** que forjam existências. Como observou Muniz Sodré,

> O sistema de informação (meios de comunicação e teletecnologias informacionais) impõe-se contemporaneamente como o lugar central de produção do real do Ocidente moderno. A informação é um modo de organizar — atualmente, de forma administrativa ou gerencial — o espaço social contemporâneo.[6]

O pressuposto teórico do trabalho é de que a realidade social não é um conjunto de dados objetivos, nem de fenômenos que em si mesmos possam ser classificados como bons ou maus. Concordamos com Najaine e Minayo[7] quando alertam que as "categorias de valores com as quais classificamos os eventos são partes do processo social construído, dinâmica e dialeticamente, de forma articulada a algumas esferas de referência". Segundo as autoras, essas esferas podem ser definidas como: "o contexto social onde se desenvolvem as condições materiais de existência; a cultura por meio da qual a experiência vivida encontra seu reconhecimento no meio social; e a linguagem, que permite elaborar, comunicar, compartilhar e interpretar os fenômenos da realidade".[8]

Com base nestas reflexões sobre o significado das principais fontes das análises que serão aqui apresentadas, os jornais nacionais *on-line*, o tema de nosso artigo, educação e direitos humanos, foi desenvolvido. Ou seja, os jornais *on-line* são aqui utilizados não como expressão da verdade, mas como um diário dos fatos que carece de reflexão, de desvendamento, de análises para que possam contribuir significativamente para a compreensão da reali-

---

6. SODRÉ, Muniz. *O social irradiado*. Violência urbana, neogrotesco e mídia. São Paulo: Cortez, 1992. p. 39.
7. NAJAINE, Kathie; MINAYO, Maria Cecília de Souza. Análise do discurso da imprensa sobre rebeliões de jovens infratores em regime de privação de liberdade. *Revista Ciência & Saúde Coletiva*, v. 7, n. 2, São Paulo, 2002.
8. Ibid.

dade publicada. Para atingir os objetivos a que nos propusemos, adotamos o marco referencial da abordagem qualitativa que considera o cerne do sentido do discurso: o universo de significados, motivos, aspirações, crenças, valores e atitudes, que estão ligados a espaços de relações e fenômenos que não podem ser reduzidos à operacionalização de variáveis[9]. Formam os eixos que fundamentaram a análise das notícias: a) uma discussão teórica sobre a mídia para compreensão dos jornais *on-line* como fonte de pesquisa; b) uma contextualização da situação atual da educação no Brasil e sua possibilidade de garantia enquanto parte dos direitos humanos; c) uma problematização dos temas selecionados para melhor compreensão das publicações selecionadas para análise.

Direito à Educação: conquista legal ou real?

No ano de 2008, período de análise do Anuário, a Constituição Federal de 1988 completou vinte anos de existência. Nossa Carta Constitucional Cidadã foi promulgada como uma autêntica "carta de direitos", que compõe os 77 incisos do artigo 5º do capítulo I, "Dos Direitos e Deveres Individuais e Coletivos", é a mais precisa e abrangente em toda a história política do país e ingressou na maioridade num contexto extremamente perverso em termos do acesso da população aos direitos nela previstos. O reconhecimento formal desses direitos, formidável progresso em termos do constitucionalismo, não foi suficiente, nesses anos de vigência da Constituição, para modificar o padrão de graves violações dos direitos civis, em muitas áreas até agravados. Nesse sentido, é preciso lembrar que as dificuldades encontradas para sua efetivação não podem ser entendidas se desconsiderarmos o momento de nítido retrocesso social de parcelas crescentes da população mundial em face das políticas deliberadas de corte neoliberal. A implementação da agenda neoliberal aprofundou um círculo vicioso, difícil de ser rompido, pois as desigualdades

9. Cf. MINAYO, Maria Cecília S. *O desafio do conhecimento*: pesquisa qualitativa em saúde. São Paulo: Hucitec, 1994.

econômicas, sociais e políticas afetam diretamente a capacidade legal dos indivíduos e garantem a desigualdade deles perante as leis. Nesse sentido, é importante registrar que nada seria mais revolucionário no Brasil contemporâneo do que a plena efetivação da Constituição para todos os cidadãos deste país. Tal afirmação é ainda mais verdadeira quando nos remetemos à questão da educação em nosso país.

Com relação ao direito à educação, o mesmo é previsto no artigo 6º da Constituição Federal de 1988 como um direito fundamental de natureza social e vem detalhado no Título VIII, *Da Ordem Social*, especialmente nos artigos 205 a 214, dispositivos nos quais se encontra explicitada uma série de aspectos que envolvem a concretização desse direito, tais como os princípios e objetivos que o informam, os deveres de cada ente da Federação (União, Estados, Distrito Federal e Municípios) para com a garantia desse direito, a estrutura educacional brasileira (dividida em diversos níveis e modalidades de ensino), além da previsão de um sistema próprio de financiamento, que conta com a vinculação constitucional de receitas. Trata-se de parâmetros que devem pautar a atuação do legislador e do administrador público, além de critérios que o Judiciário deve adotar quando chamado a julgar questões que envolvam a implementação deste direito.

Além da previsão constitucional, o Direito à educação está estabelecido no artigo XXVI da Declaração Universal dos Direitos Humanos.

> 1.Toda a pessoa tem direito à educação. A educação deve ser gratuita, pelo menos a correspondente ao ensino elementar fundamental. O ensino elementar é obrigatório. O ensino técnico e profissional deve ser generalizado; o acesso aos estudos superiores deve estar aberto a todos em plena igualdade, em função do seu mérito.
>
> 2. A educação deve visar à plena expansão da personalidade humana e ao reforço dos direitos do homem e das liberdades fundamentais e deve favorecer a compreensão, a tolerância e a amizade entre todas as nações e todos os grupos raciais ou religiosos, bem como o desenvolvimento das atividades das Nações Unidas para a manutenção da paz.
>
> 3. Aos pais pertence a prioridade do direito de escolher o gênero de educação a dar aos filhos.

O artigo XXVI define a educação como direito de todos, destacando que ela deve promover o desenvolvimento da personalidade humana, o fortalecimento e o respeito pelos direitos humanos e as liberdades fundamentais. As escolas são a principal política pública voltada para a garantia desse direito. Contudo, apenas a existência dos marcos legais desses direitos tem comprovado não serem suficientes para a garantia real destes.

O Brasil está incluído entre as nações signatárias dos mais importantes acordos internacionais na área dos direitos humanos. Contraditoriamente, e apesar de possuir algumas das mais avançadas legislações de proteção aos direitos humanos, o Brasil é reconhecido, também, como um país onde o aviltamento desses direitos tem grande expressão.

Após mais de 60 anos da Declaração Universal dos Direitos Humanos, mais de 20 anos da Constituição de 1988 (hoje não mais definida como Carta Cidadã) e 19 anos do Estatuto da Criança e do Adolescente (ECA), faz-se mister reconhecer o descompasso histórico entre lei e instituições no Brasil, os limites da construção da cidadania; a questão da desigualdade social e a legitimidade das novas democracias. No entanto, tal reconhecimento não pode deixar de entender os rumos do capitalismo na contemporaneidade e seus efeitos numa sociedade como a brasileira.

Desta forma, concordamos com Bobbio[10] quando diz que o grande desafio posto hoje no que tange aos Direitos Humanos não é tanto o de fundamentá-los, mas sim o de protegê-los. Mais do que discutir quantos, quais e qual a natureza destes direitos, faz-se necessário avançar nas discussões quanto aos meios e possibilidades reais de garanti-los efetivamente, buscando impedir, assim, as constantes violações às quais estão sujeitos, mesmo diante dos inúmeros pactos, convenções e demais documentos que se propõem assegurá-los.

Como há muito se sabe, uma das armas mais brandidas e utilizadas no combate à desigualdade social e à garantia da cidadania é a expansão das

10. BOBBIO, Norberto. A era dos direitos: Nova Edição. Campus, 2004. p. 25.

oportunidades educacionais, já que esta tem com esses temas uma das correlações mais clássicas da sociedade brasileira. Embora seja comum a ideia de esta correlação nortear políticas de expansão das oportunidades educacionais, muitas vezes o resultado não é a tão esperada atenuação das desigualdades nem a mera transformação do indivíduo em cidadão. As análises que apresentaremos a seguir demonstram a complexidade desta questão. Melhor dizendo, ajudam a compreender o histórico abismo brasileiro que separa o aparato legal da realidade nacional.

Educação e direitos humanos: análises dos arquivos do Anuário

A visibilidade dos problemas enfrentados pela educação em nosso país está presente em alguns dados que foram divulgados em 2009 pelo Fundo das Nações Unidas para a Infância (UNICEF)[11] e nos ajudam a entender o quadro que já se configurava no Anuário, ou seja, em 2008, e nos anos anteriores. O Brasil deste final de século XXI tem hoje 233.908 jovens com menos de 18 anos e com a responsabilidade de chefiar uma família. Normalmente, famílias desse tipo são fruto de algum problema social que já impõe uma carga de dificuldades extras, como gravidez precoce ou perda dos pais. Esse dado revela a conexão direta da "questão social"[12] com a educação

11. Os dados que utilizaremos do Fundo das Nações Unidas para a Infância (Unicef), fazem parte da Pesquisa Nacional por Amostra de Domicílios (Pnad), e foram destacados pelo relatório: Situação da Infância e Adolescência Brasileira 2009 — O Direito de Aprender. Os dados se encontram disponíveis no *site*: http://www.unicef.org/brazil/pt/media_14931.htm.

12. A questão social neste estudo é definida como o conjunto de expressões das desigualdades sociais engendradas na sociedade capitalista madura, impensáveis sem a intermediação do Estado, ou seja, constitui-se como expressão das desigualdades sociais produzidas e reproduzidas na dinâmica contraditória das relações sociais, no conflito entre "o Capital e o Trabalho" (cf. IAMAMOTO, Marilda Vilela. A questão social no capitalismo. *Temporalis*. Associação de Pesquisa em Serviço Social, ano 2, n. 3 (jan./jul.). Brasília: ABEPSS/Grafline, 2001, p. 16). Com esta definição da questão social é que trabalharemos ao abordar suas múltiplas expressões no contexto do capital financeiro.

e vice-versa. Não por acaso encontramos a seguinte notícia no Banco de Dados do Anuário educativo brasileiro:

Trabalho precoce e evasão escolar são causas da redução nas matrículas

Estaria o ensino médio regular em crise, no Brasil? A questão divide opiniões, a não ser pelo consenso de que o número de matrículas é menor do que deveria e, mais, marcado por quedas. No Pará, em dois anos, perdeu-se mais do que se ganhou em três. O saldo: 3,7 mil vagas a menos. Tomando como base o Censo Escolar elaborado pelo Ministério da Educação (MEC), pelo Instituto de Pesquisa em Educação Anísio Teixeira (Inep), o Pará teve 370.287 matrículas registradas em 2006 e 348.065 no ano passado. De um ano para o outro foram perdidas 22.222 (6%) matrículas no ensino médio. E o número quase dobra, saltando para 42.360, se for considerada nova redução apontada pelos dados preliminares do Censo 2008. A situação é parecida com o resto do Brasil, conforme análise feita pelo presidente do Inep (...). (*O Liberal*, 14 dez. 2008)

A questão dos efeitos perversos da pobreza na educação é a marca fundamental evidenciada em diversas notícias, como, por exemplo:

Pelo menos 3.317 alunos do ensino fundamental são incapazes de escrever textos curtos

Há nove anos morando numa fazenda nas proximidades de Itapoã, Matheus repete o mesmo ritual durante quase 10 meses do ano: acorda por volta das 5h, coloca cadernos e livros na mochila, caminha durante 15 minutos até o ponto e vai de ônibus para a escola. Na sala de aula, um outro fenômeno se repete nessa quase década. Ele olha o quadro negro ou passeia pelas páginas dos livros e não entende o que está escrito. Também não consegue escrever nada além do próprio nome. Ele faz parte da rede de ensino há nove anos. E reprovou oito vezes. Matheus tem 15 anos e deveria estar no último ano ensino fundamental. O problema é que, até hoje, não sabe ler nem escrever. Matriculado na 2ª série, já ouviu todo tipo de ofensa. Até mesmo de alguns professores (...) "Antes eu estudava numa escola rural e a professora me chamava de burro e me colocava grudado no quadro negro", conta o menino que trabalha para ajudar a família e é desnutrido (...) (*Correio Braziliense*, 5 dez. 2008)

Problema atinge no mínimo 21,6% dos brasileiros

Os índices vêm melhorando ao longo dos anos, mas o Brasil ainda está longe de ter um cenário razoável para acabar com o analfabetismo funcional. Hoje 21,6% da população acima de 15 anos é considerada analfabeta funcional. São 29,9 milhões de brasileiros com menos de quatro anos de estudo. "É um índice alto para o país que nós queremos ser. Ele explica quanto tempo o Brasil demorou para dar valor real à educação", afirma André Lázaro, secretário de Educação Continuada, Alfabetização e Diversidade do Ministério da Educação (MEC). A situação ainda pode ser pior. Como o critério do IBGE para classificar o analfabeto funcional é o tempo de estudo, não significa que pessoas que tenham ficado na escola mais tempo tenham realmente aprendido a dominar a escrita e as operações mais simples da matemática (...) (*O Estado de S. Paulo*, 1 dez. 2008)

A cidade do Rio de Janeiro não fugiu a essa característica da educação nacional, mas os dados apresentados pela mesma se diferenciaram devido à adoção do sistema de ciclos, que foi questionado justamente por falsear a realidade:

Rio aprovou mais, mas caiu média na Prova Brasil

A cidade do Rio de Janeiro aparece na lista das que melhoraram seu desempenho no Ideb somente por causa da elevação nas taxas de aprovação. De 2005 a 2007, a taxa de aprovação da 1ª à 4ª série do ensino fundamental na rede municipal aumentou de 86% para 94%...

Sistema de ciclos

(...) O sistema de ciclos foi um dos temas nas eleições deste ano. O prefeito eleito, Eduardo Paes (PMDB), prometeu revogá-lo em seu primeiro dia de seu mandato. (*Folha de S.Paulo*, 3 nov. 2008)

A questão da aprovação automática, que o Rio de Janeiro adotou, e foi motivo de inúmeras críticas, não se deu sem razões pedagógicas e, sobretudo, econômicas. Como menciona a notícia abaixo:

Levantamento mostra que o Brasil gasta R$ 10,6 bilhões por ano com a reprovação de alunos

Dez bilhões e seiscentos milhões de reais. Essa é a conta que o país paga pela má qualidade do ensino. Levantamento do *Correio* com base em dados do

Ministério da Educação (MEC) mostra que esse é o valor que sai dos cofres públicos, a cada ano, para dar conta dos alunos que repetem de série. O cálculo foi feito a partir das estatísticas mais recentes do Instituto Nacional de Estudos e Pesquisas Educacionais Anísio Teixeira (Inep), produzidas em 2005. (...) O alto índice de repetência escolar chamou a atenção do Instituto de Pesquisa Econômica Aplicada (Ipea), da Presidência da República. No mês passado, o órgão apresentou a análise dos dados da última Pesquisa Nacional por Amostra de Domicílios (Pnad), que inclui dados da educação. "Nosso sistema (educacional) convive seriamente com uma estrutura de defasagem, o que o torna pouco eficiente. Gastam-se recursos para fazer a mesma coisa. O reflexo não é apenas econômico, mas pedagógico", argumenta o diretor de Assuntos Sociais do Ipea, Jorge Abrahão de Castro. "A repetência é um problema que ainda não soubemos resolver. Dentro do ensino fundamental, ainda existem alunos de 14 anos que estão na 4ª série", diz. O problema é pior na rede pública, que concentra cerca de 90% das matrículas do ensino básico. O último resultado do Índice do Desenvolvimento da Educação Básica (Ideb), referente a 2007, mostra que a taxa de aprovação dos alunos da rede pública que frequentam da 1ª à 4ª séries variou de 78,1% (2ª série) a 83,4% (4ª série). Já nas escolas particulares, a variação ficou entre 96,5% (1ª série) e 97,4% (2ª série). Nas demais etapas de ensino, a diferença se manteve (...)

Excluídos: Nem todos os alunos reprovados, porém, repetem a série no ano seguinte. Muitos desistem e acabam abandonando a escola. (...) Para a secretária de Educação Básica do MEC, Maria do Pilar, ainda prevalece no país uma cultura de exclusão e reprovação. "Essa mentalidade gerou 40 milhões de adultos sem a 4ª série. A questão não é aprovar ou reprovar. O desafio é garantir uma escola na qual todos fiquem e aprendam", defende.

Aprovação automática: a aprovação automática, sistema no qual o aluno é passado para a outra série mesmo que não tenha aprendido o conteúdo de forma satisfatória, já foi apontada por alguns educadores como uma das soluções para o problema da repetência no Brasil. O argumento desses especialistas é que, ao avançar de série, a criança não ficaria desmotivada a ponto de desistir dos estudos (...). (*Correio Braziliense*, 3 nov. 2008)

Já com relação à questão da reprovação percebemos que três eixos permearam com mais frequência o enfoque dado às notícias que compõem essa temática no Anuário:

A defesa do reforço escolar — O que mais chamou atenção foi a ênfase dada nas notícias à importância da questão do reforço, inclusive informando que em cursos de faculdades como os da Fundação Getúlio Vargas também existem aulas de reforço. Ainda que seja compreensível a importância do reforço para melhoria da qualidade de ensino, praticamente não existem notícias que realizem mediações entre a dificuldade de aprendizagem, reprovação, evasão e "questão social". Apenas (uma) notícia deu ênfase à relação do trabalho infantil com a reprovação, por exemplo.

O modelo da educação no interior como exemplar — Outra observação é que as notícias têm enfatizado que a educação pública do interior é melhor que a das metrópoles, mas não há mediações entre a questão da desigualdade social e da violência urbana, que são muito mais acentuadas nas metrópoles do que no interior. Seria necessária uma investigação mais aprofundada dessa diferenciação antes de se propagar a diferença como modelo.

Sistema de ciclos e progressão continuada — Motivo de polêmica, o sistema é rejeitado pelos professores, mas são apresentados vários estudos demonstrando que o sistema de ciclos já foi utilizado em outros países e não incidem na questão da aprendizagem. Tal qual no trecho a seguir: "O sistema de ciclos é usado em vários países e não tem impacto negativo no desempenho dos alunos, segundo estudo divulgado em 2007 pelo pesquisador Serguei Soares, do Instituto de Pesquisa Econômica Aplicada (IPEA), que utilizou como base de comparação o resultado de vários países em exames internacionais (*Folha de S.Paulo*, 15 de novembro de 2008)". Fica claro que os índices de aprovação foram maquiados nos estados que adotaram o sistema, pois desvinculou-se a questão da aprovação e aprendizagem através da verificação via provas.

O mesmo relatório divulgado pelo UNICEF em 2009 e já mencionado anteriormente deixa evidente que o Brasil registrou avanços importantes na educação nos últimos 15 anos e que os "grandes investimentos" feitos na área desde a década de 1990 permitiram ampliar o número de matrículas. Mais de 70% dos municípios brasileiros, por exemplo, conseguiram atingir ou superar já em 2007 as metas de evolução estabelecidas pelo Ministério da Educação (MEC) para o Índice de Desenvolvimento da Educação Básica (Ideb). Outro dado positivo é o que revela que cerca de 27 milhões de estudantes estão nas salas de aula, o que corresponde a 97,6% das crianças brasileiras entre 7 e 14 anos. O UNICEF chama a atenção, no entanto, para o fato de que a parcela ainda fora da escola (2,4%) representa o expressivo contingente de 680 mil brasileiros nessa faixa etária. Além disso, segundo o documento, "as desigualdades presentes na sociedade ainda têm um importante reflexo no ensino brasileiro". O relatório alerta que são os grupos mais empobrecidos da população que enfrentam dificuldades para ter acesso à educação e concluir os estudos. Ainda segundo os dados divulgados pela mesma fonte, do total de crianças que não frequentam a escola, 450 mil são negras e pardas, e a maioria vive nas regiões Norte e Nordeste. Os altos índices de repetência e abandono escolar também são um desafio para a educação infantil brasileira, de acordo com o documento. Segundo o mesmo, apesar de passar em média dez anos na escola, os estudantes brasileiros completam com sucesso pouco mais de sete séries. As crianças entre 7 e 14 anos fora da escola, 2,4% do total, somam 680 mil. Na região Norte, o índice é duas vezes maior do que o registrado no Sudeste. Do total de crianças e adolescentes brasileiros que não estão na escola, 66% são negros. Ainda assim, há uma significativa melhora na adequação idade-série entre os adolescentes negros[13].

A questão da pobreza como elemento crucial no acesso à educação e a um bom aproveitamento dos estudos é evidenciado pelo jornal abaixo:

> **As saídas para os municípios**
>
> Os municípios mais pobres localizados no mapa de pobreza brasileira não terão, num curto prazo de tempo, o direito de se desenvolver e de progredir,

13. Vale mencionar que o número de estudantes indígenas cresceu 50,8% entre 2002 e 2007, passando de 117.171 para 176.714. Apesar de ainda haver uma porcentagem pequena de indígenas com acesso ao ensino médio, 4,8%, o número de crianças indígenas matriculadas nesta fase do ensino cresceu 665%. Das 2.480 escolas indígenas do Brasil, 80% estão localizadas nos estados da Amazônia Legal (dados do Educacenso 2007). Com relação à educação quilombola, até dezembro de 2008 havia 1.305 comunidades remanescentes de quilombos reconhecidas no País, 423 delas no Maranhão, estado com maior número de escolas em áreas quilombolas. Os dados divulgados pelo Unicef apontam crescimento de 94,4% no número de escolas quilombolas entre 2005 e 2006.

se as políticas públicas do País, nos três níveis da administração — União, Estado e município — não chegarem concretamente à moradia desses brasileiros desassistidos e, obviamente, excluídos social e economicamente dos poderes públicos. São municípios que, com toda a roupagem institucional assegurada, principalmente a partir da Constituição de 1988, não estão nas pautas de prioridades dos políticos e da Política nacional. Há muito tempo que a condição de pobreza dessas comunidades municipais, assim consideradas por estudos do Ministério do Desenvolvimento Social, estagnou de tal forma que continua sem perspectivas à vista. Continua, além disso, sem futuros promissores, porque no tempo presente e real esses municípios carecem de recursos humanos e financeiros, para reverter dificuldades e solucionar problemas imediatos, se não forem socorridos pelos poderes públicos como estabelecem os princípios constitucionais da República. Nesse sentido, há de se considerar a criação de programas socioeconômicos e educacionais que possibilitem criar oportunidades, para que as populações atingidas se capacitem para participar de um trabalho coletivo de recuperação da dignidade, que começa pela saúde pública e continua pela alimentação, moradia, ensino, educação e lazer. Sem esses direitos inalienáveis aos seres humanos, as comunidades não se capacitarão para se organizar coletivamente, uma capacitação que se inicia pela garantia da educação básica (educação infantil, fundamental e média) que favorecerá as ações a serem transformadas em políticas públicas por meio de projetos e programas sociais de longo prazo. Ressalte-se que a pobreza material dos municípios reflete também a pobreza intelectual dos moradores pelos elevados índices de analfabetismo e de escolaridade em geral, o que se torna um impedimento dos mais desumanos e desastrosos para qualquer comunidade. São as necessidades básicas das pessoas — saúde, educação, moradia, segurança — que são postergadas, esquecidas e ignoradas nesses municípios que não têm quaisquer tipos de recursos para se movimentar, a não ser esperar passivamente pela filantropia oficial embrulhada por programas paliativos. Além de serem maltratados pela pobreza, devastadora de sonhos e desejos e disseminadora de fome e de doenças, os municípios são condenados por não ter condições de sobrevivência num mundo de velocidade científica e tecnológica que marca as fronteiras entre o atraso e o progresso (...). (*O Liberal*, 27 nov. 2008)

Todos os dados de pesquisas e notícias ajudam a compreender que, para que avanços na educação alcancem todas as crianças e adolescentes, são necessárias políticas públicas que tenham como resultado a efetiva redução das desigualdades em todas as suas dimensões. Tudo isso demonstra um declínio da esfera pública (promovido pelos ajustes neoliberais) que é revelado, sobretudo, através das escolas públicas:

> **Aprendizado dos alunos da rede pública está longe do desejável**
> O boletim dos alunos da rede pública de ensino está cheio de notas vermelhas. Só em matemática, 46% dos 76 mil estudantes do ensino médio tiveram nota abaixo da média no primeiro semestre deste ano. Em física, o desempenho também é sofrível: 45% dos adolescentes não conseguiram alcançar a média, que é de cinco pontos. As notas baixas se repetem até em artes e educação física. Mas as piores disciplinas são as fundamentais: português e matemática. (*Correio Braziliense*, 9 nov. 2008)

Embora as notícias do anuário que mencionam a questão da pobreza e da educação não evidenciem com nitidez os efeitos perversos desta relação no banco de dados do anuário, ao analisarmos a questão definida como obesidade de crianças e adolescentes, essa relação se evidencia de modo mais nítido:

> **Crianças pobres tem "circuitos defeituosos"**
> Numa situação de pobreza, em que há menos estímulos, piores condições de saúde, má nutrição, maior exposição a substâncias tóxicas, abuso e outras dificuldades domésticas, esse desenvolvimento primordial do cérebro pode ser prejudicado. "Uma vez que esses circuitos são fechados, não dá para voltar atrás e reconfigurar o sistema. A criança vai viver com os circuitos defeituosos para sempre", afirma Shonkoff, diretor-fundador do Centro sobre Desenvolvimento Infantil de Harvard.
>
> O assunto foi tema de um simpósio da Associação Americana para o Avanço da Ciência (AAAS), em Boston. "Não há dúvida de que ser pobre é ruim para o cérebro", disse a organizadora do debate, Martha Farah, da Universidade da Pensilvânia. "Os efeitos sobre a criança são significativos; não se trata de uma mera curiosidade científica." (*O Liberal*, 22 fev. 2008)

Observamos, através da análise dos dados coletados pelo Anuário, que a questão da obesidade passou a ser enfrentada na escola de forma complementar a sua abordagem na área de saúde enquanto problema de saúde pública. Para tal, existe uma preocupação com a alimentação balanceada dos estudantes, o que pode ser comprovado pela notícia divulgada sobre o Estudo Nutri-Brasil (*Correio Braziliense*, 5 de novembro de 2008), que atestou que as crianças matriculadas em creches públicas possuem uma alimentação mais balanceada do que as de escolas particulares[14].

Neste grupo de notícias do Anuário chama a atenção uma notícia sobre a necessidade de aumentarem as creches públicas e a educação infantil, não só pela questão educacional, mas também pela questão nutricional, mas o fundamental é a ampliação do direito à educação do ciclo fundamental para toda a vida, o que incluiria a educação a partir de zero ano de idade, passando pela Educação de Jovens e Adultos, ou seja, até a Educação Superior. Cabe mencionar que as necessidades humanas relacionadas à alimentação e à nutrição começaram a ser percebidas como direito do ser humano dentro do direito humanitário (Convenção de Genebra de 1864), quando se identificou o poder sobre o alimento como forma de dominação de um ser humano sobre outro, de um Estado sobre outro, como arma de guerra, enfim. O reconhecimento normativo internacional da existência de um direito humano à alimentação adequada aparece já na própria Declaração Universal dos Direitos Humanos, em seu artigo 25, e no Pacto Internacional de Direitos Econômicos, Sociais e Culturais PIDESC, em seu artigo 11[15].

Com relação ao banco de dados do Anuário referente às lutas/reivindicações dos professores, podemos dizer que a maioria aborda a questão apenas em época de greve, não sendo uma preocupação que faça parte da agenda

---

14. Não por acaso podemos perceber o motivo de a merenda escolar ser atualmente o maior programa de segurança alimentar e nutricional de crianças e adolescentes do ensino fundamental e médio, entendida como complementar ao direito à educação, e combatendo ao mesmo tempo tanto a desnutrição quanto a obesidade.

15. Cf. ZIEGLER, Jean. Relatório do relator especial do direito à alimentação. Submetido de acordo com a resolução n° 2.000/10 da Comissão de Direitos Humanos. Nações Unidas, Conselho Econômico e Social. E/CN.4/2001/53, Quinquagésima sétima sessão, 7 de fevereiro de 2001. E ainda: ONU. Comitê dos Direitos Econômicos, Sociais e Culturais. Comentário geral n° 12: O direito humano à alimentação adequada. Genebra. 1999, p. 2.

destes jornais enfrentar esse debate fora da situação extrema da greve. Assim, todas as notícias que cobriram greves ou negociações de greves de professores giravam em torno de questões de aumento salarial, não houve relatos de outras reivindicações como, por exemplo, melhores condições de trabalho. No entanto a tendência identificada nas notícias não é a universalização de aumentos/reajustes, mas o estabelecimento de um piso único nacional (R$ 950,00 por 40 h e 1/3 tempo de preparação de aula), e diferenciação entre salários a partir da "produtividade", ou seja, da classificação da escola no Índice do Desenvolvimento da Educação Básica (IDEB); dos índices de evasão; dos índices de aprovação; da frequência do professor etc. Esse modelo mais "fordista" de educação tem sido classificado de americanização do ensino. Inclusive há uma notícia sobre a visita de um especialista de escolas americanas numa escola brasileira, que defende modelo semelhante. A título de ilustração, informamos que o tempo para preparação de aula, no novo piso nacional, é o que vem sendo contestado na justiça pelos estados, mais do que a questão salarial, o que também revela que os gestores públicos estão relacionando hora/aula com produtividade, essa também seria uma tendência geral no Brasil, inclusive no ensino superior, o que aumentaria o sobre trabalho dos docentes[16], portanto, a possibilidade de tempo para preparação de aula e formação é uma proposta em disputa, inclusive sendo questionada judicialmente.

16. Ao consultarmos o acervo do Anuário obtivemos a informação de que o Ministério da Educação (MEC), o Conselho Nacional de Procuradores-Gerais de Justiça e o Fórum Nacional de Coordenadores de Centros de Apoio das Promotorias da Infância e Juventude de Educação (Foncaije) criaram uma cartilha com os 12 tipos de ilegalidades mais comuns relacionadas ao desvio de verbas do Fundo de Manutenção e Desenvolvimento da Educação Básica (Fundeb). Este fundo pode ser gasto até 60% com a melhoria salarial dos professores, ou com melhorias na escola e no transporte de alunos. A ideia da cartilha é qualificar os técnicos que trabalham na área para que não ocorra possibilidade de má gestão do financiamento, ao mesmo tempo que contribua para tornar o processo mais transparente para o controle social. A cartilha está disponível *on-line* na página do Fundeb. Cabe registrar que esta cartilha e o curso de gestão educacional do estado de São Paulo apontam para a questão de melhor gestão dos recursos, com enfoque empresarial. Em tal abordagem fica subtendido que os recursos disponíveis são suficientes para área de educação, ou seja, não abre possibilidade de tensionamento para ampliação do financiamento público da mesma.

Ao relacionarmos os arquivos do Anuário sobre salário dos professores e sobre obesidade, verificamos que a empresa Nestlé e a organização não governamental Fundação Ayrton Senna, estão se aproximando da gestão pública das escolas no sentido de desenvolver projetos educacionais. Essa tendência já pode ser verificada na atualidade através da proposta de parceria público-privado realizada pela Secretaria de Educação do Município do Rio de Janeiro[17].

De todos os arquivos do Anuário que analisamos um arquivo chamou particularmente nossa atenção, o dedicado às notícias sobre violência. Não apenas pela sua extensão, mas por evidenciar de modo mais cruel a realidade a que são submetidos diariamente crianças e adolescentes de nosso país. Um acervo com 569 notícias coletadas no período de 1 de janeiro de 2008 a 31 de dezembro de 2008 revelou que a violência foi banalizada, naturalizada pela frequência que ocorreu e se transformou em notícia no Brasil, em todas as regiões. Os percentuais deste universo de notícias se expressaram da seguinte forma, em termos de percentuais de notícias publicadas sobre violência nos jornais regionais: Centro Oeste: 16,69%, Norte: 27,76%, Sudeste: 20,71%, Nordeste: 15,82%, Sul: 18,99%. O teor das notícias que foram destaque em jornais de todas as regiões foi semelhante, e os tipos de violência mais frequentemente noticiados pela imprensa foram: violência sexual (abuso contra crianças e adolescentes); homicídio de jovens, violência nas escolas; violência doméstica (crianças e adolescentes vítimas de violências como maus-tratos, negligências e abandonos); pedofilia; violência policial; violência doméstica (agressões contra crianças e adolescentes). Pelo que pudemos observar não houve distinções significativas nas abordagens sobre essas temáticas nos jornais das regiões.

Ao analisarmos diferentes fontes informacionais, concluímos que as violências físicas e simbólicas estão instaladas, em maior intensidade, nas

17. Nas notícias, o principal foco são as escolas do Nordeste, é importante ressaltar que embora a universalização seja atualmente uma realidade, a questão da qualidade do ensino é o foco central do debate, sendo que a tendência é que essa qualidade viria da gestão empresarial ou da parceria público-privado. Neste sentido, o FUNDEB seria uma parte do fundo público atualmente em disputa tanto pelas empresas (Ex.: Nestlé vendendo merenda escolar), quanto pelo Terceiro Setor.

instituições de ensino no Brasil. As escolas passam por um momento de profundos problemas, como o baixo nível de ensino oferecido, agora com uma agravante exacerbação da violência interna e em seu entorno. Conforme notícia do Anuário: "As escolas com mais casos de violência, registrados pelo Serviço Integrado de Segurança Escolar, estão situadas nos bairros com altos índices de criminalidade de acordo com mapa da Polícia Militar" (*A Tribuna*, 22 de janeiro de 2008).

Nas grandes cidades, as escolas públicas que se encontram cercadas de comunidades carentes são mais vulneráveis aos confrontos entre policias e traficantes. As crianças e adolescentes trazem para as escolas toda vulnerabilidade familiar, social e econômica, ou seja, a violência disseminada na sociedade acaba sendo nas escolas apenas mais um cenário de sua propagação.

A violência nas escolas é um fenômeno peculiar, que merece estudos aprofundados e bem contextualizados. Na educação essas práticas de violência socialmente produzidas são vivenciadas, cotidianamente, pela comunidade escolar. As notícias do Anuário nos permitem afirmar que as agressões e ameaças aos professores estão cada vez mais frequentes nas escolas. O medo da violência nas unidades educacionais está deixando os educadores doentes e aumentando o número daqueles que desistem da profissão. A violência está tão engendrada, que isso vem enfraquecendo as relações de convivência entre alunos, professores e os demais atores sociais que atuam nos espaços de educação.

A violência dentro das escolas vem se materializando pela via das agressões, das depredações, da violência sexual, dos arrombamentos e até dos assassinatos. Ainda mencionando dados do Anuário, constatamos que: "No Brasil, 70% dos estudantes já foram vítimas de violências nas instituições educacionais. Segundo o Serviço Integrado de Segurança Escolar, por dia, cerca de um milhão de crianças em todo o mundo sofrem algum tipo de violência na rede de educação" (*O Liberal*, 8 de outubro de 2008).

Verificamos através da análise do acervo do Anuário que as ocorrências de pedofilia e violência sexual envolvendo crianças e adolescentes não aumentaram nem diminuíram, sempre existiram na mesma proporção. O que vem crescendo é o número de denúncias, pois a visibilidade aumentou sobre o fenômeno. Em muitos casos, as próprias mães das vítimas são omissas diante do fato, não denunciando com medo de perder seus companheiros.

> A Polícia Civil do Estado registrou, somente nos dois últimos anos, 8.922 casos de violência contra crianças e adolescentes em Manaus. De acordo com dados da Secretaria de Segurança Pública (SSP), os registros deste ano, até o mês de novembro, superaram em 10,4% (444 casos) o total registrado no ano passado. Enquanto em todo o ano de 2007 foram registrados 4.239 crimes cometidos contra crianças e adolescentes, neste ano, até novembro, a polícia registrou 4.683 casos. (*Diário do Amazonas*, 29 dez. 2008)

Diante dos quadros alarmantes a imprensa tem procurado divulgar campanhas alertando a população:

> As campanhas também têm estimulado as denúncias desses tipos de violências contra as crianças — o uso do disque — Denúncia Nacional de Abuso e Exploração Sexual contra Crianças e Adolescentes (Disque 100). (...) De acordo com a Secretaria Especial dos Direitos Humanos (SEDH), de janeiro a junho de 2008, o serviço registrou 20,1 mil denúncias, média de 93 casos por dia. Em 2007, a média era de 63 registros por dia, totalizando 11,2 mil casos. Os registros do SEDH apontaram que a maioria (61%) das crianças vítimas de violência sexual são do sexo feminino. (*Folha de S.Paulo*, 7 dez. 2008).
>
> **Medidas estão sendo tomadas para aprimorar o combate a produção, venda e distribuição de pornografia infantil**, onde foi sancionada a lei que altera os artigos 240 e 241 do Estatuto da Criança e do Adolescente (ECA, 1990), ou seja, criminalizando a aquisição e a posse de tal material e outras condutas que tenham ligação com a pedofilia na internet. Considera-se também que "manter relação sexual com meninas e meninos menores de 14 anos é crime previsto no artigo 224 do Código Penal Brasileiro, ou seja, é crime de presunção de violência, mesmo com o consentimento da vítima". (*A Tribuna*, 1 dez. 2008).

É importante assinalar, que o fator socioeconômico das famílias está inteiramente ligado aos casos de pedofilia e violência sexual contra crianças e adolescentes. As principais vítimas são crianças e adolescentes que ainda estão em idade escolar e vêm de famílias das classes e camadas subalternas. E os principais agressores são os próprios pais, pessoas que pertencem às famílias das mesmas ou pessoas que moram próximo à casa delas.

Esse cenário revela e engendra uma série de violações aos direitos humanos, o que gera profundas consequências e desdobramentos prejudiciais no desenvolvimento das crianças e dos adolescentes, como a ansiedade, transtornos depressivos, baixo desempenho na escola e comportamento agressivo. Vale destacar que essa descrição acerca do quadro das vulnerabilidades e da violação de direitos é aplicável a ambos os sexos, pois todas as formas de violência deixam sequelas; umas visíveis, como a física, outras, invisíveis, como a psíquica e moral.

Diante da complexidade dos fenômenos que abordamos, fazem-se necessárias intervenções e práticas que se consolidem em políticas públicas, na área da Infância e da Juventude, na luta pela diminuição das violações dos direitos das crianças e dos adolescentes. É praticamente impossível, diante do cenário atual, acreditar que um programa educacional possa ter sucesso desconsiderando a cruel realidade das crianças e adolescentes de nosso país. O Brasil está condenando à Pena de Morte Social camadas cada vez mais ampliadas desses segmentos de nossa população e atribuindo uma autonomia fetichizada à educação, responsabilizando-a por "soluções" que necessitam de abordagens mais amplas que considerem o nível de complexidade da "questão social" na contemporaneidade.

Com relação à questão da educação no ensino superior, o quadro que observamos através do banco de dados do Anuário expressa uma centralidade de notícias sobre a questão das cotas nessa esfera da educação, sobretudo quando as mesmas se referem à questão do vestibular.

O debate sobre a política de cotas ainda é recente no Brasil, mas não é esse o motivo desta centralidade. Entendemos que a anulação histórica do verdadeiro sentido da esfera pública e da questão do acesso aos direitos na sociedade brasileira engendram incompreensões que acabam sendo favoráveis à manutenção de processos elitistas/discriminatórios em nossa sociedade, cuja superação não é uma tarefa fácil. É interessante notar que das 190 notícias levantadas sobre o tema, 90% ainda se referem a opiniões contrárias ou favoráveis às mesmas. Neste cenário, é importante mencionar que a questão do vestibular, meio de acesso às Universidades, quando aparece na mídia, tem colocado esse tema como central. Embora 51%, ou seja, mais da metade das instituições estaduais e 42% das federais[18] já adotem algum tipo de ação afirmativa[19], a polêmica é ainda a principal característica do debate[20]. Para Heringer,

---

18. Um levantamento feito pelo Laboratório de Políticas Públicas da UERJ (Universidade do Estado do Rio de Janeiro) mostra que 51 instituições públicas oferecem, por meio de cotas ou de bonificação no vestibular, vantagens a alunos negros, pobres, de escola pública, deficientes ou indígenas. Das 51 instituições, 18 são universidades estaduais. Elas representam 51% do total de 35 mantidas por estados no Brasil. Das 53 universidades federais, 22 têm ações afirmativas. Além de universidades (instituições com mais autonomia e exigência de investimento em pesquisa), há também na lista faculdades, centros universitários e Cefets. O Mapa das Ações Afirmativas mostra ainda que as cotas — onde determinado percentual de vagas é reservado a um grupo — são a ação mais comum. Só sete instituições públicas adotam a bonificação — em que um candidato recebe pontos adicionais em relação aos demais, sem percentual de vagas preestabelecidas. No caso dos negros (somatório dos autodeclarados pretos e pardos), 33 instituições têm políticas voltadas para eles; 18, não. O critério mais utilizado é o da autodeclaração, ou seja, a cor da pele ou etnia é definida pelo próprio estudante.

19. "O termo 'ação afirmativa' foi criado pelo presidente americano John F. Kennnedy quando, em 1961, instalou a Comissão por Oportunidades Iguais de Emprego. Porém, somente quando os princípios dessa ideia foram incorporados pelo movimento de defesa dos direitos civis dos negros, liderado por Martin Luther King, alguns anos mais tarde, é que medidas concretas foram adotadas. Segundo o professor Gary Orfield, da Universidade de Harvard (EUA), as políticas de ação afirmativa se inserem no quadro das políticas concedidas nas décadas de 1960 e 1970, que 'buscavam resultados concretos para melhorar as condições de vida das minorias', não visando apenas a igualdade individual". (*Folha de S.Paulo*, p. A13, 25 ago. 2001. In: BRANDÃO, Carlos da Fonseca, 2005, p. 6). "A primeira iniciativa oficial (governamental) de política de ação afirmativa ocorreu em 1972, quando o então presidente Richard Nixon incorporou essa ideia na forma da Lei da Oportunidade Igual no Emprego, sancionada como emenda à Lei dos Direitos Civis, de 1964". (*Folha de S.Paulo*, p. 1-14, 3 nov. 1996. In: BRANDÃO, Carlos da Fonseca. *As cotas na universidade pública brasileira.* Será esse o caminho? Campinas: Autores Associados, 2005. p. 2. Coleção Polêmicas do Nosso Tempo).

20. São poucas as notícias dos jornais consultados que aprofundam o debate das ações afirmativas efetivadas através das cotas. Dentre o percentual de notícias que se limitam a um debate de apoio ou oposição a essas ações afirmativas, o tema da legalidade e ilegalidade das cotas ainda é recorrente na maioria. Apesar de as mesmas já existirem de modo significativo parece que ainda neces-

as controvérsias advindas dessa polêmica questão não diferem muito das controvérsias produzidas pelos "debates sobre religião, aborto e outros assuntos polêmicos", por envolverem "convicções pessoais profundamente enraizadas", o que faz com que, muitas vezes, os debates sejam "parciais e passionais".[21]

Não estamos defendendo que uma política compensatória[22], como é o caso da política de cotas, possua caráter permanente, mas quando as estatísticas mostram que negros, índios e estudantes oriundos de escolas públicas não conseguem chegar, do mesmo modo expressivo que outros segmentos, até a universidade pública em pleno século XXI, é sinal que alguma coisa precisa ser alterada no complexo processo educacional brasileiro.

Enfim, não são poucos os mitos e polêmicas criados em torno do debate, entretanto todos eles não encontram fundamentação concreta, não passando de mitos que revelam a necessidade de aprofundamento do debate[23]. Tal aprofundamento não pode deixar de considerar que

> A Universidade não está fora da história de um país, tampouco é toda a história, mas por ela "passa" a história, da vida; neste sentido é aspiração humana, tentativa, ensaio, verificação, drama e desenlace, tarefa comunitária.(...) é uma realidade que fala.[24]

Assim sendo, a questão das ações afirmativas relacionadas às cotas de acesso à Universidade engendram um conjunto de questões que só podem

---

sitam ser pensadas, tanto é que estavam presentes no projeto de reforma universitária, e, posteriormente, em um projeto específico no Congresso Nacional, gerando grandes polêmicas.

21. HERINGER, 1999, p. 51, apud BRANDÃO, idem.

22. Segundo Valter Roberto Silvério, nas políticas de ação afirmativa que influenciaram o Brasil e foram inicialmente implementadas pelos EUA, entendidas como políticas compensatórias, é possível observar nitidamente duas matrizes, "uma preocupada com a inserção mais igualitária no mercado de trabalho", por meio de combate "às discriminações de qualquer espécie que se antepunham como obstáculos ao desenvolvimento profissional e à conquista de um emprego", e a outra direcionada para uma melhor qualificação profissional dos negros, por meio da criação de "uma condição especial de acesso às universidades, a partir do reconhecimento dos impedimentos legais e extralegais" que ainda existiam. (BRANDÃO, idem, p. 51)

23. Ao analisarmos as notícias sobre o assunto, verificamos que tais mitos transformam-se em senso comum através dos jornais, contribuindo ainda mais com as dificuldades de aprofundamento do tema.

24. LEYENDERCKER, Ernesto. *Universidad y dependencia*. Buenos Aires: Guadalupe, 1974. p. 5.

ser verdadeiramente discutidas se analisarmos a história da educação em nosso país em sua totalidade. As notícias do Anuário deixam claro que o quadro é muito mais complexo do que se pode aferir através de posicionamento meramente contrários ou favoráveis às cotas. No final de 2008 vários jornais publicaram notícias com o conteúdo da que segue:

> **Cota não altera nº de negros na universidade**
>
> Dados da Pnad (Pesquisa Nacional por Amostra de Domicílio) mostram que, de 2002, quando as universidades começaram a instituir programas de cotas, a 2007, a participação de pretos e pardos no ensino superior público variou 1,8 ponto percentual — passou de 36,4% dos estudantes de graduação do setor para 38,2%. De 2001 a 2002, a variação foi de 2,8 pontos percentuais. Pretos e pardos são nomenclaturas usadas pelo IBGE para a classificação de raça/cor, a partir da autodeclaração dos entrevistados. Na rede particular, a presença do grupo passa de 26,2% para 29,5% de 2004 a 2007. A principal ação afirmativa no setor é o Prouni, que desde 2005 concede bolsas a estudantes carentes de escola pública na proporção igual à de pretos, pardos e indígenas de cada Estado. O baixo impacto das políticas de ação afirmativa adotadas até agora pode ser explicado pelo fato de que a maior parte dos alunos não é afetada por elas.(...) O projeto de lei que o governo quer aprovar no Congresso prevê que 50% das vagas nas federais sejam reservadas a alunos de escolas públicas, e que esse percentual seja dividido de acordo com a proporção de pretos, pardos e indígenas de cada Estado. Mesmo se aprovada, porém, a lei terá reflexo pequeno sobre o quadro geral, embora de fato aumentem a presença de pretos e pardos nas instituições federais em que as cotas forem instituídas. Segundo o mais recente censo do ensino superior produzido pelo Inep, com dados de 2006, as federais respondiam naquele ano por 12,4% das matrículas em todos os cursos de graduação do país. Caso as vagas para pretos e pardos correspondessem à sua representação na população brasileira — ou seja, 49,8% —, haveria uma reserva correspondente a 3,1% das matrículas no ensino superior. "Há todo um engodo em torno desse assunto [lei que cria cotas]", diz José Luiz Petrucelli, pesquisador do IBGE, favorável às cotas (...) (*Folha de S.Paulo*, 26 dez. 2008)

A polêmica sobre as cotas vem adiando posicionamentos oficiais. Esse tipo de notícia divulgada pela mídia também foi constante em 2008 e revela, mais uma vez, a complexidade do debate.

> **CCJ do Senado adia votação do projeto das cotas raciais**
>
> A Comissão de Constituição e Justiça do Senado adiou nesta quarta-feira (10/12) a votação do projeto que estabelece cotas raciais e sociais nas universidades públicas federais de todo o país. O senador Demóstenes Torres (DEM-GO) pediu o adiamento da votação para que na próxima segunda-feira (15/12) seja feita uma audiência pública sobre o assunto. (*Correio Braziliense*, 10 dez. 2008)

A educação como direito não se efetiva sozinha, negando as múltiplas expressões da "questão social" que envolvem esse debate. Deste modo, faz-se mister (re)conhecermos o quadro em que a mesma se insere para que possamos construir alternativas de fato e não apenas darmos prosseguimento a um debate cujo minimalismo histórico e conceitual tem sido a marca.

Considerações finais

Há mais de meio século as Nações Unidas aprovaram a Declaração Universal dos Direitos Humanos. Hoje, não existe documento mais citado e elogiado. Entretanto, são poucos os que observam a ameaça que o declínio da esfera pública, guiado pela reconfiguração do Estado na contemporaneidade, impõe à mesma. A Declaração possui 30 artigos, mas alguns deles nos dão uma clara dimensão dos riscos que as formas de enfrentamento da pobreza no Brasil vêm desenvolvendo em termos de anulação dos direitos, sobretudo os humanos. A educação tem sido um dos melhores exemplos nesta direção. O século XXI finaliza a sua primeira década próximo da universalização da educação em nosso país. Entretanto, se hoje temos mais escolas, temos menos qualidade, se temos mais alunos matriculados, temos maiores dificuldades na conclusão dos estudos por muitos. Nessa direção, de acordo com Marilena Chaui, é importante resgatarmos a Declaração de 1948 para promovermos sua reinterpretação e garantirmos sua efetivação. "Afinal, se trata de uma declaração de direitos civis, pois, embora se refira a direitos universais da pessoa humana, seu pressuposto é o da existência de poderes públicos que possam garanti-los, de sorte que o pressuposto da garantia política ou estatal dos direitos humanos o transformam em direitos civis."[25] Segundo a autora:

> Cada direito declarado abre campo para a declaração de outros, seja como complemento, seja como efeito, seja como recurso de legitimação. Isso significa que uma declaração de direitos civis abre campo para a busca e conquista de direitos sociais (condições de vida e trabalho, educação, saúde, cultura, lazer etc.) que podem trazer como consequência a luta pela igualdade efetiva e, portanto, começando pelo direito à redistribuição da renda, pode chegar à luta contra a propriedade privada dos meios sociais de produção.[26]

O artigo 30 assegura que "nada poderá suprimir nenhum dos direitos presentes na Declaração". Mas alguém poderia observar: a Declaração proclama, a realidade trai. A declaração formal dos direitos está longe de possibilitar sua efetivação. Sobretudo quando a construção do consenso (neo) liberal reforça, por meio das políticas sociais, a ideia de que os indivíduos e pequenos grupos são os únicos responsáveis pela garantia de seus direitos e não precisam depender do Estado e da atividade pública do mesmo. Mais uma vez a história demonstra que os indivíduos não nascem com direitos, os direitos são fenômenos sociais, são resultados da própria história. A análise dos dados do acervo do Anuário nos possibilitou uma ampla visão da realidade brasileira, a mídia revela e oculta as inúmeras expressões dessa realidade, promove o que chamamos de (in)visibilidades, cujo maior ou menor significado depende também da compreensão e método de análise dos seus intérpretes. Assim, ao chegarmos ao final deste artigo, ficou claro que ainda estamos longe da realização das possibilidades emancipatórias da educação, mas que para atingi-las precisamos entender a educação como parte de uma totalidade repleta de múltiplas determinações.

---

25. CHAUI, Maria Elena. Op. cit., p. 112.

26. Ibid.

GRÁFICA PAYM
Tel. (011) 4392-3344
paym@terra.com.br